铁路运输政策与法规

（第二版）

叶玉玲　郎茂祥　主　编
赵　峻　主　审

中国铁道出版社有限公司

2 0 2 3 年 · 北　京

内容简介

本书在介绍铁路运输政策与法规的基本理论的基础上，通过借鉴国外发达国家铁路的经验，详细阐述了我国铁路在建设、管理、技术、发展和环境方面的政策，以及在安全、技术、客运、货运、联运等方面的法规，是国内第一部全面系统介绍铁路运输政策与法规的著作。

本书可作为铁道运输专业本专科学生教材，也可供铁道运输工程技术人员学习参考。

图书在版编目(CIP)数据

铁路运输政策与法规/叶玉玲，郎茂祥主编．—2版．—北京：中国铁道出版社，2017.10(2023.7重印)
普通高等教育铁道部规划教材
ISBN 978-7-113-23913-8

Ⅰ.①铁… Ⅱ.①叶… ②郎 Ⅲ.①铁路运输-运输政策-中国-高等学校-教材②铁路运输-法规-中国-高等学校-教材 Ⅳ.①F532.0 ②D922.296

中国版本图书馆CIP数据核字(2017)第251065号

书　　名:铁路运输政策与法规
作　　者:叶玉玲　郎茂祥

责任编辑:金　锋　　**编辑部电话**:(010)51873206　　**电子邮箱**:sxyuecai@163.com
封面设计:崔丽芳
责任校对:王　杰
责任印制:赵星辰

出版发行:中国铁道出版社有限公司(100054,北京市西城区右安门西街8号)
网　　址:http://www.tdpress.com
印　　刷:三河市宏盛印务有限公司
版　　次:2012年3月第1版　2017年10月第2版　2023年7月第6次印刷
开　　本:787 mm×1 092 mm　1/16　**印张**:21　**字数**:510千
书　　号:ISBN 978-7-113-23913-8
定　　价:59.00元

第二版前言

本书自第一版出版至今5年多的时间里，承蒙广大院校铁路特色专业教师与学生们的厚爱，在相关专业教学中得到了应用。

近年来，随着我国铁路建设的快速发展，铁路在运输管理体制、投融资体制、高速铁路与重载运输技术进步等方面发生了巨大的变化，铁路相应的政策与法规也在不断地改革和完善，需要结合我国实际国情路情以及宏观经济政策完善现有教材，因此《铁路运输政策与法规》的适时更新和再版也势在必行。本次修订保持了第一版的基本组织结构，在此基础上根据对铁路运输政策和法规的深入理解，对原版的内容体系进一步梳理，并努力在政策理论、政策发展、法规变革等内容的时效性方面补充与完善，与第一版的不同主要体现在：

首先，梳理了铁路运输政策和法规的内容结构体系，对有关章节的教材内容和条目顺序进行了调整与充实，补充了铁路运输政策制定的基础理论。

其次，根据现行的政策与法规，对于铁路投融资政策、运输管理政策、铁路技术政策和发展政策、铁路运输法规和铁路客货运输规程等相关章节的某些内容进行了增加及删除，并调整对应的思考题。

最后，对第一版中有关排版、编辑、内容等方面存在的纰漏和差错进行订正，力求做到概念准确、表述正确。

本书由同济大学叶玉玲、北京交通大学郎茂祥主编，中国铁路总公司赵峻主审。教材编写分工如下：同济大学叶玉玲（第一、二、三、四、五、七、十一章第三节、十三章第二、三节），北京交通大学郎茂祥（第六、八、十二章、十三章第一节），兰州交通大学刘舰（第十章），西南交通大学林毅（第九章）、陈家宏（第十一章第一、二节）。同济大学刘佳林、周云飞、李文卿、韩明初和贾咏明参与了部分资料收集与整理工作。

谨向季令教授以及参编《铁路运输政策与法规》(第一版)的各位作者表示深深的谢意,向本书所引用文献的作者致以衷心的感谢。

受编者水平、时间的限制,本书难免存在疏漏之处,敬请广大读者批评指正。

编者

2017 年 8 月

第一版前言

本书为铁道运输系列教材之一，适用于高等院校铁路特色专业教学以及铁路专业技术人员使用。

《铁路运输政策与法规》是一本介绍铁路运输政策和相关法规的教材，它涉及铁路规划与建设者、使用者、经营管理者、政府主管等部门的职责、权利和义务，内容涵盖了和铁路运输相关的各种社会关系的法律规范。

本书想阐述一个理念，即交通运输业的发展源于人们在地球上生活的实际需求，它离不开所处时期的经济发展。也正是因为这一点考虑，著名的交通运输专家广冈治哉先生认为，所谓交通运输政策，其核心就是“交通经济”的政策，这也是可持续发展的精髓。本书的编写，也是力求以可持续发展为核心来统率的。

铁路是国家重要的基础设施，国民经济的大动脉，交通运输体系的骨干，也是国民经济和社会发展的先行部门。铁路具有大运力、低成本、低污染等特点，在全面建设我国小康社会的进程中，铁路肩负着重要的历史使命。近年来，我国铁路快速发展，正逐步形成布局合理、结构清晰、功能完善、衔接顺畅的铁路网络，运输能力不断增强，主要装备技术水平迅速提高。

铁路的发展离不开政策的引导，也离不开法规的规范。鉴于铁路运输在我国今后的15～20年正处于快速发展的时期以及在创建和谐铁路的过程中，铁路运输政策与法规在促进铁路现代化进程中的重要作用，这本《铁路运输政策与法规》教材的出版具有重要的现实意义。

铁路运输政策是国家对铁路的规划、建设、养护和营运管理的指导原则和工作方针，铁路运输法规是涉及与铁路规划、建设、养护、营运和管理等有关方面（建设者、使用者、经营管理者、政府主管部门等）的职责、权利和义务，调整与铁路运输有关的各种社会关系的法律、规范的总称。

专门阐述铁路交通政策与法规方面的书还不多见。所谓政策与法规，不外乎法律、规章、制度、法令等，它既涉及交通运输部门本身，又涉及能源部门、电力部门、建设部门、物价管理部门，还涉及安全部门、体制改革部门等一切与交通运输行业相关的部门。作为从事或即将从事铁路或轨道交通专业的高校师生，以及已经在铁路部门或者轨道交通行业工作的技术人员，则往往更关心铁路和轨道交通方面的政策、法规。

本书在介绍铁路运输政策与法规的基本理论的基础上，通过借鉴国外发达国家铁路的经验，详细阐述了我国铁路在建设、管理、技术、发展和环境方面的政策以及在安全、技术、客运、货运、联运等方面的法规，是国内第一部全面系统介绍铁路运输政策与法规的著作。

该书集成了同济大学、北京交通大学、西南交通大学、兰州交通大学等高校的多位教师的集体智慧，是我们多年从事铁路运输教学和科研工作的成果和结晶。

本书共分十二章，编写分工如下：同济大学交通运输工程学院季令(第一章)、叶玉玲(第二、三、四、六章)，北京交通大学郎茂祥(第五、七、十一章、十二章第一节)，兰州交通大学刘舰(第九章)，西南交通大学林毅(第八章)、陈家宏(第十章)、魏琼(第十二章第二、三、四节)。

本书由同济大学季令任主编，北京交通大学郎茂祥、同济大学叶玉玲任副主编，铁道部政策法规司刘宜勤主审。

本书的出版得到了铁道部人事司、运输局以及中国铁道出版社、北京交通大学、西南交通大学、兰州交通大学、中南大学、华东交通大学和同济大学等高校的领导、教授的支持。在本书的编写过程中，铁道部运输局郭玉华、祝建平等，上海铁路局货运处何元庆、钱建国等，同济大学交通运输工程学院杨霞芳、梁东力、何静、施毓凤等提供了宝贵的资料、给予了大力支持，在此表示衷心的感谢。对为本书的出版提供帮助的所有单位、个人及本书参考文献的作者表示诚挚的谢意。

本书是铁路运输等各交通运输类专业学生的专业课教材，也可供交通运输业的管理人员、专业技术人员以及旅客和货主学习参考。希望该书的出版能对学校从事铁路运输或其他交通运输专业的师生，对铁路机关和站段从事铁路运输专业的研究人员、技术人员有所裨益。由于作者水平有限，书中难免有不当或错误之处，希望专家、学者和同仁不吝指正。

编　者

2011年8月

目　录

第一章 概 论

一部浩瀚的人类文明发展史,可以浓缩为人与交通的关系史。交通运输是社会经济发展的基础,是社会生产、流通、分配、消费各个环节正常运转、协调发展的先决条件,是人类社会进步的摇篮与动力,是人类文明前进的车轮。

交通的发展史是整个世界历史的缩影。纵观交通运输业的发展史,从交通运输业的发展侧重点和起主导作用方面考察,整个交通运输业的发展可划分为四个阶段和三次革命,每个阶段以一种或几种运输工具为标志。交通运输业发展的几千年来,经历了水路运输,铁路运输,公路、航空、管道运输,综合运输等四个发展阶段。船和车的发明、三桅帆船、铁路运输的出现分别成了运输业发展史上的三次革命的标志。

在人类社会进步的同时,交通运输方式自身也在不断进步。在世界范围内考察整个交通运输业发展的进程,可见,虽然铁路运输才出现不到200年,但给人类社会带来了深刻影响,加快了社会文明的进程。

本章将介绍铁路运输的出现和发展,通过对新时期铁路运输发展特点的分析,重点阐述铁路运输政策与法规的内容与发展趋势。

第一节 铁路运输的出现与发展

一、交通运输发展的阶段

(1)水路运输阶段(从原始社会到19世纪20年代)

在原始社会,早期的运输方式是手提、背扛、头顶和肩挑等,后来发展到用绳拖、棍撬等。随着人类活动范围的扩大,为了求得生存和发展,出现了最早的水上交通工具——筏和独木舟,以后逐渐出现了陆上交通工具——车,进而出现了最原始的航线和道路。总之,在1739年瓦特改良蒸汽机以前,交通运输的基本状况是:陆上运输依靠人力(人驮或拉、推独轮车)、畜力(牛、马等拖拉载人、载货车辆),水上运输依靠风力(帆船等),这一时期人类的交通运输是依靠人力、畜力、风力等自然力的。

船和车的发明使运输进入了新的发展阶段,这就是运输史上的第一次革命。船和车的使用,使得邮递业、客运业、货运业发展起来,逐渐出现了专门从事运输的商人,运输业开始萌芽。车的出现,促进了道路的发展。14世纪以后,出现了以风力为动力的远程三桅帆船。三桅帆船也就成为运输业的第二次革命的标志。

这一时期,水上运输同以人力、畜力为动力的陆上运输工具相比,无论从运输能力和运输成本,还是从方便程度上比较,都处于优势地位,因而被称为“水运阶段”。发达国家早期的工业大多沿通航水道的两岸设厂,形成沿着江、河布局的所谓“工业走廊”。在历史上,水运的发展对工业的布局带来很大的影响。此外,海洋运输还具有其独特的地位,由于地理因素的关系(大陆被海洋分隔),海洋运输是沟通联系各个国家和地区的主要运输方式,尤其是在大力发展对外贸易过程中,它的主导作用几乎是无可代替的。

(2)铁路运输阶段(从19世纪30年代到20世纪30年代)

蒸汽机的发明是人类历史上一个重要里程碑。由于动力的改变,交通运输有了突飞猛进的发展。18世纪80年代到19世纪初,蒸汽机相继应用于船舶和火车上,1807年世界上第一艘蒸汽机船"克莱蒙特"号在美国纽约哈得逊河下水。1825年,英国在斯托克顿至达灵顿修建世界第一条铁路,标志着交通运输史上第三次革命的到来,同时,也宣告了铁路时代的开始。

由于铁路能够快速、大量地运输旅客和物资,几乎垄断了当时的陆上运输,成了当时发展最为迅速的交通方式,为工农业的发展提供了新的、强有力的交通运输工具。从此,工业布局摆脱了对水上运输的依赖,而可以深入内陆腹地,加速了工农业的发展。由于铁路运输当时在技术经济上处于优势地位,因此在十九世纪工业发达的欧美各国都相继进入了铁路建设高潮,并扩展到亚洲、非洲和南美洲,铁路运输在这个发展阶段几乎处于垄断的地位。

(3)公路、航空和管道运输阶段(从20世纪30年代到50年代)

19世纪末,在铁路运输发展的同时,随着汽车工业的发展,公路运输悄然兴起,由于汽车工业的发展和公路网的扩大,尤其是高速公路的发展,使公路运输能充分发挥其机动灵活、迅速方便的优势,不仅在短途运输方面而且也在长途运输方面占有重要的地位。世界航空产生于19世纪末20世纪初(1905年美国莱特兄弟制造了真正的飞机),航空运输在速度上的优势,不仅使其在旅客运输方面(特别是长途旅客运输方面)占有重要的地位,而且在货运方面得到快速发展。随着石油工业的发展,管道运输开始崭露头角(19世纪60年代,美国出现第一条木制的专供输油的管道),管道运输具有成本低、输送方便、连续性的特点,但其运输货物的品类有限,主要运输原油、成品油、天然气、矿砂和煤浆等化工流体。

交通运输发展的第三阶段,虽然铁路运输、水上运输也有一定的发展,但公路、航空、管道这三种运输发挥的作用显著增强。

(4)综合运输阶段(20世纪50年代以来)

人们开始认识到在交通运输业的发展过程中,水运、铁路、公路、航空和管道五种运输方式是相互制约、相互影响的,因此需要有预见地、有计划地进行综合考虑,协调各种运输方式之间的关系,构成一个现代化的综合运输体系。综合运输阶段的重点之一是合理进行铁路、水运、公路、航空和管道运输之间的分工,发挥各种运输方式的优势,开展联合。此外,还必须从人类同环境和能源关系的角度去考察综合运输体系的建设。目前世界交通运输网的扩展速度相对于大发展时期已经有所减缓,而调整交通运输的布局和提高交通运输的质量则成为综合运输阶段的主要发展趋势。

各个国家、地区由于地理条件、社会环境和运输发展的历史和现状不同,不可能有统一的运输模式。在不同时期,不同地区,某种运输形式仍会占主导地位,如铁路运输现在仍然是世界上一些国家最主要的运输方式。

二、世界铁路的发展

1825年,在英国从达林顿(Darlington)到斯托克顿(Stockton)长21 km的第一条蒸汽机车牵引的铁路通车以来,世界铁路已经走过了190多年的沧桑历程。

(1)快速发展时期

由于铁路具有集中、大宗、便捷、安全、全天候的优势,使其自诞生之日起长达一个多世纪的时间里得到了快速发展。几乎所有国家在实现工业化的进程中,都重视铁路的建设,大力扩展其铁路网,从而奠定了该时期铁路作为陆上客货运输最重要的交通运输工具的地位,为人类文明与社会的进步做出了巨大的贡献。20 世纪 20 年代,世界铁路总长达 127 万 km,并长期稳定在 120 多万 km 的规模上。

(2)缓慢发展时期

20 世纪 50 年代,西方发达国家先后实现了工业化,国民经济的产业结构和交通运输结构发生了变化,汽车与飞机制造业的发展,使铁路开始面临前所未有的竞争,铁路客货运量、周转量持续下降,铁路收不抵支,造成了经营上的亏损。同时,由于一些国家铁路运输政策与法规、铁路运输经营管理体制、机制不适应等方面的原因,造成了世界范围内铁路发展的停滞与萎缩,世界铁路步入了发展相对缓慢的时期。这一时期,除了中国、印度及其他一些发展中国家继续发展铁路运输外,不少国家出于减亏、节支等原因,拆除与封闭了一些业务量较小的铁路。具有代表性的是美、英等国家的铁路,在 1950～1980 年间,美国一级铁路减少了 10 万 km,英国铁路减少了 1.37 万 km 等。

(3)新的发展时期

1973 年的世界能源危机使公路和航空运输发展受到了限制,而铁路运输,尤其是电气化铁路较少受燃料价格的影响,铁路在整个交通运输体系中的能源所占比重较小。另外,由于运输过程中排放的废气及产生的噪声对生态环境的污染与其他交通方式相比也是最低的,各国在进一步发展国家的交通运输业,选择有利的运输方式时,铁路占有一定的优势。特别是高速铁路和重载铁路的出现和发展,使人们重新认识到铁路在国家经济和社会发展中具有不可忽视的重要地位和作用,铁路迎来了新的转机。

2015 年世界铁路网规模与运量结构见表 1-1。

表 1-1 2015 年世界主要国家的铁路网规模和运量

项 目	中 国	美 国	俄罗斯	印 度	法 国	德 国	日 本	英 国
营业里程(万 km)	12.1	22.8	8.5	6.6	3.0	3.3	1.7	1.7
旅客周转量(亿人·km)	11 960.6	105.2	2 065.1	11 471.9	846.8	792.6	2 067.2	623.0
货物周转量(亿 t·km)	23 754.3	25 472.5	23 047.6	6 817.0	331.2	729.1	202.6	192.3

注:世界银行 WDI 数据库。

三、中国铁路的发展

自 1876 年中国建成第一条铁路以来,迄今已历经 140 多年的风雨历程。

1. 清政府时期的中国铁路

19 世纪 60 年代末,英国公使曾正式出面,借口黄浦江岸卸货不便,要求在上海租界到海边之间修一条铁路,当时被清政府的总理各国事务衙门拒绝了。1867 年,在烟台的英国商人又要求修筑一条通往济南的铁路,来开辟内地贸易,也没有获得允许。西方竭力劝说清政府修筑铁路都先后被拒绝了。那时候,清朝政府已经丧失了沿海和内河的航权,但对于能使外国势力深入内地的铁路,仍存有很大戒心。当时政府对铁路的政策定位是不允许修铁路,无论其资金来源于何处。他们缺乏对铁路的正确认识,在拒绝西方要求的同时,自己也不修铁路,说铁路会"失我险阻,害我田庐,妨碍我风水"等等,并借口人民反对,说什么"势必群起攘臂相抗,众愤难当"。

美国驻上海副领事奥立维·布拉特福(Oliver B. Bradford)试图发起修建一条从吴淞码头到上海的窄轨铁路。他于1872年私自组织一个"吴淞道路公司",诡称要修一条"寻常马路""适于车辆通行的道路",骗取了上海道台的同意。后来"吴淞道路公司"因资金缺乏,转让给了英国商人。1875年,"吴淞铁路公司"在伦敦正式登记,设总办事处于伦敦,并以怡和洋行为在华的代理人,接收了老公司的土地和权益,增购了相当数量的土地,筑了路基,又从英国运来了钢轨、机车、车辆和筑路器材。1876年1月,在上海苏州河北岸到江湾徐家花园的一段路基上铺轨,同年7月3日该段铁路通车营业。

这是一条窄轨铁路,轨距为30英寸(0.762 m),钢轨重13 kg/m;使用被称为"先导号"(Pioneer)的机车,重15 t,速度为24～32 km/h;客货车辆也是小型的。

铁路后来修到了吴淞镇,并添置了一台"天朝号"(Celestial Empire)机车。1876年12月1日,这条从上海到吴淞镇长约15 km的铁路全线通车。自全线通车之时起至1877年8月25日止,在不满2年的时间内共运送旅客16万余人。

在河北省,为了把煤从开平煤矿区运到最近的海口,然后装船运出,1881年初开始开工修建从唐山到胥各庄一段长10 km的铁路,用中国制造的"龙号"机车拉运铺轨材料,同年11月8日通车,命名为唐胥铁路。

唐胥铁路虽然采用15 kg/m的轻钢轨,但采用"标准轨距",轨距为1 435 mm(4英尺8英寸),这是我国标准轨距铁路的开端。唐胥铁路通车后,一度规定只准用骡马拖运车辆。一年后才同意用蒸汽机车牵引。

自1876年7月吴淞铁路开始部分通车营业起,到1911年清政府覆灭时止的35年中,中国共修建了9 100 km铁路。按经营制度性质来分共有以下几类:

(1)国有铁路,包括京张线(政府拨款修建)、京汉线(政府向比利时赎回)和广三线(政府向美商赎回)等。

(2)民营铁路,包括沪杭、南浔、粤汉、新宁、潮汕、漳厦等铁路。

(3)合资铁路,包括京奉、沪宁、广九、道清四线(由英商贷款修建)、津浦线(由英、德两国联合贷款修建)、正太、汴洛两线(由法、比两国分别贷款修建)。

(4)殖民铁路,包括南满铁路(由日本经营)、胶济铁路和滇越铁路(分别由德国和法国经营)、东北铁路(名义上是中俄两国政府合办,但中国实际上无权过问)。

此外,还有由地方政府修建的铁路。

鉴于当时中国铁路的修建是各自为政,给铁路运输管理带来了严重的问题。

由于缺少统一的交通法规,中国铁路出现了英、法、德、日、俄、美等国的各种设计标准和设备形式,当时中国铁路有"国际铁路展览会"之称。例如,中俄合办的铁路是俄国西伯利亚铁路的设计标准,采用1.524 m宽轨;法国经营的滇越铁路采用低标准设计和经营,采用1 m轨距,并且规定夜间不行车;德国经营的胶济铁路也是低标准设计的;英德两国联合贷款经营的津浦铁路和英国控制的铁路标准都较高。

由于没有统一的运营方针，机车车辆也不能过轨使用，造成维修困难、空车里程增加、运用不经济等后果。由于各线客货运输规章制度不同，运送条件不同，货物分等不同，缺少统一的运价政策，运价率高低相差悬殊。由于缺少统一文字及度量衡制度，各线规章分别使用各国不同的文字，客货运输规章和行车规则分别用英、法、德、俄、日文，译成中文后，又不合中文习惯；度量衡有英制、法制、俄制等不同制度，客货运费除国有铁路用国币核收外，南满铁路用日元，东省铁路用卢布核收，致使旅客和货主无所适从。由于不办理负责运输，出现了大批转运公司在沿线大站设立货栈，招揽货物的现象。

铁路会计制度不同，其账目分类也不同。报表不一，无法汇编全国国有铁路的营业收支和财务盈亏的统计，因此，也无法考核各路运营效率，无法规划改进事项等等。

2. 民国时期的中国铁路

孙中山先生是中国民主革命的先行者，也是发展中国铁路事业的创导者。他早就研究各国铁路事业的发展。孙中山先生曾大声疾呼："交通为实业之母，铁道又为交通之母，国家之贫富，可以由铁道之多寡而定之，地方之苦乐，可以由铁道之远近计之。"

1912 年 2 月 22 日，孙中山先生在上海成立了中国第一个全国性铁道协会——"中华民国铁道协会"，表示要全力从事铁路事业。在上海成立中国铁路公司后，他担任了全国铁路督办之职，拟定修三条合计 10 万 km 铁路的规划：①广州—桂—滇—缅甸；②广州—湘—川—西藏；③上海—苏—皖—豫—陕—甘—新疆伊犁。

他提出的筹措 60 亿元铁路建设资金的政策是：①借款建路；②集资组织中外合资股份公司；③同意外国独资修建，限 40 年收为国有。

孙中山先生 1918 年发表了《实业计划》一书，1921 年用英文出版，其中关于交通方面的政策内容有：

(1)制定了建设十万英里(16 万 km)铁路网的计划。

(2)提出了铁路选线原则：①有利于吸收外资；②适应人民的需求；③遇到的阻力最低；④选择最恰当的路线。

(3)构建中国铁路网和建设北方、东方、南方三个大海港。

(4)按地区分别规划铁路建设，内容包括：①中央铁路系统；②东南铁路系统；③东北铁路系统；④西北铁路系统；⑤高原铁路系统(包括西藏、青海、新疆及甘肃、四川、云南)；⑥创立机车、客货车辆制造厂。

由于国有铁路大多数是借款修建的，它需要以路产和营业收入为担保，所以不论线路长短，都需分线设局，分散管理。该时期在客货运输政策与法规方面，进行了许多有益的实践。

在客运方面，把客车分为三等，旅客票价以三等客车为基数，由各路自定，二等客车票价定为三等客车票价的两倍，头等客车票价为二等客车票价的两倍。行李免费重量按客票分等有不同的规定。对于有水运竞争的铁路，如沪宁、沪杭甬等，则在慢车上加挂四等车，四等客车票价又规定比三等客车票价减几成。为优待到关外或张家口外垦地谋生的农民，在每年冬春两季发售小工票，票价很低。为便利旅客起见，除发售普通客票和特快加价客票外，还发售团体票、往返票、定期票等。

在货运方面，制定了《国有铁路货车运输通则》，规定把货物分为 6 等计算运价，但因各路运输成本高低不同，水运竞争条件也不同，运价率仍由各路自定，呈报交通部备案。又因各路线路长短不同，对长距离运输一般都实行递远递减的运价政策。但该货运通则对最重要的铁路与运货人的权利和义务的规定还是以货主自行负责为原则。1922 年开始，对由铁路负责运输的货物加收一成运费作为补偿。

运价方面,允许因地、因货制宜。国有铁路因有外国贷款要以路产和营业收入为担保的关系,以及运输成本高低不同,货物运价规定由各路局自行核定,并按照有无水运竞争,运价率不强求一致。例如华北铁路货物运价高于长江以南的沪宁、沪杭甬铁路,京汉、陇海铁路运价高于沿海津浦铁路;煤炭的生产成本较低,又是大量运输,同时考虑日本的长崎和越南的鸿基煤的竞争,规定按照比普通货物整车最低等(6 等)还要低的运价率核收运费。

铁路经营管理方面,进行了整顿、改进:

①恢复直通运行,促进负责联运。增收负责费一成,使运货人不须随车押运。

②发行"提货单",使运货人在托运货物收到"提货单"后,就可将该单向银行"贴现"。而收货人只要向银行交还货款,领回提货单,就可向到达站提货。

③规定货物运输时间的计算办法,除托运和提货各作一天计算外,运行 300 km 为一天。

④货物运费实行除在承运站交纳外,也可在到达站交纳。

⑤办理水陆货物负责联运,提倡铁路与公路联运。

⑥货物运价由整车、吨、公斤三级制改为整车、零担两级制;扩大货物等级,由 6 等改为 10 等,并调整运价基数,使各种货物的运价负担合理化。

⑦在大城市的市区设立营业所,发售客票及接受行李、包裹和零担货物的运送业务。

⑧制定铁路货物特价的原则和专价适用办法,对长途联运货物给予递远递减的待遇。

⑨改进三等客车设备,如座位由纵排改造为横排,规定客座人数,装设电灯,改进厕所,供给三等旅客饭菜等。

⑩限制各路局职工定员数。严格考核各路局的收支款项和现金管理。设立部内购料委员会,集中投标采购各路局需要的机车车辆、钢轨、枕木、钢梁等材料。

3. 新中国改革开放前铁路的发展

周恩来在 1949 年 7 月 23 日中华人民共和国成立前夕指出:"恢复交通运输,首先恢复铁路。"同年 10 月 1 日,军委铁道部改归政府政务院领导,主持全国铁路的经营管理、基本建设和机车车辆、电信器材的制造。

1950 年开始,国家进入三年经济恢复时期。在这期间,全国对战时临时修复通车的线路、桥梁、隧道,特别是京汉、粤汉两大干线,进行了大规模的复旧工程。与此同时,全路开始了新线建设工程,一些主要干线和关键区段相继开工,并且部分竣工通车。在此期间,对机车车辆工业做了调整,确定各厂产品方向,增添了设备,改善作业条件,同时修复了 1 400 多台机车,近 900 辆客车和 7 000 多辆货车。1952 年 8 月 1 日,四方铁路工厂诞生了第一台完全由中国独立制造的蒸汽机车。1950 年 6 月日,全路颁布和实施了统一的《铁路技术管理规程》,从此彻底改变了旧中国铁路管理分散、各自为政的状况。

从 1953 年开始,国家进入有计划发展国民经济的时期。到 1980 年铁路经过了五个五年计划的建设,取得了辉煌的成绩。1953 年到 1957 年第一个五年计划时期,铁路部门以学习苏联和推广中长铁路经验为方针,全面改造旧中国铁路落后的管理制度。第二个五年计划开始时,出现了国民经济"大跃进"的形势,破坏了集中统一的领导,一度导致运输秩序混乱,设备和各项工作的质量严重下降。1961 年开始经过三年调整,扭转了被动局面,并加速了西南地区的铁路建设,建成了干线 12 条,支线 30 条。三、四两个五年计划时期,正值"文化大革命"时期。铁路集中统一的领导体制再度遭到破坏,铁路运输曾一度陷于半瘫痪状态。中国共产党十一届三中全会以后，国家工作的重点转移到社会主义现代化建设上来，并提出“调整、改革、整顿、提高”方针，铁路工作又逐步恢复和发展。到 1978 年，我国铁路营业里程增加到 5.2 万 km，增长了 1.4 倍。

4. 新中国改革开放后铁路的发展

在改革开放的新形势下，我国铁路事业取得了长足进步。铁路部门深入贯彻落实科学发展观，紧紧抓住铁路发展的黄金机遇期，以快速扩充运输能力、快速提升技术装备水平为主线，全面推进铁路改革发展，我国铁路进入了又好又快发展的新阶段，取得了世人瞩目的成绩，为发展国民经济和提高人民群众生活水平提供了重要保障。

(1)运营里程大大增加，路网布局趋于平衡

改革开放以来，为适应经济社会快速发展需要，我国铁路组织实施了一系列建设，路网规模和质量显著提升。2004 年初，国务院批准了《中长期铁路网规划》，确定到 2020 年我国铁路营业里程达到 10 万 km；2008 年 10 月，国务院批准了《中长期铁路网规划》调整方案，将 2020 年铁路营业里程增加到 12 万 km 以上。铁路部门以建设客运专线、区际大能力通道、西部开发性新线为重点，展开了大规模铁路建设。2016 年 7 月，国家发改委、交通运输部和铁路总公司正式发布新一轮《中长期铁路网规划(2016—2030)》，确定到 2020 年，铁路网规模达到 15 万 km，其中高速铁路 3 万 km，覆盖 80％以上的大城市。到 2025 年，铁路网规模达到 17.5 万 km 左右，其中高速铁路 3.8 万 km 左右，网络覆盖进一步扩大，路网结构更加优化，骨干作用更加显著，更好发挥铁路对经济社会发展的保障作用。展望到 2030 年，基本实现内外互联互通、区际多路畅通、省会高铁连通、地市快速通达、县域基本覆盖。

发展高速铁路，基本建成快速铁路网。基本形成了以“四纵四横”为主骨架的高速铁路网。贯通北京至哈尔滨(大连)、北京至上海、上海至深圳、北京至深圳及徐州至兰州、上海至成都等“四纵四横”高速铁路。有序建设快速铁路，进一步扩大快速铁路网覆盖面。规划建设城际铁路，规划建设长江三角洲、珠江三角洲、环渤海地区、长株潭城市群、中原城市群、武汉城市圈、成渝经济区、关中城市群、海峡西岸经济区以及呼包鄂地区、北部湾地区、鄱阳湖生态经济区、滇中地区等城际铁路。利用通道内新建快速铁路和既有铁路开行城际列车，充分发挥路网资源在区域城际客运中的作用。

大能力通道建设顺利推进。通过建设一批跨区域通道项目及西部开发项目，逐步形成了横跨我国东西、纵贯我国南北的大能力通道网和煤运网络，我国东部、中部、西部和东北等区域之间客货运输能力将成倍增长，大能力区际干线和煤运通道进一步优化完善，煤炭运输能力达 30 亿 t 以上，重点物资和跨区域货运服务能力显著增强，大幅提升铁路对经济发展的支撑和保障能力。

既有线改造成效显著。以提速、扩能和电气化为重点，采用先进技术对既有线路进行了大规模技术改造。

现代化铁路客站和路网性枢纽建设全面展开。新建和改造的大型客站，站房宽敞通透，装备先进导向系统，与其他交通方式无缝衔接，成为所在城市的现代化综合交通枢纽，旅客可以实现无障碍行走和零距离换乘。路网性枢纽方面，重点建设了武汉北、新丰镇、贵阳南、成都北等路网性和区域性编组站，实现点线配套，最大限度地满足货物运输直达化、重载化和车流作业集中化需要。

截至 2016 年底，全国铁路营业里程达到 12.4 万 km，其中高速铁路超过 2.2 万 km，路网规模和质量大幅提升，里程长度居世界第二位。铁路复线率 54.9％，电气化里程 8 万

km,电化率 64.8%,西部地区营业里程 5 万 km。铁路主要通道实现客货分线运输,发达完善的铁路网初具规模,铁路运输的“瓶颈”制约基本缓解,铁路在经济社会发展中的作用将更为突出。

(2)技术装备现代化水平大幅提高

改革开放以来,我国铁路坚持“科技兴路”方针,抓住线桥隧涵、通信信号、牵引供电、机车车辆、信息化等领域关键性技术创新项目,积极组织科技攻关,新技术、新装备不断问世。

机车车辆装备技术达到世界先进水平。按照“引进先进技术,联合设计生产,打造中国品牌”的总体思路,引进消化吸收再创新,实现我国机车车辆制造业的现代化和机车车辆装备的现代化。动车组技术方面,成功搭建了具有自主知识产权和世界一流水平的高速动车组技术平台,实现了国产高速动车组批量化生产。大功率机车技术方面,已形成具有完全自主知识产权的大功率机车产品系列。依托中国铁路科技进步快速发展的成果,在国家加快实施“走出去”战略,党和国家领导人亲自宣介推动下,中国铁路机车车辆装备制造企业,积极拓展海外市场,从亚洲、非洲到欧美发达国家,从铁路机车、客车、货车、动车组到地铁车辆、有轨电车,从单纯产品输出向产品、资本、技术全方位输出,实现了从低端产品向高端产品提升的历史性转变。

高速铁路技术达到世界先进水平,在高速铁路的固定设施、移动设备、系统集成、列车控制、运营管理、环境保护等方面实现了一系列重大技术创新,形成了具有我国特色的高速铁路技术标准体系。

高原铁路技术创造世界一流水平。青藏铁路在多年冻土、高寒缺氧、生态脆弱三大世界性难题攻关上取得重大成果。

既有线提速技术达到世界先进水平。通过 2007 年实施的第六次大面积提速,我国铁路全面掌握了时速 200 km 及以上线路的设计、施工、养护和牵引供电、通信信号、列车控制等成套技术,进入世界铁路既有线提速先进行列。

重载运输技术达到世界先进水平。在大秦铁路采用先进的机车同步操纵技术及大功率机车、大吨位货车制造与使用技术,大量开行 1 万 t 和 2 万 t 重载组合列车,在 2002 年运量达到 1 亿 t 设计能力的基础上,运量逐年大幅度增长,2008 年达到 3.4 亿 t,创造了世界铁路重载运输的奇迹。

运输调度技术达到世界先进水平。全面掌握时速 200 km 及以上列车运行控制技术,构建了 GSM-R 移动通信无线传输平台并集成创新了时速 350 km 列车运行控制技术。列车调度指挥、调度集中、客票发售与预订、货运大客户管理、建设项目管理等信息系统广泛应用,铁路网络与信息安全保障体系不断完善,促进了运输生产和经营管理效率的提高。

(3)铁路运输客货运量持续增长,运输效率大幅提升,服务质量不断提高

改革开放以来,在国民经济快速增长的情况下,我国铁路努力挖潜扩能,不断提高运输效率,大力实施既有线提速战略,实现了铁路客货运量持续增长。

铁路部门在全面展开大规模铁路建设的同时,把深化内涵扩大再生产作为扩充铁路运输能力最现实的途径,在 1997 年至 2002 年先后四次大面积提速的基础上,于 2004 年、2007 年进行了第五次和第六次大面积提速,提高列车运行速度,增加列车运行密度,快速建成的高速铁路网络诱增了大量客流,同时极大释放了既有线能力。发展重载运输,铁路网综合运输能力大幅度提高,客货运量连年大幅度增长,运输效率和效益大幅度提升。2003 年以来,我国铁路客货运量实现了持续大幅度增长。2003～2015 年,全国铁路旅客发送量由 10.6

亿人增长到25.3亿人，增长138.7%；货物发送量由20.4亿t增长到33.6亿t，增长64.7%；总换算周转量由20 628亿t·km增长到35 715亿t·km，增长73.1%。

在铁路运输工作中，注重国家利益和社会效益，在运输能力十分紧张的情况下，对重点物资运输实行优先安排运输计划、优先配置车辆、优先装车、优先挂运、优先卸车，全社会85%的木材、85%的原油、60%的煤炭、80%的钢铁及冶炼物资是由铁路运输的，保证了国民经济平稳运行和人民群众生产生活需要。

优化调整客车开行方案，增加直达特快、夕发朝至、朝发夕归、一日到达及旅游列车，积极开发适应不同旅客需求的新产品，提高铁路客运市场占有率。提高短途客运和高附加值货运市场份额。加强与其他运输方式的衔接与合作，发挥铁路在综合物流链中的骨干作用。加快发展集装箱、特种货物等专业运输，尽快形成规模化、市场化、专业化经营，提高经济效益和服务质量。

(4)积极稳妥推进铁路改革和经营管理现代化

铁路部门以建立适应社会主义市场经济体制要求的铁路管理体制为目标，按照保持路网的完整性、坚持运输集中统一指挥、提高运输效率等重要原则，以基础性改革为重点，推进铁路改革，为加快铁路发展提供了强大动力。改革开放后，按照党中央、国务院关于铁路改革的部署，铁路部门对改革进行了深入探索。

运输管理体制实现重大创新。2005年3月，成功实施了撤销铁路分局、由铁路局直接管理站段的改革，变四级管理为三级管理，提高了管理效率，极大地释放了运输生产力。

运输生产力布局实现重大变革。有计划、有步骤地扩大站段管理跨度，运输站段数量由1 491个减少到627个，减幅达到58%，进一步优化了运力资源配置，大幅度提高了铁路运输效率和劳动生产率。

主辅分离改革取得重大进展。将铁路物资、通信、设计、施工企业移交国资委及所属企业管理，将铁路中小学校、医院全部移交地方政府管理，达到了精干运输主业和拓展辅业发展空间的“双赢”效果。与此同时，以产权制度改革为核心，以资产重组为主线，大力推进辅业改制，使铁路多元经营管理进一步规范，经营规模不断扩大，就业岗位不断增加，经济效益得到新的提高。

2013年3月，国务院新一轮机构改革对铁道部实施政企分开，撤销铁道部；将铁道部拟定铁路发展规划和政策的行政职责划入交通运输部；组建国家铁路局，由交通运输部管理，承担铁道部的行政职责；组建中国铁路总公司，承担铁道部的企业职责。

铁路投融资体制改革取得重大突破。按照“政府主导、多元化投资、市场化运作”的思路，加大合资建路力度，铁道部与各省市自治区广泛开展合资建路的战略合作。2003～2008年，全路新组建合资铁路公司76家，吸引了地方政府、战略投资者的大量资金，改变了铁路建设仅靠中央政府投资的局面。按照“存量换增量”股权融资模式，积极推进铁路股改试点，不仅搭建了铁路市场融资的平台，而且探索和积累了铁路运输企业建立现代企业制度的宝贵经验。2013年8国务院印发《关于改革铁路投融资体制加快推进铁路建设的意见》，包括推进铁路投融资体制改革，多方式多渠道筹集建设资金；不断完善铁路运价机制，稳步理顺铁路价格关系；建立铁路公益性、政策性运输补贴的制度安排，为社会资本进入铁路创造条件；加大力度盘活铁路用地资源，鼓励土地综合开发利用；强化企业经营管理，努力提高资产收益水平；加快项目前期工作，形成铁路建设合力六部分内容。

对外交流合作不断扩大。按照国家对外开放整体部署和要求，铁路部门主动服务国家外交大局和"走出去"战略,大力开展铁路对外交流与合作,我国铁路的国际影响力显著提升。

第二节　新时期铁路运输发展特点与政策法规内容

一个多世纪以来,世界和中国的铁路运输和其他交通运输方式一样,都取得了不同程度的发展。但是这种发展的背后却隐含着一个沉重的现实,即人类正在经历着以牺牲生命和自然的多样性为代价,实现着自身的进步和发展,这是一个不可持续的发展过程,导致了社会的不公正和整个人与自然系统的生存危机。

交通运输是国民经济的基础产业,随着经济的不断发展,必须从可持续发展的角度规划和发展交通运输,既考虑到交通运输的发展对资源消耗和环境保护的影响,也考虑到交通运输业自身的可持续发展问题。

一、新时期铁路运输发展的特点

世界经济的发展、经营条件的变化以及科技的发展带来了人对自然认识的飞跃。高速铁路的出现,加上公路运输高度发展造成的社会、环境、事故、交通拥堵、能源等原因,促使铁路运输在20世纪80年代开始,迈入了一个新的历史发展时期。这一时期的特点表现为:

1. 经营管理体制、模式的改变

从20世纪80年代起,各国政府针对铁路发展存在的问题,纷纷调整铁路经营管理体制和模式,主要以适应市场需要为中心,对铁路管理体制、经营模式、组织结构和价格体制进行改革。具有代表性的是1987年日本原国有铁路的"民营化"和欧洲诸国的"网运分离"模式。

2. 基于可持续的交通运输政策支持

在全球能源紧张、环境恶化的大背景下,铁路在高新技术的推动下,电气化铁路技术与货运重载技术快速发展,铁路自身所具有的节能、环保、快捷、安全的比较优势更加突出,重新受到各国重视,许多国家把发展铁路作为交通产业政策调整的重点,出台了相关的政策与法规,支持铁路的发展。最有代表性的是德国政府在20世纪80年代,明确提出了"扶植铁路、限制公路、维持水路、发展国际民航"的交通运输政策。

3. 铁路技术的创新与发展

客运高速和货运重载全面深刻地推动了铁路技术的进步。高速铁路技术为世界铁路走向复兴提供了强大的技术平台,高速铁路的诞生和成功开创了世界铁路的新纪元,高速铁路以其自身的比较优势,提高了铁路在客运市场中的竞争力,掀起了高速铁路建设的新浪潮。自20世纪50年代起,随着大功率电力机车和内燃机车、大轴重大容量货车的使用,铁路重载运输走入人们的视野并在一些幅员辽阔、矿产资源丰富的国家迅速发展,成为世界铁路发展的一个重要趋势。

二、铁路运输政策与法规的内容

铁路运输政策与法规的内容很多,本教材仅编写了其中一部分内容,它们是:

1. 铁路建设政策

主要包括融资政策、投资政策以及地方铁路、合资铁路和民营铁路方面的政策等。

2. 铁路管理政策

主要包括运输管理体制、运价政策、人力资源管理政策等。

3. 铁路技术政策和发展政策

包括铁路在设备、组织等方面的技术政策以及铁路拓展物流服务和旅游服务的政策。

4. 铁路环境政策

主要包括运输与环境保护、运输与能源、运输与土地资源政策等。

5. 铁路基本法规

包括《铁路法》和《技规》《行规》《站细》等规章。

6. 铁路客货运输法规

包括铁路旅客运输规程和货物运输规程及其引申规章。

7. 铁路运输安全法规

主要包括《铁路安全管理条例》《铁路交通事故应急救援和调查处理条例》等。

8. 铁路联运法规

主要包括国际铁路联运法规和国际多式联运法规等。

第三节　铁路运输政策与法规发展展望

一、铁路发展规划政策与法规

铁路运输与其他交通方式一样，具有建设周期和运行寿命长的特性，国家的交通运输结构关系着国家的战略布局、经济安全、军事安全和能源安全等。但迄今为止，交通运输规划从政策上普遍缺乏统一性和协调性，缺少国家级的、综合的交通运输发展政策的战略指导。在交通运输基础设施建设方面，各交通行业部门之间、各省市之间甚至同一城市内也存在各自为政、重复建设的现象，这些现象导致了交通运输的低效率，有的甚至还与国家的长远利益严重抵触。这些现象至今还在以不同的方式或以新的形式固执地重复着，从长远看，它影响了国家整体竞争力的提高。

铁路运输发展战略和规划的制定要体现出如下政策原则或要求：

1. 长期性

铁路运输项目建设周期长，具有较强的刚性。其战略和规划要有长远的政策眼光，要有长期的打算，战略和规划的时间应覆盖 30 年。

2. 综合性

铁路运输业是具有较强的综合性、协调性的产业，它的健康发展和高效运行，需要与其他运输方式进行政策协调，需要地区之间、城市之间、城乡之间以及境内境外的衔接与协调。

3. 适应性

铁路作为国民经济的基础产业，必须服从于国家的长远发展政策，必须适应国土开发和城市化进程的长期发展战略。

4. 可持续性

铁路运输业的可持续发展政策，不仅是国家可持续发展战略的组成部分，还涉及国家能源发展战略、土地利用战略、环境保护战略、综合运输战略以及经济发展战略等，更是我国各种交通运输方式协调持续发展的关键。

二、综合运输政策与法规

21世纪是综合运输的时代。经济全球化的进展使贸易往来增加,并使经济互补性增强,国际经济将形成物流系统综合化的格局。新的运输模式将打破传统的各种运输方式各自为政的局面,铁路和其他各种运输方式要充分发挥自身技术经济优势,在提高服务质量、应用先进技术装备等方面实现有序竞争的动态平衡。

完善以铁路为骨干的综合运输体系,必须制定明确的法律法规,制定有关的政策,鼓励不同运输方式之间的联营、协作、竞争,鼓励通过兼并、重组等手段实现运输职能的交叉。协调铁路、公路、民航、远洋、内河、管道等的战略规划、建设以及管理规范的制定工作。

铁路是占用土地少、能源消耗小、对环境的污染最轻的交通运输方式,在安全方面也具有优越性。发展铁路运输体系符合建立资源节约型、环境保护型的可持续发展的要求,坚持发展以铁路为骨干的综合运输体系具有战略意义。

人们对于以汽车为主导的城市交通运输方式所造成的环境负效应已形成了共识,许多国家的交通政策都明确宣布大力发展城市轨道交通,发展市郊铁路。铁路(轨道交通)向市内运输延伸是铁路发展的重要方面,用轨道交通把城市间交通和城市内交通联系起来也是一个重要趋势。

城际交通和市郊运输系统必须以大容量的快速轨道(地铁和轻轨等)交通为主体,在交通政策上可明确提出抑制私人小汽车运量的增长,以达到缓解城市交通拥堵的目的。城市交通基础设施的建设要特别注重解决交通枢纽的问题,如机场、火车站等重要交通枢纽不同运输方式之间以及城市间和城市内的连接、换乘,以及优化城市交通网络结构等。要加强综合运输规划,优化交通结构,避免重复建设,提高综合运输体系的经济效益。

从政策与法规的大局看,我国的综合运输系统有两个环节还很不适应:一是在各种运输方式之间的换装、衔接的结合部方面缺乏协调;二是运输信息的及时传递和处理以及单证的流转等方面易出现脱节。

三、投融资政策与法规

首先,应明确投融资政策是各种因素综合作用的结果:对铁路运输业及相关的投资决策,应综合考虑经济趋势、社会趋势、技术趋势、环境影响、政府职能、国家安全等诸多因素,引导运输系统协调发展与完善,在推动社会与经济成长以及改善安全、保护环境、增加就业等方面发挥作用。

其次,政府资助和扶持是铁路运输系统发展的基础。政府通过直接投资或者资助等途径参与建设和维护,保证运输系统的投资来源。政府投资政策的取向对运输系统有重大影响。

以美国为例,美国政府长期投资和资助公路、航空等运输方式的政策取向,使铁路几乎完全退出了客运市场,并带来了交通拥堵和环境恶化等问题。在苏联解体前后的20多年的时间里,铁路投资严重不足,导致设备老化严重,使得整个铁路系统处于超期服役状态,运输能力严重不足。

铁路运输业所提供的服务常常具有很大的社会效益,但并非所有的铁路运输企业都能保证自身的经济效益,有些项目经济效益很低,甚至在相当长的时期内没有经济效益,如国土开发型的铁路、用于国防目的的铁路、用于扶贫目的的铁路和某些城市铁路等。

为适应市场经济和铁路投融资体制改革的要求，可以考虑按照铁路项目修建目的、意义和作用，将铁路划分为公益性和经营性两种类型。对于不同类型线路，确立不同的投融资主体，并构建不同的投融资方式。

四、环保政策与法规

1.“污染者治理”的环境政策

发挥市场机制的调节，实行“污染者治理”的交通环境政策，用逐步提高燃料税等税收手段促进交通运输的清洁化和节能化。

要利用市场的力量，采用经过调整的反映社会成本（含环境成本）的价格将变成落实环保政策强有力的手段，使生产者和消费者都朝有利于环境保护的方向努力。

2. 运输的价格体现社会成本的法规

运输的价格应该等于直接成本加上社会成本。如驾驶私人小汽车排放出来的废气，对环境产生污染，对健康不利，导致医疗费用增加、生产率下降、交通堵塞等，那么使用私人小汽车的人得分担这些外加给社会的费用。这些费用应该在交通运输政策中有所体现。

3. 改善交通运输能耗结构的政策与法规

改进交通运输以石油为主体的能耗结构。铁路运输应大力发展能力大、成本低、无污染的电力机车牵引，电气化是铁路发展的主方向；汽车运输应坚持能源安全与清洁能源的方向，推广无铅汽油，开发液化天然气和煤液化燃料等代用燃料，积极采用电动汽车。

4. 节能政策与法规

政府应通过交通产业政策，实施相关的鼓励、引导和限制法规，来确保节能技术的推广。铁路通过加快铁路牵引动力结构调整，实现铁路牵引动力部分以电代油，推进节能科技进步与创新，加大技改力度促进节能与资源的综合利用。

5. 土地利用的法律

实行对交通运输业的土地利用政策。改变规划偏重于经济效益的趋向，土地规划应将环境保护作为主要因素予以考虑。

在生态脆弱区、环境敏感区，铁路设施的建设应与生态恢复、生态保护工程同步进行。在城市规划和交通规划中，执行控制土地分散利用和低人口的密度政策等。

五、铁路运输业监管调控政策与法规

国家对铁路运输业的宏观调控手段，主要以经济手段、法律手段为主，国家的调控主要体现在制订行业发展规划、审批重大建设项目、确定产品和服务价格水平收费标准的原则等方面。

要继续改变铁路单一的国家所有制形式。一些铁路可由国有控股的形式经过股份制改造后，逐步变成公众持股的所有形式。按市场经济规律进行投资决策，组建国家级交通投资公司，从事重大基础性交通项目的投资建设。同时，适时建立股份制的以非公有投资为主的交通投资公司。

对于以追求经济效益为主要目标的经营型交通基础设施，经营性运输企业必须在经营策略上引进竞争机制，必须加强交通基础设施的投资来源、投资主体、投资回报以及发展战略的研究。

另外，在市场经济和社会化大生产条件下，每种商品都不是孤立的，不同商品的价格之间都具有一定的联动作用。建立运价与物价联动的科学体系,使运价与物价同升同降,补偿因物价上升而引起的成本增长,是市场经济的内在要求。铁路运输企业在具体定价时,还应当依据有关商品或者服务的社会平均成本和国民经济与社会发展要求以及社会承受能力,并实行包括区域运价、季节浮动价、协议运价等的多层次运价体系,从而使运价适应市场变动并能反映市场供求。

六、铁路拓展为物流企业的政策与法规

现代物流打破了传统仓储业和运输业的界限,成为包含有运输、仓储、装卸搬运、包装、配送、流通加工和信息服务等诸多功能要素的综合服务系统。它强调的是对各种既有功能要素的整合,突出物流管理与作业的一体化,突出网络化,并进一步向供应链管理方向发展。

运输只是物流系统中的一个重要组成部分。运输企业要开展物流,必须主动地服务于客户的产品生产和销售,服务于产品的市场竞争和企业利益,根据客户的需要,为其提供全方位的物流服务,而不是满足于传统的货物位移服务。推进传统铁路运输企业向现代物流企业转型,直接向社会提供全方位的综合物流服务是铁路发展的必然选择。

铁路企业需要提高客户意识和服务质量,实现合理运输,改善与客户的相互关系;逐步建立与客户间的长期合作伙伴关系;重视不同运输方式之间的衔接和服务范围的拓展,发挥各种交通运输方式在物流中各自的特殊作用。

铁路与其他运输方式之间的合理分工与协调,需要通过与其他运输方式在运输价格和提高运输服务质量方面的竞争,通过国家的宏观调控和行业管理以及企业组织间的市场竞争等途径的结合来实现。

七、城市轨道交通的发展政策与法规

伴随着我国社会经济的不断发展,我国城市轨道交通进入快速发展阶段。国内外大城市轨道交通运营实践证明城市轨道交通的发展对解决大城市交通拥堵、提高环境质量、调整城市区域结构和产业合理布局以及拉动城市社会经济持续发展有着重要的作用。

目前,我国不同类型的轨道交通进入了并行发展时期,并呈现出多元化发展趋势。我国城市轨道交通的多元化快速发展使得轨道交通发展政策呈现出以下特点:

(1)综合发展政策。城市轨道交通发展政策的制定要统筹兼顾,把解决城市交通问题、促进城市合理布局、强化城市(区域)间协调发展、实现轨道交通的可持续发展作为制定轨道交通发展政策的首要选择。

(2)强调城市不同轨道交通方式与其他交通方式的协调发展。针对我国大城市不同的发展时期,应制定不同的公交优先交通政策。结合城市经济和社会发展的具体情况,对轨道交通系统及常规公共交通系统在城市交通发展的不同阶段中承担的作用进行合理的定位,进而制定适合城市发展的公交优先的管理措施及发展政策。对城市交通和对外交通进行综合交通运输规划,重点将城市轨道交通与外部快速轨道交通及对外交通枢纽有机地衔接起来,逐步形成现代化的城市轨道交通网络体系。

(3)注重轨道交通项目的前期准备工作,尤其是技术可行性研究、经济合理性研究和投融资的可能性研究。

(4)制定和完善扶持轨道交通发展的各项技术经济政策和法规,引导轨道交通健康有序的发展。

(5)国产化和标准化政策。轨道交通是涉及土建、机械、电气、电子及通信业的技术密集型产业，其技术装备的水平反映了国家的工业基础水平。应合理推进轨道交通设备的国产化进程，进一步降低轨道交通的工程造价。为了促进我国轨道交通可持续发展，其相关的国产化和标准化政策还有待于进一步深化和完善。

(6)可持续发展的原则。加强轨道交通在社会、经济、环境方面的可持续发展。

复习思考题

1. 简述交通运输的产生和发展与社会生产力的发展和科学技术的联系。

2. 简述交通运输业的发展阶段、特征和三次革命的标志。

3. 请表述孙中山先生关于铁路发展的至理名言。

4. 铁路运输在20世纪80年代开始迈入了一个新的历史发展时期，这一时期的特点是什么？

5. 制定铁路运输发展战略和规划要体现出哪些政策原则或要求？

6. 试述经营性运输企业必须在经营上采取的主要策略。

7. 你对于铁路运输哪个领域的政策与法规发展感兴趣，为什么？

第二章 铁路运输政策概论

交通运输政策是为实现一定时期的发展目标而制定的协调各个经济主体利益关系的准则。它有纵向结构、横向结构之分。交通运输政策的不同领域应彼此协调,其制定过程包括政策目标的设定、政策选择、政策手段、政策实施等。

铁路运输政策的制定与完善涉及众多复杂的因素,在经济发展的不同时期各不相同。它属于上层建筑,能够直接或间接地表达国家对当前或未来铁路运输的某种意图,有多种表现形式。可以是国家和省市的法律、法令、法规等,也可以是政府交通部门单独发布的法案、条例、白皮书、方针、标准、纲要等。

美国、俄罗斯等国是世界上运输业发达的国家,这些国家的铁路运输业能在长时期内快速发展,得益于政府在各个时期所实行的运输政策。我国可以从发达国家的经验中得到许多有益的启示。

本章将分析交通运输政策的内涵、结构、主要目标,重点阐述铁路运输政策的内容、框架和表现形式。

第一节 交通运输政策的内涵、作用和内容

一、交通运输政策的内涵和结构

(一)交通运输政策的内涵

政策是指国家、政党为实现某一个历史阶段或一个时期的某种目标而制定行为准则,政策是行动指南,是路线与方针的具体化。政策作为上层建筑能产生一种效应,并对生产力的发展起到重要的促进作用。通过政策协调生产力要素,能鼓励、限制或协调各个经济主体利益关系,形成推动经济发展的合力。

交通运输政策是国家在交通运输领域里的政策,属于国家经济政策的一部分,是为实现一定时期的目标而制定的协调参与运输活动的各个经济主体利益关系的准则,因此将交通政策视为交通经济方面的政策。

交通运输政策是作为社会公共利益主要代表的政府,在有限资源条件的制约下,为实现交通运输创造最大空间及时间效用的目标,按照一定时期内经济与社会发展对交通运输的需要,选择综合交通运输体系的目标和重点,综合运用行政、法律、经济以及舆论等手段,调节交通运输参与者的行为而制定的前瞻性决策方案。

(二)交通运输政策的结构

交通运输政策的系统架构可以从纵向子系统和横向分系统两个角度划分。

所谓纵向子系统,是指构成交通运输政策体系的要素,包括总政策、基本政策、具体政策三个等级,它说明了政策之间的纵向关系。所谓横向分系统,是指各交通运输政策子系统按

具体内容划分的有关领域，包括投融资政策、管理政策、技术及发展政策、安全政策和环境政策等，它说明了交通运输政策之间的横向关系，如图 2-1 所示。

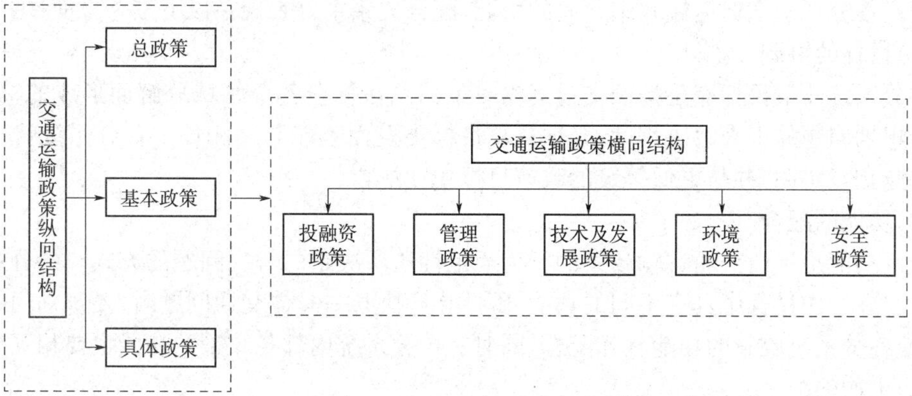

图 2-1　交通运输政策的纵向结构及横向结构示意图

1. 交通运输政策系统的纵向结构

交通运输政策系统的纵向结构为塔形结构，包括总政策、基本政策、具体政策三个层次，它们共同构成交通运输政策体系的三级子系统。

(1)总政策

总政策是交通运输政策的制定主体在一定历史阶段内为实现一定的交通发展任务而规定的指导全局的总原则。其构成要素主要包括总目标和实现总目标的途径与保证。总目标的内容不是单一的，而是表现为多个方面，这几个方面构成交通运输总政策的若干重心。

总政策的内容具有高度的概括性和综合性，因此在实际贯彻过程中，需要把总政策的要素逐步分解，空间上分解为各个领域的目标和原则，时间上分解为若干发展阶段。总政策处于政策体系的最高级，是基本政策和具体政策制定和运行的基础，具有提纲挈领、总揽全局的指导地位和较长历史时期内的稳定性。

(2)基本政策

基本政策是政策主体用于指导某一领域或方面工作的指导原则，它是总政策在某一领域或方面的具体化，构成交通运输政策的主轴。

总政策是跨领域的、指导全局的综合性政策，在一定历史阶段内是稳定不变的，而基本政策则只有局部性和阶段性的特点。局部性是指基本政策的效力领域仅限于某一方面，阶段性是指基本政策会根据总政策的目标在不同的时间段有不同的重点。

(3)具体政策

具体政策是交通运输政策主体针对某一具体问题而制定的具体措施、准则、界限性规定等。具体政策是基本政策的具体化，表现为政策主体为实施某一基本政策而制定的实施细则或针对某一特殊问题而制定的行为准则，一些地方和部门为实施上级政策或为解决所属区域的具体交通问题而制定的具体规定、实施办法、政策界限等也属于具体政策的范畴。

总政策、基本政策的内容最终要靠各个具体政策得到体现、落实，具体政策数量较多、涉及面广，都是较为具体的问题，因此在政策目标、政策对象、行为界限等方面的规定必须是明确、具体、易操作的。

2. 交通运输政策体系的横向结构

交通运输政策体系的横向结构是交通运输政策体系内各分系统之间的关系，交通运输政策的不同领域和方面都是相互联系、相互作用的,它们各有不同的调控对象,功能各异,在实际运行过程中,必须彼此协调、相互配合、形成合力,才能促进整个综合交通运输体系的协调发展。各分系统交通运输政策之间的协调、配合关系主要表现在以下三个方面:

(1)目标的协调

各分系统政策目标应是按照交通运输政策的总目标在各个领域分解而形成的,分系统政策所规划问题的未来解决程度,必须从总目标出发而不能与之相悖。各分系统目标之间也应彼此相互协调,并与更低等级的政策目标相互配合。

(2)功能的配合

政策功能是指由交通运输政策的行为规范性质所决定的解决问题的方式。各分系统的政策在实际运作过程中具有不同的功能,因此在解决某一具体交通问题时,要辨别问题的复杂性,使各分系统政策的功能相互配合,同时一个分系统内部各政策的功能也要相互配合。

(3)主次的配合

在一定时期内,各项交通运输政策分系统必然存在当期解决的重点,当主要政策制定和实施时,也不能忽视相关次要政策的制定和实施,必须统筹兼顾、综合平衡。

二、交通运输政策的作用和内容

(一)交通运输政策的目标

交通运输政策的总目标是要发展、协调和保护由公路、铁路、水运、航空及其他方式组成的国家运输体系,以充分满足国家经济发展的需要。

交通运输政策最基本的目标是以社会资源的最合理分配实现交通部门结构的合理化、综合利用一切可能利用的交通手段实现高效与安全;交通运输政策的第二个目标是从考察不同地区收入差别的观点出发,并从伦理学的角度来改善所涉地区差别;交通运输政策的第三个目标是消除交通公害、地球温室效应问题、保护环境、抑制生态破坏等。还涉及政治、军事、技术、环境保护等诸多方面的政策,应当综合平衡,探寻对国民经济整体利益的最合适、经济的目标,并以此作为整个运输经济政策的核心。

(二)交通运输政策的作用

交通运输政策是国家宏观经济政策的一部分,对促进运输资源配置和运输业发展、运输市场的有效运作以及技术进步、安全、环境、社会福利等都具有重要作用。

1. 实现资源的合理配置及产业的合理布局

交通运输政策所要调整的重要关系之一就是对资源的有效配置。首先对运输业应占用的总的社会经济资源给予合理分配,其次还应使这些资源在不同运输方式之间进行合理分配,以达到最有效地利用社会资源的目的。

现代运输网一旦形成,社会经济中流通和位移的成本就会明显下降,因此需要通过运输网的建设与完善,减少运输短缺对经济带来的不利影响,降低大规模旅客与货物位移所引起的社会运输成本,促进社会经济资源的合理配置。现代运输网的建设是一项长期的艰巨任务,建设与改造耗资巨大,维持其运转所需的物资人力消耗也极其惊人。当年西方国家和后来的新兴发展中国家在进入经济高速发展之前,运输投资在总投资中的比例多数都在20%～30%,有些甚至更高;在经济起飞阶段,各国基础结构方面的投资一般都占到GNP的10%,运输业投资目前仍占发达国家GNP的2%左右。发达国家每年支出的客货运费总额一般要超过其国民生产总值的20%,而实物产品的成本中至少有30%发生在包括运输在内的物流领域。显然，一个国家运输业的正常发展有赖于在总的运输资源配置上有正确和能一贯坚持的政策。

分配给运输业的资源仍然有在运输业内部合理使用的问题。运输化的不同阶段往往面对着不同的问题和要求，需要根据发展阶段的具体情况，优化运输结构，制定出符合实际的运输政策，使有限的运输投资得到最有效的利用。运输政策必须关注天然运输资源如何加以充分利用，各种运输方式发展的合理比例等领域。运输业高度发达的那些国家，一般也是天然运输资源得到充分利用的地区。

运输政策还对一个国家或地区的产业布局产生重要而深刻的影响。资源的布局是大自然形成赋予的，也是人类很难改变的，各国一般将重工业布置在相关原材料产地或者供应地周边，而将与人们日常生活密切相关的轻工业和服务业布置在城市和人口较为密集的地区并形成消费市场。但是往往由于部分资源的匮乏及其他自然和社会等多方面因素，这种理想化的产业布局未必能够直接实现，有些地区自然资源匮乏，有些地区自然资源丰富但经济处于欠发展阶段，资源的分布一般与国民经济的发展不相适应，原材料产地不一定就适合建立重工业生产基地，甚至有些原材料只能依靠国外进口，而部分轻工业的生产基地往往也不是相关消费者的集中地区。为保证资源配置和产业布局的合理性，各国的交通运输政策一般鼓励在原材料产地、生产基地、消费市场集中地区之间建立大型的运输通道，使得那些原本不能依靠原材料或资源建立工业的地区，通过建立起运输通道而得到了发展，这样做一方面有利于促进资源在地区之间的合理配置，保证资源配置的合理、及时，另一方面也是政治、社会和文化方面的需要。发展中国家可以借鉴发达国家在这方面的发展经验，遵循运输业自身的发展演变规律选择正确的道路和运输政策。

2. 促进运输市场的有效运作

在商品经济条件下，市场对资源配置起着决定性的作用。但多数经济学家认为，市场经济也存在自身的弱点和消极方面。完全自由的市场经济，难以解决市场自身调节的滞后性和一定的盲目性，难以同步实现效率与公平的双重要求。市场机制的自发性就有着明显的弊端，运输市场是一种容易自然形成垄断的市场，交通运输产业具有公益性、经营性和外部性，与其他产业相比，容易发生市场失灵的情况，也存在着其他阻碍竞争的因素，这使得价格机制不能在其中有效地发挥其引导职能，而且影响到运输的需求、供给、运输市场结构及运输政策等一系列领域。因此，各国都放弃了盲目的、完全放任自由的市场经济。针对这些弊端，各国都通过交通运输政策的手段对市场进行一定程度上的调节和控制，合理的交通运输政策能够在发挥市场经济作用的同时有效避免其存在的一些问题，弥补和纠正市场的缺陷和失败。

交通运输政策对运输市场有效运作的促进作用主要表现在以下几个方面：

(1)健全运输市场使运输供给达到最优状态。传统经济学认为，只要市场中存在垄断，那么价格恰好等于边际成本的完全竞争的帕累托最优状态就不能实现，因为垄断势力为获取超额利润会抬高价格并限制供给。寡头控制和其他非完全竞争的情况也都不能满足帕累托最优准则，不能使供应者在最低的成本水平上生产。而一定的政府干预包括运价管制可以迫使处于非完全竞争的运输供应者接受近似完全竞争的运价水平，并调整自己的供给行为。

(2)通过运输政策手段纠正外部成本引起的市场失灵。由于运输企业在衡量自身效益时，一般不包括交通拥挤、事故、噪声及空气污染等方面的外部成本，因此对运输供应者和使用者行为产生直接影响的运输成本实际上并不完整,一部分人引起的外部成本要由其他人共同负担,造成权利和义务的不平等,由此决定的运输规模和运输方式的选择显然也不可能做到社会最优。政府通过一定的强制征税等运输政策有助于纠正成本方面的不合理现象。

(3)保证运输市场信息渠道的畅通。市场只有在可以得到充分信息交流的前提下才会实现最高效率。但由于运输市场的特殊性,会造成相关信息发布滞后等情况,因此市场的自发调节作用较难充分发挥。所以要求权威机构规定所有的公共运输业者必须把运输线路、班次、时刻、运价等方面的重要信息都以法定形式予以公布,从而保证运输市场上信息渠道的畅通。

(4)引导和促进投资合理化。运输业具有很强的公共产品性质,在自由化的市场上,大多数运输设施的公共特性会使它们无法拒绝过多的使用者,因而造成其陷于非最优的超负荷状态,同时由于运输设施的投资回收期很长,投资者不愿意向见效慢的运输基础设施建设和运营投资,导致设施投资和使用成本不能得到有效补偿,完全依靠市场机制下投资者主动向运输网建设与运营投入巨大资金并不现实。因此,为满足进一步的运输需求和产业未来发展,政府有权掌管全局,对总体的经济发展负有责任,也有能力把投资风险分散到更宽的投资领域。世界上绝大多数国家采用的比较可行的办法是政府通过一般税收提供必要的财政支持,通过各种方式不同程度上直接投资建设运输基础设施与运营维护,或者间接对投资者进行一定程度上的补贴。

(5)政府制定交通运输政策的目标往往并不仅仅是单纯的经济效益,特别是把交通运输作为整个社会发展的一种手段的国家,运输设施的建设和运营受政治统一、资源和地区开发、国防、社会福利等许多方面的影响。此外,利用运输可以去修正市场经济中其他方面的扭曲现象。例如,土地和其他资源使用中的低效率,可以通过运输设施的建设加以改善。此时运输可以作为其他经济政策的工具。

3. 促进运输业的发展和技术的进步

鼓励和促进运输业发展是各国政府交通运输政策的重要内容,鼓励交通运输业规模扩张与协调发展并重,一方面要提高交通运输的总体规模,另一方面需要统筹考虑方式内、方式间、区域间以及城乡间的协调发展问题,充分发挥交通运输的系统效应。技术进步是交通运输发展的重要推动力,交通运输政策应当鼓励交通运输新技术、新材料、新工艺的开发,构建可持续的智能综合交通运输体系。国家或地方政府一般通过以下方式促进运输业的发展:

(1)制定运输业的发展规划,并为修建运输设施提供资金,特别是鼓励可持续性新型运输方式的发展。

(2)对铁路网和公路网以及水路、航空线,采取多种经营方式。

(3)对各种私营、半公营运输企业和城市的公共交通提供运营补贴,以保持那些不能获得最低盈利、甚至要亏损的运输业务。

(4)从国家规划的层面激励、引导和保障技术进步的水平、速度以及应用的效率。政府直接或间接地制定各种政策、法规和措施,鼓励交通运输技术研究和开发,并将这种科技进步延伸到包括交通运输的规划、建设、运营和管理在内的交通运输的全过程,促进交通运输业与社会经济的协调发展。

4. 保护生态环境

20世纪70年代以来,节约能源和保护环境等问题成为各国交通运输政策中的重要内容，而且其重要性仍在不断上升，运输对环境的负面影响正日益受到人们的关注。各国都制定了越来越明确的鼓励生产和使用节能型交通工具或利用新能源的政策，以实现运输业的可持续发展，并越来越严格地限制交通运输引起的环境污染。运输政策对一个国家或地区的生态环境所起到的保护作用正变得越来越重要。

交通运输政策可以通过提高燃油税、设立汽车禁行区、实施拥挤收费、严格限制市内停车、收取较高的停车费、收取较高汽车购置税、大力发展公共交通等多种措施来抑制小汽车数量的增加，从而起到降低环境污染、保护生态环境的作用。例如，欧洲一些国家在大城市的中心地带设立了汽车的禁行区，以防止交通过分拥挤和空气污染，同时也有助于保护那里的一些珍贵历史遗迹。为解决城市交通的拥挤，法国从 1975 年开始允许 10 万人口以上的城市向市内各行业拥有 10 名以上雇员的公司征收 1%～2%的就业税，专门用于增加公共交通的投资和运营开支。

(三)交通运输政策的主要内容

由于地理条件、运输资源状况和经济发展水平不同，各国交通运输政策的内容也不相同。同一个国家在国民经济和交通运输的不同发展阶段，其运输政策的目标及产生背景、调整的重点对象和政策手段等也是有差异的。但各国的交通运输政策又都存在共同点，对大多数国家来说，制定交通运输政策的许多目标是很相近的。交通运输政策制定过程包括政策目标的设定、政策选择、政策手段、政策实施等。在形式上，很多国家出台某项比较规范的交通运输政策时，一般常常会包括以下几项内容：

1. 政策背景

对在不同时期或不同经济发展阶段所面临的各种运输问题，应制相应的交通运输政策，为使公众和政策执行者对政策能有更好的了解，并愿意配合执行，以保证其顺利实施，一般应对该项政策制定的原因、时机及其他背景情况加以说明。

2. 政策目标

政策目标的设定是政府内部确认所提政策方案的合法性、从而制定相关法令。针对不同时期和不同经济发展阶段所面临的不同运输问题，最终由政府立法提出实施措施。交通运输政策，属于经济政策的一部分，它的目标也是经济政策的目标，它是一种直接的或间接的规定。

交通运输政策目标主要说明制定该项政策所要解决的主要问题，例如为促进运输业发展筹集充足的资金、改善运输服务水平、推广新的运输技术、提高交通安全水平、缓解交通拥挤状况、节约能源、降低交通运输造成的污染、促进地区开发、促进运输业合理竞争等，都可能是制定交通运输政策所要实现的目标。例如美国 1940 年运输法就宣称，制定联邦交通运输政策是为了承认并保护各种运输方式的内在优势，以便对所有运输方式提供公正的管理；促进安全、充足、经济和有效率的运输服务，并促使运输企业保持健全的财务状况；鼓励制定和实行合理运价，制止任何歧视、不正当的优惠以及不公正或毁灭性的竞争。

3. 政策手段

制定运输政策要根据问题的特性，考虑当时的社会、经济、政治、技术等各种环境条件，选择实现政策目标的手段。运输政策执行手段是否合适关系到政策能否顺利实施。交通运输政策的手段是多种多样的，例如调整运价、征税、政府补贴、兴办运输工程、制定运输工具的废气排放和噪声标准、实行运输管制或放松管制、推行新的运输业组织管理体制等措施。概括来说，运输政策的手段一般可以分为行政、法律、经济、思想劝导等几类。

(1)行政手段,指行政组织采用行政命令、指示、规章制度等方式,按照行政系统、行政等级、行政区域来实施运输政策。行政手段具有强制性的特征,其政策规定范围内的任何单位及个人都必须执行,所以行政手段容易做到令行禁止;但是行政手段对上层机关的要求较高,同时下层部门及个人在执行阶段不易发挥积极主动的作用。

(2)法律手段,指通过法律、法令、规范、司法仲裁及行政立法等工作确定和调整运输政策的实施活动。在交通运输领域,有《铁路法》《公路法》《港口法》等国家正式颁布的法律,以及各交通管理机构制定的具有法律效力的各类规章。法律手段具有强制性、权威性等特点,与行政手段相比,法律手段还具有稳定性和规范性的特点,法律手段适用范围广泛,一般用于解决共性问题,而在解决特殊问题、个别问题时,还需要与行政手段相互配合。

(3)经济手段,指根据交通运输经济的客观规律和原则,利用经济调节的方法调整政策执行过程中各类经济利益关系。一般多采用调整运价、税收、投资、金融、利润、罚款等手段措施。经济手段具有间接性、关联性等特点,运输政策的经济手段往往会引起社会多方面经济活动的变化。同时经济手段能够充分调动人们的积极性和主动性,应注意与行政手段、法律手段相配合。

(4)思想劝导手段,指通过非强制性的手段和措施,劝导人们自觉自愿地遵守运输政策,不去违反相关规定。主要方式包括宣传教育、制造社会舆论、协商对话等。思想劝导手段具有协调性和多元性的特点。

4. 区域范围

应规定实施某项交通运输政策的区域范围,有些政策是在全国普遍适用的,有些是区域性的政策。有时应根据运输问题的特点,制定有差别的区域性的交通运输政策。

5. 交通运输相关法规

交通运输政策与交通运输法规有十分密切的关系。很多国家并无交通运输政策的正式文件,交通运输政策本身是通过一系列的交通运输法规体现出来的,而成文的交通运输政策有时也只是原则性的抽象的决策,必须根据该政策制定可以具体实施的交通运输法规,以便实际贯彻。用法律的形式肯定一些重要的交通运输政策目标,也有利于保证它的权威性和一定程度的稳定性。

因此,交通运输法规已成为各国交通运输政策的重要组成部分。目前,一些国家已越来越明确地用立法的形式制定和颁布其交通运输政策,甚至具体时间、期限内的运输建设规模、筹款方式和数额、政府补贴方式以及专门负责机构等,都用法律固定下来,以保证政策目标的实现。

6. 交通运输发展规划

很多交通运输政策涉及交通运输建设规划,而且需要通过建设规划付诸实施;而每一个国家的交通规划,也都必然会反映其政府的交通运输政策。因此,运输建设规划也是交通运输政策的重要组成部分。

7. 执行机构

各国都有交通运输主管部门,它们一般是国家交通运输政策的制定和执行机构。但有些国家在交通立法中往往还对一些具体的运输政策目标或事项,规定或设立特殊的执行机构,使其负有相应特殊的责任和权力。

(四)交通运输政策的影响因素

1. 国家经济的发展战略

运输系统作为经济发展的重要部门要保证国家经济发展对运输业的要求:一方面运输

系统要满足运量的需要,另一方面要促进进出口贸易、促进地区之间的经济交流和资源流通,这就需要建立与其相应的交通运输政策。

2. 国家的经济发展水平和运输业的发展阶段的影响

应根据国家的经济发展水平实行不同的运价政策。美国铁路的运价就经历了铁路公司自由定价、运价集中管理、放松对运价的控制等阶段。

3. 国家的安全稳定

全天候、大运量的运输系统在维护国家安全稳定上起到了重要作用,这是其他交通方式难以实现的。我国的南疆铁路、青藏铁路等就是为了保证国家的安全稳定及各民族的安定团结,促进经济发展而修建的。

4. 地理、资源条件

由于自然资源地理分布以及生产力布局的不均衡性。交通运输政策的内容在时间和空间上也要做相应的变化。

三、铁路运输政策的表现形式

铁路运输政策是国家或地区立足于自身的情况,从社会、经济、环境、安全以及人民的出行、休闲、社会福利等方面考虑,为调整或改进铁路运输的服务质量,实现合理分工、各尽其长、资源能得到经济使用、运输能力能得到协调发挥,实现人畅其行、物畅其流的目标。

铁路运输政策属于上层建筑,它直接或间接地表达对当前或未来铁路运输的某种意图,可以用很多种表现形式出现。它可以是国家集团(联盟)的决议以及国家和省市的法律、法令、法规等,也可以是政府交通部门单独发布或与其他相关部门联合发布的法案、条例、白皮书、方针、标准、纲要等。

铁路运输政策的表现形式有多种,现举例如下:

(一)国际会议文件

1986 年 10 月,加拿大温哥华第三次国际重载运输会议一致决定重载货物列车重量至少应等于 5 000 t。2005 年巴西召开的国际重载运输会议决定重载货物列车重量至少应等于 8 000 t,对于线路长度、轴重、线路年运量也提出了要求。

(二)国家文件

国家文件包括国家的法律、法案、法规、国家综合开发计划等形式。

1. 日本

《关于城市轨道铁路建设法》 1972 年 11 月,日本政府颁布了该法,要求从 1974 年起公路部门在修建与独轨铁路有关的公路时,将独轨铁路的支柱、走行横梁工程作为公路修建工程的一部分一同完成,无偿提供给独轨交通部门使用。规定独轨铁路基础设施建设费由公路建设特别基金补贴。1977 年规定临港地区独轨铁路和新交通系统基础设施作为临港交通设施来修建。其费用由临港建设特别基金给予补足。

2. 德国

《铁路重组法》 1993 年 12 月,德国联邦参议院通过了铁路重组议案,1994 年 1 月铁路重组法生效,从而形成了德国铁路改革和重组的实际立法程序。德国铁路改革的目标是保证铁路足够的灵活性,能够在同等条件下与其他运输方式开展竞争,赋予铁路独立的自主经营权,使其不受行政方面的干扰和影响,提高铁路竞争力,使其在国内和国际运输市场上获得更大的市场份额。

3. 美国

《太平洋铁路法》 1862 年,美国总统林肯签署《太平洋铁路法》,授权联合太平洋铁路公司和中央太平洋铁路公司修建的一条横贯美洲大陆的铁路干线,东起内布拉斯加,西至加利福尼亚西海岸。

《地区铁路重组法》 1973 年的美国《地区铁路重组法》,成立了两个联邦代理机构:美国铁路协会和铁路服务规划办公室,分别负责规划地区铁路系统和指导铁路并购。

《铁路复兴和规章改革法》 1976 年美国政府开始对铁路放松管制,为此,通过了该法案。

《斯塔格斯铁路法》 与《铁路复兴和规章改革法》一样,1980 年的《斯塔格斯铁路法》也是美国放松对铁路管制的重要法律。一是放松对铁路公司资产重组的管制,也不再要求铁路公司继续经营亏损的线路;二是放松价格管制,扩大了铁路公司定价范围,铁路公司获得了相当大的定价空间。政府放松铁路管制是以市场为导向的,目标是逐渐赋予铁路灵活经营的规制环境。

《州际商务法》 1987 年美国联邦政府颁布了《州际商务法》,该法案的通过标志着联邦政府开始在全国范围内调节各铁路公司的经营行为,该法案也直接确立了州际商务委员会(ICC) 在铁路事务中的监督管理地位,在以后的几十年时间里,随着经济形势、运输环境的变化,又陆续制定了《艾尔肯斯法》《海伯恩法》《曼因法》等法律,以对铁路业采取越来越严厉的控制措施。

4. 法国

《改革铁路运输业,成立“法国铁路网公司”公共机构的政令》 1997 年 2 月,法国政府出台该政令,宣布对法国铁路实行重大改组。法国铁路改组的重要内容包括,将国家铁路网的建设投资管理职能与相应的资产、负债从法国铁路网公司中分离出去,移交给新成立的法国铁路网公司。法国铁路网公司作为国家铁路网的所有者,对其投资及其他有关业务承担责任。

5. 中国

《中华人民共和国铁路法》 1990 年 9 月 7 日在第七届全国人民代表大会常务委员会第十五次会议通过了该法。该法是为了保障铁路运输和铁路建设的顺利进行,适应社会主义现代化建设和人民生活的需要而制定的。为完善、适应国家铁路发展,于 2009 年、2015 年进行两次修订。

《中长期铁路网规划》及其调整 2004 年 1 月,我国国务院审议通过了我国铁路史上第一个《中长期铁路网规划》,确定了到 2020 年铁路建设的宏伟蓝图。根据综合交通网中长期发展规划,结合铁路发展的新形势,铁道部组织有关部门对 2004 年的《中长期铁路网规划》进行了修编,并在 2008 年 10 月 31 日出台了《中长期铁路网规划(2008 年调整)》。在此基础上,发展改革委会同交通运输部、铁路总公司深入进行科学论证、广泛征求各方面意见,在 2016 年 6 月 29 日国务院常务会议上审议并原则通过了《中长期铁路网规划(2016 版)》,规划期限远期展望到 2030 年。

第二节 发达国家的主要铁路运输政策

一、美　国

美国是世界上运输业最发达的国家,而运输业能在长时期内高速度发展,与该国政府的鼓励和促进政策是分不开的,运输市场的完善在很大程度上也得益于政府在各个时期所实行的运输政策。美国政府的运输政策主要包括管制政策和鼓励政策两个方面。

(一)对铁路运输业的监管与放松监管

从对运输业实行监管的角度看,美国运输政策大致可以分为以下四个时期:

1.19世纪60年代前,是对运输业较少监管时期

从1776年独立战争以后到19世纪60年代的南北战争期间运输系统发展较快,从19世纪初开始到30年代出现了运河建设热潮,紧接着新兴铁路事业得到飞速发展。该时期是一个由几种运输方式相继称霸的时期,依靠的是市场的自发竞争,各级政府对运输业很少加以管制。

2.19世纪60年代到20世纪30年代,是对运输垄断进行监管时期

美国南北战争前后出现的铁路筑路高潮,很快确立了铁路在运输业中的霸主地位。不少铁路公司滥用垄断权力,导致很多类似敲诈的运费和不公平的差别待遇等问题,同时,铁路建设中也存在股票公司的欺骗和投机行为。这些情况引起社会的普遍不满,使对铁路的社会控制提上了日程。开始是由各州制定管制法律,后来,在1887年颁布了联邦州际商务法。这个法令主要是针对铁路垄断弊病的,主要规定如下:运价必须公正合理,所有运价和票价必须予以公布并严格遵守,禁止对任何人、地区或运输对象在运价或服务上的不正当差别待遇,禁止铁路与铁路之间的瓜分运量协议和兼并,实行强迫竞争等。该法令还设立了州际商务委员会以执行该法令。委员会成员由总统提名、国会批准,并仅对国会负责;委员会有权受理违反州际商务法的案件并作出裁决;对委员会的裁决如有异议,则交由法院判决。

1906年,州际商务委员会的管制权被扩大到输油管道。垄断管制措施在保护运输者和公众方面是严格的,但也有人认为这种管制的效率不高,没有为国家提供足够和健全的运输体系。第一次世界大战以后,国会又通过了一些新的法令,力图改进对运输业的管制。

3.从20世纪30年代到60年代,有控制的运输竞争时期

第一次世界大战前后,美国的汽车工业开始建立,汽车的大量使用增加了对公路的需求,联邦和州政府把大量资金用于改善公路系统,公路运输很快发展起来,并分流铁路的运量,铁路的垄断地位被打破了。从20世纪30年代末开始,特别是第二次世界大战以后,航空客运也得到了突飞猛进的发展。在同一时期,由于疏浚河道工程的完成,大湖区、密西西比河水系和海岸航道连成一体,水运开始复兴。而管道在新技术的支持下,也逐渐控制了石油和天然气的运输。总之,这一时期运输市场的情况发生了很大的变化,运输业从铁路运输垄断转变为各种运输方式之间和运输方式内部的全面竞争。垄断管制时期政府的目标是要促进竞争,但不加控制的竞争会造成设备重复浪费,导致财务不稳定,并使服务和安全水平下降,特别是毁灭性的竞争,往往最终也损害社会。因此缓和竞争的竞争管制政策成了这一时期政府管制的主要内容,这一时期运输政策的出发点是希望通过有控制的竞争,保护各种运输方式的优点,形成统一的运输体系。

4.从20世纪70年代开始至今的"放松管制"时期

在竞争管制时期,州际商务委员会等管制机构对各种运输企业在进入、业务范围和运价方面的限制是相当严格的。由于管制制度没能根据运输市场的变化情况及时做出必要调整,结果铁路从20世纪50年代以来经历了持续的财务困难,大批铁路破产,其他运输方式也逐渐出现了各种各样的问题,财务情况普遍不好;使用者方面也指责管制没有提供对公众的有效保护。从20世纪70年代后期开始,国会和政府采取行动逐步放松了对运输的管制,以便适应变化了的运输形势。

为了推进铁路改革,美国政府于 1973 年颁布了《地区铁路重组法》,1976 年颁布了《铁路复兴和规章改革法》,1980 年颁布了《斯塔格斯铁路法》,根据这些法律,进一步放松了政府对铁路的管制:一是放松对铁路公司资产重组的管制,改变了州际商业委员会(ICC)审批铁路公司废弃线路的程序,实际上已经不再要求铁路公司继续经营亏损的线路,同时,政府参与铁路业结构重组;二是放松价格管制,扩大了铁路公司定价范围,铁路公司获得了相当大的定价空间。另外,还允许铁路和托运人为特定业务签订价格协议,以建立长期稳定的业务关系。政府放松铁路管制是以市场为导向的,目标是逐渐赋予铁路以和其他行业相同的灵活经营的管制环境。

放松运输管制的动向说明,运输政策已经从过去对运输竞争严加控制的态度,转变为在新的运输形势下希望多依靠市场,依靠竞争力量,而少依靠管理的限制。放松管制的目的是提高运输业的效率,改善运输业的财务状况,通过竞争降低运价水平,改善服务,并使运输结构合理化。放松管制以来,各种运输方式的企业在运营中都有了更大的自主权和灵活性,铁路的财务状况有所好转,运输使用者则有了更多的选择。

(二)对铁路运输业的鼓励和促进

美国交通运输业能在长时期内高速度发展,与各级政府的鼓励和促进政策是分不开的。从鼓励和促进方面看,运输政策大致可以分为一般补贴时期和国家运输规划两个阶段。

1. 一般补贴时期

19 世纪 50 年代起政府资助运输业,铁路出现筑路高潮,这是美国联邦政府正式资助运输业的真正开始。为了鼓励铁路公司向西部筑路,联邦政府向它们赠送了大量土地,各州和地方也向铁路赠送土地。从 1850 年到 1871 年,赠予铁路的土地总数竟相当于美全国面积的 1/10,致使后来美国铁路一直是最大的地产经营者。铁路也用向政府运量减价收费的方法予以报偿。联邦对铁路的援助还包括提供测量费用、减免铁路物资进口税、贷款和债券的担保等;各州及城市也纷纷在无偿赠地之外采取免税、债券担保、公众捐款、提供过境权等办法,吸引铁路从当地通过。为鼓励私人修筑铁路,各级政府提供直接资助,1832 年国会通过了一项法案,铁路用钢轨如果在三年内铺设,可以免税,至少有 19 个州给予 53 个铁路公司这种免税权。土地赠予和其他补贴措施大大促进了铁路的扩张,到 19 世纪末,包括 30 万 km 营业线的铁路网已经形成,第一次世界大战前的铁路营业里程超过 40 万 km。

2. 国家运输规划时期

第二次世界大战以后,在汽车和航空的竞争下,铁路客运的境况变差,亏损严重。为保留最基本的客运业务,国会在 1970 年通过《铁路客运业务法》,设立了一个半官方的铁路公司——国家铁路客运公司(Amtrak)。该公司受联邦政府及其他一些政府的补贴,在由运输部选定的线路上,提供若干大城市之间的客运业务,国会还授权拨款几十亿美元用以购买车辆和改进客运设施。1979 年,国会又通过法令,规定了国家铁路客运公司的亏损标准,由政府补贴其成本的 50%。

20 世纪 60~70 年代的铁路破产风潮,曾严重地威胁到美国东北部十几个州的铁路的生存,引起全国震惊。美国国会在 1973 年和 1976 年通过两个重要法案(即 1973 年的《地区铁路重组法》和 1976 年的《铁路复兴与管制改革法》),根据法案,美国成立了两个联邦代理机构:北美铁路协会(AAR)负责规划地区铁路系统,铁路服务规划办公室(RSPO)指导铁路并购。1973 年帮助组建半公营的联合铁路公司(Conrail)并入破产的铁路,免除其许多规制规定的责任和义务,同时投入大量资金,进行重组。1987 年该公司上市,以纽约股票交易所前所未有的规模筹资 16.5 亿美元，完成了私有化。政府参与铁路业结构重组，帮助一些重要的铁路公司摆脱了沉重的历史负担，起死回生。

多年来，美国政府以法制为基础的运输政策，在为国家建立一个充足和有效率的运输系统方面起了相当大的作用。专门用于解决运输问题的重要联邦法律就有数十个，它们对运输业在各个时期能得到正常发展和有效管理起了很大作用。当然，运输政策和法规、法制体系的形成，只能是一个逐步完善和调整的过程，在其发展过程中存在各种不同问题。

（三）美国铁路运输政策的变革

20 世纪 70 年代以来，美国铁路运输政策经历了一次重大变革。从此，铁路业出现了复苏振兴的势头。在这场变革中，传统的经济管制逐渐放松，铁路企业在运价政策、产业进入或退出、企业兼并重组、企业管理等方面享有了很大的自主权。

经过 1971 年的《铁路客运服务法》、1973 年的《地区铁路重组法》、1976 年的《铁路复兴和规章改革法》等一系列铁路运输政策的制定，美国逐步收缩商务委员会和其他政府机构对铁路的管理权限，改变其一些职能，给予铁路企业自由的经营环境和更大的自主权。直到 1980 年《斯塔格斯铁路法》的实施标志着铁路企业经营自由化达到了一个高潮。铁路运输业正式地结束了政府管制而转变为运输企业管理。

1980 年的《斯塔格斯铁路法》使得货运铁路公司中约有 2/3 不再受州际商务委员会最高限价的制约。对运价的限制只限于铁路处于控制市场的情况下，即缺乏有效竞争的领域。当其费率越过可变成本的 190％时，州际商务委员会才能中止或调查该铁路公司费率变动的方案，铁路公司可以自主地将其费率降到可变成本的水平上。因而，州际商务委员会很难再用最高和最低限价的手段控制企业。

法律还允许普通的铁路运输公司与特定的货主签订运输合同，虽然合同中的价格要向州际商务委员会申报备案，但在这种情况下与向社会公开其费率的普通运输的情况就有本质不同，合同运输的价格是由托运人和承运人协商而定。因此，会出现这样的情况：大小货主之间以至在大的货主之间收费不相同的情况，即服务相同而一个顾客可能比另一个顾客付较小的费用。合同运输自实施以来，数量迅速增长，据州际商务委员会估计，美国煤炭和谷物的铁路运输超过 60％都是实行合同定价的。合同运输可以满足货主的一些特殊需要，也能使铁路公司合理安排和提高设备使用效率。

考虑到税收政策是调节产业发展的重要宏观经济手段，实行优惠税收政策，有利于铁路企业积累资金，改善经营状况。20 世纪 80 年代开始，美国铁路在税收政策上，对某些确属国家需要的不赢利线路采取免税政策；在燃油税上还对铁路实行优惠税率。2007 年，美国还通过了《货运铁路基础设施扩能法 2007》，对旨在扩充铁路运输能力的用于新线、联运设施、货运站场、机车以及其他铁路基础设施的投资，实施 25％的投资税收抵免；对客运铁路几乎实行全面免税政策。

（四）美国铁路运输政策的启示

在制定和执行运输政策方面，我国可以从发达国家的经验中得到一些有益的启示。例如，美国运输业能在长时期内高速发展，与该国政府的鼓励和促进政策是分不开的，运输市场的完善在很大程度上也得益于政府在各个时期所实行的运输政策。美国政府在运输政策的制定和实施中有以下几个方面值得我国参考：

1. 一直把运输能力的充足性视为国家运输政策的主要目标

由于认识到一个发达的运输系统对于国家经济、政治和社会发展的重要性，美国政府从一开始就把向社会提供足够的运输服务作为制定政策的主要目标。各种运输政策、法律和资助计划的制定都围绕着保证运输能力充足性这一主要目标。

2. 坚持把市场作为社会运输资源配置的主要手段

即使在运输业这一政府有很多理由进行干预的领域,美国也特别重视市场的作用,倾向于主要依靠市场调节。在主要西方国家中美国是唯一长期避免运输业公有化的国家,其他国家长期或至少在相当时期内一直实行铁路、民航和市内公共汽车等运输企业的国有化,而美国始终倾向于把运输业保留在私人企业经营和市场调节的范围内,其他运输工具也是在使用公路、水道等公共设施的条件下进行市场竞争。

3. 坚持运输业的公共投资和鼓励政策

虽然美国执意推行运输企业的私有制,但还是认识到国家有责任在运输方面建立一个有利于经济发展的环境,并没有拒绝进行公共投资。在美国,加大政府对铁路的投资始终是主流意识。例如政府当年赠送了大片土地用于铁路开发,政府为铁路贷款担保;从 1921 年以来,联邦、州和地方政府用于公路建设的直接投资已达数千亿美元;联邦政府用于航空线的设立和运营的资金也有上千亿美元。美国的运输政策始终与巨额公共投资联系在一起。在实行公共投资和鼓励政策方面,美国政府还奉行了使用者负担和公共投资相结合的办法,这在很大程度上保证了公共投资的来源。

4. 充分重视运输业的发展和管理

运输业一直是总统和国会关注的重要问题之一,这使得重大运输问题的解决可以迅速摆上国家的重要议事日程。历任美国总统向国会提交的国情咨文中,多数包括运输方面的政策建议,从 20 世纪 60 年代开始,又进一步发展成历届总统专门提交特别运输咨文,可见对交通运输问题的重视程度。国会则经常就有关运输问题专门举行听证会和辩论,并在此基础上通过重要的运输法律,国会内还设立了有关运输的常设委员会。

5. 将运输问题的解决纳入法制轨道

针对不同时期运输市场上的变化,用法律规定经济管制的主要对象和措施,以保证国家对运输业的有效管理;特别是在对运输业的鼓励和促进方面,对哪种运输方式提供多少资金、资金来源和具体资助办法,对哪些铁路项目可以进行税收减免或者税收优惠都采用正式的立法途径予以规定。从美国运输政策的历史看,法制所起的作用越来越大,有法可依、依法办事是美国运输业发展的可靠保证。

6. 建立了较健全的运输管理体制

国会、法院、总统、联邦运输部、州际商务委员会等管制机构、各州和地方的运输规划和管理机构、各种运输者协会和运输使用者协会等,组成了庞大的运输管理体系。这些机构在制定和执行政策、法律、法规、资助计划和行业管理等方面各司其职,在联邦、州和地方各层次上也有明确分工,同时又能够有效地进行互相监督和制衡。特别是联邦机构的合理设置,对保证国家运输政策的有效性作用很大。

二、俄罗斯

在俄罗斯的交通运输体系中,铁路是最重要的运输部门。在俄罗斯的货运总量中,铁路运输占 80%左右。

俄罗斯铁路股份公司是目前世界上最大的运输公司之一,由俄罗斯政府 100%控股。俄罗斯拥有规模庞大的铁路运输网络,铁路网横跨 11 个时区。截至 2010 年,俄罗斯的铁路总里程达到 128 000 km，运营里程超过 86 000 km，其中电气化铁路里程达到 43 033 km。铁路是俄罗斯最主要的交通运输方式之一，承担了俄罗斯国内约 43%的货运量和约 40%的客运量。2011～2015 年间的铁路投资需求为 15 734 亿卢布，其中 3 570 亿卢布用于机车业务，2 206 亿卢布用于车辆业务，2 192 亿卢布用于铁路网通过能力加强，2 633 亿卢布用于线路和建筑业务的更新与拓展，2 363 亿卢布用于客运发展规划，这五项投资的总和占据总投资需求绝大多数份额。

近些年来，俄罗斯的经济持续快速增长，私人资本开始大量进入铁路等交通运输部门，为俄罗斯的铁路运输改革创造了基本条件。2001 年 5 月，俄罗斯政府签署了《铁路运输结构改革方案》，决定打破铁路运营垄断，建立竞争机制，降低运营成本，吸引内外投资。当年，俄罗斯政府对原俄罗斯铁路公司进行了改组，新的由国家控股的俄罗斯铁路股份公司于 2003 年 9 月 23 日成立。改组后的俄罗斯铁路股份公司成为俄罗斯交通运输业第一大公司。新的体制为俄罗斯铁路的发展增添了生机。

1. 俄罗斯政府对铁路的补贴政策

俄罗斯铁路由于乘车优惠等政策，使得铁路股份公司的收入连年减少，俄罗斯政府为此建立了补偿机制，给予俄罗斯铁路股份公司相应的补偿，使得铁路公司对于广大民众的优惠能够持续进行下去。

2. 俄罗斯铁路的运价政策

(1)国家定价原则。运价能够抵补基础设施养护维修和运营的支出(包括保证行车安全、建立资金储备以及保证在非正常情况下的运转等)。运价由国家直接控制，这是俄罗斯运输系统价格政策的基础。

(2)国家对铁路垄断性部门运价实行统一定价和宏观调控策略。对竞争性部门运价，根据竞争市场的发展情况分阶段逐步放开，减少对运输价格的控制，运输政策中的价格控制因素会减少。对于没有可选择的交通路径和铁路具有垄断地位的运输方向，保持国家的运价调控权。对于具有特别重要的经济和社会意义的货物运输，采取适当保持国家的调控作用的方针。

三、日　　本

日本铁路从经营方式来看，1905 年前是以私营铁路为主，1906 年将大部分铁路收归国有，1949 年 6 月成立了具有国有企业性质的日本国有铁路。自 1964 年以后，连年亏损，多方努力也未见成效。1987 年 4 月，日本将国铁分割并改为私营。

1. 日本战后铁路发展的四个阶段

(1)战后铁路恢复期(1945～1955 年)

当时公路、汽车都不发达，铁路几乎是唯一的交通工具。

(2)干线运输能力增强期(1956～1964 年)

20 世纪 50 年代中期，国铁运输能力严重不足，为此，从 1957 年开始，在日本第一个五年计划时期，建设了 1 377 km 的双线、1 666 km 的电气化线路。这个时期，国家按照全国综合开发计划的精神，投入大量资金对国铁进行了现代化改造。

(3)国铁财政再建摸索期(1965～1986 年)

从 1964 年开始，国铁经营就出现赤字，而且年年增长，政府在财政上不可能给予过多支持，使其经营陷入困境。为扭转亏损局面，国铁民营化前曾进行过四次财政重建。国铁在

1969 年提出国铁再建十年计划,1972 年又提出新财政十年计划,1976 年出台经营合理化计划,1979 年 12 月内阁向国会提出《国铁再建特别措施法案》,决定从 1980 年开始实施"国铁再建综合五年计划"。这次再建计划被认为是挽救国铁的最后一次努力。

(4)国有铁路民营化期(1987 至今)

按照财政再建委员会的精神,从 1987 年 4 月开始,进行民营分割法的修正和实施,进行国有铁路民营化。原国铁被一分为七,形成"六客一货"的运营格局,即 JR 东日本、JR 东海、JR 西日本、JR 北海道、JR 九州、JR 四国铁路客运公司和日本 JR 铁路货运公司。7 家公司由公社转变为股份制公司,股票由国铁清算团持有,在适当的时机上市出售,实现民营化。新干线则由新干线持有公司所有。

2. 日本铁路的相关政策

(1)铁路投资政策

1987 年日本国铁民营化之后,公益性的铁路建设项目主要由中央和地方政府投资建设。新干线项目中,中央政府投资约占 2/3,沿线地方政府投资约占 1/3,JR 东日本铁路公司支付的租赁费再占一小部分;大都市通勤铁路的建设和改造由中央政府、地方政府和铁路企业按一定比例投资;地方开发性铁路一般以当地政府投资为主;具有营利性的建设项目,吸收当地私营企业参与投资。自 1998 年以来,中央政府对新干线的投资实际占当年整备新干线建设费的 63%以上。

(2)铁路税收政策

对铁路实行减免部分税收的优惠政策。国铁民营化改革后,规定 JR 东日本铁路公司成立的 10 年内,减免部分固定资产税和都市计划税。日本最新的税收优惠政策对铁路的法人税、登记执照税均有减免,同时在不少地方税种上还有优惠。

(3)铁路补贴政策

国铁从 1964 年开始出现经营赤字后,政府为此支付了巨额补贴。民营化后,铁路企业经营环境相对改善,补贴额相对减少,但依然维持在一定额度,1999 年至 2004 年间政府对铁路的补贴基本稳定在 30 亿日元左右。特别是对于北海道、四国、九州这三家客流较少、经营较困难的公司,民营化改革时,政府专门设立了"经营稳定基金",通过该基金运作产生的收益作为收入,弥补赤字。

3. 日本铁路的法律法规

日本铁路法律体系是伴随铁路网建设、铁路改革、新干线建设等过程而形成的,另外还制定铁路管理制度方面的系列法律。

(1)早期铁路法规

日本早期的铁路建设法主要着眼于铁路国有化和国有铁路改革。日本关于铁路建设的最早立法是 1892 年的《铁路敷设法》,这是日本铁路史上的第一部法律,也是针对铁路国有化的一部法律。该法于 1922 年进行了全面修正,主要着眼地方铁路建设和干线铁路改良,推动铁路网建设。1900 年,政府颁布了《私设铁路法》和《铁路营业法》,扩大了政府监督范围,鼓励民间修建铁路。1906 年通过了《铁路国有法》,1906～1907 年,日本 17 家私营铁路被国有化。1948 年颁布了《日本国有铁路法》,国铁作为公共企业体发展起来,设置了监理委员会,被赋予运营业务指导权限和责任。1969 年 5 月制定了《国铁财政再建特别措施法》。1980 年 12 月颁布了《日本国有铁路再建促进特别措施法》,该法着眼于三点:第一,实施和制定经营改善计划;第二,废止地方交通线;第三,政府的援助措施。

(2)民营化后至今的现行法律体系

日本现行铁路法律主要是配合 1987 年日本铁路民营化改革而颁布的，包括专门铁路改革法及其他相关配套的铁路法律，以共同调整铁路行业各种关系。

日本铁路法律法规体系包括两部分：

①由国会通过的法律

为保证国铁改革的顺利进行，1986 年，日本同时颁布实施了《日本国有铁道改革法》《铁道企业法》《日本铁道清算事业团法》《客运铁道股份公司和货运铁道股份公司组建法》《新干线铁道保有机构法》《新干线铁道设施转让法》《鼓励日本国铁职员退职及促进国铁清算事业团职员再就业的特别措施法》等相关法律，将国铁企业重组方案、关联各方的权责利界定、改革成本及遗留问题解决等一系列重大决策，直接用法律的形式加以规范和确定。

《日本国有铁道改革法》是日本铁路民营化改革的基本规范，针对日本国有铁路难以确保其健全运营态势，在现行全国统一性公共事业经营体制下，探索适应运输需求动向的新经营体制，以有效地发挥骨干运输方式作用，稳定和提高国民生活及国民经济水平，确立与之适应的高效经营体制，是为日本国有铁路经营形态根本性改革而制定的基本事项法律。

②由运输省(2001 年后改为国土交通省)通过的省令

日本铁路省令涵盖了铁路行业监管的主要内容，包括《铁路运输规程》《关于确保行车安全的省令》《铁道事故报告规则》《铁道事业监察规则》等。铁路设施设备技术标准，也由省令统一规定，在过去规定内容十分详细，例如对车辆检修周期，有具体的时间规定等。2003 年以后，情况有所改变，省令只规定安全质量要求，具体指标和实施基准等内容由运输企业确定。

4. 日本铁路运输政策与法规对我国的启示

(1)铁路建设投融资问题。日本政府为了解决干线和城市周边铁道的建设，对财政、金融政策、税制、运价政策以及地方的积极性等问题进行全面研究，以调动各方积极性，促进对铁路运输事业的投资。国家、地方、使用者分别承担必要负担，共同推进铁路建设。日本在《铁道建设公团法》中明确规定，建设企业可以同时开发铁路设施附近的土地，包括办公房屋、仓库、商店以及其他设施，使得投资者可以通过土地开发获得收益。这种通过土地开发来保证投资者收益的做法值得借鉴。

(2)铁路建设管理政策及法规问题。日本铁路建设的管理政策与法律制度确定了“分类建设和分类经营”基本思路。在我国铁路建设过程中，应对铁路建设项目根据其基本归属和特征进行分类，对不同类别的铁路建设项目以及企业给予不同程度的政策扶持，采取不同的调整措施，适当采用不同的税收政策和补贴政策，吸引社会资本和私人资本进入铁路行业，充分发挥国家、地方和私人资本在铁路建设与管理中的有效作用。

四、法　国

1. 铁路投资政策

法国铁路在 1997 年改革后，国有铁路公司(SNCF)不再承担路网建设投资责任，路网建设由专门成立的国有铁路网公司 RFF 负责，RFF 根据项目回报决定投资额，不足部分由中央政府、地方政府和其他受益者投资。

为保障基础设施投资来源，法国在 2005 年成立了运输基础设施建设融资机构(AFITF)，将从公路交通及其特许权所获得的收入部分投资于国家批准的铁路建设项目。

2007年通车的TGV东欧线一期工程,法国中央政府投资占39%,沿线4个区政府投资占23.6%,RFF占21.9%。

2. 铁路税收政策

法国铁路享受部分优惠税率,例如旅客运输增值税税率为5.5%,远低于法国19.6%的增值税标准税率。

3. 铁路补贴政策

从1969年开始,法国政府通过与铁路公司签订合同约定双方义务。根据这些合同,国家给予SNCF的财政拨款主要用于:协调与各种运输方式的竞争条件、退休职工的养老保证金、提供社会必需的运输及补偿由此而造成的经营亏损、为保证国家安全需要而必须进行的线路或设备的维修和建设、地区旅客运输等。

2002年,法国铁路客运全面地区化改革以后,地方政府承担了地区客运的组织和财政支持责任。2002年至2006年,SNCF共从中央政府和地方政府获得合同性收入和补贴性收入314.7亿欧元。

五、德　　国

德国在1994年铁路改革前后,通过修改原有法律和制定新法,为铁路投资提供支持。国家负责对联邦各铁路的投资,联邦投资包括铁路的新建、改扩建以及补充投资,同时给予铁路较低的税负水平。另外,短途运输还可以按《乡镇公共交通筹资法》规定获得列入计划进行新建和改扩建线路的投资。此外,《公共短途旅客运输地方化法》对各州地方铁路投资的来源做了规定。

1998年至2004年,德国联邦政府对列入联邦交通线路发展规划需求计划的铁路基础设施建设项目的投资累计达416.2亿欧元,占总投资的70%以上。为支持德国铁路公司整治路网和进行现代化改造。从2000年起,联邦政府每年向德国铁路股份公司额外提供20亿至25亿欧元的拨款。而从《乡镇公共交通筹资法》规定的财政援助和地方化资金中,铁路每年还能够得到约10亿欧元的投资资金。

1. 铁路公司的组成

在德国铁路改革初期,德国铁路股份公司由公司总部(DBAG)及其下属的长途客运公司(DB Reise & Touristic AG)、短途客运公司(DB Regio AG)、货运公司(DB Cargo AG)、路网公司(DB Nets AG)及车站服务公司(DB Station &Service AG)等组成。这五家公司都以"DB"开头,DB是这个集团公司的标准名称,集团公司实行100%控股,但五家分公司都有权以股份有限公司的身份独立经营各自的业务,在五家分公司下已组建了200个左右的子公司。

2. 政府赋予铁路的特殊财政政策

由于德国铁路在改革前遗留了巨额欠款,使其很难在改革的同时填补这部分空缺,因此铁路的改革需要政府在财政上的支持。

首先,德国政府负责偿还铁路改革前的历史债务。为解决670亿马克的债务问题,德国铁路在改革之初专门成立了联邦铁路资产管理局,负责接管和偿还这部分债务。其次,德国政府补贴铁路路网建设资金。改革后,铁路新线建设和既有线改造所需资金主要来自三个渠道:联邦政府的投资、联邦政府贴息、贷款及德国铁路股份公司自筹资金。另外,德国各州政府以购买运输服务的方式补偿短途旅客运输开支,运输任务的规划、订购和财政均由各州政府负责，联邦政府从燃油税收入中提取地方化专项基金，支持各州的铁路短途旅客运输。

3. 政府对铁路进行有效监管

政府对铁路的有效监管由交通部铁道司、联邦铁道署专门负责。交通部全称为联邦交通、建设和住宅部，内设铁道司，负责制定联邦铁路的行政性法规。

联邦铁道署是隶属于交通部的独立行政机构，依据有关法律、法规和技术条例或规章，对联邦铁路所属的各类型铁路企业、州铁路和在德国境内从事经营活动的外国铁路运输企业行使行政执法权。

六、加拿大

加拿大国土广袤，铁路运输尤其是货物运输在其运输体系中占有重要的地位，在长期的国土开发和经济建设中，加拿大构建了适应本国特点的铁路建设法律体系。

加拿大铁路建设法律体系包括三个层次，即法律、法规和规章。铁路建设法律由政府运输主管部门组织起草，国会审议通过后颁布实行；铁路法规由政府运输主管部门制定并发布，但发布前必须在指定媒体上公布以便于听取公众意见。

1. 规范加拿大铁路建设活动的政策法规

（1）1967 年制定的《国家运输法》是加拿大议会对运输业市场所制定的第一部运输法。这部运输法结束了政府参与费率制定的做法，鼓励铁路和其他运输方式的竞争，减弱了运输方式对运输政策的依赖性，引入了竞争机制，同时制定了对能够产生社会效益但企业效益较差的铁路客运和支线铁路等给予适当补贴的政策。1987 年和 1996 年，议会对《国家运输法》分别进行了修订和完善。主要内容包括国家运输政策、行政机构设置及职权划分、航空运输、铁路建设与运营、铁路公司财务、铁路线路转让或中止运营、西部粮食运输等。这标志着加拿大运输业逐步走向成熟，铁路运输发生了从依赖法规保护到参与市场公平竞争的巨大变化，其运输政策不再对运输方式之间的竞争加以限制，而且还鼓励铁路运输方式中不同承运人进行内部竞争，以促使他们为货主和旅客提供更好的服务和更合理的价格。

（2）1988 年颁布的《铁路安全法》，主要内容包括铁路工程的修建或改造、铁路工程与设备的运营和维护、影响铁路安全的非铁路业务管理等。

（3）1989 年颁布的《运输事故调查和安全委员会法》，主要规定了运输事故调查和安全委员会的组织架构、管理权限、调查程序、法律责任等范畴。

这三种法律适用于加拿大各种类型铁路的管理。

2. 加拿大铁路具体法规

加拿大铁路具体法规主要有三个类别，即规范企业行为的法规、安全监管的法规和经济监管的法规。

（1）规范企业行为的法规主要有《加拿大国家铁路客运法规》《加拿大太平洋铁路运输法规》《铁路公司转运法规》等。

（2）安全监管的法规主要有《铁路事故报告法规》和《铁路平交道口法规》。

（3）经济监管的法规主要有《铁路成本预算法规》《铁路线路弃置法规》《铁路运输责任法规》《铁路免费及折价运输法规》等。

3. 加拿大铁路规章

加拿大铁路规章较多，主要规范铁路行业安全技术标准、运营与作业条件等活动，包括铁路运营标准、线路与列车安全、机车车辆安全检测、职工医疗卫生条件、劳动时间等方面的规定。

第三节　我国铁路运输政策的目标与内容

铁路运输政策的制定与完善涉及众多复杂的因素,国家或地区的经济发展水平不同,所处的地理位置、地形环境不同,能源的获取方式不同以及铁路基础设施建设的投融资方式的不同,都会对一个国家或地区铁路的组成结构、铁路运输市场的运作以及铁路与其他各种交通运输方式的互动等产生重要的影响。

我国于 1991 年 5 月 1 日起开始实施《中华人民共和国铁路法》。它规定了铁路法制建设的基本原则。我国铁路运输政策的目标在经济发展的不同水平和不同时期而各不相同。

一、20 世纪 80 年代以前的铁路运输政策目标

20 世纪 80 年代以前,我国铁路运输政策目标可以分为以下三类:

1. 财政目标

由于铁路行业在很长一段时间里是盈利行业,因此直到 20 世纪 80 年代前期,财政目标一直是以此作为基础的,体现在对铁路制定了相当高的税率和利润上缴比例。

2. 路网整体性与安全方面的政策目标

路网的整体性一直是中央政府关注的问题,这体现在 20 世纪 50 年代初我国就实现了全国铁路网的统一,然后统一全路运价,后来又数次把划分过小的铁路局重新合并和把地方铁路并入国铁。

3. 社会责任方面的政策目标

内容包括:保证国家计划、工农业生产和人民生活的需要、促进中西部地区的开发、保证每年一度的春运和学生寒暑假半票回家和返校旅行等。

20 世纪 80 年代以前,上述三大政策目标在总体上是协调的,这保证了铁路行业的问题一般可以很快得到处理。可以说,铁路当时国有国营、集中计划管理、铁道部行业垄断、统一指挥调度的体制基本适应了这些比较单纯的政策目标。

二、20 世纪 80 年代以后的铁路运输政策目标

进入 20 世纪 80 年代,随着改革开放的深入,我国的铁路政策发生了一定的变化,铁路各项事业取得了一定的进步。但与国民经济发展要求相比仍存在较大差距。主要是运输能力严重不足,路网规模和结构与经济社会发展要求不相适应,“瓶颈”制约严重;技术装备水平有较大差距,不能适应现代社会的运输需要;投融资市场化程度较低。

我国的运输政策主要是通过有关决议、政府工作报告、指示、通知等文件加以体现的,国家正式行文用以明确阐述运输政策的目标、制定背景、实现政策目标的手段、实行范围和负责机构的不多,政策制定程序上通过立法机构以正式立法形式颁布的更少,相应的法规体系也不健全,因而造成运输政策目标多变,政策的权威性也受到一定影响。

我国正在实行从传统计划经济体制向市场经济体制的重大转变。在改变过去国家管得过多、统得过死的状况,充分发挥市场在运输资源配置方面作用的同时,政府显然还必须对交通运输这一重要的社会经济活动和运输市场进行一定程度的干预和政策导向。

根据建立社会主义市场经济体制的要求,政府职能应主要体现在加强宏观调控、政策引导、规划、协调、服务、监督等方面,关键是要制定一系列正确、稳定并有权威的运输政策和一

套完整的运输法规。经济资源的配置要以市场机制为主导,但国家的政策和指导性计划也仍然是资源配置的重要方式,政府对运输活动的宏观政策指导是现代市场经济体制的有机组成部分,当然运输政策的制定应该通过一定的社会协商途径,而且应该代表社会发展的真正要求。

铁路《中长期铁路网规划》进一步提出了我国铁路运输政策的目标:全面推进铁路快速发展,加快实施中长期铁路网规划,尽快提高运输能力和技术装备水平,确保铁路安全质量,切实维护人民群众生命财产安全,稳步推进铁路改革,加强铁路经营管理,激发铁路发展内生动力和市场活力,不断提高社会效益和经济效益,注重铁路与其他运输方式的有机衔接,共同形成布局合理、便捷通畅、高效安全的综合交通运输体系,为促进国民经济快速健康发展、实现全面建设小康社会目标提供可靠的运力支持。

三、中长期铁路网规划

国家《中长期铁路网规划》于2004年经国务院审议通过。2008年,国家发展改革委组织与铁路部门对《规划》进行了修编调整,颁布并实施了《中长期铁路网规划》(2008调整)。随着经济社会的发展,为更好地服务社会、支撑国家重大战略,于2014年底启动规划修编工作,国家发展改革委会同交通运输部、中国铁路总公司深入进行科学论证、广泛征求各方面意见,于2016年经国务院批准,印发了《中长期铁路网规划(2016版)》。

1. 规划目标

我国经济社会发展面临着新趋势新机遇,当前的社会形势对铁路发展提出新的更高要求:推进供给侧结构性改革,要求扩大铁路有效供给;拓展区域发展空间,要求强化铁路支撑引领作用;构建综合交通运输体系,要求发挥铁路绿色骨干优势;贯彻总体国家安全观,要求提升铁路应急保障水平;厚植行业发展优势,要求建设现代铁路基础网络。

基于以上经济社会形势要求,规划提出的主要目标是继续增加铁路网规模,特别是高速铁路线网规模,进一步优化路网结构,形成完善广覆盖的全国铁路网,建成现代的高速铁路网,打造一体化的综合交通枢纽,基本实现内外互联互通、区际多路畅通、省会高铁连通、地市快速通达、县域基本覆盖,更好发挥铁路对经济社会发展的保障作用。

2. 主要保障措施

为完成规划目标,需要健全和完善一系列保障措施,为规划的实施提供有力支撑。具体措施如下:

(1)深化投融资体制改革

创新市场化融资方式,放宽市场准入,培育多元投资主体,鼓励支持地方政府和广泛吸引包括民间、外资在内的社会资本参与投资铁路建设,形成国家投资、地方筹资、社会融资相结合的多渠道、多层次、多元化铁路投融资模式。完善铁路发展基金募集方式和扩大规模,支持地方设立铁路发展基金,继续发行政府支持的铁路建设债券,创新发行品种和方式,筹集长期、低成本的建设资金。在理顺铁路运价、建立公益性运输核算制度的基础上,研究建立公益性、政策性补贴机制,完善土地综合开发配套政策,健全规范财务清算规则及体系,为社会资本进入创造便利条件。

(2)培育壮大高铁经济

以高速铁路通道为依托,引领支撑沿线城镇、产业、人口等合理布局,促进区域密切交流合作和资源优化配置,加速产业梯度转移和经济转型升级,培育壮大高铁与经济深度融合发展的高铁经济新业态。以高铁站区综合开发为载体,发展站区经济,引导和推动站区现代物流、商贸金融、电子商务、旅游餐饮等关联产业聚集和规模发展,努力形成品牌效应和规模效益。综合开发收益弥补铁路建设与运营。

(3)科学组织项目建设

按照规划确定的功能定位和建设标准,充分考虑工程条件和经济发展实际,尊重铁路技术特点和客观规律,合理把握建设时机,有序均衡推进项目实施。继续保持合理建设规模,既抓好在建项目尽快建成投产,又推动实施一批重大标志性项目。深入做好项目前期工作,加强技术经济综合比选,因地制宜选择经济适用的建设标准和建设方案,科学合理、公正客观地确定线路走向和站点设置,着力提高项目决策科学化水平。

(4)构建综合交通运输体系

发挥铁路比较优势和骨干作用,构建与公路、民航、水运等其他交通方式有机衔接的综合交通运输体系,统筹考虑运价调整、运营体制调整、财政支持、调动地方政府积极性等因素,推动协同发展,促进综合社会效益提升。加强铁路规划与城市总体规划、土地利用规划等的衔接,优化交通网络布局,统筹铁路与其他交通方式共用交通走廊、跨海、过江等通道资源。加强综合客运枢纽建设,强化铁路与城市公共交通、市域(郊)铁路、公路客运、机场等有效衔接,提高枢纽中转及集疏散效率。促进铁公水等多式联运,大力发展铁路集装箱运输,实施铁路引入重要港口、公路货站和物流园区等工程,打通运输"前后一公里",畅通网络微循环。

(5)强化人才科技支撑

贯彻落实国家创新驱动发展战略,加大基础研究和科研攻关,着力推进以高铁关键技术创新为重点的装备自主化及产业高端化集群发展,全面提升自主创新能力和产业高端化水平,积极推动铁路"走出去"。同步推进"互联网+铁路"建设,完善公共信息服务平台,推进铁路与其他运输方式的公共服务信息共享,配套运用先进适用技术装备,发展智能化铁路,促进铁路运输、服务方式、经营模式等发展方式深刻变革,全面提升铁路现代化水平。

(6)提升可持续发展能力

研究化解铁路债务的有效措施,逐步改善铁路企业债务结构;支持铁路企业对车站和线路用地一体规划,加强地上、地下空间的综合开发,提升增量资产收益;研究出台促进铁路运输业发展的指导意见,适应市场需求变化,发展高铁快运和零散货物快捷运输,发挥价格机制作用,大力开拓运输市场,全面提升服务水平,扩大产品和服务有效供给,增强铁路企业市场竞争力,加快向现代物流企业转型发展;深化铁路企业改革,加快建立现代企业制度,推动市场化经营,强化内部管理,促进降本增效,增强内生动力与发展活力,发挥铁路总公司在铁路建设中的关键作用;牢固树立安全发展观念,强化安全管理,确保铁路持续安全稳定。

(7)健全规划实施机制

充分发挥中央、地方、企业积极性,进一步完善合作机制,拓展合作方式,形成铁路建设合力,营造铁路发展良好环境。不同地区、不同属性铁路建设项目实行分类投资建设。统筹考虑筹资能力和可持续性,尽早商定并合理分摊铁路建设出资比例,落实好出资主体责任。建立高效联动的协商工作机制,落实年度计划安排,明确责任分工,简化行政审批,确保规划有序实施和目标任务完成。要把军民融合发展的理念和要求贯穿铁路建设全过程,增强铁路基础设施建设对国防建设的整体支撑能力,提升国防交通保障水平。

(8)加强过程监管评估

修订完善铁路法律法规和技术规范体系,切实加强铁路行业监督管理,营造和维护公平有序的市场环境。强化规划指导作用,维护权威性和严肃性,不得随意变更规划内容,项目实施应严格按照国家有关审批程序办理。发展改革委会同有关部门要加强跟踪指导、统筹协调,及时总结评估规划实施情况,协调解决有关问题,重大事项及时报告国务院。

复习思考题

1. 交通运输政策的纵向系统结构包含哪三个等级?
2. 交通运输政策体系的横向结构的相互协调、配合表现为哪三个方面?
3. 简述交通运输政策的内涵、目标和作用。
4. 简述我国《中长期铁路网规划》中铁路网规划建设方面的内容要点。
5. 铁路运输政策有哪些表现形式?
6. 简述美、俄、日、法、德、加等国家的铁路运输政策对你的启发。

第三章 运输政策制定的基本理论

与其他产业相比,交通运输业有其独特的产业特征,这使得在制定相关政策和法规的过程中需要充分考虑其产业特征,并结合科学的理论与原则,力求适应交通运输产业的发展。

与交通运输政策制定相关的理论包括公共产品理论、自然垄断理论、政府规制理论、外部性理论和可持续发展理论等,它们为交通政策法规的制定提供了科学的理论依据。

本章将分析铁路运输的产业特征,并重点介绍公共产品理论、自然垄断理论、政府规制理论、外部性理论和可持续发展理论的基本内容、发展历程及其对交通运输政策法规制定的启示。

第一节 铁路产业的特征

一、铁路产业的网络性

铁路、公路、民航等交通运输部门和电力、通信、供水、供气等行业一样,都属于国家公用类事业,属于国民经济的基础设施。与其他基础设施比较,铁路必须通过网络传输系统才能完成产品的生产和销售过程。铁路网对不同的运输主体应当提供技术上互联互通的支持,满足运输主体跨区域运输的要求,实现网络的整体效应。因此,铁路是个典型的网络型行业,运输企业之间在技术、经济等方面有着高度的关联性。

二、铁路产业的多重属性特征

铁路有公益性特征,也有经营性特征;有准公共产品的特征,也有私人产品的特征。即便在完全的市场经济体制中,铁路也不能完全市场化。美国、日本等早期铁路都是由私人投资建设的历史事实证明,铁路除了具有很大的社会效益外,同样具有较强的私人物品属性。如果承认铁路产业具有私人物品属性,铁路就可以依据市场机制和商业原则来进行运作,则自然具有经营性。

铁路产业又存在巨大的外部收益,而且具有一定程度的公共物品属性,共同形成了公益性,例如很多铁路具有提供普遍服务的意义,一些特殊运输,如救灾、扶贫、军事等运输使得铁路运输的公益性十分明显。所以,铁路产业是多重社会经济属性并存的混合体,公共物品性和私人物品性并存,公益性和经营性并存。

三、铁路产业的资产专用性

铁路资产专用性的基本含义是指若一个经济主体的各种要素专用性程度越高,则这一经济主体的规模越难于将要素转移出去进而从事其他性质的生产。因此,这一经济主体的规模只能作组织的纵向扩大,而较少可能作组织的横向扩大,即从事其他行业的生产。

国有铁路尚未实施资本的价值形态运营，铁路国有资本基本是以实物形态在运营，而铁路实物形态又具有极强的专用性，特定用途明显，一旦国有资本退出，资本很难转用或转卖给生产和经营其他产品的行业或企业，这种一经投入便无法收回的投资为沉淀成本。因此，铁路运输资产专用性强，投资将产生巨大的沉淀成本。

四、铁路产业具有外部性

铁路是国民经济的基础设施，由于交通运输基础设施特有的经济功能和社会功能，能促进其他关联部门的发展，促进国土开发，加强和巩固政治统一、民族团结，满足军事需要等一系列铁路企业经济效益外的社会效益。因此，铁路是一个具有很大外部性的行业，主要表现为正外部性，这些效益巨大且难以定量，也不能成为企业的利润。产生正外部性的企业，其私人成本大于社会成本，其投资经常低于社会最优投资水平，需要得到外部的补偿或将外部性内部化，以避免市场失灵的出现。另外，铁路产业作为交通基础设施，其大规模运输的特征，若发生安全问题，将是大规模人员伤亡，亦需要政府对其进行一定的产业管制。

第二节　相关理论分析

一、公共产品理论

（一）公共产品的定义与分类

公共产品理论的开创性研究，始于美国经济学家保罗·萨缪尔森。1954 年，萨缪尔森在《公共支出的纯理论》一文中给出了公共产品的经典定义：“所有人共同享有的集体消费品（$X_{n+1},\cdots,X_{n+m}$），每个人对该产品的消费不减少任何其他人的消费，从而对每个居民和各个集体消费产品而言都有 $X_{n+j}=X^{i}_{n+j}$。”从定义中可以看出，只要这种集体消费品被提供，每个人对该产品的消费都将等于该产品的供给总量，这就意味着每个人的消费互不影响，增加消费者对这一产品的消费的边际社会成本为零，即消费者对该种产品的消费具有非竞争性。这一定义得到了最广泛的认同。

在萨缪尔森的基础上，马斯格雷夫进一步完善了纯公共产品的严格定义，在其著作《财政学原理》(1959)中首先提出了按照消费上的非竞争性和非排他性来划分公共产品和私人产品。认为在市场失灵情况下，公共产品是“非竞争性消费的货物”。但在具备非竞争性的同时还存在两种情况：排他性不可行或排他性无意义，从而将非排他性引入分析范围。马斯格雷夫认为，非排他性和非竞争性是公共产品的两大基本特性，并且是相互独立的，只要某种物品满足其一或二者兼备，那么它就是公共产品。照此标准，马斯格雷夫将物品分为四类（见表 3-1）。

表 3-1　马斯格雷夫对物品的分类表

消费	排他性的	非排他性的
竞争性的	私人产品	公共资源物品
非竞争性的	俱乐部产品	纯公共产品

詹姆斯·布坎南(1965)提出了“俱乐部理论”,将“俱乐部”定义为“一种消费、所有权——会员之间的制度安排”。他力图从理论上定义一种经济学上的商品,即俱乐部产品,布坎南在《民主过程中的财政》一书中,给公共产品下的定义是“任何由集团或社会团体决定,为了任何原因,通过集体组织提供的物品或劳务,都被定义为公共的”。这种商品可以适应从纯公共产品到纯私人产品之间的连续体上的任意一点。纯私人产品就是最优会员数量为1的产品,而纯公共产品则是最优会员数量为无穷大的产品。布坎南的俱乐部产品对于俱乐部以外的消费者是可以有效排他的,而俱乐部理论无法应用于具有非排他性的产品,但布坎南认为,产品的非排他性与产权制度的缺失有很大的关系,在适当的产权制度下,几乎所有的产品都是可以实现有效排他的。

在经济学上,所谓“公共资源”是指满足以下两个条件的自然资源:

(1)这些资源不为个人或企业组织所拥有。

(2)全部社会成员可以自由地利用这些资源。

这两个条件决定公共资源具备了“竞争性”的特点,但同时却不具备“排他性”的特征。

阿特金森、斯蒂格利茨等人(1992)认为,萨缪尔森严格定义的公共产品是一种极端的情况,可以称为“纯公共产品”,如果将纯私人产品作为一极而纯公共产品作为另一极的话,现实中的商品是从这一极到另一极逐渐过渡的一系列产品,或者说,是非纯公共产品。阿特金森和斯蒂格利茨指出,然而“更为一般的情况是,有一类商品具有这样一种性质:(在对该商品的总支出不变的情况下)某个人消费的增加并不会使他人的消费以同量减少”。他们继续举例说:“如果某人在一条很少使用的高速公路上行驶,则这条路对于其他人的利益只有轻微的减少。”这里阿特金森和斯蒂格利茨描述了纯私人产品和纯公共产品中间的第三种类型,可以称为非纯公共产品或称为准公共产品。

(二)公共产品的特征

公共产品的两大特性为非竞争性和非排他性。

非竞争性是指一部分人对某一产品的消费不会影响另一些人对该产品的消费,一些人从这一产品中受益不会影响其他人从这一产品中受益,受益对象之间不存在利益冲突。例如国防保护了所有公民,其费用以及每一公民从中获得的好处不会因为多生一个小孩或出国一个人而发生变化。

非排他性是指产品在消费过程中所产生的利益不能为某个人或某些人所专有,要将一些人排斥在消费过程之外,不让他们享受这一产品的利益是不可能的。例如,消除空气中的污染是一项能为人们带来好处的服务,它使所有人能够生活在新鲜的空气中,要让某些人不能享受到新鲜空气的好处是不可能的。

(三)交通运输的公共性

交通运输产品兼具公共产品和私人产品的特征:在提供服务未达到拥挤点之前,交通运输产品展示出其非竞争性和非排他性的特征,此时它是公共物品;而运输产量在达到或者超过拥挤临界点时,交通运输产品的公共性开始弱化,私人产品的特性开始加强。因此,交通运输产品具有公共产品和私人产品的复合特性,运输产品的属性因需求函数的不同在公共产品和私人产品之间呈动态变化趋势。

世界银行在1994年的发展报告中对包括交通在内的基础设施的性质进行了详细的分类,并分析了其具体的可能市场化程度(见表3-2)。

表 3-2　各类交通基础设施的公共性分析

部门和子部门	竞争潜力	商品或服务特点	向用户收费补偿的可能性	公共服务的责任	外部环境性	市场化指数
铁路线路与车站	低	俱乐部型产品	高	中等	中等	2.0
铁路货运与客运	高	私人产品	高	中等	中等	2.6
城市公交	高	私人产品	高	中等	低	2.4
城市地铁	高	私人产品	中等	中等	中等	2.4
农村道路	低	公共产品	中等	很少	高	1.0
一级、二级公路	中等	俱乐部型产品	中等	很少	低	2.4
城市道路	低	公共产品	中等	很少	高	1.8
港口与机场设施	低	俱乐部型产品	高	很少	高	2.0
港口与机场服务	高	私人产品	高	很少	高	2.6

注：市场化指数指各种设施的商品化程度：1.0 表示不适宜在市场出售；2.0 表示基本适宜在市场出售；3.0 表示最适宜在市场出售。

(四)基于公共产品理论的交通运输政策制定

不同运输方式和不同设施的公共性是不同的。公共产品理论要求我们在分析交通运输业的特性时，要针对具体运输方式及我国的经济发展状况、技术发展状况进行科学分析，也要充分考虑所处地域经济状况的不尽相同等因素，针对不同的地区的交通情况采取不同的思路和解决办法。

在制定交通运输政策时，应该针对具体产品的特性制定政策，做到既要消除市场失灵又要消除政府失灵，从而实现社会福利的最大化。

二、自然垄断理论

(一)自然垄断的概念

自然垄断是经济学中一个传统的概念，在西方经济学中，对自然垄断的定义是指特定行业的生产技术或服务特性，由于这一特性，平均成本在很高的产量水平上仍然随着产量的增加而递减，也就是说，存在着规模经济。规模经济是指随着生产规模扩大，每一单位产品或服务的平均生产成本出现下降的现象，规模越大，生产成本越低，因此由一家企业进行垄断性经营成本最低。也即由一家企业来对全社会提供服务的成本小于多个企业分别提供服务的成本之和。因此，与其让多家企业同时生产，不如把全部产品都交给一家企业生产，使成本最低。

(二)自然垄断理论的发展

不同历史时期的经济学家们对自然垄断有不同的认识和论述，产生了不同的自然垄断理论。自然垄断理论大致经历了四个发展阶段：以自然条件为基础的自然垄断理论，经济条件、自然因素和政府管制相结合的自然垄断理论，以规模经济为基础的自然垄断理论和以成本劣加性为定性根据的自然垄断理论。

1. 以自然条件为基础的自然垄断理论

19 世纪中叶，英国古典经济学家约翰·穆勒在《政治经济学原理》一书中首次提出了自然垄断的概念。他指出:“地租是自然垄断的结果。”穆勒认为,对土地这种稀缺资源的垄断会形成地租,即地租的产生是由于政府的管制和土地这种自然资源的极度稀缺而产生的,缺少行政权力和自然资源稀缺到不可再生的任何一个条件都不能形成垄断。

米勒将自然垄断定义为市场中形成的一家供应商对市场的独占,他是最早从技术经济角度提出自然垄断概念的。

亚当·斯密把自然垄断的定义简化为产业的规模技术经济状况,认为对规模收益递增的产业要实行政府规制。

这个时期的经济学家仅仅从自然条件的特点阐述了自然垄断,虽然并未能深层次的解释自然垄断的本质特征与产生原因,但仍为之后的经济学家提供了更好的研究素材。

2. 经济条件、自然因素和政府管制相结合的自然垄断理论

随着实践的发展,越来越多的经济学家意识到只从自然条件的角度分析自然垄断是不够的,自然垄断的背后隐藏着更多的经济因素。

托马斯·法罗首先通过经济特征对自然垄断进行了分析。他认为,自然垄断是从未发生过竞争或虽然有过竞争但最终失败的产业。这些产业一般具有以下经济特征:必须能够提供某种必要的产品或服务;必须在生产环境和地理条件方面具有天然优势;该产业生产的产品无法储存;生产存在规模效益;通常只有一个企业才能完成顾客要求获得的稳定的、可靠的供给。

理查德·伊利认为自然垄断应被分为三类:依靠独一无二的资源(矿藏)而形成的垄断,依靠信息独占和特权(专利)而形成的垄断,依靠产业的特殊性(业务特性)而形成的垄断,并认为自然垄断源自规模经济。

亨利·卡特·亚当斯将产业分为三类:规模效益下降、规模效益不变和规模效益上升。认为自然垄断企业主要属于规模效益上升的范畴,需要政府的规制,而前两类产业则不需要政府的规制。

这一时期的经济学家主张摆脱单纯从自然条件和政府管制方面讨论自然垄断的划分,出现了从经济性特征阐释自然垄断成因和特征的萌芽。但是,早期的自然垄断理论研究者虽然注意到了经济性对自然垄断的重要作用,却仍然会不自觉地加入自然因素的作用。

3. 以规模经济为基础的自然垄断理论

里普塞等人认为,规模经济是自然垄断产生的成因。有一些产业由于具有长期平均成本递减的特征,由单一的企业提供产品将会降低生产成本。那么,经过市场竞争,生产效率低的企业将会被淘汰,市场上只剩下一家企业进行生产,从而形成自然垄断。

经济学家萨缪尔森和诺豪斯也持近似观点。他们认为,自然垄断最明显的特征是企业产出规模扩大到整个产业的产量时,平均成本仍在下降,因此由一个厂商垄断经营比多个厂商提供全部产品更有效率。

规模经济之所以导致自然垄断,还因为在边际成本递减条件下,一方面,原先进入该产业部门的企业,随生产规模扩大,边际成本持续下降,因而必然把生产规模扩大到独占市场的程度;另一方面,在垄断企业已经存在的条件下,任何新企业进入该产业,其初始成本必然很高,无法与垄断者展开竞争,即规模经济成为新企业进入该产业的壁垒。

从上述理论可以看出,现代经济学家主要是从经济特性的角度来讨论自然垄断,并将自然垄断归结为规模经济的技术特征,但是这不能解释现实生活中很多自然垄断产业还处于

规模不经济阶段这一现象。

4. 以成本劣加性为定性根据的自然垄断理论

当代经济学家对规模经济是自然垄断的成因产生了质疑。詹姆斯·邦布赖特首先提出即使在单位成本递增的情况下,有些产品由一家企业供给仍是最经济的选择。

鲍莫尔提出了更为确切的成本劣加性理论:如果一家企业生产所有产品的成本之和小于多个企业分别生产这些产品的成本之和,该企业的成本函数就是具有劣加性的;如果在所有有关产量上该企业的生产方程均具有劣加性,那么该产业就是自然垄断产业。

成本劣加性理论的提出拓宽了自然垄断的判断标准,即使在企业平均成本上升、不具备规模经济的情况下,由于总成本的增加小于总产量的增加,仍然可以形成自然垄断。在单一企业生产多种产品的总成本小于多个企业分别生产的成本之和的情况下,如果该企业的长期平均成本呈递增趋势,称为弱自然垄断;如果该企业的长期平均成本呈递减趋势,则称为强自然垄断。

经济学家们对自然垄断的不断研究与总结,使自然垄断理论不断完善、与实践更加紧密地联系在一起,也为跨国公司及其他垄断巨头的经济行为、政府对垄断行业和垄断行为的规制提供了理论基础。

(四)自然垄断产业的特征

自然垄断产业作为具体产业具有一系列独特的经济技术特征:

1. 具有传输产品或服务的网络系统

铁路、电力、煤气、自来水等自然垄断产业都有网络特征,即生产企业必须借助于传输网络才能将其产品或服务传递给用户,用户也必须借助于传输网络才能使用企业生产的产品或服务,故自然垄断产业有时还可称为网络产业。通常,网络由多个结点和联系结点的连接构成,自身形成一个网状配置系统,网络功能的体现和发挥就需要多个网络成分共同参与。因而,网络成分之间是相互补充的。网络产业一般由较高的固定成本、较低的边际成本、弱替代使用以及某种基本形式的物理连接等特点所刻画。

自然垄断产业这种网络系统将产生较为明显的网络经济效应。一方面,网络系统传输规模(主要指消费者数量和距离分布)越大,其所需的固定资本投资也越大。在固定成本占总成本比重很大的产业中,一般来讲,需求量越多,固定成本就越可分散在每一需求上,因而也越能收到网络系统的规模经济效益。另一方面,自然垄断产业网络系统还将产生较强的网络正外部效应,即网络的参与者越多,这个网络的价值就越高。

2. 生产具有极大的范围经济效益

企业生产两种产品的费用低于分别生产每种产品所需成本的总和时,所存在的状况就被称为范围经济。在大部分自然垄断产业领域,由于存在着生产和配送方面巨大的规模经济效益,如果企业各自进行独自生产和销售的话,将会形成在生产设备和配送系统上的巨额重复投资,造成资源的巨大浪费。因此,只有通过联合生产或联合销售,才能使固定的生产设备和配送装置得到充分利用,从而极大地节省生产和销售的费用。

3. 生产或服务的基本技术经济标准具有统一性

由于存在着生产和配送方面的网络经济效益和范围经济效益,因此在大多数自然垄断产业领域内,其产品或服务的基本技术经济标准必须实现统一性。否则,所谓的联合生产、联合销售及配送等会受到不可逾越的技术障碍。

4. 存在大量的沉淀资本

自然垄断产业的固定资本由于具有很强的长期使用性,折旧需要时间,同时又很难将这些设备转用于其他用途,因此固定成本的沉淀性很大,这是形成自然垄断产业进入壁垒的一个重要因素。自然垄断产业成立的条件集中到成本劣加性,而成本的沉淀性则是维持自然垄断产业的条件。

5. 产品或服务的需求弹性较小,具有较强的公众性

大多数自然垄断产业都属于基础性产业,其产品和服务是公众生活中所必不可少的,普遍服务是对自然垄断产业的最基本要求。同时也要保证自然垄断产业提供服务的稳定性、质量的可靠性等。

(四)基于自然垄断理论的交通运输政策制定

交通运输业具有规模经济性和范围经济性,同时运输业也存在大量的沉没成本。交通运输业必须在基础设施建设上投入大量的资本,而这些资本,如果退出经营,是无法抽回的。因此,交通运输业属于自然垄断产业。

尽管从总体上看,交通运输业是自然垄断产业,但并不是交通运输业中的所有业务都具有自然垄断性,因此需要对这些业务的具体特点进行细致分析,把竞争性业务与自然垄断性业务剥离开来,放松规制,引入竞争。具体来说,铁路的运输业务具有明显的可竞争性,可以降低该产业的进出壁垒,使其能自由进出,并积极引入竞争机制。

三、政府规制理论

(一)政府规制的含义、类型和目标

政府规制是一个比较宽泛的概念,不同学者对规制的起源、目的、效果以及规制方式、手段等方面存在着认识上的差异,但均认同"政府拥有的最大资源就是强制力,规制是国家强制权力的运用"。日本著名规制经济学家植草益认为,政府规制是指政府依据一定规则对构成特定经济的经济主体的活动进行限制和约束的行为。

1. 政府规制的类型

按政策目的和手段的不同,政府规制一般可以分为直接规制与间接规制两种。

(1)直接规制

直接规制是指政府直接介入市场失灵的领域,即政府依法直接介入市场主体的决策,如政府依法对企业的市场准入、退出、价格、服务的质和量,以及投资、利润分配、财务会计等活动进行的规制,分为经济性规制与社会性规制两种。

①经济性规制是针对特定产业的规制,如对自然垄断产业的规制。经济性规制的目的是避免资源配置低效率和确保使用者公平利用,由政府通过许可和认可等手段对公用事业、交通、金融业等产业中的进入、退出、价格、投资等进行制约。

②社会性规制是不分产业的规制,对应于外部性、非价值性物品等问题,由政府对企业进行控制,以防止公害、保护环境、保证健康和生产安全等。

(2)间接规制

间接规制主要指对不公平竞争的管制,即司法机关通过反垄断法、民法、商法等法律对垄断等不公平竞争行为进行间接制约。

2. 政府规制的目标

在市场经济国家,由于市场机制存在着失灵现象,因此政府规制是必可不少的。一般来

说它主要包括以下四个目标：

(1)社会资源的有效配置

企业如果凭借其市场势力采取垄断价格、差别定价等措施，将会损害社会资源配置的帕累托最优效应。因此，政府通过价格规制手段去限制企业定价，就会实现资源的有效配置。

(2)保持企业财务状况稳定

政府采取各种规制手段为企业提供一个良好的发展环境，为企业募集外部资金和内部资金提供渠道，实现企业的健康发展，避免发生供给不足的情况。

(3)确保企业内部效率

垄断企业由于缺乏外部竞争压力，没有动力去提高内部效率，其积极进取的精神会逐步衰退。因此政府必须采取各种规制政策，以确保企业持久的经营动力。

(4)避免收入的再分配

垄断价格会将一部分消费者剩余转化为企业利益，从而损害消费者的利益。因此，垄断企业的差别定价行为、内部交叉补贴行为具有收入再分配的效果，所以政府规制对于保护消费者利益是不可或缺的。

(二)政府规制理论的发展

政府规制的基础是市场经济和法治的制度环境，其逻辑起点是修正市场机制的结构性缺陷，避免市场经济可能给社会带来的弊端。20世纪以来的西方政府规制研究经历了"市场失灵与政府的矫正措施、检视规制政策的效果、寻求规制政策的政治原因、政府规制中的激励问题"四次主题变迁，形成了公共利益规制理论、部门利益理论、放松规制理论和激励性规制理论等流派。

1. 公共利益规制理论

古典经济学和新古典经济学都认为，市场通过"看不见的手"能够自行实现资源配置的帕累托最优，政府无须直接干预经济活动。与之相反，公共利益规制理论以市场失灵和福利经济学为理论依据，提出市场失灵是政府规制的出发点，把政府看作是公共利益的代表，响应公众的要求，矫正市场经济活动带来的无效率和不公平，从而保护公众的利益，提高整个社会的福利水平。

公共利益规制理论是规制理论发展的逻辑起点，是关于规制的规范分析，它因研究"市场失灵与政府的矫正措施"而产生，主要包括两大内容：

(1)认定市场存在失灵现象，不被规制的市场中存在着自然垄断、外部性、公共产品、信息不对称等因素，导致其运行不能达到帕累托最优，从而使政府规制的必要性得以显现。

(2)寻求"最优"的政策来矫正市场失灵的现象，使政府规制的效率显而易见。

但随着经济学家对政府规制政策实证检验后，公共利益规制理论的许多缺陷被经济学家所批判。首先，公共利益规制理论中假设政府规制行为几乎没有成本，这样的假定在现实中根本做不到，规范分析的假定前提即规制的发生是因为对潜在社会净福利的追求，但没有说明对社会净福利的潜在追求是怎样进行的。由于政府规制政策的执行和效果均不能完全准确无误，在许多情况下，规制部门并没有完全客观公正的进行规制。相反，有些部门甚至以牺牲消费者利益来获取自身的不当收益。其次，乔治·施蒂格勒和克莱尔·弗瑞兰德(1962)研究了1912～1937年期间美国电力行业价格规制的相关数据，结论是政府的规制行为仅导致微弱的价格下降，并没有使消费者在更低的价格水平上购买到电力服务，这不符合公共利益规制理论所宣称的规制会产生价格大幅度下降的效果。

2. 部门利益理论

与公共利益规制理论不同，部门利益理论的假设前提是：

(1)政府的基本资源是权力，利益集团能够说服政府运用其权力为本集团的利益服务。

(2)规制的需求者和供给者都是理性“经济人”，通过选择性行为谋求最大效用。

规制俘虏理论是部门利益理论形成的最早雏形。它认为，作为政府规制对象的企业等作为一种利益集团，对政府规制有特殊的影响力，而政府规制者有各种利己的动机。政府规制是为了满足产业对规制的需要而产生的，政府往往并不是规制的最初发动者，产业组织扮演着规制者的角色。政府规制的实质是规制者和立法者被产业组织所俘虏和控制。规制的提供正适应了产业组织对规制的需求(即立法者被规制中的产业组织所控制和俘获)，而且规制机构也逐渐被产业组织所控制(即规制者被产业组织所俘虏)。

施蒂格勒运用规范的经济学分析方法，研究了政府俘虏规制，认为“规制由产业谋取，并主要根据其利益来设计和运作”，“规制结果有利于生产者，生产者总能赢”。随后，佩尔兹曼、贝克尔等经济学家进一步完善了规制俘虏理论。佩尔兹曼指出，规制者的政策选择受制于不同社会群体的政治影响力，政府规制立法总是有利于那些组织良好的利益集团。贝克尔通过对利益集团之间的竞争进行分析，认为政府规制倾向于增加具有较大影响力的利益集团的福利。

部门利益理论特别是规制俘虏理论深化了对政府规制失灵原因的认识，但这些理论也存在明显的缺陷：过分强调利益集团的作用，忽视规制者的作用；忽视信息不对称，缺乏委托-代理理论，从而无法解释规制者的自由裁度权以及利益集团的利益和权力所在。

3. 放松规制理论

随着部门利益理论研究的深入，人们对于规制机构和规制收益关系的理解更加清晰，并且大量的规制实践证明，强化政府干预的规制活动中可能产生大量无效率和不合意间接效应，所以激励市场竞争而放松政府管制需求与理论研究的热潮涌起。

放松政府规制的理论基础主要有政府失灵理论和可竞争市场理论。

詹姆斯·M·布坎南通过对政治过程的经济学分析，认为公共部门在提供公共物品时总是倾向于浪费和滥用资源，公共支出存在着规模过大和低效率的问题。因此，他提出了与“市场失灵理论”相提并论的“政府失灵理论”，认为政府作为由政治家和公务员组成的群体，具有以追求自身利益最大化为行为准则的缺陷。在现实中也经常可以看到，有些政府规制行为不仅没能矫正市场失灵，而且加重了公共资源的浪费。

可竞争市场理论认为，政府规制政策的核心，是在受规制行业中保持充分的潜在竞争压力。该理论认为由于潜在进入者的压力，即使在自然垄断产业中没有政府规制，垄断者也不可能获得超额垄断利润。因为，如果垄断者获取超额利润，那么势必使得潜在进入者参与到市场中来与之竞争，从而导致价格下降。潜在竞争者的存在，迫使现存企业只能遵循可维持定价原则和保持高效率的生产组织。但现实中符合可竞争市场理论假设的产业少，沉没成本为零的假定也不符合实际，在理论上有其一定的局限性。

放松规制理论研究试图将传统理论中竞争与规制对应关系理解为互补关系，倾向于在竞争与规制融合中重新找到社会管理的平衡点。

4. 激励性规制理论

在对自然垄断行业规制改革探索期间，放松规制理论一度扮演着重要的角色。但值得注意的是，即使是放松规制理论也不意味着要求所有规制行为的取消，还是有相当程度的规制应当保留。经济学家们开始探索能够将这些得以保留的规制机制加以完善的方法，在这样的背景下产生了激励性规制理论。

激励性规制理论研究如何采取激励手段（如成本补偿机制和激励性定价政策等），来达到以最小的成本获得规制信息并激励企业提高效率。它在保持原有规制结构的条件下，给予受规制企业以竞争压力和提高效率的正面诱因，促使受规制企业努力提高内部效率。

激励性规制理论以信息不对称为前提，主要借鉴可竞争性市场理论的合理之处，运用了博弈论、信息经济学等前沿理论和分析方法，来解决在信息不对称的情况下效率和信息租金的矛盾问题。解决问题的关键是设计出既能充分激励被规制企业，又能有效约束其利用特有的信息优势谋取不正当利益的激励规制合同或机制。该理论进一步指出，在设计高效的激励规制合同或机制时，要考虑被规制企业的成本类型、产品或服务的质量和种类、绩效评估的依据等重要因素。

激励性规制经常采用的激励工具主要有：

（1）最高限价规制。这是应用最广泛、效果最明显的一种规制方法。将受规制行业的产品和服务的价格与零售价格指数结合起来，受规制行业的价格上涨不能高于通货膨胀率。同时，考虑到技术进步带来的劳动生产率的提高，行业价格会下降。具体做法是由规制部门以合同或命令的形式确定某一产业商品和服务的价格上限，被规制的厂商可以在最高限价之下自由定价，从而促使厂商降低成本、提高效率。

（2）特许投标规制。政府通过投标竞争方式赋予某个企业以特许经营权，从而在投标阶段对服务质量和服务价格形成较为充分的竞争。特许经营权具有时间限制，在特许期结束后再通过竞争投标的形式确定特许权归属，以激励特许企业提高效率。特许投标规制由市场竞争决定价格，而不是由政府规制者决定价格。

（3）区域间标尺竞争机制。以其他地区在生产技术、市场需求方面相似的企业的绩效和价格为参照，制定本区域内受规制企业的价格和服务水准，激励本区域内垄断企业提高内部效率，降低经营成本，改善服务质量。政府可以通过定期调查和公布不同区域的自然垄断产品的价格水平，从而打破本地企业对信息的垄断，提高发现真实成本的可能性，为制定合理的指导性价格提供依据。

除上述三种规制机制外，诸如利润分享规制、联合回报率规制、社会契约规制等在实践中也常常被运用。

（三）基于政府规制理论的交通运输政策制定

从产业组织的角度看，我国自然垄断政府规制改革存在倾向于生产者利益，并且规制制度还存在刚性的现象。

西方自然垄断政府规制的理论虽然能够指导其自然垄断规制改革，但是这些理论的实施都有其假设基础和成立的条件，单纯借鉴单个的西方规制理论是不可行的，我们只能借鉴每种理论中可取的部分。并且我国现在还处于转型时期，不能直接照搬西方的模式，应该结合我国国情，对西方规制理论进行取舍，找出适合我国国情的规制理论和规制模型。例如，国外铁路在规制改革的过程中，一般都采取放松规制与激励性规制相结合的方式，激励性规制的实行使企业受到了竞争性刺激，对于促进企业提高生产效率和经营效率具有积极意义，促进了自然垄断性业务的发展。因此，我国对铁路自然垄断性业务的规制改革也可以借鉴国外经验，结合国情，制定可行的激励性规制方案。

四、外部性理论

(一)外部性理论的演进

外部性概念源于马歇尔教授1890年发表的《经济学原理》这一著作。他将经济中影响生产规模扩大的第四类生产要素概括为"工业组织",进而利用"外部经济"和"内部经济"来说明这类生产要素的变化如何影响产量的增加。"内部经济"是指企业内部的各种因素所导致的生产费用的节约;"外部经济"是指由于企业外部的生产因素导致的生产费用的减少。

1920年,庇古在《福利经济学》一书中提出了"外部不经济"的概念和内容,并运用边际分析方法,提出了边际私人净产值和边际社会净产值、私人边际成本和社会边际成本的概念,从社会资源最优配置的角度出发正式提出和建立了外部性理论。

1960年,科斯在其《社会成本问题》中提出了外部性的相互性,在庇古的基础上提出试图通过市场方式解决外部性问题的方法。科斯认为在交易费用为零时只要产权明确界定就可以通过自愿协商解决外部性问题;在交易费用不为零时,则需比较各种政策手段的成本收益才能确定。

外部性理论经过了从简单到复杂,从静态到动态的发展过程,在现代经济学中依然是一个热点问题。

(二)交通运输外部性

外部性是指某一生产者或消费者的行为对不直接参与这一行为的团体或个人产生影响,且生产者或消费者对这种影响并不承担其后果。外部性理论分为正外部性和负外部性,交通运输具有非常明显的外部性。

交通运输的正外部性理论的内容包括以下几个方面:消费的增加和生活水平的提高;收入效应和增加就业机会;拉动经济增长,优化产业结构;促进地区间商品流通;开发边远落后地区;由于运输成本降低所带来的一些额外收益;由于运输便捷性减少时间成本等。

交通运输的负外部性理论的内容包括以下几个方面:交通运输设施修建带来的环境污染、生态破坏;交通拥挤带来的额外时间和运营成本;运输设施供给中没有包含的费用,即纳税人与使用者的现金流错位;运输活动带来的对环境的影响等。

正是由于交通基础设施供给和使用具有比较明显的正外部性,使得交通基础设施具有社会公益性,很多国家对交通基础设施的供给并不仅仅是从经济效益方面来考虑的,而是在项目评估时将其社会效益也计算在内,特别是一些带有区域开发性质的交通基础设施项目更偏重其社会效益。在一些国家的交通运输政策与发展战略、规划中也体现了对社会公益性的重视。例如,美国《交通运输部战略规划(2003～2008)》在战略目标中就提出,为人口和货物的流动提供可靠、高效、联合的交通运输,建设一个能够推动经济增长与发展的更有效的国内、国际交通运输体系。在英国《交通运输政策白皮书》中提出的交通运输政策的方针包括促进郊区和边缘地带的经济发展,通过较好的交通规划来提高地方的经济活力,促进地方经济复兴。

(三)交通运输业外部成本内部化

运输业的外部成本应合理地内部化,内部化的目标是将各种运输方式的外部影响纳入市场进程,通过市场机制达到资源的有效配置,也就是使所有的交通使用者明白其行为的全部成本,包括对社会带来的负面影响而又不由自身承担的这部分影响,而通过生产活动带来负面影响的运输单位或个人要对这部分不利的影响付出货币代价。这样,经济和环境资源的总体使用效率将更高，交通工具的使用者和提供者也可以通过其活动带来的全部成本做出更明确的判断。理论上而言，可按照边际成本原则进行定价，达到资源真正有效配置的目的。

在外部成本内部化问题上，通常采用以下两种做法：

(1)直接管制。政府部门通过发布行政命令或制定法规条例，向运输供给者和使用者提出具体的环境损害标准，从而直接或间接影响各种运输方式的运输需求，达到改善环境的目的。

(2)经济手段，即税收和收费。从影响运输业供给和使用者的成本和收益入手，使价格能反映全部成本，从而引导经济当事人的行为选择，最终达成资源有效利用的目的。排污收费、汽油和柴油税、道路拥挤收费等是目前各国运用最普遍的经济手段。理论上一般认为，经济手段优于直接管制手段。

总结日本、欧洲和美国所采用的交通运输系统外部成本内部化的措施，通常，外部成本内部化的方式主要包括：

(1)交通运输工具收取燃料税。

(2)根据交通运输工具有害气体排放量收取差别的税，即有害气体排放量高的方式的税率较高，而有害气体排放量低的方式的税率较低(即对交通运输工具的绿色化税收)。

(3)对所有的运输工具使用者收取运输税费。

(4)提高运输工具有害气体排放标准。

(5)政府制定使用环境的价格。

(6)向外部成本低的运输方式发放补贴。

通过运输业外部成本内部化的方法来寻求在满足社会运输需求的前提下所付出资源和环境以及其他方面的总体代价更小的途径，这对保证我国未来经济能够得以稳定持续发展具有重要的意义。应进一步深化研究可操作性更强的我国运输业外部成本内部化的方法并尽早实施，以尽快实现我国运输系统的结构优化，保证我国资源环境等要素得到优化配置和合理利用。

国外外部成本内部化的方法不一定都适应我国的国情，需结合我国运输业发展的实际情况，有针对性地参照欧洲国家对所有运输工具使用者收取运输税费和日本的交通运输工具绿色燃料税的方法，采用对一些影响环境严重的运输方式(如公路、航空等)征收费用的方法，以促进我国运输系统结构的合理化，大幅度降低交通运输系统的外部成本。

(四)基于外部性理论的交通运输政策制定

不同交通运输方式之间存在外部效应，各种运输方式与其他社会经济主体之间也存在着外部效应，其产生原因是多种多样的。如何将外部成本内部化，减少外部效应对经济、环境和社会的影响，就需要运用到外部性理论延伸出的若干政策主张，如庇古税、政府干预、产权交易以及法庭谈判等。

交通运输外部性产生的主要原因可以总结为缺少有效的产权制度和缺少能够反映外部性的价格体系两点。就一般而言，外部性都是在产权未能很好界定的条件下产生的，只要产权界定清晰，允许人们进行适当的交易或谈判，外部性问题就可以得到解决。这就要求我们在制定交通运输政策时要以市场化为导向，建立有效的产权制度。同时还要利用市场机制的作用，建立合理的价格体系，并通过征收燃油税、排污费以及许可证交易等经济手段来解决交通运输外部性问题。

五、可持续发展理论

(一)可持续发展的概念

1980年国际自然资源保护联合会、联合国环境规划署和世界自然基金会共同出版的文件《世界自然保护策略:为了可持续发展的生存资源保护》中第一次明确提出了可持续发展的概念。1987年世界环境与发展委员会的报告《我们共同的未来》中明确指出,环境问题只有在经济和社会持续发展之中才能得到真正的解决。该报告首次给出了可持续发展的定义:可持续发展是既满足当代人的需要,又不对后代人满足其需要的能力构成危害的发展。

可持续发展理论在20世纪80年代由西方学者首先提出,到90年代初成为全球范围的共识,中国学者也在这一时期引进和接受了可持续发展的概念。可持续发展的概念和理论从西方国家传入中国,中国学者对可持续发展的概念和理论的认识是一个不断引进吸收、创新与本土化、再引进吸收、再创新与本土化的过程。

(二)可持续发展的原则和主要内容

1. 可持续发展的三大原则

可持续发展包括公平性、持续性和共同性三大原则。

(1)公平性原则

公平性原则包括同代人之间、代与代之间、人类与其他生物种群之间、不同国家与地区之间的公平。可持续发展是一种机会、利益均等的发展。它既包括同代内区际的均衡发展,即一个地区的发展不应以损害其他地区的发展为代价;也包括代际间的均衡发展,即既满足当代人的需要,又不损害后代的发展能力。该原则认为人类各代都处在同一生存空间,他们对这一空间中的自然资源和社会财富拥有同等享用权,他们应该拥有同等的生存权。

(2)持续性原则

持续性原则指地球的承载力是有限的,人类的经济活动和社会发展必须保持在资源和环境的承载力之内。即在满足需要的同时必须有限制因素,即发展的概念中包含着制约的因素。主要限制因素有人口数量、环境、资源,以及技术状况和社会组织对环境满足眼前和将来需要能力施加的限制。最主要的限制因素是人类赖以生存的物质基础——自然资源与环境。因此,持续性原则的核心是人类的经济和社会发展不能超越资源与环境的承载能力,从而真正将人类的当前利益与长远利益有机结合。

(3)共同性原则

共同性原则指发展经济和保护环境是世界各国共同的任务,需要各国的积极参与。地球是一个整体,地区性问题往往会转化为全球性问题,这就要求地区的决策和行动,应该有助于实现全球整体的协调。例如,解决全球气候变暖、酸雨蔓延等跨国界问题,必须进行国际合作。对于全球共有的大气、海洋、生物资源等问题的处理,需要在尊重各国主权和利益的基础上,制定各国都可以接受的全球性目标和政策。

2. 可持续发展的主要内容

(1)经济可持续发展

可持续发展鼓励经济增长而不是以环境保护为名取消经济增长,因为经济发展是国家实力和社会财富的基础。但可持续发展不仅重视经济增长的数量,更追求经济发展的质量。可持续发展要求改变传统的以“高投入、高消耗、高污染”为特征的生产模式和消费模式,实施清洁生产和文明消费,以提高经济活动中的效益、节约资源和减少废物。从某种角度上说集约型的经济增长方式就是可持续发展在经济方面的体现。

(2)生态可持续发展

可持续发展要求经济建设和社会发展要与自然承载能力相协调。发展的同时必须保护和改善地球生态环境,保证以可持续的方式使用自然资源和环境成本,使人类的发展控制在地球承载能力之内。因此,可持续发展强调了发展是有限制的,没有限制就没有发展的持续。生态可持续发展同样强调环境保护,但不同于以往将环境保护与社会发展对立的做法,可持续发展要求通过转变发展模式,从人类发展的源头、从根本上解决环境问题。

(3)社会可持续发展

可持续发展强调社会公平是环境保护得以实现的机制和目标。可持续发展指出世界各国的发展阶段可以不同,发展的具体目标也各不相同,但发展的本质应包括改善人类生活质量,提高人类健康水平,创造一个保障人们平等、自由、教育、人权和免受暴力的社会环境。这就是说,在人类可持续发展系统中,经济可持续是基础,生态可持续是条件,社会可持续才是目的。人类应该共同追求的是以人为本的自然—经济—社会复合系统的持续、稳定、健康发展。

(三)交通运输可持续发展

交通运输业是人类赖以生存和发展的重要产业部门之一,但同时也应看到,交通运输业的发展占用和消耗了土地、能源等大量自然资源,产生了大气污染、噪声污染等环境污染,同时还因交通拥堵、伤亡事故等加大了间接社会成本。由此可见,交通运输业的发展一方面为国民经济和社会发展提供了重要基础条件,另一方面又会对资源、环境等产生负面影响。因此需要寻求交通运输的可持续发展。

世界银行 1996 年出版的《可持续运输:政策变革的关键》专著中提出并阐述了“可持续运输”这一概念,指出在交通运输中要实现经济与财务的可持续发展、环境和生态的可持续发展以及社会的可持续发展。所谓经济与财务的可持续发展是指交通运输必须具有持续发展的能力并适应人们日益提高的生活水平;环境和生态的可持续发展是指交通运输不能仅仅服务于旅客和货物的位移,还要最大限度地提高人们的整体生活质量;社会可持续发展则指交通运输所带来的收益必须为社会各阶层公正的享有,而不是作为一部分人的特权。三者的可持续发展是互为条件、相辅相成的,但是三者之间并不一直是相互促进的,有时还会发生严重的矛盾冲突。可持续的交通发展政策就是利用各种工具以寻求三者综合效益的最大化。

1997 年英国土木工程学会运输理事会在举行可持续发展会议上对可持续运输的定义是“可持续性和可持续发展相容的运输”。因此,寻求可持续发展已成为人类的共识。对于在社会经济发展中起到巨大作用的运输动脉——铁路,人们也相应提出了更高、更新的要求:不仅要求铁路能够方便、迅达、安全、舒适、清洁,同时也要注重铁路与生态环境的和谐性、协调性,以实现铁路建设的可持续发展。

我国政府于 1994 年制定并颁布了《中国 21 世纪议程》,明确宣布走可持续发展之路是中国在未来和下世纪发展的自身需要和必然选择。可持续发展也是我国的一项基本国策,我国处于经济起飞阶段,社会经济快速发展的要求与严峻的资源环境状况形成了鲜明对比。为了实现全面建设小康社会的宏伟目标,必须切实建立资源集约型的国民经济体系,改进资源开发和使用方式,提高资源利用效率。在加快经济发展的同时,坚持把保护生态环境作为一项基本国策,减少单位经济所产生的环境压力,实现具有可持续意义上的经济增长。2009

年 12 月 7 日,世界气候大会在丹麦首都哥本哈根召开,来自 192 个国家的谈判代表齐聚峰会。温家宝指出,中国是最早制定实施《应对气候变化国家方案》的发展中国家,也是近年来节能减排力度最大的国家。截至 2009 年上半年,中国单位国内生产总值能耗比 2005 年降低 13%,相当于少排放 8 亿 t 二氧化碳。温家宝强调,中国政府确定减缓温室气体排放的目标是中国根据国情采取的自主行动,不附加任何条件。习近平在 2015 年巴黎世界气候大会上指出“巴黎协议应该着眼于强化 2020 年后全球应对气候变化行动,也要为推动全球更好实现可持续发展注入动力”,并在“国家自主贡献”中提出中国将于 2030 年左右使二氧化碳排放达到峰值并争取尽早实现,2030 年单位国内生产总值二氧化碳排放比 2005 年下降 60%～65%,非化石能源占一次能源消费比重达到 20%左右,森林蓄积量比 2005 年增加 45 亿 m^3 左右。

(四)基于可持续发展理论的交通运输政策制定

交通运输业是国民经济的基础产业,是促进社会发展和提高人民生活水平的基本条件。可持续发展已成为当今世界交通运输业发展的主要趋势。这就要求我们要从可持续发展的高度制定交通运输发展战略与政策,强调交通运输与经济、社会、环境之间的协调发展,加强多种运输方式的协调和衔接,构建可持续发展的综合交通运输体系。同时,吸取国外运输政策变迁过程中的经验教训,及早认清形势和未来趋势,合理分配资源,制定政策时应具有一定的前瞻性。

复习思考题

1. 铁路产业具有哪些产业特征?
2. 公共产品的两大特征是什么?
3. 简述自然垄断理论的四个发展阶段。
4. 简述不同政府规制理论的相同点和不同点。
5. 简述目前交通运输外部成本内部化的主要措施。

第四章　铁路投融资政策

铁路运输基础设施建设的投融资政策包括铁路投资政策、融资政策和补偿政策三个部分，与其他运输业企业相比，铁路最大的特点在于基本建设投资数额大、周期长、不确定性和风险高等，铁路融资是一个比较复杂的问题。

世界许多国家把进一步发展铁路作为一项重要的运输政策，积极吸引非政府投资主体的参与，引入民间资本，重视基础设施建设项目运营成本的补偿。

我国国家铁路建设投资，自20世纪90年代以来，呈现出投资主体多元化、融资方式多样化和资金配置市场化的新格局。但长期计划经济体制造成的铁路投资决策权高度集中、政策性亏损没有得到有效补偿，影响到投融资渠道和方式。铁路建设资金结构不合理、投融资渠道单一的现象，也直接导致铁路债务风险持续累积。

2013年3月，铁路管理体制进行了重大改革，成立中国铁路总公司，实现了政企分开，为深化铁路投融资体制改革，更好地发挥政府和市场的作用，促进铁路持续发展创造了良好条件。面对铁路快速发展战略对铁路融资提出的新要求，中国铁路确立了“政府主导，多元化投融资，市场化运作”的铁路投融资改革总体思路。

本章将介绍铁路投融资的特点、国外铁路投融资方式等，分析我国铁路投资主体及融资结构，重点阐述铁路投融资体制的构建。

第一节　概　　述

铁路运输基础设施建设投融资政策是指在铁路建设领域投资、融资、补偿等政策与法规的总称，包括铁路基础设施建设投资政策、融资政策和补偿政策三个部分。

一、投融资的概念

1. 投资的含义

所谓投资，是指投资主体为了获得经济效益和社会效益，而将一定的资金投入到某个特定项目的经济行为，它包括投资的决策、实施和回收。

投资按其投放途径或方式可以分为直接投资与间接投资。铁路投资可以简单表述为铁路部门设备的增多而投入的财源。

铁路投资主要包括两大类型：第一种称作填补投资，是指固定资产的折旧，其目的是保证铁路企业的简单再生产；第二种称作纯投资，是指为扩大实物资本(固定资产)而进行的投资，它属于扩张性投资，试图通过提高铁路供给能力来满足社会的交通需求和增加收入和利润。

铁路运输业作为基础产业，与其他一些产业存在较大的差别。铁路运输中的线路基础设施建设周期较长，工程规模较大，投资成本较高，运输工具等单位价值量较大，使用周期较长,所以铁路运输对投资的依赖性较大。

2. 融资的含义

从广义上讲,融资也叫金融,是货币资金的融通,指当事人通过各种方式到金融市场上筹措或贷放资金的行为。从狭义上讲,融资是一个企业的资金筹集的行为与过程,也就是企业根据自身的生产经营状况、资金拥有的状况以及企业未来经营发展的需要,通过科学的预测和决策,采用一定的方式,从一定的渠道向企业的投资者和债权人去筹集资金,组织资金的供应,以保证公司正常生产需要和经营管理活动需要的经济行为,包括融资渠道、融资方式、融资数量和结构等。融资主体是指依法成立的、具有融资决策权、能依法享有融资权利并能承担融资义务的法人或自然人。

企业筹集资金的动机应该遵循一定的原则,通过一定的渠道和一定的方式去进行。通常,企业筹集资金的目的主要有三种:企业的扩张,企业的债务以及企业既要扩张又要还债。

融资可以分为直接融资和间接融资。直接融资是不经金融机构的媒介,由政府、企事业单位及个人直接以最后借款人的身份向最后贷款人进行融资的活动,其融通的资金直接用于生产、投资和消费。间接融资是通过金融机构的媒介,由最后借款人向最后贷款人进行的融资活动,如企业向银行、信托公司进行融资等。

铁路融资主要是指铁路及其附属设施等基础设施建设项目的融资。

3. 投融资的关系

投资和融资的关系非常密切:一方面,投资决定了融资。没有投资活动就不会产生融资需求,而投资主体的经济背景、财务状况,投资项目的预期经济收益和风险水平等条件又决定了融资的能力、结构和方式等。另一方面,融资又制约着投资。投资者的融资能力、融资结构和融资方式等又反过来制约着投资活动。

总之,项目的投资和融资是一个整体的过程,因此习惯上将投资和融资合称为投融资。铁路基础设施建设的补偿政策是指为保持基础设施的可持续利用而进行的运营成本和其他成本的补偿。

二、铁路建设投融资的特点

1. 铁路建设投资的特点

铁路与其他运输业企业相比,最大的特点在于基本建设投资数额大、周期长、不确定性和风险高,这些特点也决定了铁路融资比一般的工业企业要难得多。

(1)投资数额大

运输基础设施的沉淀成本较大,运输基础设施的固定成本很大,而作为固定成本一部分的沉淀成本又在其中占有很大的比重。

铁路线路成本占总成本的比重很大,研究表明,一般情况下铁路线路的短期固定成本占总成本的比重在50%～80%之间,而且铁路线路的使用寿命较长,不能移动,很难被用于其他用途,这说明铁路产业存在着大量难于在诸多产品中分配的联合成本。因此,铁路运输开始就需要投入巨额资金用于基本建设,而且一旦投入,难以转为他用。

(2)投资回收周期长

铁路线路从建设(或改造)到投入运营,需要的时间较长,其间还需要不断地追加投资。因此初期的巨额投资要经过长时间才能收回本息。资产的流动性通常指的是该资产出售转换为现金的难易程度。一般来说,现金是最具流动性的,能够在市场上进行买卖的资产都具有流动性，而投入铁路的基本建设投资无法出售、转让，与其他资产相比，无疑是流动性最差的。它们一旦投入，只有依靠未来的运输收益来偿还。

(3)投资风险高

由于铁路基本建设和投资收益回收周期长，且铁路投资者难以获得关于未来的准确信息，铁路基本建设投资收益的不确定性和投资风险较其他投资要高。

2. 铁路建设融资的特点

铁路基础设施建设的融资与其他项目建设的融资存在许多不同，其融资特点是由自身的特点决定的：

(1)铁路具有自然垄断性，对社会经济发展有巨大影响，建设所需资金巨大，工程费用不确定因素较大，因此政府在铁路建设融资中扮演重要的角色。

(2)铁路融资是一个非常复杂的问题，它涉及的资金规模庞大，需要组织多个金融机构，同时利用多种金融工具才能完成资金的筹措。

第二节　国外铁路投融资体制与方式

世界许多国家自20世纪80年代以来，根据社会经济改革目标和运输市场条件，掀起了铁路改革的浪潮。这些国家实际上都把进一步发展铁路作为一项重要的运输政策。其中重要的改革内容是吸引非政府投资主体，拓宽融资渠道，积极引入民间资本。

各国铁路的研究重点都放在如何提高铁路竞争力上。采取了多种投融资工具和方式吸引民间资本，同时制定了一些投融资政策来扶持和引导民间资本的投资方向、规模等，不断推进融资工具的创新，探索出了一些操作性强、有广泛适应性的融资经验和做法，如股权融资、债券融资、项目融资[包括BOT(Build-Operate-Transfer)方式、TOT(Transfer-Operate-Transfer)方式、资产证券化ABS(Asset -Backed Securitization)等]、利用外资、委托管理模式、国家私人合营模式PPP(Public-Private Partnership)、基础设施投资基金等。

国外交通基础设施建设的融资政策有以下共同点：

1. 广辟投融资渠道

主要有国家各级政府财政拨款、提供优惠贷款、向社会发行债券、建立政府基金，还实行向受益区征税的政策、项目经营者自筹资金、社会团体或个人的捐赠方式等。

2. 融资方式与使用结构多样化

交通基础建设资金的融资方式表现为直接融资与间接融资并存，政府财政性资金虽然占主要地位，但只有少部分财政性资金具有无偿性，而大部分财政性资金则通过市场化贷给非公益性项目有偿使用。

3. 重视交通基础设施项目运营成本的补偿

其运行管理费用的补偿一般由国家和地方政府负担较多，以保持其可持续利用。

一、美国铁路的投融资政策

1. 美国铁路发展初期的投融资政策

美国铁路建设以私人投资为主。从1830年美国第一条铁路开始投入运营后，美国迎来了一个铁路时代。到1929年，仅干线铁路长度已经达到26.04万mile(英里)。美国铁路初期的快速发展，主要得益于以下几个方面：

(1)联邦政府的技术援助和财政支持。铁路建设初期,联邦政府提供大量的技术援助。1838 年废除《综合勘测法》之前,根据这部法案,军事人员已经帮助修建了 1 879 mile 长的铁路,当时整个美国也仅有约 2 000 mile 铁路。

对铁路建筑的主要财政援助是土地赠予。从 1850 年起,联邦政府开始将联邦公共土地无偿赠予各铁路公司,支持其修建铁路。这些土地既可以被铁路公司用来支持其发行债券,又可以作为获得私人贷款的抵押担保,还可以由铁路公司出售。这项政策执行的 21 年时间里,美国共发出 79 份公共土地转让证书,各铁路公司实际得到的联邦赠予土地约为 1.31 亿英亩,加上一些州政府的赠地 4 900 万英亩,总计赠地约 2 亿英亩。

(2)州和地方政府的支持。州和地方政府甚至比联邦政府更积极地参与了铁路的建设,采取了从直接投资到为铁路债券担保的多种形式来援助铁路建设,同时还采取免税、公众捐款、提供过境权等措施,吸引铁路从当地通过。据统计,从 1850 年到 1873 年 20 多年间,在美国全国的铁路建设总投资中,州和地方政府的投资占了 25%~30%。

(3)通过证券资本市场融资。由于铁路大规模建设需要筹措大量的资金,在美国铁路发展的早期,铁路公司以股份制方式组建,股份融资成为主要的融资方式。19 世纪中期大量美国铁路公司相继成立,在纽约和波士顿曾掀起了购买铁路股票的热潮,于是 1860 年后美国证券交易的多数是铁路公司股票。19 世纪美国铁路大发展的黄金时期,铁路成为全国最大的产业,最多时全国达 2 000 多家铁路公司,吸收了全国 1/10 的劳动力。铁路的发展促进了证券业的繁荣与发展,证券市场提供了投资平台,吸引了大量的私人资本投资于铁路。1865~1890 年间,私人向铁路的投资占全部铁路投资额的 60%左右,投资者包括大型银行,也有投资额较小的私人企业和新建铁路沿线的居民投资者。

2. 20 世纪 70 年代后美国铁路改革的投融资方式

美国铁路是利用私人资本,依靠政府支持发展起来的。政府作为行业发展的宏观指导者和调控实施者,各铁路公司作为投资主体,通过法律法规界定投融资规范准则,形成了针对客货运服务实行有重点、有针对性政策的投融资体制。

(1)放松对铁路的管制

20 世纪 70 年代以后,面对来自公路运输业的强烈竞争以及铁路日益恶化的财务状况,促使美国政府放松对铁路的管制,随着 1980 年《斯塔格斯铁路法》的颁布,几乎完全解除了对铁路运价的管制,由市场确定运价。基于《斯塔格斯铁路法》的管制改革,铁路业显著改善了财务状况,铁路业开始吸引资金并用于改善他们的业务,1980 年以来总共已经投入了 3 000 多亿美元来改造铁路。

(2)铁路综合性投融资政策

主要包括铁路振兴和财务改进计划(RRIF)以及《1998 交通基础设施融资创新法案》(TIFIA)。1998 年 6 月 9 日,克林顿签署了《21 世纪运输平衡法(TEA-21)》,铁路振兴和财务改进计划作为其中的一部分,通过直接贷款和贷款担保的方式,授权联邦铁路管理局(FRA),提供高达 350 亿美元的资金援助。直接贷款的期限为 35 年,利率与政府借款费用相同,贷款额度最高可达项目金额 100%;用于小型货运铁路发展项目的资金约 70 亿美元。据统计,2002~2009 年,RRIF 共为 20 多家铁路公司提供了共计 8.51 亿美元贷款,与此同时,美国交通部制定了《1998 交通基础设施融资创新法案》(TIFIA),通过直接贷款、贷款担保和备用信贷额度三种信贷援助方式,为一些具有重要意义的地面交通项目建立联邦信贷计划。TIFIA 提供联邦信贷不刻意追求高额回报,而是发挥资金的杠杆作用,利用联邦资金吸引大量私人投资及其他非联邦投资，最终达到改善美国地面交通系统的目的。一些铁路客货运项目都具备申请贷款的资格。

(3)铁路货运投融资政策

美国货运铁路均为私营铁路，基本上得不到政府的直接投资，通常寻找市场化融资途径，筹集设备购置、基础设施建设和维护等资金。近几年美国政府对货运铁路的扶持政策有所加强。

①铁路改线与改造计划。2005 年 8 月 10 日，美国颁布了《献给用户的安全负责、灵活高效的运输公平法》(SAFETEA-LU)。根据该法案，国会批准在 2006～2009 年间每年拨款 3.5 亿美元，资助铁路改线与改造计划。2008 年，国会从联邦资金中拨款 2004 万美元，其中有 525 万美元直接用于 9 个指定项目，余下资金则采取项目竞争方式分配。同时规定，获得援助的州政府或其他实体必须自行承担项目成本 10%以上的金额。2010 年，这一拨款数字达到了 3 453.2 万美元，其中有 2 451.92 万美元直接用于 27 个指定项目，余下的 1 001.28 万美元再加上之前因各种原因结余的资金共计 2 050.25 万美元，通过项目竞争方式予以分配。

②铁路重建与修复计划。该计划是在 2008 年 11 月颁布的《强化安全与灾害救援的持续拨款法案(2009 年)》中提出。计划由国会向交通部拨款 2 000 万美元，修复及重建受飓风、洪水等自然灾害破坏的二级、三级铁路基础设施。法案允许国会最多保留拨款的 0.5%(10 万美元)，以补偿联邦铁路管理局(FRA)因项目设计或执行失误而造成的损失。根据这一计划，如果维修项目的所在地区被列入了官方援助公告，那么项目所在地的州政府可就此申请联邦铁路管理局的补贴，最高可申请项目所需资金的 80%。二级、三级铁路基础设施的修复维修范围包括线路、桥梁、信号等货运铁路系统组成部分。受补贴人必须在充分利用所有其他的联邦或州政府资源援助之后，才可能接受本计划的援助。

(4)铁路客运投融资政策

美国政府为了减轻铁路货运公司的负担，20 世纪 70 年代，通过立法成立了美国铁路客运公司(Amtrak)，它在政府资助和支持下运作，但是以私有公司方式进行组织的，Amtrak 确定了一个指定线路约 20 000 英里的网络，在向货运公司支付规定的分摊成本的基础上，使用其线路和车站来运营客运业务。在创建后的 30 多年里，Amtrak 已经从政府接收了约 300 亿美元来满足其运营和资本需求。很显然，如果没有足够的资金支持，以 Amtrak 目前的态势，很难继续存在。Amtrak 获得政府援助的主要渠道有：①交通部预算；②根据联邦补贴和立法要求直接从国会获得。所获资本援助主要用于运营和基础设施建设。

美国政府加大了对 Amtrak 公司的扶持。《2008 客运铁路投资与改造法案》(PRIIA)于 2009 年由奥巴马总统签署，其侧重于城际客运建设，批准了三项新的“联邦城际客运铁路资本援助计划”，分别为城际客运铁路服务走廊资本援助计划、高速铁路走廊发展计划、缓解交通堵塞计划。通过 Amtrak 的长距离线路和东北走廊(NEC)、高速铁路走廊等线路的改进，提高客运铁路的运营与服务能力，强化美国客运铁路网，改善联邦政府、州政府、铁路客运公司及联邦铁路管理局的关系。此外，该法案鼓励私人部门对铁路投资的参与，鼓励通过建立公私合营制(PPP)发展高速铁路。2008 年，联邦政府对州政府的资本援助——城际客运铁路服务计划财政预算获得通过。参照公路、航空等交通方式中存在的投资伙伴关系，该计划为城际客运铁路投资引入了联邦—州合作关系，增加了州政府在城际客运铁路发展中的作用。2008 年，联邦政府为该计划共计拨款 3 000 万美元，2009 年财政预算继续拨款

1亿美元。

二、瑞典铁路的投融资政策

瑞典议会基于政府提出的20世纪90年代的运输政策的议案,1988年拟定了新的运输和环境政策,从组织上将铁路分为两部分:按照商业原则经营铁路运输服务业务的瑞典国家铁路公司(SJ)和负责铁路基础设施的瑞典国家铁路管理局(BV)。

瑞典铁路改革后,政府对铁路的投资主要包括三部分:每年给国家铁路管理局的拨款,用于线路的投资与维修;对非营利性的干线铁路运营的补贴;拨款给地方运输管理局,对地方铁路运输的补贴。

瑞典政府向铁路运营机构(SJ)收取的基础设施使用费并不足以弥补基础设施的维修成本,差额部分由中央财政预算补足。这主要是为了保证铁路与公路、民航运输之间的平等竞争而采取的政策措施。

瑞典铁路的投融资政策主要有以下几个方面:

(1)除规模较大的新线建设外,路网改造(包括复线建设、电气化改造、运营设施的技术改造等)由政府在年度财政预算内安排。

(2)地方政府在铁路建设中也承担部分投资,如车站建设、城市道路和公路的改建、土地征用等,均由地方政府负责出资,并纳入项目概算。

(3)新线建设采用多元化投资模式,鼓励采用BOT方式。

三、日本铁路的投融资政策

日本交通运输业发达,客运以铁路和公路为主,货运以公路和海运为主。日本对铁路线、桥隧、港口、机场等固定设施的投资,绝大部分是由政府的公共投资(主要是预算拨款)来完成的。公共投资的财源主要有两部分:一是中央和各级政府的预算支出;二是政府的财政投资贷款。

1. 日本铁路民营化之前的投融资

(1)日本铁路早期建设资金主要以政府的财政投资为主。当时政府的财政投资主要有两种形式:财政预算拨款和财政投资贷款。财政预算拨款来自两部分:一是国家一般税收收入中用于交通运输建设的部分,二是与交通运输有关的特定税种收入的部分。一般而言,国家财政预算拨款中来自与交通运输有关的特定税费收入部分,只能用于交通运输建设,并且专款专用。财政投资贷款由日本政府根据基本建设和投资贷款计划进行安排,投资贷款的主要对象是政府机关、国有企事业单位等特殊法人。

(2)在铁路发展的过程中,由于铁路的发展所需资金巨大,一些地方性的交通运输项目,除地方政府给予一定的投资外,有相当一部分资金从民间筹集。

(3)利用资本市场通过发行债券、商业银行贷款、地方公共团体出资及借贷等方式为铁路发展筹集资金。从明治维新后的工业革命开始,日本铁路股票就成为最主要的上市证券,日本的股票市场也因铁路股票的活跃而得到了发展,迎来了第一次高速发展期。

(4)新干线建设资金的筹集。铁路民营化之前,日本高速铁路的建设资金主要来源于各种贷款、自有或自筹资金。随着日本第一条高速铁路的成功运营,政府对高速铁路的支持力度加大,东北新干线、上越新干线等的建设资金来自国家贷款和发行债券等方式。

日本中央政府向国铁提供低息贷款,或通过政府提供担保发行债券,以及其他补贴手段，如工程费用补助金等，同时国铁也通过自行发行铁路企业债券等方式筹集资金，由国铁全面负责新干线的建设及运营。1964 年后，日本铁道建设公团和国铁共同负责筹措新干线建设资金，即铁道建设公团除使用国铁筹集来的资金外，同时也要负责筹集一部分建设资金，并负责工程施工，完工后由铁道建设公团向新干线经营者，即国铁出租或转让。

2. 铁路民营化之后的投融资

20 世纪 80 年代，各国相继对铁路进行了大规模的产业重组，铁路重新成为政府和公众关注的一个重要领域。日本通过对国有铁路的股份制改造，向社会公开发行股票，引进民间资本。

铁路民营化之后，投资的重点转为实现高速化，没有进行线路建设的大规模投资。但地方干线的高速化等项目，为避免增加各公司的经营负担，其投资由国家、地方政府进行财政支援。日本对铁路建设采取的主要措施有：

(1)废除了《铁路建设法》以后，国家对新线的建设不再干预，各铁路公司根据自己的需要决策。对于 JR 集团实现高速化，与新干线直通运行和车辆现代化等提高竞争力的投资，以及地铁、大城市近郊铁路、地方中小民营铁路的建设投资，运输省和地方政府给予财政支持，提供同等补助或无息贷款。地方开发性铁路，一般由当地政府投资为主，具有盈利性的建设项目，吸收当地私营企业参与投资。

(2)公益性的铁路建设项目，主要由中央和地方政府投资建设。日本政府正式确定了整备新干线的建设费用按照公司、国家和地方共同分担的原则，并逐步加大了地方承担的比例，中央政府投资约占 2/3，沿线收益的地方政府投资约占 1/3。按照新干线公益性强弱的不同，中央政府和地方政府按照 8∶2 或 5∶5 的比例分担。日本政府投入力度的增加，加大了新干线建设的资本金比例，为铁道建设公团的市场化运作打下了坚实的财务基础。政府对公益性项目的投资极大地促进了铁路的建设，同时也带动了地方经济和国民经济的发展。

(3)日本铁道建设公团实现对新干线的建设、拥有、委托经营的全面控制，明确了政府在新干线建设管理体制中的地位和作用，日本政府通过对新干线保有机构(后逐步演变为铁路整备基金和运输设施整备事业团)向铁道建设公团筹集部分建设资金，日本铁道建设公团将建成的铁路租赁转让给其他新干线的经营者。

(4)日本的国铁改革充分利用了股份资本市场，三家达不到上市要求的客运公司继续国有经营，JR 东日本、JR 西日本、JR 东海三家公司达到上市要求，政府按计划逐步售出国有股份直至完全退出。1994 年，JR 东日本铁路公司上市，政府出售了 62.5%的股份，募集资金 91.9 亿美元。1996 年和 1997 年 JR 西部日本铁路公司和 JR 东海日本铁路公司分别上市。

四、德国铁路的投融资政策

德国早期依靠资本市场和政府援助建立了铁路网络。从 1840 年到 1890 年，德国铁路股票和债券，一直是比重最大、交易最活跃的证券，吸引了大量的私人投资者。

由于政府对铁路的严格管制，导致铁路行为的僵化，失去了灵活应对市场的自由。第一次世界大战后，德国对铁路实行国有化，其国有化程度达到了 100%，政府负责铁路的建设和运营，政府资金成为铁路建设资金的主要来源。但是欧洲国有铁路经营每况愈下，给政府增加了巨大的财政负担。

在第二次世界大战后的四十多年间，德国政府一直奉行重公路运输、轻铁路运输和内河水运的交通运输政策,联邦铁路长期缺乏投资。直到20世纪70年代,政府开始认识到一直以来执行的向公路运输倾斜的交通运输政策所带来的弊病,才给铁路有限的资金进行少量的新线建设。

两德统一后,德国利用制订全德第一个联邦交通网发展规划的机会,果断地调整了交通运输政策。通过投资政策来宏观控制各种交通设施规模,同时使每种交通工具的外部成本逐步实现内部化,该规划的实施时期为1992～2012年,规划对交通网新建和改造项目的投资分配中铁路的投资额首次位于长途公路之上,而且铁路项目被列为"迫切需要项目",计划通过这一政策降低公路客货运所占市场份额,提高铁路客货运所占市场份额。

德国政府推动国有铁路的改革,修改和通过了一系列涉及联邦政府和州政府对铁路投资和补贴支持的法律,主要有:

(1)乡镇交通筹资法(GVFG)。该法规定,联邦政府从矿物油收入中每升提取5.4分尼,集中用于各州改善乡镇交通条件的设施建设和短途公共旅客运输的设施改扩建。各州可按本州的财政能力和政策目标,由各州预算资金补充联邦政府提供的这笔资金,所占比例为1%～30%。

(2)联邦铁路线路改扩建法。该法于1993年11月15日通过,该法规定由国家投资联邦铁路的新线建设和改扩建费用,这种投资通常有两种形式,即无偿补贴和无息贷款。该法第11条规定,联邦政府有责任为提高既有路网的运输能力进行投资,这些资金主要用于:更新设备、现代化及其扩充措施以及为采用摆式列车而进行的线路改造措施。

(3)短途公共旅客运输地方法。该法规定铁路短途旅客运输任务的规划、订购和财政由各州政府负责,中央联邦政府从矿物油税收收入中提取地方化专项基金,支持各州的铁路短途旅客运输,这笔资金可以来平衡运营成本或填补运营成本赤字,也可以用于对机车车辆或线路的投资。

(4)联邦铁路重组法及德国铁路股份公司组建法。根据联邦铁路重组法,组建的联邦铁路资产管理局承担了原德国联邦铁路的长期历史债务,使新成立的德国铁路股份公司以零债务启动。德国铁路公司除了有效益回报的铁路基础设施建设项目自由筹集资金外,其他铁路基础建设项目均由政府财政拨款或提供无息贷款。

五、英国铁路的投融资政策

1. 早期建设和国有时期的投融资政策

英国是世界铁路运输的鼻祖,曾经有过辉煌的历史。1830～1947年,英国铁路经历了蓬勃发展、自由竞争、弱肉强食而走向多头垄断,最后全行业性亏损而终结,实行了国有化改造。这期间英国铁路建设资金筹措的主要方式有:

(1)早期的英国铁路由私人企业和私人资本建成,政府不干预铁路的规划和资金的筹集。英国政府和议会没有提出任何一项铁路建设计划,铁路建设计划都是由私人组成的公司提出,筹集资金,监督修建,但需要得到议会的批准以强制购地。

(2)1948年,英国对铁路进行国有化改造,建立了国有企业,1963年成立由政府所有的英国铁路委员会,取消运价率、收费管制。铁路投资主要来源于财政拨款和贷款,英国铁路的盈利与亏损由公共部门预算开支所负责。

20世纪50年代,英国政府制定了宏伟的铁路现代化计划,投资额近18亿英镑。铁路投资在50年代末达到顶峰,之后铁路投资急速下降,60年代许多线路、车站和运输设备利用率日益下降，导致之后10年的投资紧缩。

20世纪70、80年代，铁路投资严重不足的情况趋于平稳，铁路商业不动产进一步开发，在改善铁路财政、降低补贴方面起到了重要的作用。

2. 私有化改革后的投融资政策

英国铁路改革从1982年开始，用了10年左右的时间，完成了从以地区铁路局为主的块块管理向按市场业务分工的条条管理的转变，撤销了地区局。改革的主要措施有：

(1)1988年政府对于铁路民营化问题，提出并充分讨论了四种方案，最后的方案确定实行基于混合式网运分离基础上的线路特许经营制。改革之后，政府对铁路的财政支持力度有所加强，铁路投资来源包括政府直接投资、补贴、贷款及公共债券融资等。

(2)1994年铁路拆分为1个全国性路网公司(Railtrack)、25个客运公司和6个货运公司。1996年路网公司在伦敦股票交易所上市，全部为私人股份，政府不再向铁路直接投资，路网公司的市值达到19.5亿英镑。按照地域划分出的25个铁路客运特许经营区，通过公开招标形式，全部出售给25家客运公司，特许经营期限为7～15年。6个铁路货运公司也全部出售给私人。

(3)改革后铁路投资来源渠道很多，既有政府拨款、信贷资金，也有大量私人资本注入铁路行业，在1994～1995财年，私人投资大约1亿英镑，而2001～2002财年增加到约37亿英镑，私人资本在整个铁路投资中的比例越来越大。

(4)路网公司于1996年完成私有化，是全英国唯一的接受政府巨额补贴的私营上市公司(补贴额约占其年收入的1/3)，拥有负责全英铁路和基础设施的维护、建设和运营的职责。2001年5～7月间，路网公司债务状况恶化加速，并首次出现巨额亏损，2001年10月，政府对路网公司进行强制管理。新公司是非营利机构性质的有限责任担保公司，拥有运营铁路网，负责提供、维护和管理英国铁路基础设施、制定列车运行图和行车计划等。目前，路网公司的资金来源包括政府担保贷款、线路使用费和政府补贴。

六、法国铁路的投融资政策

1937年，法国国家铁路公司(SNCF)由五家私营铁路和两家国有铁路合并组建，其中国家控股51%，私人控股49%。到1982年，国家收购了全部私人股份，法国国家铁路公司(SNCF)成为国内唯一的铁路经营者和投资建设者。

1997年，法国铁路路网公司(RFF)成立，其主要职责是管理和维护路网、分配运输能力、更新扩大铁路网、管理铁路资产和管理债务等，从而实现促进法国铁路运输业的发展的目的。

2005年，法国成立了运输基础设施建设融资机构(AFITF)，目的是保障基础设施投资来源，将从公路交通及其特许权所获得的收入，部分投资于国家批准的铁路建设项目。AFITF主要承担运输基础设施项目开发和财政规划任务，其资金主要来自国家拨款、高速公路公司股息、高速公路国有土地使用费等。

20世纪90年代以来，由于环境保护的压力和铁路高速客运的成功，法国政府认识到铁路运输所具有的优势。因此，在减少对公路投资额度的同时，加大了对铁路建设投资的力度，铁路建设项目接连不断，呈现了新的发展态势。2003～2020年，法国铁路项目投资额达到248亿欧元，其中国家财政投资27亿欧元。国家除给予RFF财政补贴以外，SNCF同样接受国家财政资助并享有地方政府的资助，使得法国铁路建设的资金来源呈现多元化。

(1)高速铁路建设资金来源主要有三种:通过法国国家铁路公司(SNCF)发行债券;政府给铁路公司的贷款提供风险担保,并对其中一部分非营利线路给予10%~30%的财政补贴;另外法国国家铁路公司还得到了欧盟的资金支持。

(2)无论是改革前还是改革后,法国国家铁路公司SNCF都接受国家、地方、欧盟等公共团体的援助,援助金额在其营业收入中所占比重较大,从1997年起,这部分援助金额分流到了法国铁路路网公司(RFF)。在公共援助中,除政府补贴外,地方援助也是一个重要部分,对居民超过2万欧元的地区征收公共运输税用于公共运输投资与运营。公共运输税为地方公共运输发展提供大量资金,这些资金可部分用于投资对地区发展有战略意义的铁路项目。

(3)2006年,法国政府授权法国铁路路网公司(RFF)可以采用PPP模式作为新的融资工具。该模式的主要以合伙契约或特许经营协议的方式进行。在合伙契约形式下,根据铁路运输需求的特定范围及标准进行融资。特许经营协议则是指RFF授权私人部门投资者对铁路项目进行建设和运营,铁路运营商通过支付有关费用使用铁路网。

七、俄罗斯铁路的投融资政策

从苏联到俄罗斯联邦,铁路建设都受到政府的高度重视。铁路垄断体制与市场经济环境不相适应的矛盾日益突出。因此,1998年俄罗斯交通部提出了《俄联邦铁路运输机构改革构想》草案,经过修改之后,于2001年5月18日,俄罗斯联邦政府正式通过了铁路改革的决定。改革的主要战略目标中就明确提出了"运营职能由新组建的国家铁路运输公司承担,并把不影响铁路工作稳定的辅助企业和服务性企业,从铁路系统中剥离出去,鼓励私人公司参与铁路货运与其他业务,并保证所有经营主体在平等条件下使用铁路基础设施"。俄罗斯的这一决定,从真正意义上打破原有铁路国有垄断体制,正式开始了俄罗斯铁路吸引私人资本参与的时代。

作为俄罗斯铁路改革的一个重要方面,鼓励私人投资就是要在市场化基础上扩大融资渠道和增加对铁路的投资,主要在货运及货运车辆和机车上进行投资,建立自备车队,加快铁路建设和改造,提高技术水平和运营效率。俄罗斯通过立法,解决了允许私人企业和外资企业参与某些环节的铁路国有资产拍卖和参股、投资的权利,以及维护私人企业权益的法律基础问题,并制定出相应的财政税收优惠政策。

俄罗斯铁路改革主要分为三个阶段,其中2001~2002年为准备阶段,完成铁路资产清点,债务重组,修改和制定有关法律等。2003~2005年的第二阶段主要实现政企分开,组建开放型铁路股份公司,吸引私人资本对货运车辆及对有竞争力货运人的投资热潮。2003年10月1日由国家100%控股的俄罗斯铁路股份有限公司成立。2006~2010年的第三阶段主要任务是开始出售俄罗斯铁路股份有限公司和其子公司的股票,提高铁路融资能力,扩大对铁路运输的投资,形成可调控的铁路运输市场。在条件成熟的时候将运输与基础设施完全分开,发展私有的干线机车,把大部分(60%以上)货车变为私人所有,发展长途旅客运输领域的竞争,出售市郊旅客运输经营许可权。

改革后的俄罗斯铁路实行国家控股,铁路公司拥有铁路运输的全部资产。铁路公司依靠对这些资产的支配权,根据资本市场的状况和行情,进行股份制改造,加快私有化进程,形成了多种投融资渠道:

(1)对铁路线路和设施进行分类。挑选具有国防、国家和地区需要和有社会意义的一二类新线促成联邦财政和国家重点专项资金对其进行建设投资，发展预算贷款，并对铁路能力改造进行补贴，促成地区财政投资建设三四类铁路。

(2)采用铁路公司部分资产做担保、国家担保或出口运输外汇收入做抵押的方式，在国内外市场公开发行有价债券(国内——铁路债券，国外——欧洲债券)，开发和建设具有高效益的铁路运输工程项目。

(3)使用公司部分资产做抵押，或由国家担保，吸引银行贷款(包括国外银行的贷款)。由俄罗斯政府制定原则、法律和经济机制，吸引非国家的、股份制的、私人的和境外的基本建设投资、直接投资、贷款和长期租赁。将取得的资金用于俄罗斯铁路运输事业的技术更新、现代化改造和发展。

(4)利用铁路自有资金，购买铁路运输重要机械制造企业以及为铁路提供资源保护技术设备的其他部门的股份。

(5)通过租赁和出让多余资产，增加投资来源。

(6)通过出售从俄罗斯铁路公司分出来的运输公司和公司非主业企业(子公司)的部分股份，吸引投资资金。

(7)积极探索铁路运输与其他工业财团的合作。

俄罗斯市场经济的改革发展，促使俄罗斯铁路建设投资领域采取市场化运作模式，呈现了多元化的发展。

八、国外铁路投融资政策的启示

1. 资本市场融资的重要性

西方发达国家铁路发展过程中，在资本市场上通过股票、债券融资为铁路建设筹资的方式在铁路建设中占据着重要的地位。尤其是对于较大规模的铁路线路建设，通过资本市场可以迅速筹集大量资金投入建设，对加快铁路发展具有良性的推动作用。

2. 政府明确投资职责，积极发挥主导作用

(1)进一步加强对铁路的直接投资

铁路建设资金需求庞大，完全推向市场是不现实的，也是不可能的，尤其是在我国尚未形成以社会资本大规模建设铁路的发展格局，以及单个社会资本能力相对较小(与铁路项目的金额投资需求相比)和存在大量公益性项目的情况下，政府的主导作用在短期内是难以替代的，只有具备商业运作条件的项目才有可能吸引社会资本进入。

政府铁路资金主要用于投资建设市场不能有效配置资源的公益性铁路和低盈利能力的铁路，进一步促进经济欠发达地区交通的改善和国土资源的开发；能够由社会资本投资的项目应尽可能利用社会资本进行投资建设，各级政府通常给予一定的优惠政策，如无偿赠予土地、减免税收等。这些优惠政策能够刺激社会资本投资的热情，加快铁路网的建设。

(2)继续重视对铁路的间接投资

开拓政策性投资的新方式。扩大开发银行政策性贷款规模，而且还应针对不同项目实行差别利率政策，并由财政适当给予较多的贴息，更好的发挥政策性投资对铁路建设发展的促进作用；降低贷款利率，对铁路建设项目包括经营性项目的贷款应由政府提供担保，降低利率，对公益性项目实行零利率或政府贴息，这也可以看作是政府对铁路外部效益的一种补贴；发达国家用于基础设施建设的政策性贷款的偿还期一般都在 30 年以上，因此我国也应延长铁路企业还贷时间，如从铁路建成交付运营 1 年或更长年限后开

始还息,运营5年或更长时间后开始还本等等;此外,增加政策性银行筹资量和市政建设债券发行量也是值得借鉴的经验。对于经营性运输和公益性运输要区别对待,对公益性运输国家应给予合理的补贴。

(3)提高地方政府投资热情,拓展融资渠道

对于庞大的资金需求,地方政府应该在政策允许的范围内涉足国际资本市场,包括铁路项目的BOT、TOT融资、发行国外债券等方法,引导外国资本进入中国地方基础设施建设领域。同时,地方政府还应在传统的间接融资基础上积极创造条件,开辟多种直接融资渠道,如地方政府公债、投资基金、股票等,促使资本市场均衡发展。

3. 建立公平、公正的市场环境

国外发达国家的铁路建设,一般都有维系和支持各经营主体进行网络化经营和取得合理收益的市场规则以及相对比较公正的监管体系,并通过法律确保其规则的强制性。我国需要国家有关管理部门加紧制定相应规则,并加强监管,只有这样才能真正建立起透明、公平、公正的市场体系,社会资本才可能有信心和积极性进入铁路投融资领域。

第三节　我国铁路投融资体制状况

一、我国铁路投融资改革历程

1. 改革开放前的发展阶段(1950～1977年)

改革开放前,我国对铁路采取的是相对滞后的发展战略。因此,长期以来,铁路应有的战略重点地位并没有得到体现。该时期铁路投融资政策要点如下:

(1)政府承担了所有的铁路投资责任。铁路作为一种公共物品,应由政府直接投资,这是在这一时期我国铁路持续发展的一个重要原因。在高度计划经济管理体制下,政府采用行政性的强制手段保证铁路投资政策目标的实现,这在当时是完全必要的。这种高度集中的财政管理体制能够集中大量的资金用于基础设施建设,使得铁路建设在资金与物资保证方面有了坚强的后盾。

(2)铁路投资在使用方向上采取了务实求稳的做法。在投资总量与投资结构上安排合理,首先集中力量进行既有铁路的恢复,这一时期铁路投资总量占基本建设投资总量的百分比与国外一般规律基本一致。并且,对既有线路的改造与新线建设的资金分配较为合理,使得投资效益较好,对年度投资规模和建设规模的控制上也比较合理,表现为投资少、见效快、结构合理。

虽然在这一时期我国铁路取得了极大的发展,但这一时期的铁路投资政策也存在以下不足:

(1)没有从战略的高度重视铁路发展。交通基础设施的建设是国民经济发展的先行官,其建设规模因各国的经济而不同,取决于当时的历史、地理和自然资源等情况。

改革开放前的近30年,我国实施的是以重工业为发展重点的产业政策,没有给予铁路足够的重视。对铁路投资的忽视,导致了经济发展的缓慢;经济发展的缓慢反过来又限制了铁路投资的增长,影响了铁路的发展。

(2)在铁路运价和折旧方面采取高税低价低折旧的政策,一方面影响了铁路自我积累和更新改造的能力,另一方面也阻碍了其他资金进入铁路。

2. 改革开放初期的探索阶段(1978～1984 年)

在改革开放的宏观背景之下,国民经济快速发展引发了货物运输及人员流动的巨大需求。承担国家主要货运和客运任务的铁路的运能与运输需求存在较大矛盾。

1979～1984 年,铁路投资总量在数量上增长、比重上下降。在投资主体方面,国家仍然是铁路投资的唯一主体,但是铁路投资的资金来源除了中央财政支出以外还出现了国外政府贷款,主要方式是政府对外签订贷款协议,将贷款用于铁路建设,这事实上是一种政府担保行为。同时,这一时期地方政府重新进入铁路投资领域。

该阶段铁路投融资政策的情况如下:

(1)在利用外资上向铁路倾斜对于推动中国铁路现代化的进程具有不可忽视的作用。虽然这个时期利用国外贷款建设铁路的数量不大,但是其政策意义是巨大的,开创了我国铁路建设使用外资的新时代。这个政策的出台也引发了铁路投资体制的改革。

(2)地方政府与企业投资建设铁路,铁路投资资金第一次突破了完全由国家财政拨付的状况。铁路建设资金来源开始呈现多元化,铁路建设投资来源由财政投资一种变成财政投资、银行贷款和地方筹资三部分。这对扩大投融资渠道、提高铁路投资效益具有十分重大的意义。

这一阶段,虽然对重建科学的铁路投资管理体制做了很多努力,并对以后的铁路投融资政策的实施具有十分重要的保证作用,但是仍然有以下不足之处:

(1)经济发展战略导致的铁路投资政策目标与经济发展要求的不一致性。在改革开放初期,我国正处于工业化的起步阶段,需要对基础设施进行大量投资。然而,政府的政策多偏向农业和轻工业,使得铁路投资的政策目标与经济的发展相脱节。中央政府在制定"六五"规划时,受中央财政减少的影响,基本建设投资反而比"五五"时期下降了 10%,铁路投资下降较大。在此期间,生产资料价格又有一定幅度的上涨,这就使得铁路投资总量受到影响,成为"六五"期间铁路发展缓慢的一个重要原因。

(2)投资手段和政策目标的不一致导致了铁路发展缓慢。政府在强调加强铁路建设时,也采取了一些手段为铁路筹集建设资金,但是同时又对铁路采取高税低价和低折旧的政策,使得铁路自我发展的能力不足,影响了铁路建设。

(3)对铁路投资权力下放过快,铁路投资政策与国家产业政策相互矛盾,资金集中到了一些短平快项目上,铁路投资不到位的情况呈现上升趋势。一方面,大量加工工业项目的上马加重了铁路运输的负担;另一方面,这些项目的投资反过来又挤占了铁路投资,使铁路投资呈现下降趋势。

3. 经济体制全面改革时期的铁路投融资政策(1985～1990 年)

随着我国经济体制全面改革的实施,该时期经济的快速发展和铁路投资的不足,铁路运能与铁路运输要求的矛盾进一步加深。针对这种情况,铁路投资总量持续增长,比重持续放大。

该阶段铁路投融资政策的要点如下:

(1)鼓励地方政府和企业投资兴建铁路。采用多种手段鼓励地方政府投资铁路,并对地方铁路实行特殊运价,促进了地方铁路和合资铁路的迅速发展,对我国铁路的发展起到了积极的作用。1984 年 6 月,国家计委、国家经委转发了铁道部《关于发展地方铁路若干问题的报告》,报告中对地方铁路的发展提出了若干政策。指出了国务院铁路主管部门主管全国铁路工作,对国家铁路实行高度集中、统一指挥的运输管理体制,对地方铁路、专用铁路和铁路专用线进行指导、协调、监督和帮助。

(2)扩大利用外资规模。1984 年到 1991 年国家先后签订了五批国外贷款协议用于铁路建设。

(3)财政资金信用化。以 1984 年国家计委、财政部、建设银行颁布《关于国家预算内基本建设投资全部由拨款改为贷款的暂行规定》为标志,铁路投资体制改革进入了新的历史时期,也标志着铁路投资政策进入了一个新时期。在 1988 年出台了投资基金制度,设立了铁路投资基金,将财政投资转化为投资基金,但是投资基金制度仍然要求铁路投资的保值增值。

(4)铁路建设的经济承包责任制。1986 年 3 月,经国务院批准,铁道部实行投入产出、以路建路的经济承包责任制(即"七五"铁路"大包干")。这项改革的主要内容是:国家规定铁道部除按章缴纳营业税、城市建筑税以外,全部利润留给铁道部作为建设资金,用于发展铁路,实行包括运输、造车和基本建设在内的全面承包。与此同时,国家计划安排的铁路基本建设投资所需要的资金,全部依靠铁路自身的积累解决,不足部分向银行贷款。这打破了铁路系统长期收支两条线的财务体制,使铁路财务从国家财政中分离出来,形成铁路系统独立的预算约束。

这一阶段铁路投融资政策的不足主要表现在:

(1)"拨改贷"和"大包干"政策将财政资金信用化,其实质是在投资方面将铁路作为一个营利性的行业来对待,但是在价格方面,又要求铁路强调公益性,采取低运价方式,并要求铁路承担许多公益性的运输。在这种政策下,铁路依靠自身利润无法满足自身建设以及国民经济发展的需要。

(2)在随后出台的国家基本建设基金制度强调了其保值增值,这必然使基金的使用向经营性项目偏移。由于铁路运输业的价格扭曲,资金利润率低于加工产业,因此其投资回流能力和增值能力较低,客观上决定了财政资金难以实现较大的盈利。

4. 市场经济体制下的铁路投融资政策(1991～2003 年)

改革开放使经济建设进入了新的历史发展时期,中国铁路取得了显著成绩,2004 年中国铁路完成的旅客周转量、货物发送量、货运密度和换算周转量均为世界第一位。但铁路的"瓶颈"制约效应也日渐显露,京广、京沪、京哈、陇海线等主要干线能力已经饱和。

同时,随着社会经济的发展和投融资体制改革的逐步深入,我国在基础设施建设中开始引入市场机制,初步建立起从单一的政府行为转向政府投资和产业化经营相结合的新型投融资机制,呈现出投资主体逐步多元化、融资方式多样化和资金配置市场化的新格局,加快了我国基础设施建设的发展进程。面对这一时期公路运输基础设施建设投资的快速发展,铁路建设的政策也开始逐步按照市场经济规律来引导铁路的发展。

(1)进一步放宽对投资主体的限制。"八五""九五"期间又陆续出台了一些政策鼓励地方政府投资建设铁路。

(2)开始征收铁路建设基金。面对铁路建设资金的缺口,1991 年起国务院批准征收铁路建设基金。自设立起至今,铁路建设基金征收标准共调整了四次,从 1991 年的每吨公里 2 厘 5 提高到目前的每吨公里 3 分 3 厘。

(3)开始利用资本市场融资。从"八五"期间开始,国家批准铁路在国内资本市场直接融资,可以公开发行铁路建设债券,并积极研究选择铁路部分优质资产改制上市。广深铁路股份有限公司于 1996 年在香港和纽约上市。1998 年,铁龙物流公司在上海证券交易所挂牌上市。

5. 铁路快速发展条件下的投融资政策(2004～2013 年)

2004 年,国务院批准了《中长期铁路网规划》,2008 年国家发改委组织进行了修编调整,确定了至 2020 年我国铁路网建设的蓝图。持续大规模的铁路建设需要大量资金的支撑,我国铁路投融资体制改革力度加大。2005 年,铁道部确定了政府主导、多元化投资、市场化运作的铁路投融资体制改革总体思路。

2004 年商务部颁布了《外商投资产业指导目录》,指导铁路对非公有资本初步开放铁路建设、客货运输、运输装备制造与多元经营四大领域,2005 年 7 月,铁道部出台了《关于鼓励支持和引导非公有制经济参与铁路建设经营的实施意见》,全面开放"四大领域",鼓励国内非公资本进入,并明确承诺,从研究探索合资铁路经营机制和经营政策、积极扩大合资建路规模等七个方面加大改革力度,为非公资本进入铁路提供有利的政策法规支持和保障。

自铁路建设逐渐向国内非公资本打开大门以来,在国家各种政策的不断鼓励与引导下,社会资本逐渐开始进入铁路领域。2005 年石太铁路客运专线建设项目首次吸引了华能集团、太原钢铁集团等社会出资人参与投资。

2006 年,铁道部提出通过合资建路模式构建投资主体多元化、融资渠道多样化的铁路投融资体制。铁路企业通过上市开辟了权益性融资新途径,由于铁路行业运价受管制、投资回收期长、盈利能力差等问题使得具备上市条件的铁路企业较少,因而选择铁路部分优质资产改制上市。2006 年大秦铁路公司上市,广深铁路公司首发 A 股上市,分别融资 150 亿元、103 亿元,不仅搭建了铁路市场融资的平台,而且探索和积累了铁路运输企业建立现代企业制度的宝贵经验。2006 年 6 月,铁道部又推出《"十一五"铁路投融资体制改革推进方案》,明确提出铁路投融资体制改革的总体目标:大力吸引地方政府和境内外各类社会资金直接投资铁路建设,积极引进战略投资者,大幅度提高项目直接融资比重;扩大铁路建设债券发行规模,建立"滚动发债"机制;研究建立铁路产业投资基金,开辟保险、社保等大额资金投资铁路基础设施建设的有效途径;探索铁路移动设备的融资租赁;积极推进铁路股份制改革,组建若干股份公司在境内或境外上市融资,以优质存量资产吸引增量投资,实现持续融资、滚动发展。为推动改革的进行,铁道部从三方面加快制定推进投融资体制改革的政策措施:一是加快铁路自身改革,研究切实可行的政策措施,鼓励各类资本参与铁路建设经营;二是加快相关立法,为铁路投融资体制改革提供法制保障;三是积极争取国家给予政策支持。

为进一步打通融资渠道、支持铁路建设,2009 年 12 月 29 日《铁路建设条例(征求意见稿)》发布,在其主要内容中规定建立铁路投融资鼓励和支持制度,规定国家鼓励和支持通过多种融资渠道筹措铁路建设资金,扩大债券发行、股票市场融资规模,还鼓励社会资本积极投资铁路基础设施建设。2010 年 5 月,国务院发布《关于鼓励和引导民间投资健康发展的若干意见》,其中明确指出鼓励和引导民间资本参与铁路干线、铁路支线、铁路轮渡以及站场设施的建设,允许民间资本参股建设煤运通道、客运专线、城际轨道交通等项目;探索建立铁路产业投资基金,积极支持铁路企业加快股改上市,拓宽民间资本进入铁路建设领域的渠道和途径。"十一五"期间,我国积极推进铁路投融资体制改革,并吸引地方政府和社会资本投资铁路建设。全路新组建合资铁路公司 138 家,合资铁路建设规模达到 3.8 万亿元,五年共发行铁路债券 3 600 亿元,利用外资 50.5 亿美元。我国铁路不断创新融资方式,建设债券规模不断扩大,股改试点工作加快推进,融资能力进一步增强。

6. 铁路体制改革时期的投融资政策(2013 年至今)

2013 年 3 月,国家对铁路投资主体进行公司化,撤销铁道部,成立中国铁路总公司,承担原铁道部的企业职责,负责铁路投融资及运营管理。

2013 年 8 月 9 日,国务院印发《关于改革铁路投融资体制加快推进铁路建设的意见》。该《意见》包含推进铁路投融资体制改革,多方式多渠道筹集建设资金;不断完善铁路运价机制,稳步理顺铁路价格关系;建立铁路公益性、政策性运输补贴的制度安排,为社会资本进入铁路创造条件;加大力度盘活铁路用地资源,鼓励土地综合开发利用;强化企业经营管理,努力提高资产收益水平;加快项目前期工作,形成铁路建设合力等六部分内容。

2014 年 10 月,中国铁路总公司与中国工商银行、中国农业银行、中国建设银行和兴业银行等四家银行共同设立铁路发展基金,铁路发展基金定位为有中央政府背景的政府性投融资平台,铁路发展基金采用公司型基金形式。由中国铁路总公司作为基金的主发起人,吸引社会投资人作为优先股股东,依照《公司法》《国务院关于铁路发展基金设立方案的批复》以及国家发展改革委、财政部、交通运输部联合印发的《铁路发展基金管理办法》,共同投资设立中国铁路发展基金股份有限公司。铁路发展基金设立目的是满足国家政策意图、吸引社会资本参与、盘活铁路用地资源、逐步扩大建设资金规模,使基金总规模达到每年 2 000 亿～3 000 亿元。

2015 年 9 月,铁路总公司公布,为深入推进铁路投融资体制改革,规范铁路分类投资建设,出台《关于规范非控股合资铁路建设项目管理的指导意见》,旨在进一步鼓励和扩大社会资本投资建设铁路。

2016 年 7 月 18 日《中共中央、国务院关于深化投融资体制改革的意见》发布,要求着力推进结构性改革尤其是供给侧结构性改革,充分发挥市场在资源配置中的决定性作用和更好发挥政府作用。这是第一次以党中央、国务院名义出台专门针对投融资体制改革的文件,对于深化铁路投融资体制改革具有重要指导意义。

二、我国现行铁路投融资模式

按照国务院批准实施的《中长期铁路网规划》,大规模铁路建设全面展开。“十二五”期间,铁路固定资产投资完成 3.58 万亿元,较“十一五”增长 47.3%;投产新线 3.05 万 km,较“十一五”增长 109%。到“十二五”末,全国铁路营业里程达到 12.1 万 km,居世界第二位,其中高铁运营里程超过 1.9 万 km,居世界第一位,占世界高铁总里程的 60%以上。“十三五”期间,铁路固定资产投资规模将达 3.5 至 3.8 万亿元,其中基本建设投资约 3 万亿元,建设新线 3 万 km。我国铁路建设资金的来源主要有以下几方面:

1. 铁路建设基金

铁路建设基金是国家在铁路货物运价基础上加征的附加费,专用于铁路建设投资,征收标准为 0.033 元/(t·km),每年约征收 400 亿元。铁路建设基金除用于偿还部分贷款外,其余全部用于铁路建设投资。铁路建设基金的征收为铁路建设提供了比较稳定的资金来源。国家征收基金的实质是通过运价途径来筹集建设资金,用于满足铁路扩大再生产的需要。但是征收铁路建设基金的政策,使运营价格处于保本微利的水平,压缩了铁路行业的利润空间。

2. 铁路建设贷款

铁路建设贷款主要以铁道部为债务主体,以政府信用作为债务契约支撑,通过向银行交付一定费用取得建设资金。近年来,铁路与银行合作进一步加强,与国家开发银行,以及各大商业银行签订战略合作协议,优化债务结构,大幅降低筹资成本。

3. 国家财政投资

从我国新中国成立初至改革开放前，铁路建设以中央政府投资为主，铁路基本建设投资总额的 90%来自国家预算内投资。实行改革开放政策后，我国财政收入占国内生产总值的比重逐年下降，从 1979 年的 28.4%下降到 1995 年的 10.7%。之后略有上升，然而财政支出却不断增加，导致赤字明显增加。财政赤字过大导致政府支持基础设施建设的空间十分有限。因此积极拓宽融资手段和渠道对铁路发展十分必要。

4. 地方政府和其他战略合资人投资

近年来，我国铁路按照“政府主导、多元化投资、市场化运作”的思路，积极推进铁路投融资体制改革，并取得了重大突破。通过战略合作协议，筹集到的来自地方政府和其他战略合资人的资金。

2004 年以来，铁路与地方政府广泛开展战略合作，铁道部先后与全国 31 个省市自治区签订了共同加快铁路建设的战略合作协议，地方政府不仅以征地拆迁费用入股或直接投资等形式参与铁路建设，而且在项目的规划协调、用地预审、环境评价等前期工作和征地拆迁等实施过程中给予大力支持和优惠政策。

5. 发行债券

铁路发行的债券是由铁道部发行的，并以铁路建设基金作为担保。近年来，铁路建设债券发行额度连续突破纪录，实现了铁路低成本的大额融资，2006 年成功发行 400 亿元铁路建设债券，2007 年发行铁路债券 600 亿元，2008 年发行铁路债券 800 亿元，2009 年发行铁路建设债券 1 000 亿元，2012 年发行铁路建设债券 1 500 亿元。

6. 既有铁路通过股改上市，在资本市场上募集资金

我国铁路按照“存量换增量”的股权融资模式，积极推进铁路股改试点。按现代企业制度试点组建了上市公司，通过股市进行融资。大秦铁路公司和广深铁路公司首发 A 股成功上市，铁龙公司顺利扩股，不仅募集了资金，而且为铁路进一步扩大市场融资搭建了平台，为铁路运输企业通过股份制改革上市融资打开了通道。目前我国铁路上市公司通过股市所筹集的资金也主要是用来进行技术改造和提高经营管理效益，并没有直接用于新线的建设。

以上六个方面基本构成了铁路建设的资本金，除此之外，铁路运营收入也积蓄了充足的现金流，国外金融机构也对投资中国铁路表示了浓厚的兴趣。京津、石太、太中银铁路、集装箱中心站等项目成功吸引境内外投资，为战略投资者投资铁路建设、参与铁路经营打开了大门。

《中长期铁路网规划(2016～2030 年调整)》方案的公布实施，铁路投融资问题必将更加突出。为确保铁路建设的顺利进行，应针对目前投融资体制存在的问题进行完善与优化，确保项目的顺利实施。

三、我国铁路投融资体制存在的问题

随着我国经济体制的变革，铁路的投融资方式也发生了一系列的变化，铁路投融资改革使得投资在一定程度上呈现多元化趋势，但投资主体单一的问题，仍制约了国有资本对社会资金的引导和带动作用，影响到投融资渠道和方式。

1. 铁路投资主体单一，融资方式少

我国铁路行业投融资体制方面的主要问题是投融资渠道单一，资金来源严重不足，计划经济体制下形成的由政府投资建设铁路的格局一直没有大的改变，只是原有中央政府单一

主体的全部投资过渡到地方政府也参与一定的投资。同时，利用外资建设铁路仍停留在政府担保贷款层面，利用社会资金建设铁路也主要限于发行铁路建设债券方面，融资方式主要表现为政府融资行为，通过市场化直接融资的比例很小，市场化程度远远低于国内其他基础设施产业。

铁路“政企分开”后，中国铁路总公司承担原铁道部的企业职责，铁路投融资体制改革并未取得实质性进展，铁路部门仍然没有完全摆脱计划经济和垄断经营的体制环境，铁路建设、投资主要由计划部门统一控制、分配和调整，民营和社会资本投资铁路基础设施建设不足。目前尽管我国铁路投资主体多元化发展取得了一些进展，但与发达国家相比，我国铁路建设投资主体单一、资金来源渠道狭窄，与国内其他运输体系相比，在有效利用社会资金方面也较弱。

铁路发展基金以及铁路投资公司的成立，为大型国资进入铁路创造了良好的条件。这种模式目前只适于大型国资，并且短期内盈利情况并不理想，广泛而零散的社会资本仍然缺乏进入铁路的动力。

铁路项目多重属性混合的特点决定了铁路企业受到追求经济效益和承担政府公益性任务的双重目标牵制。政府与铁路运输企业职责划分不清，各自承担的融资任务不明确，也给铁路融资造成了一定的困难。

2. 铁路投资缺乏有效的风险防范机制

铁路投资主体的决策范围、决策权限和责任尚不明确，使得项目投资者由于对经营效益的好坏不直接承担责任而没有投资风险，铁路的投资风险防范体系还不健全的。

目前铁路建设项目的投资规模对设计单位及设计鉴定部门没有直接的利害关系，相反投资规模越大，相关部门还能够从中获得更多的收益，因此铁路的投资风险防范体系环节也不健全。

同样由于投资管理体制的问题，铁路的建设单位对项目的投资风险也不承担直接责任，因此在建设前期建设单位抬高建设成本，在建设后期超出计划投资规模等现象在铁路建设项目中已经习以为常，说明对铁路建设单位也缺乏有效的资金约束机制。

3. 现行铁路运价管制严格

长期以来，铁路运价采取国家定价的方式，由原铁道部代表铁路运输企业在某一时期向国家发改委等部门申请调整铁路运价，再由运输企业执行批准的价格。由于国家的低价管制政策，铁路运价明显偏低，不能真实反映运输市场供求关系。近年来，随着社会主义市场经济体制的逐步建立及运输市场竞争的日趋激烈，政府对铁路行业的严格管制有所松动，铁路运输企业在政府规定的价格基础上有一定幅度的调整空间，但是余地不大，现行组成铁路客货总运价的各项目中，其主体部分的标价率或运价率仍由国家主管部门制定并报经国务院批准后实施，铁路客货运杂费也由原铁道部统一规定。这种价格管理体制不仅直接影响铁路企业的经营效益，而且给铁路市场化融资造成了一定的困难。

在市场经济条件下，资源的配置实际上是通过价格指引完成的。铁路运输的公益性决定了政府宏观调控铁路运价的必要性，但在运价政策上需要赋予企业一定的价格自主权，形成政府调控下的市场化运价形成机制。目前在铁路货运价格中征收铁路建设基金，使价格失去了对资源配置的功能。因为投资者是根据企业的盈利能力做出投资决策的，铁路建设基金直接用于扩大再生产，不形成企业的收入和利润，投资者就无法根据价格信号进行投资。而现在的实际情况是建设基金挤占了货运价格的调整空间，使货运价格不足以弥补简单再生产的成本费用。同时导致运输价格偏离运输价值，不利于铁路建设与运营步入良性循环的轨道，制约了铁路行业投融资体制改革的深化。由于铁路建设基金作为政府财政性资金投入铁路建设，那么新形成的固定资产就应按公共产品的性质处理，既不计算投资的回收，也不计算投资的回报，政府所核定的运输价格实际上只是弥补简单再生产成本费用的价格，这也是导致目前我国运输价格长期低于运输价值的重要原因。运输价格偏低不仅不利于加快铁路建设和铁路事业的发展，而且从长远看会使铁路行业萎缩。

4. 对投资者权益保护有待加强

在投资主体多元化的形势下，国有主体与非国有主体并存，如何保证公平性，使得各投资主体享有平等待遇是决定社会资本是否愿意投资铁路的一个重要因素。在投资主体多元化的形势下，国有主体与非国有主体并存，如何保证公平性，使得各投资主体享有平等待遇是决定社会资本是否愿意投资铁路的一个重要因素。目前我国铁路投融资体制是由中国铁路总公司主要承担铁路项目投融资及建设运营，地方政府、国有企业及民营企业只是参与铁路项目投资建设，在铁路投资计划、建设管理、运营调度以及利润分割过程中，中国铁路总公司起主导作用。

第四节　地方铁路与合资铁路

随着铁路改革的深化，铁路建设投融资体系正在发生深刻的变化，一系列推进铁路建设投融资多元化的政策文件出台，铁路建设投资进一步向地方倾斜、向社会资本开放。为了保证中长期铁路发展规划的顺利实施，各省、市、自治区政府均出台了相应计划，在省级财政资金中为铁路建设准备了资金，同时鼓励社会资本参与铁路投资建设，缓解国家与地方政府铁路投资资金压力。

一、地方铁路

（一）概　　述

地方铁路是指由地方人民政府管理的铁路。地方铁路与国家铁路相比，所不同的是管理主体的变化，一个是国务院铁路主管部门，一个是地方人民政府；前者是代表国家，代表的是中央人民政府的总体经济利益，后者虽然也是国家的一个部分，但代表的是地方本地区的经济利益。

地方铁路主要是由地方自行投资修建或者与其他铁路联合投资修建，担负地方公共旅客、货物短途运输任务的铁路。我国地方铁路是在新中国成立以后不断发展起来的。

（二）铁路经营管理方式

地方铁路的经营管理方式大体上分为三种类型：

1. 自管自营

省级人民政府直接管辖，设置专门机构。如河南省设有地方铁路运输总公司，系一级职能机构，负责全省地方铁路的规划、建设和日常工作，下设铁路分局，直接指挥运输生产。河南省是全国地方铁路发展较快的一个省份，已成为河南省交通运输中一支重要的力量。

另外，我国某些省在交通厅设置地方铁路管理机构，管理本省的地方铁路。如湖南省的地方铁路管理局、辽宁省的地方铁路管理处，这些局或者处都是交通厅下面的一个职能机构，重大问题都需要经交通厅审核后由省政府决定。

2. 自建联营

以标准轨距为主,地方铁路和国家铁路联合经营。如四川省青白江至灌县(即青白线)于1984年由四川省地方铁路管理局与成都铁路局达成了联合经营的协议,成立四川省地方铁路公司,实行自负盈亏、独立核算。山西省神池至河曲(即神河线),由地方与北京铁路局联合经营,效果也很好。

3. 铁路代管

广东省、广西壮族自治区的地方铁路属于这种类型。在国家铁路的铁路局设立地方铁路处,负责领导地方铁路的日常运输生产工作,财务上按政府财政办理结算,铁路局只管运输生产活动。

我国地方铁路从无到有,目前已发展成为地方运输事业中一支重要的运输力量,在地方经济发展中起着重要的、积极的作用。

二、合资铁路

(一)合资铁路的定义

1992年,国务院下发的《国务院批转国家计委、铁道部关于发展中央和地方合资建设铁路意见的通知》最早对合资铁路的概念进行了定义,即:合资铁路是指铁道部与地方政府、企业和其他投资单位共同投资建设、经营的铁路路网干线和重要支线。

之后随着合资铁路的发展,国务院以及铁道部也曾对合资铁路的概念进行扩展。1996年5月出台的《合资铁路管理办法(试行)》将合资铁路概念扩展为:"铁道部与其他部委、地方政府、企业或其他投资者合资建设和经营的铁路",这也是目前对合资铁路的定义。

这里需要对股份制铁路进行说明。由于铁道部对于铁路的划分没有遵从一个统一的标准,一般是将由国铁改制的股份制铁路界定为股份制铁路,而将其他符合合资铁路统计界定的"股份制"铁路界定为合资铁路。

因此,合资铁路的定义应该有广义与狭义之分。狭义合资铁路是由铁道部统计界定的合资铁路。广义的合资铁路是由《合资铁路管理办法(试行)》界定的合资铁路,即铁道部与其他部委、地方政府、企业或其他投资者合资建设和经营的铁路。

(二)合资铁路的发展历程

合资铁路是指铁道部根据国家路网发展规划,为完善路网结构,满足地方国民经济和社会发展需求,而由铁道部、地方政府、企业或其他投资者合资建设的铁路,这种模式对于促进我国铁路跨越式发展具有重要的现实意义。是在中国改革开放后出现的新事物,对于中国铁路建设和管理,建立适应市场经济的新体制,是一种有益的探索。

"七五"期间,是合资铁路的探索起步阶段。在改革开放方针指引下,国民经济持续快速增长,铁路成为制约国民经济和社会发展的"瓶颈"。一些省、市、自治区政府为发展经济,修建铁路的愿望十分迫切,这是合资铁路建设的良好机遇。20世纪80年代初期,在南防铁路建设中,广西壮族自治区政府与铁道部共同探索了合作途径,出现了合资建路的雏形。"七五"末期,在三茂铁路建设中,广东省政府与铁道部合作,组建了三茂铁路公司,共同出资建设。

"八五"期间,是合资铁路快速发展阶段。1991年,原国家计委、铁道部在广东省联合召开了全国合资铁路工作会议,肯定了合资铁路发展的方向。1992年,国务院对合资铁路建设提出了"统筹规划、条块结合、分层负责、联合建设"的方针,并颁发了《关于发展中央和地方合资建设铁路意见的通知》，明确指出："修建合资铁路是对传统的建设和管理体制的一大突破，是深化铁路改革的一条新路"，"国家对合资铁路实行特殊运价，并给予其他必要的优惠政策"。这有力地推进了合资铁路的发展。这一时期，先后有达成、广大、广梅汕、邯济、合九、石长、横南、金温等13个合资铁路项目开工建设，并建成了合资铁路中最长的集通铁路以及连接亚欧第二条铁路大陆桥的重要组成部分北疆铁路以及连接海南岛的粤海铁路。

1993年11月原国家计委和铁道部又发布了《〈关于发展中央和地方合资建设铁路的意见〉实施办法》，明确了合资铁路的性质、组织形式、投资方式、投资各方的权利和义务、合资铁路建设管理原则、运营管理方式、合资铁路公司享受的优惠政策等，合资铁路企业依法自主经营，自负盈亏，自我发展，自我约束，承担各方投资形成资产的保值增值责任。

2004年，国家制定了《中长期铁路网规划》，铁路建设掀起了新的高潮，地方政府投资铁路的积极性空前高涨。铁道部先后与31个省、市、自治区签署了合资建设铁路协议，其中绝大部分建设项目是以合资铁路形式建设。合资铁路的发展建设进入了前所未有的高潮，铁路建设经营格局也随之改变。2009年全国新组建合资铁路公司43家，目前全路合资铁路公司累计达到145家，投资规模3万亿元。

(三)合资铁路的管理体制

1993年8月，铁道部对合资铁路组织和管理体制进行了规范，将合资铁路分为三类。

第一类，地区性线路地方投资占较大比重，投资各方都有联合经营意向的，组建合资铁路公司的组织形式，原则上以联营公司为主，少数条件较好的可进行股份制试点。

第二类，管理体制不健全、经营机制不完善、产权界定不清楚已组建公司的合资铁路企业，按规范进行公司化改造，明确界定产权、债权和债务，健全和完善董事会、监事会等决策和监督机构，实行权责分明的公司内部管理体制。

第三类，对路网性干线或合资方投资比重较少的其他线路，原则上不组建合资铁路公司，拟实行集资建路、国铁经营、新线新价、还本付息。

1993年12月31日，我国第一个按现代企业制度组建的合资铁路公司——湖南石长铁路总公司成立。湖南石长铁路总公司享有出资者投资形成的全部法人财产权，依法自主从事石长铁路的建设和经营管理。初步形成了产权关系明晰、管理体制合理、权责分明的公司制合资铁路经营管理模式，对于规范化组建各合资铁路公司，起到了示范作用。

《公司法》实施以后，铁道部按照新的形势要求，对新成立的合资铁路公司，一开始就按现代企业制度要求组建，并在合资铁路建设项目中推行了项目法人责任制、资本金制等，规范了合资铁路的建设管理体制。

从1994年起，铁道部相继与山西、陕西、内蒙古、广东、浙江等省区合资组建了山西孝柳铁路有限责任公司、陕西西延铁路公司、集通铁路总公司、广梅汕铁路有限公司、浙江金温铁路开发有限公司等合资铁路公司，使得合资铁路这种铁路建设、开发、运营一体化经营的新的组织形式，得到了实质性的发展。

合资铁路企业的特点是集"资金筹措、铁路建设、运营管理、还贷付息"于一体。合资铁路减轻了路网的压力，分担了铁路路网的部分运量，缓解了国铁运能的不足，促进了沿线地区经济的发展，带动了沿线乡镇企业和个体私营经济的快速发展，并激活了旅游业和第三产业的发展。

第五节　我国铁路投融资体制的构建

铁路投融资体制特指铁路部门在投资活动中运行机制和管理制度的总称。它主要包括投资主体的确立、投融资主体行为、资金筹措途径、投资使用方式、项目决策程序、建设实施管理和宏观调控制度等内容。

一、我国铁路投融资体制发展思路

面对铁路快速发展战略对铁路融资提出的新要求，我国铁路确立了“政府主导，多元化投融资，市场化运作”的铁路投融资改革总体思路。充分发挥政府主导作用；鼓励社会资本投资铁路，推进投资主体多元化；拓宽融资渠道，为社会资本投资铁路提供更多选择；完善铁路监管体系，规范市场化运作行为；建立健全相关法规，保护各类投资人的合法权益。

“政府主导，多元化投资，市场化运作”的改革总体思路的内容包括：

(1)改进对铁路投资的调控方式，政府要在铁路建设中发挥投资主导作用，承担起项目审批、资金筹措，工程实施推进以及为投资铁路创造良好的法律和政策环境等责任。

(2)鼓励社会资本投资铁路，通过债券融资、项目融资、股权融资等多种方式，把政府投资与境内外社会投资结合起来，实施投资主体多元化的多种建设模式。

(3)拓宽融资渠道，为社会资本投资铁路提供更多选择，完善铁路监管体系，规范市场化运作，维护和保障各方出资者的合法权益，实现风险和收益共担。

(4)按照“平等准入、公平待遇”原则完善铁路行业准入制度，规范和维护铁路投资、建设、经营的市场秩序，规范各类市场主体的行为；在运输资源配置、付费标准、财务结算、公益性运输负担以及运输安全监管等方面建立健全监督管理制度，为各类投资主体参与铁路运输经营创造平等的政策环境。

为满足未来大规模建设资金需求，铁道部不断推进铁路投融资体制改革，扩大合资建路规模，积极推进铁路企业股改上市，扩大铁路建设债券发行规模，研究建立铁路产业投资基金，扩大利用外资规模，研究探索铁路移动设备的融资租赁，合理使用银行贷款，改善铁路融资结构。

二、我国铁路投融资体制的构建

近年来，铁路不断加大投融资体制改革力度，认真落实部省合作协议，发挥地方党委政府建设铁路的积极性，扩大合资建路规模；广泛吸引社会资本参与铁路建设，支持保险、信托等机构和民间资本对铁路建设的投资，构建多元投资主体共同建设铁路的格局；进一步规范大秦、广深、铁龙等铁路上市公司管理，充分发挥融资平台作用，加快已经成熟的股改项目上市的准备工作，择机上市融资；扩大铁路建设债券和各类票据发行规模，拓展其他直接融资渠道，降低资金成本，实现铁路低成本扩张。未来我国铁路融资体制将继续从以下几方面进行改革：

(一)加强政府在铁路投融资改革中的引导作用

在加快铁路发展中，政府的政策引导和支持至关重要。铁路是经济社会发展的基础，发展铁路符合可持续发展战略的要求，而铁路又是当前经济运行中的薄弱环节，加快铁路发展已成为政府和社会各界的高度共识。

国外发达国家的铁路发展经验表明，在铁路快速发展和改革复苏时期，都离不开政府的扶持和公共财政的投入。我国长期以来的以公有制为主的经济发展模式和国民收入分配模式，决定了政府对基础设施等公共产品的投资责任。加快我国铁路的发展，在积极扩大社会资本进入的同时离不开政府的主导作用。其原因在于：

(1)我国尚未形成以社会资本大规模发展铁路的发展趋势和格局、社会资本和民营企业缺少对铁路大项目的投资能力。

(2)居民储蓄存款分散，直接投资到铁路建设的渠道不畅通，保险、社保等资金投资产业有各种限制，难以成为铁路投资的主导力量。

(3)我国疆域辽阔，公益性铁路项目以及国土资源开发的战略性铁路项目，需要由政府进行主导型的投资。

铁路的特性、体制等各种实际情况决定了我国近期铁路建设还是应该采取"以政府为主导，充分发挥市场作用，广泛吸引社会资本参与"的发展模式，在增强中央政府铁路投资能力的同时，要大幅度地提高地方政府和大型企业集团对铁路的投资规模。中央及地方政府对铁路建设的主要职责是：

(1)跨区域的国家路网主干铁路、区域城际铁路的主导性或引导性投资。

(2)公益性铁路和国土资源开发的战略性铁路投资。

(3)其他干线铁路的引导性投资、贷款贴息。

(4)支线铁路的投资补助、贷款贴息。

(5)为铁路项目融资、银行贷款、铁路建设债券发行提供必要的支持或担保。

(6)公益铁路的运营补贴。

政府对铁路项目的投资，根据资金来源、项目性质和调控需要分别采取直接投资、资本金注入、投资补助、转贷、贷款贴息、运营补贴等方式。采取直接投资和资本金注入方式的，中央政府部门和地方政府要确定相应的出资人代表。

发挥政府在铁路投融资中的引导作用的具体措施有：

1. 加大对铁路发展的资金投入

中央财政预算内资金(包括国债)主要是以无偿或非经营性的方式投向公益性铁路项目，用于公益性铁路项目的直接投资、资本金注入、投资补助、贷款贴息、运营补贴，政府鼓励的其他低盈利性铁路项目的投资补助、贷款贴息等。

省(市、自治区)政府安排用于铁路项目建设的财政资金主要是以资本金注入的方式参与铁路的建设或为鼓励性的铁路项目提供贷款贴息、投资补助等。

铁路作为国民经济的重要基础设施和存在大量的公益性项目、战略性项目，尤其是公益性铁路项目，依据《国务院关于投资体制改革的决定》的界定原则，属于政府的主要投资范畴，需要公共财政给予支持。为此，需要进一步明确中央政府对公益性铁路项目的投资责任和经营补贴责任，增加公共财政对这些项目的支持；省(市、自治区)政府也应该安排一定数量的财政资金用于铁路项目的建设。

2. 重视对铁路的间接投资

(1)开拓政策性投资的新方式

政策性投资主要从事于一些低盈利性项目的开发和建设，在实践中必然面临着它所特有的资金来源与资金运用问题。政策性投资的资金来源不同于财政资金，是有偿筹集的；其资金运用又不同于商业银行资金，因而在资金运用和资金来源之间必然就留有缺口。解决这一矛盾的出路就在于建立一个较为完善的财政补贴机制，即对政策性投资从事低盈利、亏本性投资所造成的政策性亏损，要给予及时弥补。因此，要让政策性投资发挥商业性和财政性投资的两者之长，就不能没有财政上的支持。只有财政上的适当补偿，政策性投资才能具有补充商业性投资不足、提高资源配置效率的双重功效。

铁路承受着经营扭亏和加快建设的双重压力，面临两难困境。所以在政策性投资方面，国家应给予大力的政策支持：

①扩大开发银行政策性贷款规模，而且还应针对不同项目，实行差别利率政策，并由财政适当给予较多的贴息，更好的发挥政策性投资对铁路建设发展的促进作用。

②降低贷款利率。对铁路建设项目包括经营性项目的贷款应由政府提供担保，降低利率；对公益性项目实行零利率或政府贴息，这也可以看作是政府对铁路外部效益的一种补贴。

③延长贷款偿还期。发达国家用于基础设施建设的政策性贷款的偿还期一般都在 30 年以上，建议延长我国铁路企业还贷时间，如从铁路建成交付运营 1 年或更长年限后开始还息，运营 5 年或更长时间后开始还本等等。

④增大政策性银行筹资量。国家开发银行担负着基础产业、基础设施和支柱产业的政策性融资任务，有必要随国内融资总量的增长相应增大政策性银行的筹资量。具体地说，国家开发银行的国内筹资量年增长幅度不应低于国内居民与企业存款的年增长率，以便保持基础产业融资在全社会融资中的比重，使其不至于下降，不出现相对萎缩。

(2)制定对公益性铁路的补贴政策

让铁路无条件承担公益性运输有悖于市场经济的基本原则，直接影响铁路企业的经营效益，影响铁路企业的多元化融资。因此，对于经营性运输和公益性运输要分别对待，对公益性运输国家应给予合理的补贴。

①要明确界定补贴主体、内容和范围，坚持“谁需求，谁补贴”的原则，制定各类线路公益性运输亏损补贴政策。因维持公益性线路所造成的亏损、政策性的低价或无偿运输应由国家财政补贴；因维持区域开发型线路所造成的亏损，应由地方财政予以补贴。

②既有运营亏损，经国家审核，由国家财政补贴，或冲销、或挂账。

③为减少企业亏损，允许铁路按照法律程序关闭一些亏损支线或专用线，或通过特许权经营的方式转由民间企业经营，即实行国有民营。

铁路是国民经济的重要基础设施，有巨大的社会效益，对于公益性铁路建设项目及公益性运输，必须由政府作为投资主体，采取直接和间接方式进行投资。

3. 给予铁路各种优惠措施

(1)改革现有税收制度

我国可以借鉴国外铁路的经验，对铁路实行不同于其他行业的税收优惠政策。对铁路企业实行税收优惠政策不仅能体现国家的产业政策和调控方向，也有利于促进铁路的适度超前发展。

①把目前对铁路部分地区实行的税收优惠政策改为对全铁路产业实行税收优惠政策，即降低铁路企业营业税率和所得税税率。对公益性铁路和经营性铁路分别制定不同的税收政策。

②可对铁路经营税收制定专门法律，从根本上理顺国家与铁路的分配关系，这一专门法律应包括：确定税种、税基，税率调整，征收渠道，交缴方式等内容；对某些税种实行减免，某

些税种可先征后返，如新建线路一定期限内实行减税，公益性运输任务免税，铁路修理等业务税收优惠。

(2)减免铁路企业的运输债务

长期以来，我国铁路债务负担沉重。政企分开要求政府与企业各负其责，企业作为市场主体，只能承担企业应负担的债务。世界各国铁路改革的实践证明，妥善处理铁路的历史性债务问题，合理界定政府和企业对铁路建设的债务责任，是实现政企分开的前提，同时更是铁路投融资体制改革顺利进行的保障。只有妥善解决铁路的历史债务，才能使铁路真正进入市场，使铁路企业具有在市场经济条件下自我生存和自我发展的能力。

总结世界各国铁路债务处理的经验和实践，考虑我国铁路债务形成的历史原因和国家目前的财政负担能力，根据铁路政企分开的需要和铁路企业走向市场后的债务承受能力，对债务主要有以下两种处理方法：一是本着“谁决策，谁负担”和“谁收益，谁负担”的原则，中央政府和受益的地方政府是债务的主要承担者；二是采取“老债老办法，新债新办法”。具体方式如下：

①用于铁路建设的历史性债务，可以直接由国家予以豁免，或转由国家的相应机构予以承担；也可实行“债转股”，将全部债权转为股权，作为国家投资入股。

②其中一部分债务转为资本金，其余部分可以只付息不还本，也可以延长还款期限，在财政贴息、停息挂账的基础上由运输企业负担。

③可以利用建设基金、出售股权和在政府担保的条件下，以发行新债还旧债的方式偿还。

(二)实现铁路分类经营，构建分类投融资模式

合理界定铁路线路的经营属性，按照修建目的、意义和作用，可将铁路划分为公益性和经营性两种类型。对于不同类型线路的特点，可以确立不同的投融资主体，并构建不同投融资方式。

1. 公益性铁路的投融资主体及方式

公益性铁路是以国家利益为目的，为国家政治、经济和国防需要服务的铁路，不仅具有边疆开发、边贸性质，而且具有加强民族团结、维护边疆安定的政治意义。此类铁路的修建和运营，主要体现社会效益，不以营利为目的。

公益性铁路运营主要是受运输需求、社会效益的制约，此类铁路属非营利性质，一般来说，表现为运量水平偏低，增长缓慢或者运价不能太高，虽有收益但不足以补偿日常经营费用，大多数必然处于亏损状态，投资基本无法回收。

该类线路项目的建设和经营无法调动其他企业和社会投资的积极性。因此，各级政府应作为此类型铁路建设的公益性铁路的融资主体，建设资金主要来源于中央和地方财政投入以及铁路建设基金，投融资方式主要是采取政府投资和开发银行优惠贷款。

2. 经营性铁路的投融资主体及方式

(1)经济开发型铁路

该类铁路是为地区经济发展服务的，主要为跨地区或某一地区的经济开发提供运输通路。此类线路具有较强的社会效益和经营性质，具有一定的投资回报能力，其大小主要取决于地区经济发展状况和融资政策及价格政策。在这些线路的建设中，跨省区的运输通道以所经地域的地方政府和中央政府共同作为融资主体，融资比例视具体情况确定。此类铁路经营可实行地方运价或特殊运价，由地方政府与运输经营企业协商决定。政府可给予一定的投资优惠政策，从而争取其他企业或机构的投入。

(2)资源开发型铁路

该类铁路是为煤、石油、矿石、森林等资源开发和运输而修建的铁路。由于我国资源分布极不均衡,过去已大规模建设了此类线路,但我国还有大量资源尚未开发和利用,长距离运送资源是长期的战略性任务,有必要单独划分出来,以促进资源调配和工业布局的合理化,适应经济发展阶段变化和重点转移的需求。此类铁路的特点是运输服务的对象比较单一、运量集中,如"三西"能源基地煤炭外运通道大秦线、神朔线等。此类铁路依据"谁受益、谁融资、谁负担"的原则,融资主体以资源开发所有者为主。运价由融资主体确定,可实行普通运价或特殊运价。

(3)经营商业型铁路

该类铁路主要是为满足新的运输需求服务的,其盈亏主要取决于企业的经营。属于此类铁路的有高速铁路、城际客运专线,企业自身需要的技术改造项目和具有市场化经营性质的竞争型线路。这类线路一般运量大、运输密度高,可以达到较高的盈利水平。因此,经营商业型铁路企业作为市场的竞争主体,可以通过有效的市场经营获得收益,同时承担铁路建设的风险。建设的融资主体以铁路企业为主,各级政府予以支持,可以吸引其他企业和法人投入。此类项目的资金筹措渠道较为广泛,可以通过银行贷款、发行债券、股份融资、项目融资(PPP、BOT、TOT),资产证券化(ABS)等方式筹集建设资金。国家应给予这类铁路企业一定的自主定价权力,为企业尽快形成规模、获得效益,进行内源融资和市场化、国际化融资创造条件。

总之,在经营性线路可以自主经营、自负盈亏的前提下,铁路企业可在国家投资鼓励政策下,拓宽融资渠道,吸引多元化投资主体,进行多元化融资,如利用资本市场融资、利用外资、争取国家政策性贷款、采取项目融资方式等。通过分类建设,充分调动各方面的积极性,广开融资渠道,吸引财政、企业、机构、商业银行、个人及外方等多渠道资金,改变过去由国家全部包揽或由经营部门过度负债的状况,分别由中央政府、地方政府、铁路运输企业、工矿企业及社会各界作为融资主体,加快铁路的建设。

(三)拓宽融资渠道,引入多种形式的社会资本

近年来,铁路积极消除社会资本进入铁路的障碍,拓宽铁路投融资渠道。政府通过优惠政策和利益诱导等手段,调动投资者的积极性和主动性,可利用合资方式、发行股票、发行债券、建立铁路产业基金、采用 PPP、BOT、TOT、ABS 等多元化融资方式引入国内外社会资本,加快铁路建设的进程。

在明确采取政府为主导的多元化投资主体的前提下,社会资本进入铁路产业并不影响国家对铁路的控制。中国铁路市场化融资程度低,融资方式和渠道还有待进一步拓展。

1. 发挥政府作用,积极引入民间投资

除了运输价格改革外,政府应从税收、用地、贷款等多方面加大政策扶持力度,提高铁路投资的收益率,降低社会资本的投资风险,促进社会资本参与铁路建设的能力和积极性。

(1)完善铁路的融资环境

制定相关的法律、法规和政策对投资者加以保护,明确鼓励、吸引社会资本的投资方向、范围、优惠政策和规定,为社会资本提供准确的信息指导。

有很多地方政府、中外投资机构与个人对投资铁路表示了极大的兴趣,但铁路投资的法制环境又使他们望而却步,这是铁路吸引资金的最大障碍。应该加快研究制定配套的法律

与法规，将鼓励民间参与铁路建设的优惠政策上升到法律的高度。健全的法律体系可以使政府依照法律来对民间投资活动进行协调和管理，减少投资过程中的不规范性和不确定性。

（2）制定明确的产业准入政策

尽快以法规的形式公布鼓励私人投资的基础设施项目和限制私人投资的范围等。对一些营利性、竞争性强的项目，政府要逐步让民间资本去做。即使一些关系到国计民生的项目，也可以利用优先股、国家绝对控股、债券等方式，吸收部分民间资本，加快其发展。政府应该既作为铁路的投资者，又作为铁路建设的促进者。

（3）调动社会资本的投资积极性

政府对社会资本投资者实行优惠的税收政策，对投资铁路经营性项目一定时期内实行低税、减税或实行税收返还政策。对投资铁路建设项目的社会资本投资者，政府在土地使用审批、转让及地价方面给予优惠政策；对较难从运输收入中取得合理回报的项目，可向投资者授予铁路用地开发权、资源开发权或给予权利优惠经营铁路运输的延伸服务项目，使投资者间接取得投资收益。政府对社会资本投资者授予基础设施特许经营权，使其在该项目上的投资收益得到保障。对融资不足需要贷款的可以给予政策性的优惠贷款，或实行政府贴息进行补助。

2. 拓宽铁路投融资方式

吸引地方政府和社会资本投资铁路，除了政策和制度环境支持以外，还必须要有能够较大规模吸引社会资本进入的渠道和平台。

（1）加大与地方政府合作建设铁路的力度，扩大合资铁路建设规模

近年来，我国铁路广泛吸引社会资金参与铁路建设，扩大合资铁路建设规模，完善合资铁路政策法规，探索符合我国铁路实际的合资铁路管理模式。

从2004年以来，铁道部与各省市自治区和其他国内外战略合作者签署的战略协议超过了200项，涉及合作建设规模超过5万亿元。地方政府不仅以征地拆迁费用入股或直接投资等形式参与铁路建设，而且在项目的规划协调、用地预审、环境评价等前期工作和征地拆迁等实施过程中给予大力支持和优惠政策。

（2）扩大铁路建设债券和各类票据发行规模

依托《中长期铁路网规划》中确定的铁路建设项目，制定中长期发债计划，相对固定发债时间，逐步在中国债券市场上树立起“铁路建设债券”的品牌，提高投资者对铁路债券的认知度和信任度，为今后长期持续融资奠定良好基础。

（3）以存量换增量，扩大资本市场融资规模

对既有铁路优良资产重组上市融资是募集铁路建设资金的一条重要途径。铁路部门拟选择一批有一定规模、资产边界相对清晰、盈利能力较强的优良资产，进行重组改制，通过股权转让、上市公开发行股票或增资扩股募集资金，以存量换增量，实现持续滚动融资发展。同时，铁道部将建立相应的核算体系，支持股份制改造企业的市场化运作。加快铁路企业股份制改革，尽快剥离不良资产，提高经济效益，创造条件积极上市。

（4）扩大利用外资规模，拓宽利用外资渠道

结合引进铁路技术装备和铁路建设的需要，扩大利用国际金融组织贷款和外国政府贷款，拓宽利用外资渠道，合理利用国外联合融资贷款、商业贷款等，不断开发外资贷款新品种争取较长期限、较低成本的优惠资金积极吸引外商直接投资铁路建设，参与铁路企业改制，开展融资租赁或经营租赁，大幅度提高直接利用外资比重。

(5)研究建立铁路产业投资基金

产业投资基金是一种集合投资制度,即通过向多数投资者发行基金份额设立基金,以专家理财方式将大量分散的社会资金聚集起来,集中对某一产业的非上市企业进行股权投资。铁路基础设施建设项目具有投资规模巨大、投资回收期长的特点,直接吸纳分散的社会资本投入,资金量太小,操作困难,抗风险能力较弱。因此更需要构建这样一种能够聚集社会分散资金,并转化为铁路投资的有效平台。目前国内各类保险资金对参与铁路建设投资热情较高,这类投资人主要关注投资的安全性和收益的长期稳定性,所掌控的资金规模也较大,非常适合投资于铁路。国家政策也明确鼓励和促进保险资金间接投资基础设施和重点工程建设。通过设立铁路产业投资基金,打通铁路以私募方式吸纳社会资金的渠道,既可以满足铁路大规模的建设资金需求,又能够有效保障社会投资的安全性和收益的稳定性,同时对于促进我国资本市场的健康发展也具有积极作用。

(四)建立与铁路市场化融资相适应的运价机制

目前,铁路实行国家定价,运价总水平过低,直接影响铁路企业目前的经营效果,影响其融资能力,而且给铁路市场化融资造成了很大困难。因此,应尽快形成以市场为基础的价格竞争机制,从而使铁路经营性企业真正具有盈利能力,才可能吸引民间资本的进入。

推进铁路运价改革,建立国家宏观调控下灵活反映市场需求的运价形成机制和鼓励机制。对于采用合资建设方式、项目融资方式建成的铁路,对于已改制的上市铁路公司,应当确立市场化的运价形成机制,允许实行浮动运价,使企业能够用价格机制来适当调节供求关系,平等参与市场竞争,使投资者能够获取合理回报。随着铁路投融资体制改革、股份制改革的不断深化,还需要在更大范围内推进铁路运价改革,以利于吸引社会投资铁路,以利于企业市场化经营。

(五)建立健全相关法规,保护各类投资人的合法权益

铁路的网络性使得铁路系统内的关联性很强,各条线路、各个环节之间都容易产生相互制约的作用,易于发生矛盾。外部资本进入铁路更加需要公平竞争的运营环境,需要公平、公正和透明的法律、法规来保护。营造投资建设的法律环境是市场经济下依法保证铁路投资者权益的重要手段。

目前,不同类型铁路之间衔接工作还缺乏必要的法律、合同和制度保障,缺乏公平竞争环境和经济上的制约机制,缺乏完善的、通盘考虑各方面利益的法规和超脱于企业之上的仲裁机构,这将制约外部资本的进入。虽然国家提出了鼓励性的政策法规,铁路产业也没有了禁止投资的区域,但具体到有关铁路投资与经营的一些重大问题,还缺乏一些具体、明确、可操作的实施细则。

因此,需要加快铁路立法机制,根据市场经济和铁路改革的发展要求,由政府对各类企业进行公正监管,维护各类投资与运营主体拥有平等的市场地位和公平的市场竞争环境。抓紧有关合资铁路方面法规的修订,为铁路投融资体制改革提供法律支持,并且可以在保证国家和公众利益的基础上,实行一定的政策倾斜。

复习思考题

1. 简述铁路建设投资的特点。
2. 简述国外铁路投融资政策的启示。

3. 我国铁路建设资金的来源有哪几个方面?
4. 我国铁路投融资体制存在的问题主要有哪几方面?
5. 试论如何实现铁路的分类经营?
6. 我国地方铁路的主要经营管理方式主要有哪几种?
7. 分析我国合资铁路发展存在的机遇与挑战。
8. 我国铁路融资体制的构建应采取哪些措施?

第五章　铁路管理政策

铁路运输管理体制改革，是具有全局性、总体性、长远性的战略问题。我国铁路 2005 年实施了铁路局直管站段体制改革，进行了新一轮的主辅分离和运输生产力布局调整，实现了运输生产管理的扁平化，为释放和发展运输生产力，为实现铁路管理体制改革创造了条件。

现行的铁路运价模式是在计划经济体制下形成并延续下来的，随着价格理论和效用经济学的发展和完善，运输价格理论的研究也在深入，其中主要有运输成本价格理论、供需决定论、运输对象负担能力理论等。铁路运价政策发展总的原则是国家“控上浮比例，放下浮权限”，使运价管理纳入法制化管理体系。

铁路人力资源管理和开发要根据整个铁路的发展战略，立足于现实基础，优化人才资源结构和供需平衡，适应生产经营和发展的需要。本章将详细阐述铁路运输管理体制，铁路运输价格与铁路人力资源管理的相关理论、政策与法规。

第一节　铁路运输管理体制

管理体制是指管理系统的结构和组成方式，规定了管理单位的决策权限、隶属关系、机构设置、调控机制和监督方法等方面的结构体系和组织制度。它的核心是管理机构的设置、各管理机构职权的分配以及各机构间的相互协调。铁路运输管理体制是指国家为了发展铁路运输而建立的一种管理体制，是铁路运输资源配置、组织机构、责权划分、利益分配、运行机制及相互间关系的总和。

随着我国社会主义市场经济体制的确立和逐步完善，我国进行了交通运输管理体制改革，逐步形成了我国交通运输的大部制管理体制，为优化交通运输布局，发挥整体优势和组合效率，加快形成便捷、通畅、高效、安全的综合运输体系提供了政策上的保证。

企业制度创新是整个企业创新体系的重要组成部分。为了实现企业既定目标和实现内部资源与外部环境的协调，必须在财产关系、组织结构，运行机制和管理规范等方面进行一系列的制度创新，包括产权制度、经营制度和管理制度等。制度创新对铁路运输业提高企业竞争力，增强企业持续发展能力有着重要的意义。

随着市场经济体制的建立，我国铁路运输面临许多挑战，尤其在运能和市场竞争力上面临困境，而原来依托计划经济背景建立的运输管理体制成为制约铁路运输发展的障碍。

铁路运输管理体制改革，不仅是关系铁路生存和发展的具有全局性、总体性、长远性的重大战略问题，而且是决定中国经济发展的重要一环。中国铁路的特殊复杂性是世界上少有的，不能照搬国外的经验，只能在对自身进行正确认识的基础上，借鉴外国经验，立足我国国情，积极探索运输管理体制改革之路。

一、国外铁路运输管理体制改革

铁路自1825年在英国诞生以来，迄今已有180多年的发展历史。铁路在其出现后约100年时间内，作为新兴产业发展迅速。然而在20世纪20年代开始，由于面对着其他交通方式的迅速发展与日益激烈的竞争，以及对铁路实行的严格管制或直接的行政控制，传统铁路产业经历全球范围内大衰退。到20世纪60年代，随着在公路、航空业迅猛发展，在世界范围内出现了铁路不适应市场竞争的问题，而且越来越突出。许多国家出现了铁路市场份额急剧下降，财务状况日趋恶化，经营出现严重亏损，成为国家政府的沉重负担。日本国铁从1964年首次出现亏损到1987年解体，累计亏损高达37.1万亿日元，相当于政府一年的税收；德国铁路在1993年前欠下国家债务累计550亿马克；而美国铁路到1970年有约1/4的铁路企业破产。

从20世纪80年代开始，各国纷纷调整铁路发展政策和策略，以适应市场需求为中心，对铁路管理、组织和价格体制等进行重大改革，形成一股强劲的世界铁路改革潮。许多国家围绕重新界定政府与铁路的关系、改革产权制度、调整内部组织结构、实施企业重组等推进铁路管理体制改革，采取了相应的改革模式。而其中日本、欧洲及美国的铁路运输管理体制改革各具特点，也都取得了一定的成效。

1. 日本铁路的“地区型”改革

日本铁路的管理体制经历了深刻的变革，逐步形成了“地区型”的管理模式，即以建立区域性运输公司为主，组建6个区域性客运公司和1个全国性货运公司。

日本铁路的改革经过了较长时间的酝酿和准备，先是成立了“临时行政调查会”，经广泛讨论后认为国铁以原有的组织和经营方法无法实现根本性变革，必须实行民营化。进而设置“国铁再建监理委员会”，进行了为期两年的论证，提出了国铁改革方案，经国会审议通过后，根据相关法律，1987年4月实施了国铁的民营化改革。

(1)管理体制改革的主要内容

1987年国铁民营化后，日本铁路管理体制发生了深刻的变化。组建JR铁路集团，国铁按地域新成立了东日本、东海、西日本、北海道、四国、九州6个铁路客运股份公司和1家全国性货运铁路股份公司，以及新干线保有机构、铁路通信股份公司、铁路信息系统股份公司以及铁路综合技术研究所等法人企事业单位。除新干线以外，每家客运公司原则上拥有铁路网络以及在铁路上从事客运业务的权利，货运公司则通过向6家客运公司租借线路的方式从事货运业务。这些新公司最初是国家全额出资的特殊公司，但被要求必须尽早出售股份，向纯粹的民营公司转化。新的铁路公司具备经营自主性，具有明确的经营责任，国家不再限定公司的业务经营范围，运费和票价只需经运输大臣认可即可决定。

(2)铁路改革时债务的处理

JR铁路集团成立后，产权关系得到调整。国铁解体后，成立了11家新的法人企、事业团体作为国铁财产的继承者，把原属国铁的国有资产分割，分别交由这些企事业团体继承。成立国铁清算事业团(JNRSC)，国铁清算事业团是依据国家法令设置的国家机构，负责国铁民营化期间有关财产的处置和民营化之前巨额债务的清偿、接收未被新公司雇用也未自动退职的剩余人员并负责安置工作。清算事业团作为国铁的替代者，是JR各公司股票的持有者。JR各公司成立时，均是清算事业团全额出资的国家参股制企业。对国铁债务的处理是按照分割继承、分别偿还的原则进行。总计3 711万亿日元的债务由新JR公司承担

1 116 万亿日元,其余的 2 515 万亿日元由国铁清算事业团来承担,主要是用出售铁路周边土地、各公司股份和新干线的收入偿还。

由于国铁时代建设的新干线收益很好,改革之初成立了新干线保有机构,将新干线全部归其所有,并向各公司收取租赁费用于偿债,后于 1991 年将新干线全部卖出。国铁改革后,JR 各公司的运输量和财政状况均得到改善,1993 年又进行了第二阶段的改革,卖掉了本州 3 家(即 JR 东日本、JR 东海、JR 西日本)可以盈利的客运公司约 60 %的股份。

由于日本国内泡沫经济引发了金融危机和利息变动等原因使偿还计划受阻,1998 年制定了《国铁清算事业团债务处理法》,决定在新的结构下处理债务。1998 年 10 月解散了国铁清算事业团,全部剩余债务移交给国家财政,国铁债务实际上变成了国家的债务。

日本铁路民营化改革的效果十分明显,在维持运费不涨的情况下,各公司都发挥各自特点,适应不同的需求,保证了较高的服务质量,取得了稳定的经营收益。

2. 欧洲诸国铁路的"网运分离"改革

欧盟的铁路改革是在"网运分离"的总体设计思路下开展的。早在 1988 年瑞典就开始了"网运分离"的初期改革,而欧盟大部分成员国的铁路改革是在 20 世纪 90 年代初期开始的。这一改革到目前为止仍未结束。

这一铁路改革模式的设计要点是:将铁路的路网基础设施与线上客、货运输经营相分离,各自独立经营管理,并通过政企分开改变原先的集中管理模式。

针对上述要求,欧洲形成了三种铁路改革模式。

第一种模式——完全的"网运分离"模式。英国、荷兰、丹麦和挪威等国,采用了完全"网运分离"的瑞典模式。该模式将国家铁路分解为运营及基础设施两个单独的实体,即运营部门和基础设施管理部门,运营部门按商业原则经营,并按要求为其所有者即政府创造回报,基础设施管理部门则收取基础设施使用费,并由政府补助。毫无疑问,这种模式由于其完全消除了线路基础设施管理者偏向于某个运营者的动机,从而成为新的运营者最容易进入路网的模式。但是,该模式也带来了一些问题,如线路基础设施管理者与运营者之间在规划、投资、列车时刻表制定以及日常运营等方面的协调问题。

第二种模式——控股公司模式。德国、奥地利、意大利和很多中欧国家采用了这种模式,这种模式是将基础设施和运营设置在同一控股公司下的两个独立的部门。德国是这模式的代表,将主营业务整合为客运、货运物流、基础设施三大板块,基设施业务板块由 DB 集团直接经营管理,客运和货运物流板块由 DB 集团成立全资子公司 DB 运输物流集团经营管理。该模式减少了"网运之间"的协调问题,虽然在实践中,新进入者占有的市场份额越大,则要求越大程度的垂直性分离,但该模式要求新的进入者向其最大的竞争者——控股公司的下属公司申请线路进入权。

第三种模式是法国首创的,即设立一个独立的国有铁路基础设施管理机构负责融资和规划(目前还包括运输能力分配和线路收费),而把维修和运营留给一个垂直一体化的公司。这样能够提高铁路运营公司的经营自主权,而在需要的时候可将政府对铁路的干预转嫁给线路基础设施机构,同时也可在一定程度上维持铁路运营的垂直一体化,但是这种模式也面临着与德国模式同样的问题,即新进入者的地位问题。同时也会产生运输基础设施与运营之间的协调问题,从而影响运营效率。如 2014 年法国铁路乌龙事件,法国国营铁路公司此前花巨资订购了三百多列火车,但由于车体过宽无法进站,以至于需要改造站台。

欧洲各国通过铁路改革引入市场竞争机制,如开放通路权、对公益性的地方客运通过政府公开补贴引入市场竞争机制等。在对经营管理体制进行改革的同时，进行产权制度和投资建设体制改革，逐渐改变国有独资状况，建立多层次投资体制。

3. 美国铁路的“分线型”改革

美国铁路的管理体制为“分线型”管理，主要有以下几个特征：

(1)铁路公司数目多，但集中度高。美国铁路史上公司数目最多时达 2000 家以上，后来的并购重组使铁路公司数目越来越少，公司规模越来越大。到 2006 年为止，有 560 家铁路公司，其中Ⅰ类铁路公司有 7 家，各自拥有区域铁路网络，地区铁路 30 家，地方支线铁路 523 家。重组后铁路行业集中度不断提高，7 家一级铁路公司贡献铁路货运 90%以上收入，运营 69%铁路里程，雇员数量超过行业总人数的 90%。

(2)铁路经营私人化。美国铁路基本上是私人公司投资，目前货运由私人企业经营，客运业务通过 Amtrak 官方企业运营，由政府对其进行补贴。

(3)客、货运分离，兼顾公益性与经济性。美国 1970 年颁布的《铁路客运服务法》规定组建全国铁路客运公司(Amtrak)，向货运公司租借路网，依靠政府补助维持有效运营。各铁路公司不再经营客运业务，所有的铁路公司都把客运业务移交给全国铁路客运公司，它与经行的铁路公司签订长期租用合同，支付过路费。

(4)政府放松管制，引入市场竞争。1976 年的《铁路复兴和规章改革法》和 1980 年的《斯塔格斯铁路法》是放松管制的重要法律。放松管制的主要内容：一是放松对铁路公司资产重组的管制；二是放松价格管制，扩大了铁路公司定价范围，铁路公司获得了相当大的定价空间。目前，美国铁路已经形成较为成熟的市场化定价机制。货运价格由一级铁路公司与货主协商而定，合同运输比例超过 60%，运价优惠政策体现“多运少价”原则。客运价格定价方式灵活，由 Amtrak 根据市场需求而定，基于“收入管理法”实现需求合理预测和票价制定，同时提供相关的福利折扣和商业折扣。

(5)政府帮助铁路摆脱困境。政府对铁路公司的帮助主要表现为政府参与铁路业务结构重组，帮助一些重要的铁路公司摆脱了沉重的历史负担。

美国在 1973 年颁布《地区铁路重组法》，成立了两个联邦代理机构：北美铁路协会和铁路服务规划办公室。北美铁路协会负责规划地区铁路系统，铁路服务规划办公室指导铁路并购。1973 年帮助组建联合铁路公司等公司，并入破产的铁路，免除其许多规定的责任和义务，同时投入大量资金，进行重组。

4. 国外铁路改革的特点

(1)放松政府的管制，建立专门的监管部门。各国在铁路的管理体制改革中都削弱了政府对铁路的干预，政府更多的是通过监管部门发挥监督作用，维护铁路市场秩序。

(2)实行市场化经营。各国铁路改革普遍以市场为导向，对运输企业进行公司化改造，调整组织机构，改革运价制度和财务制度，引入市场化经营机制。

(3)重新界定政府与铁路的关系。各国在推进铁路改革中，注重调整政府与铁路的关系，明确政府在铁路基础设施建设投资、偿还历史债务、补贴公益性服务等方面的职责，减少并逐步取消对非公益性运营亏损的政府补贴。

(4)推进铁路投资主体多元化。各国在推进铁路改革中，通过对铁路企业实施改组上市、兼并重组、股权转让、特许经营等多种方式，引入社会资本，拓宽铁路融资渠道，改变过去主要由国家投资铁路建设和经营的局面。

(5)实施基础性改革，为铁路体制性变革创造条件。各国普遍采取渐进式推进改革的方式,欧洲各国铁路早在20世纪60年代就结合铁路技术装备现代化,调整生产力布局,实施减员措施,降低运输成本,提高生产效率。日本铁路在民营化改革前,先后5次实施内部改革,通过整合编组站、实行货运集中化,提高了运输效率。这些基础性改革,为铁路体制性变革奠定了基础。

(6)制定与完善相关铁路法律法规。国外铁路改革的一个重要特点是首先从立法入手,制定一系列有关铁路改革的法律法规。这些法律法规的颁布实施,不仅为铁路改革规定了目标、任务和实施步骤,而且为铁路重组、铁路投融资政府管制及铁路公司的权限等问题做出明确的规定,为铁路改革奠定了坚实的法律基础。

国外铁路改革为世界铁路的发展提供了动力,也为我国铁路管理体制的改革提供了宝贵的借鉴和经验。我国铁路一直以来所进行的各项改革,也都是基于这些经验,并结合我们的国情以及我国铁路的实际情况而做出的。

二、我国铁路传统管理体制

1. 我国铁路管理体制指导政策演变

我国铁路管理体制指导政策演变历程可大致划分为三个阶段:市场化改革的探索阶段、市场化改革的推进阶段和市场化改革的深化阶段。

(1)市场化改革的探索阶段(1978～1991年)

随着1978年党的十一届三中全会的召开,我国开始对建设社会主义市场经济体制开始了积极的尝试。在这个时代背景下,交通运输各行业以政企分开、扩大企业经营自主权为突破口,在市场化改革的道路上开始了有益的探索。

从1981年11月起,铁道部先后批准上海、广州、齐齐哈尔、吉林铁路局进行扩大企业自主权试点,下放部分管理权限。1983年12月组建了广深铁路公司,实行"自主经营、自负盈亏、自我改造、自我发展"的管理体制。这标志着国画家对铁路实行了以"简政放权、放权让利"为主要特征的政企分开,政府职能逐渐向行业管理转变。

政企分开后,交通运输企业逐渐成为独立经营的市场主体。但是由于运输企业的经营自主权不高,使得运输企业的活力不高,仍不能适应商品经济的要求。于是在1986年3月,经国务院批准,铁道部实行投入产出、以路建路的经济承包责任制(即大包干),这项改革的主要内容是:国家规定铁道部除按章缴纳营业税、城市建筑税、教育附加费以外,全部利润留给铁道部,用于发展铁路,实行包括运输、造车和基本建设在内的全面承包。

(2)市场化改革的推进阶段(1992～2001年)

1992年,邓小平同志的南方谈话,揭开了我国改革开放的新篇章。在建立社会主义市场经济体制理论的指引下,交通运输各行业继续推进政企分开,进一步理顺中央和地方政府的关系,转换交通运输企业经营机制,从而将交通运输市场化改革推进到一个新的阶段。

1992年8月,国务院批转了原国家计委、铁道部《关于发展中央和地方合资建设铁路的意见》,进一步调动了社会各界,尤其是地方政府投资建设铁路的积极性,也进一步理顺了中央和地方政府的关系。

同时,在前一阶段改革的基础上,铁路继续深入推进政企分开、政事分开,通过一系列法规、体制的改革,使得铁路主管部门的行业管理职能得到进一步加强和完善。

1994年《铁道部关于贯彻党的十四届三中全会〈决定〉深化铁路改革若干问题的意见》,确定了铁路改革的总体目标,构筑了铁路走向市场的基本框架,提出运输企业创造条件积极走向市场。

从 1996 年 8 月起，铁道部对部分铁路局实行新的铁路运输管理体制改革，实行铁路局直接管理站段的新体制。

1998 年，铁道部首先在昆明、呼和浩特、南昌、柳州 4 个铁路局、广州铁路(集团)公司及部属的非运输企业中开展了资产经营责任制试点。

1999 年起，在 14 个铁路局(集团公司)全面实行资产经营责任制，进一步扩大了铁路局经营自主权，减少了铁道部对企业日常生产经营的干预。

2000 年，昆明等直管站段铁路和广铁集团开始模拟客运公司运营。2001 年，铁路运输企业实施新的财务制度，客货网分账核算。2002 年，铁道部"网运分离"方案的试点终止。

2000 年 4 月，经国务院批准，铁道部与中国铁路工程总公司、中国铁路建筑总公司、中国铁路机车车辆总公司、中国铁路通信信号总公司和中国土木工程集团公司实施政企分开。

在这个阶段，另外一个改革方向是按照现代企业制度的要求，通过股份制改造等方式组建一批大型企业集团，企业的经营机制逐步与国际接轨。1993 年 2 月，广州铁路集团和广州铁路(集团)公司正式挂牌成立，开始了国家铁路企业公司化、集团化经营改革的探索；1994 年 12 月，全国铁路第一家按照建立现代企业制度试点规范组建的公司——大连铁道有限公司正式挂牌成立；1996 年 5 月，广深铁路股份有限公司发行的 H 股和美国存托股份(ADS)分别在香港联合交易有限公司和美国纽约股票交易所正式挂牌交易，广深铁路股份有限公司成为第一家在境外上市的中国铁路运输企业。

(3)市场化深化阶段(2002 年至今)

2002 年，党的十六大召开，第一次提出全面建设小康社会的战略部署。按照全面建设小康社会的战略部署和要求，铁路继续深入推进管理体制改革，政府职能进一步向行业管理和公共服务职能转变，市场的基础性作用得到加强，市场化改革进入全面深化阶段。

2003 年 12 月起，铁道部开始推进主辅分离改革，并成立集装箱、特货、行包三个专业运输公司；2004 年 10 月，成立中国铁路建设投资公司，主要履行铁路大中型建设项目出资人代表职能；2005 年 3 月，经国务院批准，撤销了所有 43 个铁路分局(公司)，实行了铁路局直接管理站段的新体制，同时，全路对运输生产力布局进行了大规模调整，运输站段由 2003 年的 1491 个减少到 2007 年底的 627 个。铁路投融资体制改革取得突破，2003～2008 年，新组建合资铁路公司 76 家，吸引了地方政府、战略投资者等资金 8 000 多亿元资金，并积极推进了两家铁路股改试点，有效搭建了铁路市场融资的平台。这些改革措施为下一步推进铁路管理体制改革奠定了基础。

铁路不断巩固扩大基础性改革成果，继续推进运输管理体制改革；深化铁路财务体制改革，形成有效的企业经营激励和约束机制；完善国有资本收益和国有资产经营管理制度，建立健全铁路企业经营风险防范机制；加快整合和开发多元经营资源，促进多元经营规模化发展。铁道部确立了多元经营与运输主业"长期共存、相辅相成、互为促进"的战略定位，明确了"把服从服务于和谐铁路建设与实现多元经营又好又快发展结合起来、努力开创多元经营工作新局面"的发展思路，实施了以发展战略装车点为突破口、推动多元经营结构调整等重大举措，探索走出了一条具有中国铁路特色的多元经营发展之路。

同时，铁路大力推进铁路投融资体制改革，坚持"政府主导、多元化投资、市场化运作"的指导思想，构建多元投资主体，拓宽多种筹资渠道；加强铁路投融资法规建设，改善投资环境，放宽市场准入，鼓励和引导国有、民营及境内外各类资本投资铁路基础设施建设。依法构建规范法人治理结构，维护出资者权益，落实经营责任，扩大合资铁路建设规模。推进铁路股份制改革，按照“存量换增量”的思路，选择一批资产边界相对清晰、赢利能力较强的优良铁路资产进行重组改制，积极推进铁路企业股改上市，实现持续融资、滚动发展。加大资本市场融资规模，构建持续滚动融资发展机制。推进铁路运价改革，逐步建立政府调控下的铁路运价市场形成机制。

积极推进铁路管理体制改革，2013 年铁道部实行铁路政企分开，撤销铁道部。将铁道部拟定铁路发展规划和政策的行政职责划入交通运输部，组建国家铁路局，由交通运输部管理，承担铁道部的其他行政职责，负责拟订铁路技术标准，监督管理铁路安全生产、运输服务质量和铁路工程质量等；组建中国铁路总公司，承担铁道部的企业职责。

2. 我国传统管理体制存在问题

我国铁路在 20 世纪长期采用“铁道部—铁路局—铁路分局—站段”的四级管理体制，使得“委托—代理”链条较长（如图 5-1 所示），造成结合部多、效率低、机构规模过大等一系列管理问题，出现了铁路局和铁路分局两级法人以同一方式经营同一资产的现象，铁路局和分局两级法人管理重叠、职能交叉、相互掣肘等弊端突出，对铁路运输生产力的发展形成了束缚。

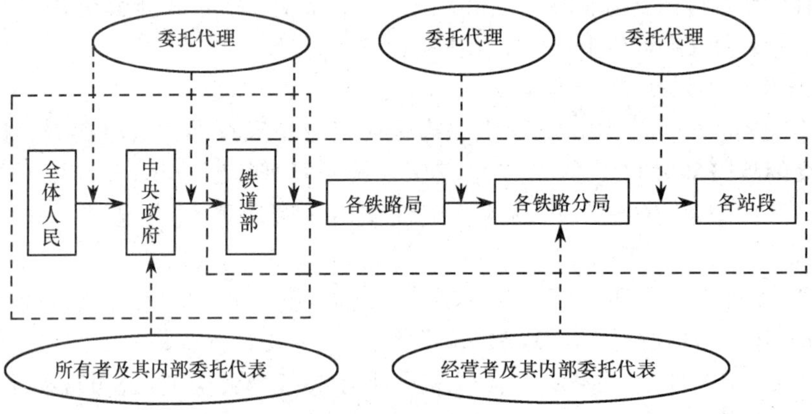

图 5-1　我国铁路传统管理机构及委托—代理关系

随着铁路可持续发展战略的提出，铁路原有的管理体制存在的弊端越来越明显：

(1)多委托人与多重目标

铁路企业具有其独特的网络型产业特征，网络的规模经济特性、范围经济特性、网络的外部性与公益性特征以及网络的资产专用性特征等造成了铁路企业具有市场垄断、企业盈利水平较低、吸引投资困难等问题，从而使政府介入程度较深，造成铁路企业的委托人不仅包括财产所有者，而且包括政府。作为代理人的经营者不仅要实现企业盈利性目标，而且还要完成社会公益性目标。

对铁路经营者产生激励与约束的主体不仅有所有者、市场，还有政府，而且政府的影响力十分关键。铁路企业的多委托人是造成铁路经营者具有多重目标的核心原因。

(2)委托人与代理人产权不清

产权不清往往造成政企不分、权责不清、多重目标混乱的问题。由于委托人与代理人身份的明确较为困难，对参与各方基本的初始性产权没有明确的界定，产权模糊的空间较大，使得委托人和代理人不能在充分明确各自拥有的初始权力下，依据双方信息、战略、支付函数等进行博弈并最终确定企业剩余支配权和剩余索取权的激励性分配，使得最优内部激励约束机制难以形成。

(3)委托人与代理人均存在剩余索取权与控制权相分离的特征

由于存在多委托人问题，使得责权不清，造成铁路企业中，不论是委托人还是代理人，普遍存在着剩余索取权与控制权相分离的特征，这往往容易弱化产权所产生的激励与约束作用。这也是我国铁路产权激励中的一个核心问题。

(4)企业业绩测量较困难，影响报酬机制的激励约束性

运输网络中的单个企业往往无法独立提供完整的运输产品，为有效完成运输生产任务，需要与网络中其他企业进行密切的业务交易，存在着复杂的业务量，需要相互之间进行清算。

由于运输网络的自然垄断性使得铁路企业之间的交易难以形成市场交易，而有效的交易清算机制仍未形成，所以铁路的业绩测量不准确，从而弱化了现代企业中激励机制所应发挥的关键作用。

(5)委托代理链条较长，造成信息不对称

铁路网络中的企业往往存在多个委托代理层次，这加重了信息失真和信息不对称问题。

三、我国的铁路管理体制改革实践

一个时期以来，铁道部按照适应社会主义市场经济的要求和保持路网的完整性、坚持运输集中统一指挥、提高运输效率等原则，以基础性改革为重点，在加快铁路管理体制改革方面做了大量工作，在体制改革和创新方面都取得了重大进展。

1. 铁路局直管站段体制改革

改革我国铁路四级管理、铁路局和分局两级法人的体制，一直是铁路管理体制改革的重要课题，成功的改革将有利于进一步解放和发展运输生产力，而且也为实现铁路管理体制总体改革目标创造了必要条件。

2005 年 3 月 18 日，全国铁路实施了铁路局直管站段体制改革：铁路局(公司)中设有分局的哈尔滨、沈阳、北京、郑州、济南、上海、广铁集团、成都、兰州和乌鲁木齐等 10 个铁路局撤销其下属的 41 个铁路分局；增设武汉、太原和西安 3 个铁路局。全国铁路共设立 18 个铁路局(公司)，所有铁路局(公司)实行直接管理站段的管理体制。

铁路局直管站段体制改革，彻底解决了我国铁路长期以来存在的铁路局和铁路分局两级法人以同一方式经营同一资产的体制性弊端，构建了铁道部—铁路局—站段三级管理新体制，实现了运输生产管理的扁平化，为明晰管理层次，推进铁路建立现代企业制度，充分发挥路网整体优势，释放和发展运输生产力，提供了体制保证。

铁路局直管站段体制改革后，铁路局的管理主体责任更加明晰，企业管理的效率进一步提高。同时，铁路信息化建设也取得较大进展，先后建设了运输组织指挥、客货营销、运输经营管理等信息系统。通过网络信息手段，在客票发售，货运计划和审批，车站、机车、车辆、工务、电务运力资源管理等方面已经打破了原有分局的界限。特别是以“调度指挥智能化、客货营销社会化、经营管理现代化”为目标的信息系统建设，为铁路局直接管理站段提供更加有效的管理手段。

铁路局直管站段体制改革的意义表现在：

(1)有利于提高运输效率

运输效率是决定整体运输能力的重要因素之一。当前,我国经济持续快速增长,铁路运输能力紧张的问题十分突出。为缓解铁路运输对国民经济发展的“瓶颈”制约,在加快铁路建设的同时,必须坚持内涵扩大再生产,充分挖掘运输潜力,通过提高运输效率来不断提升整体运输能力。但在四级管理体制下,铁路局和分局两级法人都具有配置运力资源的职能,在运输组织指挥和经营管理等方面职能重复,限制了运力资源使用效率的提高。

撤销铁路分局之后,由铁路局直接管理站段,减少了运力配置的中间层次,减少了分界口,为在更大范围内整合优化运力资源创造了条件,可以更好地强化运输统一指挥,发挥路网整体功能,优化运输组织,提高管理效能,提高运输效率。

(2)有利于发挥新技术装备的作用

科学技术对推动经济社会发展起着关键性作用,先进的科学技术正以前所未有的广度和深度改变铁路运输的面貌,成为运输生产力突飞猛进发展的主导力量。近些年来,经过不断的技术创新,尤其是连续大面积提速后,我国铁路技术装备水平有了较大进步,线桥隧涵质量明显提高,通信信号设备更新换代,机车全部实现了内燃和电力化,客车和货车车辆技术也有了较大提升。随着客运专线等高等级铁路的建设和动车组、大功率货运机车、调度集中等先进技术装备的应用,固定设备和移动设备的安全可靠性和修程修制都将发生重要变化。大量新技术装备的广泛应用推动着运输生产力的不断发展,同时也必然要求生产关系与之不断适应。这就需要对束缚运输生产力发展的现有管理体制作出相应的调整。

通过撤销铁路分局,打破管理层次多和管理跨度小对生产力发展的限制,为新技术装备充分发挥作用排除体制性障碍、开辟广阔空间,从而适应不断扩大运输能力的需要。

(3)有利于减少运营管理成本

创造良好的经济效益是铁路发展的重要物质基础,优化和控制运营成本,是增强铁路企业综合竞争力、不断提高运输经营效益的有效途径。铁路分局这一管理层次的存在,带来了运营管理成本的增加。这首先是由于两级法人职能重叠,相互掣肘,必然会降低效率,增加管理成本。其次是增加了管理人员。目前,我国铁路企业用人多、效率低的问题还没有从根本上得到解决。

2003 年,我国铁路平均每营业公里用工 23.88 人,是德国的 3.5 倍、日本的 5.5 倍,法国的 6.5 倍,美国的 30 倍。管理人员过多,是我国铁路企业用人多的一个重要原因。

撤销铁路分局,不仅可以精简机构,减少管理人员,更为重要的是可以减少管理层次,解决由于两级法人以同一方式经营同一资产,而造成的管理效率不高和增加管理成本的问题。同时,可以减少优秀管理人才的浪费。在铁路分局机关有一大批具有实践经验、熟悉运输业务、经营管理能力强的人才,由于铁路局与铁路分局管理重叠,这批人才的作用难以充分发挥。撤销铁路分局之后,可以把这批人才安排在适当的岗位上,为他们发挥聪明才智提供更好的条件。

(4)有利于加强铁路运输安全管理

确保运输安全是铁路一切工作的首要前提。铁路运输大联动机的安全运转,需要高效率、高质量的安全管理。铁路局作为运输企业,是铁路运输安全管理的主体,由于铁路分局这一管理层次的存在,制约了铁路局安全管理主体作用的发挥,不利于铁路局及时了解运输一线安全工作的实际情况,不利于及时有效地解决安全生产中的问题。安全管理重点在基层,确保运输安全最终要靠加强站段、车间、班组的安全管理来落实。

撤销铁路分局后，由铁路局直接管理站段，既可以使铁路局安全管理主体的责任更加明晰，进一步提高安全管理的效率；也有利于更好地落实基层站段安全管理的职能，强化安全基础工作。

(5)有利于推进铁路管理体制创新

铁路改革的最终目标是要建立起适应社会主义市场经济的铁路管理体制和经营机制。铁路管理体制改革的基本走向是政企分开、政资分开、事企分开，建立现代企业制度。由于目前我国铁路运输能力严重不足，提高路网综合运输能力是当务之急，铁路改革必须坚持运输集中统一指挥和保持路网完整性等重要原则。

撤销铁路分局，实行铁道部—铁路局—站段三级管理的体制，既有利于运输的集中统一指挥和保持路网的完整性，又为未来铁路管理体制改革创造了有利条件，提供了广阔空间。因此，实行铁路局直接管理站段体制的改革，是向新的铁路管理体制目标迈出的必不可少的重要一步。

2. 主辅分离

2003 年，铁道部对包括多元经营企业在内的铁路辅业实行“主辅分离”的改革。主辅分离的总方向是：在进行资产重组、明晰产权基础上，将非运输经营单位改造为独立的市场主体，实现与运输主业的分离。具体做法是：按照政企分开、社企分开的要求，把企业承担的政府的和社会的职能归还政府和社会；以产权制度改革为核心，进行辅业改制，实现主辅业彻底分离。

近几年，我国铁路精干运输企业的工作取得了显著成绩，为铁路局直接管理站段奠定了基础。铁路工程总公司、铁道建筑总公司、机车车辆工业总公司、通信信号总公司、中国土木工程集团公司相继与铁道部脱钩，部属勘察设计院、铁路局所属 38 家设计施工企业和铁路物资总公司移交国资委，铁路所属学校、医院全部移交地方政府。到 2005 年，基本完成了教育、医疗机构移交工作，共有 826 所铁路中小学校、208 所铁路医院移交地方政府管理，包括 2003 年移交国资委的铁通公司、物资总公司和 42 家设计施工企业，有 35 万人从铁路主业中分离出去。

通过几年的努力，实现了运输主业的精干和辅业的发展壮大，为铁路运输的持续发展创造了机遇和条件，注入了新的活力。

3. 运输生产力布局调整

2003 年 8 月至 2006 年 3 月，全路实施了大规模的运输生产力布局调整，取得了重大进展。我国铁路运输生产力布局发生了深刻而巨大的变化，改变了机、辆、工、电检修资源高度分散的状况，促进了设备检修的规模化；改变了过去由于站段分散而分割运力资源的状况，提高了资源使用效率和效益；改变了过去管理人员和部分岗位设置不合理的状况，优化了企业机构设置和劳动组织，提高了劳动生产率。大规模的运输生产力布局调整，经历了两个阶段。第一阶段是实施铁路局直接管理站段体制改革以前，这一阶段各铁路局的布局调整是在有分局的情况下进行的。第二阶段是铁路局直接管理站段体制改革以后，这一阶段生产力布局的调整，打破了原分局的限制，在铁路局范围内实现了新布局。

通过市场化改革，铁路企业对市场需求的了解更全面、及时、准确，运力资源配置与市场需求衔接更加紧密。通过调整运输生产力布局，运输站段管理跨度变大、数量减少。铁路局直接管理站段体制改革后，各铁路局对运输站段实行跨区域撤并整合，2005 年底，运输站段数量由原来的 1 504 个减少到的 857 个，压缩 43%。铁路战略装车点建设从 2006 年开始，截至2008年7月底,全路已建成444个战略装车点,覆盖了大部分煤矿、港口、炼油厂、钢厂等发送量较大的装车作业点。目前已建成一批拥有智能化的装车系统、大容量的储存能力和高效规模化的作业方法的战略装车点,能够实现集中存储、整列装车、整列发车,有效提高了全路货物运输效率。铁路企业充分发挥直接面向市场的优势,合理调配运力,实施了大客户战略,特别是战略装车点建设和发展,实现了装车方式的根本性转变,从而更好地满足了重点物资运输需要。

调整运输生产力布局,为优化运力资源配置,调整运输生产组织结构,扩大运输能力,提高运输效率和效益创造了有利的条件。

4. 政企分开

2013年3月,根据第十二届全国人民代表大会第一次会议审议的《国务院关于提请审议国务院机构改革和职能转变方案》的议案,铁道部实行铁路政企分开(如图5-2所示),撤销铁道部,将铁道部拟定铁路发展规划和政策的行政职责划入交通运输部;组建国家铁路局,由交通运输部管理,承担铁道部的其他行政职责;组建中国铁路总公司,承担铁道部的企业职责。

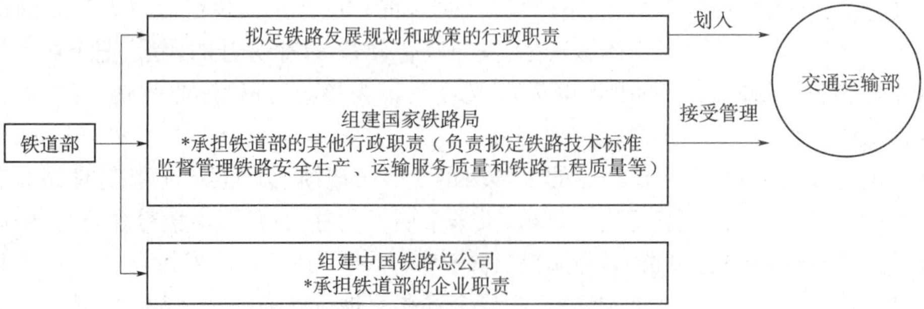

图5-2　铁道部政企分开职责划分

中国铁路总公司承担铁道部的企业职能,以铁路客货运输服务为主业,实行多元化经营。负责铁路运输统一调度指挥,负责国家铁路客货运输经营管理,承担国家规定的公益性运输,保证关系国计民生的重点运输和特运、专运、抢险救灾运输等任务。负责拟订铁路投资建设计划,提出国家铁路网建设和筹资方案建议。负责建设项目前期工作,管理建设项目。负责国家铁路运输安全,承担铁路安全生产主体责任。中国铁路总公司机关设置21个内设机构,下设18个地方铁路局、3个专业运输公司等企业。国家铁路局由中华人民共和国交通运输部管理,性质为国家行政机关承担铁道部的行政职能,负责拟订铁路技术标准,监督管理铁路安全生产、运输服务质量和铁路工程质量等。其组成包括安全监察司、运输监督管理司等在内的6个内设机构和7个地区管理局,分别是沈阳、上海、广州、成都、武汉、西安、兰州7个地区铁路监督管理局,负责辖区内铁路监督管理工作。

铁路政企分开,标志着铁路体制改革的重大进展。其意义表现在:

(1)有利于形成新的铁路发展格局

中国铁路总公司成为市场主体,可以落实经营自主权,促进企业内部改革,提高发展内生动力,增强铁路发展后劲,使铁路更好地适应市场,推动铁路建设和运营可持续发展。铁路政企分开有利于形成政府依法管理、企业自主经营、社会广泛参与的铁路发展新格局,有利于保持和发挥中国铁路的优势。

(2)有利于保障铁路运营秩序和安全

明确了中国铁路总公司的安全生产主体责任和国家铁路局的安全监管责任，有利于理清企业和政府的角色，从体制上保障铁路运营秩序和安全。

(3)有利于加快建立和完善综合交通管理体制

由交通运输部统筹规划铁路、公路、水路、民航发展，有利于充分发挥各种交通运输方式的整体优势和组合效率，可以加快推进综合交通运输体系建设，推动各种运输方式协调发展和有机衔接，优化布局结构，为综合运输体系的协调发展提供体制保障。

5. 中国铁路总公司推进铁路局公司制改革

中国铁路总公司可以提高国铁资本效率效益、增强企业活力为中心，积极推进铁路局公司制改革，加快建立健全产权清晰、权责明确、政企分开、管理科学的现代企业制度，形成有效制衡的公司法人治理结构和灵活高效的市场化经营机制。

2017 年 9 月 5 日，中国铁路总公司发布《中国铁路总公司关于全面推进铁路局公司制改革的指导意见》，该意见指出要推进铁路局(含广州铁路集团公司、青藏铁路公司)公司制改革。以铁路一张网为前提，坚持铁路运输统一调度指挥，保持总公司—铁路局—基层单位三级运输管理构架，保证承担的公益性运输、重点运输等社会责任不变的前提下，将铁路局改制为总公司出资的一人有限责任公司。铁路局改制后的公司不设股东会，由总公司依法履行出资人职责。设立董事会、监事会和经理层，并按规定设立公司党委会，发挥政治核心作用。

公司坚持党的领导，实行“双向进入、交叉任职”的领导体制，公司董事长、总经理分设，党委书记、董事长由一人担任，董事长为公司法定代表人，党员总经理兼任党委副书记。同时，符合条件的党委委员通过法定程序进入董事会、监事会和经理层，董事会、监事会和经理层中符合条件的党员依照有关规定和程序进入党委会。在公司法人治理结构建立后，新的铁路公司将按照新体制机制运行，董事会将起到决策作用，经理层起经营管理作用。新公司的党委会研究讨论将作为董事会、经理层决策重大问题的前置程序，需要股东决策的，由铁路总公司研究做出决策，相关决定置备于公司。

铁路局公司制改革已于 2017 年 9 月初启动，作为改革标志之一，铁路局更名将于 2017 年 11 月底前完成，2018 年起铁路局全面按照新机制运行。

四、我国铁路管理体制的发展方向

我国铁路管理体制改革开始积极的尝试并取得了一定的成绩，但是距离我国铁路可持续性发展的要求还有一定差距，要针对我国国情，继续推进管理体制的改革和创新。

总结美国等国家的经验，结合我国铁路的实际情况，我国铁路管理制度未来的发展方向是要建立有我国特色的现代企业制度。现代企业是指公司制企业，它是现代市场经济中占主导地位的经济组织形式。随着我国市场经济建设的深入，客观经济环境上要求建立现代企业制度；另外一个方面建立现代企业制度是盘活铁路资产加强铁路市场竞争力、改善我国铁路单一投资结构的必然之路。

1. 政企分开，清晰产权

政企分开、产权清晰是现代企业的首要要求，这个也是制约我国铁路发展的根本因素。

在“政企合一”的管理体制下，铁路与国家的经济关系没有理顺，铁路的公益性与企业性的关系混淆不清。在国家宏观控制时，铁路成了政府的附属物，在讲求经济效益时，又要求铁路承担企业的责任,这样,严重制约了铁路走向市场、加速发展的进程。

我国撤销铁道部,实施铁路政企分开,标志着我国的铁路体制改革迈出了重要一步,从一定程度上缓解了这个矛盾,但是还不够彻底,需要进一步深化改革,使铁路企业真正面向市场,自主经营、自负盈亏、自我发展、自我约束。

2. 充分利用社会投资扩充运能

建设现代企业制度并不能从根本上解决我国运能紧张的问题,但是可以改变我国铁路建设单一投资结构。

解决运能供需矛盾的关键还是在于合理的扩充运能,而路网的建设就是扩充运能的重中之重。国外发达国家的管理体制改革都是在路网基本成型后再进行的,而我国的客观实际情况要求我们的路网建设和管理体制改革必须同时进行。

我国铁路的不少待建线路是公益性项目,例如西部大开发需要修建的铁路。这些线路投资回报低,运营亏损大。这就要求在铁路建设中从以往的国家单一投资格局;向按项目类型分类筹集资金的办法,即经营性项目在保证项目国有的情况下尽可能多的吸引社会投资,公益性项目由政府投资为主,同时从路网公司的线路使用费中进行调剂,保证路网的持续发展。

3. 简化机构,明确权责

铁路原有的体制下,铁道部、铁路局与分局机构重叠,职能交叉,权责不明,企业权责不对称,即难以按照市场需求合理配置运力资源,又缺乏积极参与市场竞争的内在动力,不满足现代企业制度的要求。需要进一步简化机构,明确权责。

同时,随着改革的深入,必然会取缔、合并更多的原有部门,新建许多新职能单位,如果人员去留、部门间的关系没有得到妥善的处理,势必会影响改革的进程,严重的时候甚至会引起行业的动荡。

4. 完善监管、激励体制

按照现代企业制度的要求,所有权与经营权应适当分离的要求,铁路国有资本的所有权和经营权分离是不可避免的一种趋势。那么,对各公司的国有资本进行有效的监督就显得很有现实意义。现代企业制度告诉我们,建立健全董事会及监事会制度是有效的监督手段。

同时,建立健全激励约束机制作为监管机制的补充,将在很大程度上提高国有资产的运营效率。没有激励．就不能保证权力高效运作;没有约束,就会失控并产生腐败。

5. 国家保持适当的宏观调控

中国铁路是国民经济大动脉,对经济发展和社会稳定关系重大。铁路的重要地位及其双重属性(经济性与公益性),决定了必须保持国家对铁路的控制力。然而,随着现代企业制度的建设,国家对铁路的宏观调控方式也要相应的有所改变,要在不影响各客货运公司自身运转的前提下实现对铁路运输的宏观调控。

第二节　铁路运价政策

运输业是国民经济的基础,合理的运价体系以及运价水平不仅有利于促进国民经济的发展,还能促进生产合理的布局,更能提高交通运输工具的使用效率。

铁路运输企业与其他运输方式一样,由于其自身生产经营的特殊性,决定了运输价格与一般商品相比具有不同的特点,主要表现为运价的单一性、递远递减、公益性和外部性,这也使得铁路运输价格在构成、管理体制和权限上具有不同的特点和属性。

原铁道部印发的《铁路客运运价规则》和《铁路货物运价规则》是计算国家铁路各项旅客运输和货物运输费用的基本依据。

一、铁路运价结构与形式

（一）运价的结构

运价结构是指运价的组成及其相互的比例。通常有以下两种形式：

1. 按距离别的差别运价结构

运输费用是随着运输距离的延长而增加的，按距离远近制定运价。这也是最简单、最基本、最常用的运价结构形式。

如果完全按照距离远近成比例地制定运价，即运价与距离成正比例变化，称为纯里程运价。实际中并不是完全按距离远近成正比例地制定运价，主要还是采用递远递减原则制定的，即运价随着距离增加而增加，但不如距离增加来得快。换言之，虽然长距离的总运价比短距离的要高，但是按平均单位距离运价计算，则是短距离的运价高于长距离运价。这也是目前各国铁路运价普遍采用的原则。

2. 按类别的差别运价结构

按类别差别运价结构是指按货物品类或运输形式（整车、零担或集装箱运输），或旅客列车类别采用不同的运价。

货种差别式运价的依据在于各种货物的运输价值或运输成本客观上存在着差异，同时按照运价政策和运输供求的需要，个别货物的运价和运输价值可以有不同程度的背离。我国现行的运价制度中，铁路采用分号制，水运和公路采用分级（分类）制，即将货物运价分成若干号或者若干级别，每个运价号或级别都规定一个基本运价率，各种货物按其运输成本和国家政策的要求，分别纳入适当的运价号或运价级别中去。

按客运类别差别运价则是根据同一运输方式内不同客运类别所需要的设备、设施不同，占用的运输能力以及消耗的运输成本不同，运输速度不同，旅行的舒适程度不同而形成不同的运价。

（二）铁路运价的形式

在实际运用中，为了适用各种需求和各种特殊情况，铁路采用的多种运价形式来满足不同的需要。铁路的运价形式主要有以下六种：

1. 统一运价

这是铁路运价的主要形式，适用于全国各个地区，实行按距离、货种的差别运价。

2. 特定运价

除统一运价外，根据运价政策，对按特定运输条件办理或在特定的地区、线路运输的货物，规定特定运价，对于提高服务水平和改善服务质量的列车（如动车组、快运货物列车等）实行优质优价。特定运价一般按普通运价减成或加成，也可另定，它是统一运价的补充，可以因时因地因货制宜。

3. 浮动运价

对于不同季节、忙闲不均的线路，在不同的季节可实行不同的运价。

4. 地方铁路运价

为了提高地方修建铁路的积极性，允许地方铁路采用单独的运价。

5. 新路新价

对于新建的铁路线路,进行复线或电气化改造的铁路线路,实行新路新价,其运价水平一般要高于统一运价。

6. 合同运价(也称协议运价)

其运价水平由货主和承运者双方根据运输市场供求关系及各自的利益协商认定。国外运输企业采取这种运价形式的比较多。

(三)我国铁路客货运价的构成

1. 货运价格

目前铁路货运统一运价由基本运价、铁路建设基金和新路新价全路均摊运费三部分组成:

(1)基本运价

一般情况下,单一运价率由发到基价,运行基价两部分构成。运营价格针对不同的运输形式分为整车货物运价、零担货物运价和集装箱货物运价三类。各类运价中分别有多个运价水平,以不同的运价号代表,适用于不同的货物品类。

(2)铁路建设基金

铁路建设基金是国家铁路统一运价中指定专门用途,用于铁路基础设施建设的特殊组成部分。铁路建设基金收取标准的调整按照《铁路法》中关于国家铁路货物运价率管理权限的规定,作为铁路货物运输价格管理。经过多次调整,现行铁路建设基金收取标准达到整车货物每吨公里 3.3 分,自轮运转、零担和集装箱货物分别按整车货物标准折算。

(3)新路新价全路均摊运费

新路新价全路均摊运费专项用于部分新改建铁路项目还贷。新路新价政策出台后,部分新改建铁路沿线经济欠发达,新路新价超出用户的承受能力,由此造成新改建铁路运量增长缓慢,经济效益差,也不能充分发挥拉动沿线经济发展的社会效益。为了合理分流,均衡负担,对部分运价水平与用户承受能力矛盾比较突出的新路新价,将其高出统一运价部分,按照执行统一运价的货运周转量实现了均摊,并结合运营价格调整,将部分铁路新路新价全路均摊,并入了运营价格。

除统一运价外,我国铁路还对特定线路和特定运输对象实行其他几种运价形式。如广深铁路实行特定运价,大秦铁路实行新路新价,特种货物实行(危险品货物、超限货物等)特殊运价等。

我国铁路货运运费中除上述运价对应的费用,还包括:

(1)货物电力附加费

2017 年 12 月《国家发展改革委关于深化铁路货运价格市场化改革等有关问题的通知》提出,将执行国铁统一运价电气化路段收取的电力附加费并入国铁统一运价,不再单独收取。实行政府指导价的整车运输各货物品类基准运价不变,铁路运输企业可以国家规定的基准运价为基础,在上浮不超过 15%、下浮不限的范围内,根据市场供求状况自主确定具体运价水平。

(2)货运杂费

杂费是针对货物的不同运输条件,对一般作业环节以外,占用铁路劳务、设施的补偿。根据《铁路法》规定,国铁货运的收费项目和收费标准由铁道部规定。铁道部《铁路货物运价规定》中规定的货运杂费一共有28项，分为三类：一是为补偿特定条件下必须发生的作业环节成本的营运杂费；二是为补偿因货主原因造成成本增支的延期使用运输设备、违约及委托服务费用；三是用户租、占用铁路运输设备费用。另外，《铁路货物运价规则》还对杂费项目的具体计算核收办法做了规定。

此外，用户实际负担的铁路货物运输费用中，除了铁路运输企业收取的运输费用外，还包括延伸服务收费。铁路货物运输延伸服务是指有关经营者受托运人或收货人委托，在货物承运前、交付后，为委托人、收货人提供的代办货物接取送达、仓库保管、包装整理以及代办货物运输有关的手续等服务。铁路货物运输延伸服务收费是指铁路货物运输延伸服务经营者为补偿所提供的各项服务的成本消耗，向托运人或收货人收取的费用，包括提供劳务及场地、设施等的费用。从严格意义上说，延伸服务收费并不是对正常铁路运输作业成本的补偿，不属于铁路运输价格，但与铁路运输存在一定的关联关系，构成了用户支付的运输费用的一部分。

2. 客运价格

长期以来，我国铁路客运采用差别运价结构，按旅客乘坐的列车等级和车辆类型，分为普通票价、加快票价、卧铺票价、空调票价等多种票价形式。旅客票价以200 km以内普通车型（无空调）、普通旅客列车硬座票价率为基准票价率。在基准票价率基础上，分别针对不同席别、列车速度等级、车型，并考虑递远递减因素，制定具体票价。

我国铁路客运根据优质优价原则，对提高服务水平和改善服务质量实行特定运价，如对客运空调列车、较高速度等级的列车的客票加收费用。

（1）不同席别票价

铁路旅客列车席别分为硬座、软座、硬卧、软卧、高级软卧包房等五档。按《关于调整铁路客运价格的通知》（计电[1995]126号）规定，软座票价率按基价票价率的200%计算；硬卧平均票价率按基价票价率的220%计算（下铺230%、中铺220%、上铺210%）；软卧平均票价率按基价票价率的385%计算（上铺375%，下铺395%）。高级软卧包厢服务质量更高，与民航等其他运输方式竞争方式比较充分，对普通消费者影响不大，目前实行市场调节价，一般按照票价收入与普通软卧包房大致相当，并考虑竞争需要和旅客承受能力的原则，由铁路运输企业自主制定。

（2）不同旅客列车速度等级票价

《铁路法》规定，国家铁路的技术管理规程由国务院铁路主管部门制定。铁道部根据全国铁路线路和技术装备状况、中途停站次数和停站时间、服务档次、客流和旅客要求等因素，设定列车速度等级。2008年8月京津城际高速铁路的开通后，旅客列车速度等级分为普通旅客列车（即通常所说的“慢车”）、普通旅客快车（简称“普快车”）、快速旅客列车（K字头）、特快旅客列车（T字头）、临时列车（L字头）、直达旅客列车（Z字头）、动车组列车（D字头）、高速列车（G字头）。对不同速度等级旅客列车分别收取加快附加票价。

（3）车型分类票价

铁路旅客列车按车型分为普通车型和新型空调车。由于部分普通车型安装空调，普通车型中包含加收空调费和不加收空调费两种情况。普通车型安装空调的，在使用空调是需要加收季节性空调费。列车空调费标准为基准票价率的25%。不使用空调季节及未安装空调的列车，不加收列车空调费。此外，有部分线路实行其他运价形式，如广深铁路实行特定运价。

2007 年铁道部发布了《关于动车组票价有关事项的通知》(铁运电〔2007〕75 号)规定了动车组列车票价水平及相关事项。按《国家计委关于高等级软座快速列车票价问题的复函》(计价管〔1997〕1068 号)的规定,旅行速度达到 110 km/h 以上的动车组列车软座票价基准价:每人公里一等座车为 0.3366 元,二等座车为 0.2805 元,可上下浮动 10%。按《国家计委关于广深铁路运价的复函》(计价管〔1996〕261 号)的规定,广深线开行的动车组列车票价可在国铁统一运价为中准价上下浮动 50%的基础上再上下浮动 50%,由企业自主定价。

2008 年,发展改革委、铁道部联合发布的《关于京津城际轨道交通运价有关问题的通知》规定,京津城际轨道交通开通运营后,新开行的时速 300～350 km 动车组列车实行试行运价。

2011 年 6 月,铁道部发布了《关于时速 200～250 公里动车组列车特等座、商务座等席别票价有关事项的通知》,明确规定了特等座、商务座公布票价的计算方法:特等座公布票价 = 0.280 5×(1+10%)×1.8×运价里程;商务座公布票价 = 0.280 5×(1+10%)×3×运价里程。2016 年 2 月国家发改委发布《关于改革完善高铁动车组旅客票价政策的通知》,从 2016 年 1 月 1 日起放开高铁动车票价,改由铁路总公司自行定价。

二、我国铁路运输价格管理

运输价格管理是指根据运价本身运动的客观规律和外部环境,采用一定的管理原理和管理手段的运动过程所进行的组织、指挥、监督、调节等各种职能活动的总和,包括管理形式、管理手段等。

(一)铁路运价的管理形式

采用何种价格管理形式,是价格管理的最基本内容,它是由管理模式决定的。对管理模式的研究是形成合理运价的内在要求。运价管理形式有三种,即国家定价、国家指导价和市场调节价。

(1)国家定价是由县级以上各级政府物价部门、运输主管部门按照国家规定的权限制定并负责调整的运输价格。

(2)国家指导价格是县级以上各级政府物价部门、运输主管部门通过规定基准价、浮动幅度或最高、最低保护价等形式制定的运输价格。

(3)市场调节价是运输企业根据国家有关政策和规定,主要通过市场供求情况自行确定的运输价格。

国家的价格管理,首先要考虑的是国民经济整体水平和市场的供需关系等重要因素。对一些关系国计民生的特殊行业和垄断行业,国家可通过实行政府定价或者政府指导价来平抑物价,稳定社会和老百姓的基本生活需求。目前我国国家铁路客货运输采用的都是国家定价形式。我国《铁路法》第二十五条关于运价管理的规定如下:

铁路的旅客票价率和货物、行李的运价率实行政府指导价或者政府定价,竞争性领域实行市场调节价。政府指导价、政府定价的定价权限和具体适用范围以中央政府和地方政府的定价目录为依据。铁路旅客、货物运输杂费的收费项目和收费标准,以及铁路包裹运价率由铁路运输企业自主制定。

可见,“有控制的市场价格”模式下的国家定价与过去计划经济体制下的“固定价格”是有区别的。后者是在制定时主要根据运输价值而很少考虑其他价格形成因素;而前者除了反映运输价值外,还注意到市场经济条件下的客观经济规律的要求,同时,还根据运价指数的走向，定期与不定期地对运价进行调整。

(二)铁路运价管理的基本手段

根据有控制的市场价格模式及相应的直接管理与间接控制相结合的管理原则，合理的运输价格管理手段应该是法律手段、经济手段和行政手段的结合体。

1. 法律手段

以法律手段管理价格是指国家通过制定价格法律、法规对价格进行规范化的管理。一般来说，需要规范管理形式、管理权限，调价的基本原则、保护措施，禁止运输价格垄断和暴利行为的措施和制裁方法等。

我国已出台了《铁路货物运价规则》等规章，虽然包含了运价的管理形式、管理权限及制定方法，但是没有禁止价格垄断、暴利行为的措施和制裁方法，有待于进一步完善。

2. 经济手段

价格管理的经济手段是指国家利用财政、税收、货币、信贷、投资等经济手段来影响和控制运价水平，即将原来的事后价格对资源的调节转变为对事先调整运价的形成机制，从而达到社会资源的合理配置和运输能力的最有效使用。

3. 行政手段

行政手段是指国家运输主管机关或部门，运用行政命令，下达统一的运价和实施带强制性的措施和监督等办法，管理和协调各种价格关系的一种手段。

我国长期以来主要通过行政手段来管理铁路运输价格，这也是计划经济的客观要求。随着我国市场经济建设的深入，铁路开始进行市场化改革，需要降低行政手段的影响力，引导运价的市场化、合理化改革。

(三)我国铁路运价管理的发展历程

长期以来，我国铁路运输价格以政府管理为主，主要实行政府定价。随着铁路市场化改革的深入，铁路运价体制和运价政策经历了由高度集中严格控制到适度放松管制，由运价多样化到逐步开始市场化改革的历史演变过程。我国铁路运价管理政策演变历程可大致划分为四个阶段：国家定价的低运价阶段、运价管制的逐步放松阶段和市场化运价探索阶段。

1. 国家定价的低运价阶段

很长一段时间，我国铁路一直作为一个国家垄断行业的身份存在的。在计划经济下，为了保证对铁路的管制，国家对铁路实行的是国家直接所有、直接经营、统收统支、统负盈亏的计划管理体制。在这样一个政企合一体制下，铁道部既作为行政主管部门行使政府职能，同时又以一个大型国有企业的身份向国家承包经营，全路实行统一运价。运价从制定到调整的一系列权限基本上集中在中央政府，定价及价格管理权统归国家价格主管部门，铁道部、各铁路运输企业(包括路局和集团公司)均无定价权，只是价格的具体执行者。

2. 运价管制的逐步放松阶段

改革开放后，随着我国宏观经济体制的变化，铁路逐步开始了市场化改革进程，铁路运价体制和政策在铁路市场化改革中逐步贴近市场，政府也在逐渐放松对铁路运价的行政控制和经济控制。20 世纪 80 年代，宏观经济体制的改革带动了铁路运输管理模式和运价管理制的变迁。在过低的运价和不断增长的运输需求的双重压力下，原铁道部代表铁路运输企业向国家多次发出调整和提高铁路运价、放松运价管制的请求，并得到了同意和批准。在运价调整过程中，铁路运价形式和内容逐步向多元化和多层次化方向发展，过去那种单一的、固定不变的运价体制被打破，出现了包括新路新价、优质优价、浮动运价、快运运价等多种运价形式。国务院从 1998 年起开始向铁道部下放部分定价权,对回空方向运输以及与高速公路已形成平行竞争路段的运输,允许铁路根据市场情况的变化实行下浮运价。

2002 年,原国家计委主持召开了铁路旅客列车实行政府指导价的听证会,在此基础上颁布了《关于公布部分旅客列车票价实行政府指导价执行方案的通知》,允许铁路旅客票价在春运、暑运和"黄金周"期间根据实际情况适当浮动,成为铁路实行政府指导价的政策性文件。我国铁路运价由政府定价逐步向混合定价方向改进。

之后,铁路部门在运价制定方面比原来更加灵活,如旅客列车的折扣可综合考虑列车档次、客流大小、运输成本等具体情况,由铁路局提出申请,铁道部审核确定。随着经济的继续发展,铁路的运价也展开了进一步的调价。国家发展改革委、铁道部多次发出《关于适当调整铁路货物运输价格的通知》。到 2012 年 5 月,货运运营价格提高到平均每吨公里 11.51 分,其中,运营价格提高到平均每吨公里 8.21 分,铁路建设基金仍为每吨公里 3.3 分,取消铁路货物运输延伸服务中的"发送综合服务"和"到达综合服务"两项收费。而每次调价多是按照"保本微利原则"来计算调价的幅度。

3. 市场化运价探索阶段

2013 年 3 月,国务院机构改革,实行铁路政企分开。同年 8 月,国务院《关于改革铁路投融资体制加快推进铁路建设的意见》提出:不断完善铁路运价机制,稳步理顺铁路价格关系;坚持铁路运价改革市场化取向,按照铁路与公路保持合理比价关系的原则制定国铁货运价格,分步理顺价格水平,并建立铁路货运价格随公路货运价格变化的动态调整机制;创造条件,将铁路货运价格由政府定价改为政府指导价,增加运价弹性。这一文件成为铁路运价改革的纲领性文件,标志着铁路运价市场化改革进入探索阶段。

自 2013 年 6 月 15 日起,中国铁路总公司正式实施货运组织改革,推动铁路货运全面走向市场,实行铁路门到门运输一口价。该一口价是指货物从托运人指定上门取货地点装车开始、接运至发站、运输至到站、送达卸货至收货人指定到门收货地点止的全过程运输服务中发生的费用,包括与国铁办理直通的合资、地方铁路的到收运费、发站装卸费等杂费和到站装卸费等杂费。其中,上门装卸货物、门到站、站到门的接取送达等服务及收费,托运人可自愿选择。

一口价的实施范围如下:

(1)除国际联运过境运输、军运后付、米轨运输外,其他货运运输均实行门到门一口价。

(2)路产专用线(含租用)发到的货物,在专用线核收的费用纳入门到门一口价范围。

(3)"专用线名称表"中标识为 B 类的地方企业专用线开展的共用货物运输,即托运人或收货人为共用单位时,其在专用线核收的费用纳入门到门一口价范围。

2014 年底,国家发改委下发了《放开部分铁路运输产品价格的通知》,将铁路散货快运价格、铁路包裹运输价格,以及社会资本投资控股新建铁路货物运价、社会资本投资控股新建铁路客运专线旅客票价实行市场调节价,铁路运输企业可以根据生产经营成本、市场供求和竞争状况、社会承受能力等,自主确定具体运输价格。此次将四项具备竞争条件的铁路运输价格交由铁路运输企业自主定价,是铁路走向市场的关键一步。

2015 年国家发改委下发了《关于调整铁路货运价格进一步完善价格形成机制的通知》,适当调整了铁路货物运输价格,理顺价格水平,同时进一步完善了价格形成机制。按照铁路与公路货运保持合理比价关系的原则,该《通知》明确,适当提高国家铁路货物统一运价,由平均每吨公里 14.51 分提高到 15.51 分,并作为基准价,允许适当上浮,上浮幅度最高不超过10%，下浮仍不限，在上述浮动范围内，铁路运输企业可以根据市场供求状况自主确定具体运价水平。理顺化肥、磷矿石运价水平，取消优惠运价。规范价外收费行为，取消铁路运输企业收取的“大宗货物综合物流服务费”。此次调整铁路货物运价，重在完善运价形成机制，进一步增加运价弹性，为铁路运输企业灵活应对市场环境变化，提高经营管理水平、服务能力创造更为宽松的政策环境和运作空间，有利于促进铁路投融资体制改革，进一步吸引社会资本投入铁路建设，增加运力供给；有利于促进铁路和其他运输方式发挥各自比较优势，构建合理分工、有序竞争、协调发展的综合运输体系，提高运输效率；有利于促进生产性服务业发展和产业结构调整，保持国民经济持续健康发展。

国家发改委2016年2月19日发布《关于改革完善高铁动车组旅客票价政策的通知》，该通知要求，对在中央管理企业全资及控投铁路上开行的设计时速200 km以上的高速动车组列车一、二等座旅客票价，由铁路运输企业依据价格法律法规自主制定；商务座、特等座、动卧等票价以及社会资本投资控股新建铁路客运专线旅客票价继续实行市场调节，由铁路运输企业根据市场供求和竞争状况等因素自主制定。

三、国外铁路的运价政策

1. 德国私营铁路的货运运价政策

1993年德国取消了“国家关于货物运输的运价政策”，对于铁路、公路、内河和航空运输实行没有国家影响的运价结构，而在旅客运输上还保留着国家价率政策。为了提高竞争力，德国铁路已经不在货票上显示运价，货物运输价格对发货人以外的第三方保密，灵活的运价方式提高了德铁(包括德国私营铁路)的竞争力。多特蒙德铁路有限责任公司是其中比较有代表性的私营铁路之一。

多特蒙德铁路有限责任公司的运价包括三个部分：

(1)运输成本。而成本的计算主要考虑三个环节：一是基础设施费用，有德铁的基础设施使用费用、其他私营铁路公司的使用费用和多特蒙德铁路有限责任公司的本身基础设施使用费用，根据通过线路的空、重车或线路的标准不同，其使用费用也有较大的区别；二是机车使用费用和货车使用费用，由于机车、货车型号不同，费用标准也不相同；三是人工费用，包括机车司机费用、主任检车员的费用等。

(2)利润。根据项目的不同、方案的不同，利润也有变化，正常的利润是5%～8%。

(3)增值税。税率为16%。

三部分之和就是货主需要支付的费用。

2. 美国铁路的运价

美国铁路运价经历了自由定价、严格管制、放松管制和放开运价管制四个阶段。

(1)自由定价时期。19世纪后期铁路在美国得到空前发展，从1865年开始，美国铁路运输业步入了发展的“黄金时期”，逐步确立了在运输业中的垄断地位。随着铁路地位的不断加强，铁路公司自身的种种弊端所导致的社会问题也逐步显露出来，尤其是铁路公司实行的价格歧视直接引发了社会公众对铁路公司的不满。

(2)严格管制价格时期。在公众的强烈要求下，美国国会与1887年2月通过了《州际贸易法》，对铁路的经营和收费进行管制。直到20世纪70年代前，铁路运价一直是严格管制的，所有铁路必须遵循ICC(州际商务委员会)的规定严格执行ICC制定的标准，不得随意改变。铁路公司要求调价，要事先向ICC申请、通知客户，如客户有不同意见，ICC进行调查取证，考虑双方意见决定。

(3)放松运价管制时期。20 世纪 50 年代开始，随着高速公路的迅猛发展，市场竞争的加剧，美国铁路运输市场开始出现萎缩，铁路公司财务状况不断恶化，为适应运输市场的变化，到 20 世纪 70 年代末，国会通过《斯塔格斯铁路法》，开始放松铁路运价的管制，允许铁路公司与客户协商定价，但合同运价都需报 ICC 备案。

(4)全面放开运价管制时期。到 20 世纪 90 年代，美国铁路运价开始市场化运作，1995 年美国进一步放松了对铁路运价的管制，除部分农产品合同运价还需报备合同概要外，其他铁路运价全部放开。同时，根据 1995 年 1 2 月 31 日生效的州际商务委员会撤销法案，撤销了州际商务委员会，成立地面运输管理局(STB)，取代 ICC 行使职能。对运价的管理，只是对发生在没有竞争(包括公路和水运)线路上的运价有客户申诉的进行调查干预。美国铁路运价开放的环境基础，是充分鼓励竞争和对客户的保护。

美国的铁路公司的客货运的运价各有其特点：

(1)客运票价

Amtrak 是目前美国唯一一家铁路客运公司，该公司是 20 世纪 70 年代将客运业务从各铁路公司分离出来后组建的。Amtrak 公司的客运票价由公司自己决定，政府不加干预。Amtrak 公司主要根据市场竞争的需要来确定票价，总体票价水平一般是航空的 50%，比公路高 25%。Amtrak 实行非常灵活的票价，没有统一的票价率，对不同的线路、不同的列车实行单独定价。预订系统随时分析市场需求，当需求减弱时，采用较低的票价；当需求旺盛时，采用较高的票价。考虑到预订者有可能最后取消行程的情况，根据统计数据，该预订系统还设定了不断变化的超额预订率。

美国拥有世界上最发达的航空和公路运输系统，铁路客运市场占有份额低。目前 Amtrak 公司经营亏损，但为了保证 Amtrak 公司正常运行，满足部分人群出行的需求，按照美国联邦法律规定，联邦政府每年都给予 Amtrak 一定额度的财政补贴，补贴数额由 Amtrak 与 STB 商定。仍在很大程度上依靠联邦和州政府的补贴。

(2)货运票价

美国的铁路货运公司都是私营的，美国铁路货运运价的形式主要有协议运价、公布运价、联运运价和本线运价；费率形式分品类别等级费率、里程别费率、点到点费率、片组合费率、联运费率等。协议运价是主要的形式，在货主和铁路公司达不成一致时，使用公布运价，公布运价也可以进行调整，向上的调整需提前 20 d 通知客户，向下的调整可以事后通知。美国铁路货运公司定价主要考虑的三个因素是客户的利益、市场的竞争和运输的成本。

四、铁路运输定价原则与方法

(一)影响铁路运输价格制定的因素

铁路运价具有“统一性、低廉性、复杂性”等特点，影响铁路运价制定的因素很多，包括：国家政策、顾客偏好、消费习惯、运输成本、供需状况、竞争等等。

1. 运营成本

市场营销理论认为：产品的最高价格取决于产品的市场需求，最低价格取决于产品的成本费用。可见铁路企业的运营成本对其定价的重要作用，铁路企业运营成本按照经济属性分为运营工资、动力、材料、折旧、资本成本和其他费用六个方面。

(1)运营工资：指各种人员支出并列入成本的计时工资、计件工资、职务工作、附加工资、加班工作、奖金、津贴和其他工资。

(2)材料:铁路企业在运营过程中所耗费的材料、配件、油脂、工具设备、劳保用品等。

(3)折旧:指按规定计提的列入成本的铁路线路、地面固定设施、电力牵引系统、铁路机车、通信信号系统、车站站舍的折旧费用。

(4)动力:指铁路运输企业在运营过程中所耗费的电力、油料支出。

(5)资本成本:铁路运输企业在使用借入资本和自有资本的成本。

(6)其他费用:指不属于以上各个要素开支的,按照国家有关规定可以在成本中列支的其他费用。

运营成本在铁路运输企业中是运输价格的重要构成部分,其中,折旧属于沉没成本,受到市场价格波动小。运营工资、动力、燃料、其他费用属于付现成本,受市场价格波动较大,在市场经济条件下,当动力、材料、人力资源价格发生变动时,应该引起运输产品价格的变化。从长时间来看资本成本是变化的,随着铁路改革的深入,资本成本也成为影响铁路运价制定的一个重要因素。

2. 市场供求关系

市场供求关系是影响定价的重要因素之一。一般情况下,市场上供大于求时,价格将会下降;反之,当供小于求时,价格将会上升。运价的制定同样会受到运输市场上供求关系变化的影响,因此,市场供求关系是制定运价的重要依据。

因此铁路可以根据自身供给能力,资源布局和运能的利用率等情况,采用调节运价的手段在一定程度上调节运输需求的总量和空间分布,以实现供需的平衡。

3. 居民支付能力

居民支付能力是指对运价的承受能力。随着社会经济的发展和人们生活水平不断的提高,居民对出行的需求日益增长。在现阶段,铁路应该根据我国经济发展不平衡,交通状况地区差异大,东西部居民对铁路价格敏感程度不同等情况,结合运输工具、服务项目、服务水平、运输条件、运输质量的差异,制定出不同层次的运输价格,满足居民对铁路运输产品要求的同时,实现运输企业效益最大化。

4. 市场竞争

为充分发挥各种运输方式的运输效能,各种运输方式之间应有合理的分工与协作,应将运价作为重要的经济杠杆,调节不同运输方式之间运量的合理分配,保证铁路、公路、民航及水运之间合理的比价关系。

面对公路、水路和民航的竞争,铁路运输定价必定受到竞争状况的影响,因为竞争的结果直接关系到铁路运输占有的运输市场份额。不同运输方式的运输时间、服务质量优劣、舒适度之间的差异成为各种运输方式价格制定的重要因素。随着公路、水运和航空运输市场化进程的加快,灵活的运价定价机制逐步形成,这些都迫使铁路运输在不断提高服务质量的同时,制定合理和有竞争优势的运价,使得铁路运输在激烈的市场竞争中处于优势。

5. 运价政策

运价是国家综合价格体系的重要组成部分,政府为了维护经济秩序,或者为了其他目的,可能通过立法或其他途径对铁路的价格策略进行干预,所以,运价的制定要受国家宏观政策的指导。运价政策是国家宏观价格政策的重要组成部分,在不同时期,国家有不同的运价政策。通过制定相应的运价政策,合理利用资源和配置生产力。因此,运输业在制定运价时,要接受国家运价政策的指导,运价政策是确定运价水平的重要因素。

(二)确定运价的主要原则

铁路运价的制定要兼顾考虑公益性和企业的利益,因此,合理的铁路运价应该满足以下要求:有利于保证铁路企业的正常运转,有利于促进工农业生产的发展,有利于促进生产力的合理布局,有利于促进各种运输方式间的分工与协作,有利于促使高效率的使用铁路运输工具,以及有利于促进人民生活水平提高。

根据国内外经验和我国的实际情况,制定运价时要遵循以下的原则:

1. 注重效率并兼顾公平

运价的制定应当符合一般商品定价原则,保证运输业有合理的利润。铁路企业使用价格手段提高运输的效率,一方面是指通过合理的定价使得铁路运营企业获得合理的经济利益和回报,充分调动其积极性。其次,合理的定价也利于铁路企业吸引外部投资,从而满足铁路建设资金的需求。考虑到铁路运输服务作为一种公共产品,铁路运价制定过程中要注意公平原则,价格不能完全按照市场机制来确定。

2. 应该有地区差异性

《中华人民共和国价格法》要求:“制定政府指导价、政府定价,应当依据有关商品或者服务的社会平均成本和市场供求状况、国民经济与社会发展要求以及社会承受能力,实行合理的购销差价、批零差价、地区差价和季节差价。”

长期以来,我国铁路运价实行统一定价,一律按照 t · km 或人 · km 计算。铁路部门在取得运输收入后再进行内部分配。它并不符合价值规律的本质内容。价值规律有一个基本的理论前提,那就是商品的自由流动,流动的范围就是价值规律作用的范围。运输服务不能像有形商品那样自由流动,存在于某一区域的运输载体通常只能在该地区使用,这就形成了运输服务在各个经济区域相对独立的社会生产、劳动平均熟练程度及劳动强度,从而决定了运输商品的价值规律具有地域性。

运价应以经济区域为基础,在不同区域对不同的交通方式规定不同的运价。如果不是这样,就会造成运输企业的经营状况与所处地方的经济发展状况不协调或脱节,进而影响两者的协调、健康发展。

3. 应以市场供需为导向

制定运价应充分考虑市场需求状况和顾客对价格的可接受程度才是制定运价的依据。可接受程度包括两个方面,一是经济上的,即运价不能超过顾客的支付能力;二是心理偏好,即如果某一运输方式的运价与其他交通方式的运价相比没有优势,再加上其他方面不理想,即使顾客有支付能力,他也不愿意支付,而会做出别的选择。在市场经济条件下,运价不应由国家行政管理说了算,而应在市场中形成。合理的运价应反映市场需求,并能刺激市场需求。

铁路制定的运价应有利于客货运输产品的及时销售,实现均衡运输,充分利用运输能力。一个灵活的、能达到上述要求的运价,对于提高各种交通运输方式的运输效益都会起到积极的作用。

4. 应有利于运输行业参与市场竞争

运输行业应根据竞争对手数量和实力,采取有针对性的办法,以掌握竞争的主动权。运价可以有多种形式,如弹性定价、折扣定价、期限定价、简化定价等。其中折扣定价又可以分为数量折扣、季节折扣、剩余折扣、功能折扣;期限定价则依据时间的长短,可以分为月票、季票、年票。不同的运价适应不同的市场和消费者,这将有益于开拓行业营销渠道。

(三)铁路运输定价方法

运价的科学制定是运价政策改革成功的必要保障。而要合理确定运价,了解现有的价格理论就显然很有必要。

随着价格理论和效用经济学的不断发展和完善,交通运输价格理论的研究也在不断深入,形成了许多不同的定价方法,其中主要有:运输成本定价法、运输对象负担能力定价法、供需关系定价法、竞争导向定价法等。

1. 运输成本定价法

运输成本价格理论的基本观点是:运输总收入必须足以补偿运输服务的全部成本耗费,运输产品价格必须反映运输产品价值(包括相应的利税)。

运输成本价格理论以运输企业成本为制定产品价格基本依据的定价决策方式,它是以运输成本加上一定比例的利润来确定价格,这种定价决策考虑了对企业成本的充分补偿和盈利的可能,在操作上可以直接利用铁路企业的成本资料,符合实际,简单易行。

成本加成定价法可分为两种:平均成本加成定价法和边际成本加成定价法。

(1)平均成本加成定价法。平均成本是企业在生产经营一单位产品时所花费的固定成本和变动成本之和,在单位产品的平均成本加上一定比例的单位利润,就是单位产品的价格。用公式表示为:

单位产品价格=单位产品成本+单位产品预期利润

(2)边际成本加成定价法,也称为边际贡献定价法。即在定价时只计算变动成本,而不计算固定成本,在变动成本的基础上加上预期的边际贡献。用公式表示为:

单位产品价格=单位产品变动成本+单位产品边际贡献

成本加成法的优点是计算简便,特别是在市场环境基本稳定的情况下,可以保证企业获得正常利润。缺点是只考虑了产品本身的成本和预期利润,忽视了市场需求和竞争等因素。因此,无论在短期或长期都不能使企业获得最佳利润。

2. 运输对象负担能力定价法

以运输对象负担能力定价,是指高收入或者运输物品价值较高的顾客有较高的运价负担能力,对于他们可以提供更好的运输服务质量,并制定较高的运价水平;而低收入以及运输物品价值较低的旅客运价负担能力较低,对他们则采用低服务质量和低运价的运输策略。这种定价方法即所谓的运输对象负担能力理论。

按运输成本价格理论所确定的运输产品价格是依据运输供给方的价格,可据以确定运价的最低限度。而按运输对象负担能力理论所形成的运输产品价格则是依据运输需求方的价格,可据以确定运价的最高限度。如果实际运价高于按运输对象负担能力理论形成的运价,用户将无力负担;如果实际运价低于按运输成本理论所形成的运价,运输业又将无力进行再生产。因此,实际上在市场对经济生活起基础性调节作用的国家里,运价的制定都不会仅从一方面入手,而是对几方面的因素都要兼顾,应该综合几种运价确定方法的优点,即在考虑了各种影响因素的前提下寻求合理的运价水平。

3. 供需关系定价法

平均成本定价实际上是一种供给价格,而运输负担能力定价则是一种需求价格。运输市场上供求之间的关系是经常发生变化的,运价应更多地随着市场供求之间的变化而变化。

西方经济学认为,在市场经济中需求和供给决定市场价格。用供需关系确定价格,是市场经济条件下定价的一般方法,是价值规律运动的一般表现形式。从短时期看,运输市场供求决定着运价,使运价围绕着运输价值或市场价格上下波动;从长时期看,运价调节着运输市场的供求关系,调节着资金和劳动力等生产要素的流入或流出。

这种理论强调市场供求关系对制定运价的影响,它强调在其他条件不变的情况下,运价应随着运输供给的增加而下降,随着运输供给的减少而上升;同样,在其他条件不变的情况下,运价应随着运输需求的增加而上升,随着运输需求的减少而下降。企业依据供需关系定价时不再以成本为基础,而是以消费者对产品价值的理解和需求强度为依据,上述定价理论是以完全竞争市场为假设前提的。

4. 竞争导向定价法

竞争导向定价是企业为了应付市场竞争的需要而采取的特殊定价方法。它是以竞争者的价格为基础,根据竞争双方的力量等情况,制定较竞争者价格为低、高或相同的价格,以达到增加利润,扩大销售量或提高市场占有率等目标的定价方法。

尽管各种运输方式在其所在的细分行业是自然垄断的,但是它们相互之间的竞争大大削弱了各自的垄断地位。铁路运价的确定,也要充分考虑到其他交通方式对铁路竞争的存在,铁路应根据市场具体情况,及时灵活地调整运价政策。对于已经与其他交通方式形成竞争格局的铁路线路、车次的运价,可以放权给企业,由企业根据当时当地的运输价值、消费心理和各运输方式间的比价关系,制定适宜的动态调整运价。

五、我国铁路运价政策的发展

随着铁路市场化改革的深入,原有的计划经济下的运价的弊端越来越严重,严重阻碍了铁路的发展。运价政策改革不仅是铁路进行市场化改革的客观要求,也是铁路自我发展的主观愿望。

(一)铁路运价改革的必要性

随着市场经济建设的深入,从铁路内外的多个因素都要求对运价政策进行适当的改革。

1. 市场经济的客观要求

市场经济一个重要的特征就是市场在资源配置中起关键作用。在市场经济条件下,价格机制是市场机制的核心。运输资源的合理配置和生产要素的有效组合,是在国家宏观调控下,通过运输价格机制的作用来实现的。现有的运价政策较多地考虑非经济性因素,具有较大的计划经济性。这种定价方式忽略了市场供给和需求情况以及各种交通方式的竞争,不仅缺乏对企业生产效率的刺激,而且也不符合运输资源配置效率的要求,从根本上不适应市场经济的要求。伴随着我国铁路的快速发展,铁路运价政策的变革需要紧随国家整体经济体制改革进程综合配套、协调推进。

2. 多种运输方式竞争的迫切要求

随着运输经济的快速发展,各种运输方式进入市场,多种运输的竞争机制已基本形成,运输服务开始进入买方市场。但铁路在各种运输方式的竞争中,市场份额在逐步萎缩,铁路的比较优势没有得到发挥。由于运价是客户选择运输方式的重要因素,因此,国家放松对铁路运价的严格管制,是铁路恢复竞争力的必要条件之一。

3. 铁路管理体制的改革的主观要求

我国铁路管理制度未来的发展方向是要建立有中国特色的现代企业制度。随着我国铁路的快速发展,以及从经济的可持续发展、交通的可持续发展理念出发,为实现建立以铁路为骨干的综合运输体系,无论从成本的计算还是利润的分配上来看,现有的运价政策都不再适合新的管理体制。应深入研究铁路客货运输成本，促进铁路运输企业健全成本约束机制。运价的改革有利于推动铁路走向市场化。铁路企业拥有更多的定价自主权，可以真正发挥市场主体的作用，提高应对市场的灵活性。健全价格机制，也有利于社会资本以平等的主体地位参与铁路建设和运营，促进铁路投融资体制改革，从而增加运力供给，拉动投资需求回升，刺激经济增长。

（二）铁路运价政策的发展策略

按照分类分级铁路运价管理的要求，根据不同情况，分别实行国家定价、国家指导价和企业自主定价的方法。对铁路所承担的社会义务和公益性业务，应实行价格补贴政策。总的原则是国家"控上浮比例，放下浮权限"，以利于铁路运价根据市场变化、供求关系、运输成本和竞争需要，实现有限受控，灵活浮动。尽快出台铁路运价管理办法，明确国家各有关部门、企业对运价管理的权力范围和职责，使之纳入法制化管理体系。国家应根据物价指数、运输成本、运输市场状况等因素，确定铁路运价总体水平，并随上述因素的变化情况，适时对铁路运价总水平进行动态调整。铁路部门在其基础上，按价格管理权限的规定，在权限范围内实行新线新价、优质优价、季节浮动运价、协议运价等形式多样的运价体系。

1. 实现铁路分类管理，逐渐放松运价管制

随着改革开放的逐渐深入，多种运输方式同时参与市场竞争，铁路的自然垄断性质必会慢慢减弱。铁路运输具有公益性，而公益性运输实际上是一种国家行为，但目前铁路运输企业承担了国家应承担的责任和经营后果。今后随着铁路体制改革的进一步深化，铁路运输企业将逐步成为市场经营主体。国家应明确界定铁路的公益性运输和商业性运输，以法律形式确定铁路和国家各自对公益性运输所应承担的责任，而国家对公益性运输承担的责任表现为对铁路部门在公益性运输中受到的经济损失予以必要的补偿。对于商业性运输，国家需要根据实际情况逐渐放松运价管制，赋予铁路运输企业一定的价格自主权。综合考虑市场形成价格，并与政府指导价格相结合，实行铁路分类指导、分类管理。对于垄断性运输价格，由政府价格部门发布指导运价或最高限价，具体价格水平由企业根据市场确定；对于竞争性运输价格，由运输企业根据市场自行确定。对国土开发性线路、国防线路，以及抢险救灾物资、军事物资等铁路承担的公益性客货运输，继续实行政府定价，维持较低的价格水平。但价格水平与实际运输成本之间的差额，应通过普遍服务资金等财政性资金给予适当补偿。对煤炭、石油、粮棉等与经济发展和人民生活关系密切，或铁路与其他运输方式相比优势明显的大宗运输，以实际运输成本为依据，合理制定基准价和浮动幅度，实行政府指导价。对其他各种运输方式已与铁路运营企业间竞争充分的客货运输价格，应尽量放松政府直接管制，甚至考虑实行市场调节价。

国家应在保证公益性运输价格稳定的前提下，给予各路局更灵活的定价自主权。在不同的细分运输市场上，考虑该市场竞争环境和运输对象对国计民生的影响，实行不同的运价管理模式。逐步放松对已经与其他运输方式形成竞争的短途运输，旅客运输中的软席旅客，以及电子设备、日用百货等高附加值货物运输的直接管制，赋予铁路运输企业一定的价格自主权，促进各种运输方式的合作与竞争，建立统一、竞争、有序的综合运输市场。在实行多种定价权限的基础上，辅之以多经脱钩、业务集中办理、成本清晰、清算科学等改革，逐步将定价权下放给运输企业，各铁路局管内的运价浮动由各局自主决定，跨局运输实现方向别、品类别的部分浮动。客运方面，在政府指导价为主的基础上，根据车型、座别、速度等多种因素推出更加灵活的多级票价。

2. 加强成本监审,理顺比价关系,建立运价与物价联动机制

为了提高政府制定价格的科学性和透明度,应加强成本的监审,使政府定价建立在科学合理的基础之上,真实反映运输价值。通过确定合理成本和价格水平,也可以实现准确核算公益性运输中铁路运输企业实际承担的补贴额,从而为今后界定运输企业应承担的资产责任提供条件。同时,也有利于促进铁路运输企业建立、健全内部成本约束机制,控制成本。

铁路运价过低,比价关系严重失调。突出表现为:铁路运价与物价关系失调,致使铁路运输成本大幅度上升,铁路运营入不敷出;铁路运价与其他运输方式价格比例失调。因此,应尽快理顺比价关系,一方面根据影响铁路成本的资金价格和主要生产资料价格的变化形成对应的运价调整机制,另一方面建立铁路与公路运价适当的比价关系,允许在相同省份或地区范围内二者相互参照掌握。

在市场经济条件下,每种商品的价格都不是孤立的。通过社会分工与商品交换的纽带,不同的价格之间会发生一定的联动作用,即价格运动的系列相关性。实行运价与物价联动机制,实行以市场形成价格为主的价格形成体系,补偿因物价上涨而引起的成本增长,是建立我国市场经济体制的内在要求。在计划经济条件下,这种客观联系是通过国家物价主管部门审批,实行阶段性调价实现的。

铁路客货运输价格的制定,要在充分考虑经济发展水平和供求关系的基础上,由国家确定以运输成本、合理收益、税金等为主要内容的铁路客货运输基准价;由国家主管部门根据不同地区的发展水平,不同时期、不同线路的供求关系,不同等级列车的服务质量等为主要内容制定一个上下浮动的范围作为政府指导价;铁路运输企业根据不同时期、线路的供需关系和不同车次的服务标准,在政府定价和指导价的范围内,自主确定运输价格。政府指导价在制定过程中,要使运输价格制定具有公开性和透明性。

深化我国运输企业运价的改革,必须改变依靠国家进行系统性、周期性、一次性调价的做法,逐步建立运价与物价联动的科学体系,使运价与物价同升同降,从而使运价适应市场变动,促进我国市场经济的健康发展。

3. 制定多层次的运价体系

简化现有运价结构,制定多层次的运价体系。调整运价结构,以运输成本为基础形成合理比价关系。同时,也可以考虑按运输使用车型制定不同运价标准的思路。合并运价和其他收费项目,简化运价表现形式。

(1)突破统一运价,创立多种运价模式

随着管理体制改革的深化,将会出现两地间多线、多方式、多公司运营的情况。这就可能形成多种运价模式。多种模式的运价机制是社会主义市场经济条件下运输企业深入转换经营机制的产物。能为客户提供更多选择的同时,也能进行一定程度的客户分流工作。

为鼓励其他投资方参与铁路建设,对各种合资铁路、地方铁路等可根据具体的实际情况,实行特殊运价政策。同时,对于在铁路价格体系外收取的各种附加费,应按新的运价管理体制要求进行清理,并将其纳入运价管理体系进行规范化管理。

(2)实行区域运价政策

运输企业的运价改革正在孕育着一种新的运价模式——区域运价。这种从统一运价制度中分离出来的新运价模式将在我国一批先行改制的运输公司试行。因为这是公司自主经营、独立核算、自负盈亏、自我发展的必要条件。区域运价的制定原则是使地方财政和企业基本上都能承受,同时在补偿运营成本基础上满足还贷与发展资金积累的需要。

(3)实行浮动运价政策

市场经济条件下运价作为调节供需的经济杠杆作用应予利用。目前,季节性浮动运输的理论已推广到整个交通运输业。如广深铁路公司在实行货物运输浮动运价方面先行一步,他们不仅推动客运浮动票价,而且还制定货运季节性运价,以充分发挥运输潜力。推动浮动运价要求下放定价权,运输企业有了这部分权限,才能不失时机地实施浮动运价。

客运运价可能会在政府指导价上限的基础上实施浮动定价机制,类似目前的航空运价机制,不同线路、不同车型和座位等的上限价格会不一样,上调幅度也会不一样,在上限指导价下,对闲时或特定产品票价可考虑实施打折。

(4)推行协议运价政策

交通运输行业改革应坚持走向市场的目标取向,围绕这个目标提出逐步开展协议运输的举措。协议运输是通过承托双方按照《合同法》自愿缔结的运输合同来体现的。运输合同中的运费条款要同双方的权责条款相适应。其形式可能采取统一运价,也可能另定双方都能接受的标准。运输企业推行协议运输与协议运价,需要在经营管理与运输组织方面做相应的改革,做好准备工作,并在实践过程中发现问题和解决问题,逐步完善实施办法。

(5)贯彻优质优价原则

运输企业推行改革,必须把着眼点放在加强经营管理上,强调管理与改革的有机结合。经营管理的一个重点要落实到提高客货运输质量上。提高客货运服务质量是市场经济的客观要求,因此实行优质优价符合增进社会效益的原则。优质优价的客运服务,对客运运价结构和形成机制带来重要的变革。在货运领域里优质优价原则应体现在快运无损服务等方面。应该指出,当前按快运引导组织的货运量还很小,同市场经济的潜在需求不相适应,应该致力于改进运输组织。

(6)灵活调整运价内部比例

灵活调整运价内部比例,实行分线、分季区别运价,以达到积极“调流”“削峰”“平谷”,实现相对均衡运输的目的;要调整客运运价中不同席别、不同时速、不同运距之运价比例,进一步拉开座、卧车,软、硬席,快、慢车,长、短途客运票价的差距,更好地体现价值规律,反映供求关系。

第三节 铁路人力资源管理政策

在现代企业中,人力资源已被作为重要的战略资源。企业竞争归根到底是人才的竞争。运输企业要想在激烈的市场竞争中长期生存并得以发展,一定要抓好人力资源的管理和开发。

一、现代企业人力资源管理特点

所谓人力资源管理,是将组织内的所有人力资源作适当的获取、维护、激励以及活用与发展的全部管理过程与活动。即以科学的方法使企业的人与事作适当的配合,发挥最有效的人力运用,促进企业的发展,简单地说,即为“人与事配合,事得其人,人尽其才”。

人力资源的管理已成为衡量21世纪企业整体实力的标志。人是生产力诸要素中最活跃、最具潜力的要素。在市场竞争中,企业家们意识到人力资本的重要性甚至已经超过了物质资本和金融资本。人力资本的优劣已经成为判断企业潜力大小的重要指标之一。

人力资源管理经历着前所未有的来自全球一体化力量的挑战和冲击。21世纪人力资源管理既有工业文明时代的深刻烙印,又呈现出了新的特点。

1. 人力资源管理的核心——价值链管理

21 世纪,人力资源管理的核心是如何通过价值链的管理,使人力资本价值得以实现或增值。价值链本身就是对人才的激励和创新的过程,价值链有三个主要环节:第一个环节是"价值创造",它强调的是创造要素的吸纳与开发,因此,企业一定要注重吸纳一流人才,同时也要注重通过开发提高员工的价值。第二个环节是"价值评价",它强调的是要建立科学的价值评价考核体系,这一体系包括个性特质评价、职业行为能力评价和关键业绩指标考核。第三个环节是"价值分配",其内容不仅包括工资、奖金、红利、股权,还包括职权、信息、机会、学习等,其中最重要的是企业薪酬体系的设计。

2. 人力资源管理的任务——构建智力资本优势

21 世纪的企业核心优势取决于智力资本独特性及其优势。智力资本包括三个方面:人力资本、客户资本和企业结构资本。人力资源的核心任务是通过人力资源的有效开发与管理,提升客户关系价值。将经营客户与经营人才结合在一起,致力于深化两种关系:维持、深化、发展与客户的关系,提升客户关系价值;维持、深化、发展与员工的合作关系,提升人力资本价值。

3. 人力资源管理的重心——知识型员工

企业的核心是人才,人才的核心是知识创新者与企业家。21 世纪人力资源管理的重点是如何关注、开发与管理知识型员工,知识型员工的管理成功与否将直接影响企业的兴衰。对知识型员工采用不同的管理策略。毫不夸张地说,知识型员工的管理成功与否将直接影响企业的兴衰。

首先,知识型员工拥有知识资本,在组织中有很强的独立性和自主性。这就会带来新的管理问题:一方面要给员工一定的工作自主权,另一方面又要防范授权时带来的风险。

同时,由于知识型员工具有较高的流动意向,使得如何留住知识型员工,成为人力资源工作的重点之一。

而且,知识型员工的工作过程难以直接监控,工作成果难以衡量,建立相应的价值评价体系也是摆在人力资源管理工作者面前的一大难题。

最后,知识型员工不仅需要获得劳动收入,而且要分享企业价值创造的成果,如利润与信息分享需求、终身就业能力提高的需求、工作变换与流动增值的需求等。及时了解并满足知识型员工的需求是提高员工工作积极性的有力手段。

4. 人力资源管理的战略地位上升

人力资源管理要为企业战略目标的实现承担责任,使高层管理者关注并参与企业人力资源管理活动。过去是人事部门的工作,现在企业高层管理者必须承担对企业的人力资源管理责任,关注人力资源的各种政策。

人力资源管理由行政权力型转向服务支持型。在人力资源职能部门权力淡化的同时,直线经理的人力资源管理责任以及员工自主管理的责任双双增加。

5. 知识经济时代是一个人才主权时代

在 21 世纪,人才拥有就业选择权与工作自主决定权,不再被动地适应企业或工作的要求。这就使得那些能够吸纳、留住、开发、激励人才的企业成为市场的真正赢家。同时,也可能给企业带来短时间的负面效应:一是企业一味通过高薪吸纳人才,会造成热门人才的价值与价格的背离;二是人才流动作为人才价值增值与价值实现的途径,致使跳槽频繁、人才流动风险增大。如何获得、留住、培养自己需要的人才成为新世纪企业人力资源工作的重心。

6. 人才流动加快

员工由追求终身就业饭碗转向追求终身就业能力，通过流动实现增值，这是人才流动的内在动力。人才稀缺与日益增长的人才需求，使人才面临多种流动诱因和流动机会，而这个又成为人才流动的外因。内外因结合的作用下，使得人才流动速率加快。在这种情况下，流动过频、集体跳槽等现象给企业管理带来了危机。

二、铁路企业人力资源管理内容及重要性

1. 铁路企业人力资源管理内容

(1)岗位的设置与管理

岗位的设置管理是人力资源管理工作的重要内容，通过对铁路企业经营业务内容、企业组织结构情况分析预测后，进行合理的人力资源的安排，确定不同部门对于岗位工作内容以及岗位数量的需求情况。

(2)企业人才的选拔招聘

当前经济环境下，尤其是铁路政企分开后，铁路企业发展所面临的市场竞争环境更加激烈，人才已经成为提高企业核心竞争力的关键要素。所以人力资源管理的首要任务就是结合企业的战略发展需要，根据人力资源规划和工作分析的要求，为企业选拔、储备并发展优秀人才队伍。

(3)员工发展

主要包括帮助员工制订个人发展规划以及对企业员工专业技能和管理技能方面的教育培训，以进一步激发员工的积极性、创造性，促进企业与员工个人的共同发展。

(4)绩效管理

对员工在一定时间内对企业的贡献和工作中取得的绩效进行考核和评价，结合定性与定量分析手段，明确部门岗位以及员工个人对于企业的贡献，及时做出反馈，以便提高和改善员工的工作积极性与能动性，并为员工培训、晋升、计酬等人事决策提供依据。

(5)薪酬待遇的制定

薪酬待遇制定主要是按照铁路企业的实际情况，明确企业员工的具体福利待遇标准，包括基本工资、绩效工资、业务奖金等内容，以激发员工的工作积极性。

(6)人力资源规划

人力资源规划主要是结合企业的战略规划发展对于人才的需求，合理地制定人力资源的供给计划，确保企业在需要人才的时候能够提供具有相应技能的人才，依靠后备人才提高企业的发展前进动力。

(7)劳动关系管理

协调和改善企业与员工之间的劳动关系，进行企业文化建设，营造和谐的劳动关系和良好的工作氛围，保障企业经营活动的正常开展。

2. 铁路加强人力资源管理的重要性

要实现铁路的和谐发展，人力资源是第一要素。在计划经济体制下，铁路作为垄断企业，在业务范围内没有竞争对手，这就使得企业对人力资本的依赖不明显，对人员的素质没有特别的要求。这也是造成铁路企业结构不合理、管理效率低等问题的重要原因之一。随着我国改革开放的进行，铁路国家垄断的局面发生改变。按照我国加入 WTO 的协定，外资将分阶段进入铁路，到 2007 年我国铁路所有客货运服务将全部向外资开放。与此同时，随

着市场经济的发展,铁路企业还受到了来自公路、水路、航空等运输方式的挑战。如何在激烈的市场竞争中求得生存并获得发展,是铁路企业面临的严峻挑战。

铁路企业想在竞争性的环境中生存并发展,就需要培育自己的竞争优势,而人力资本对铁路竞争优势的形成和保持具有重要影响。随着铁路和谐发展的全面深入推进,高速、重载、安全、信息等领域新技术、新设备的广泛应用,要实现技术装备、经营管理的现代化,需要大批适应现代化发展的新型人才特别是高素质、高层次的技术人才和管理人才,以提供坚强的人才保证和智力支持。目前,铁路正处于快速发展阶段,铁路的建设越是速度快、技术含量高,越是需要高层次人才进行相应的技术支持,确保决策正确、管理科学。

同时,铁路人力资源的管理和开发还需要创新,因为创新是企业发展战略的灵魂。积极引进人才的同时,还需要在岗位职务规范管理、福利政策管理、员工培训教育管理、员工劳动安全和福利管理方面,进行必要的改革;坚持以人为本、在选人、用人、管人、育人机制上不断突破,使铁路企业员工成为具有健全人格,掌握现代科学文化知识,拥有某项或多项专门技能。从根本上形成内在动力,制订一整套科学、有效的管理制度,努力提高人力资源的投入产出比例,不断提升运输企业的核心竞争力,以适应现代运输企业制度的要求和市场经济发展的新形势。

人力资源的管理和开发是一个系统工程,涉及铁路的方方面面,也涉及改革、发展、稳定的问题。因此,我们加快转变观念,在改革实践中加强调查研究,勇于探索创新,努力开创铁路企业人力资源管理和开发地新局面。这是步入 21 世纪的铁路人力资源管理和开发的希望所在,也是和谐铁路建设的关键一环。

三、我国铁路人力资源管理现状

改革开放以来,铁道部立足我国国情,对计划经济体制下的人力资源管理政策进行了大胆的改革,在某些方面取得了一定的成绩,但是从全局上来说,人力资源管理现状还是不容乐观。

1. 人力资源的层次构成不合理

(1)人员构成文化素质偏低,技术素质偏低。全路现有高级专业技术人才约占专业技术人才总数的比例,低于中央企业的平均水平。

(2)年龄结构偏大。受计划经济时代“大锅饭”的影响,铁路长期处于只进不出的局面,加上人才引入制度的不完善,造成了铁路人员的老化。

(3)经济类人才不足。计划经济体制下,铁路基本为运输生产型企业,导致了熟悉资本运作、运输经济、市场营销、国际贸易、金融证券等方面知识的人才较少。

2. 人力资源的开发力度不够

能级对应是人力资源管理的基本原理,人员素质不能适应职责要求,不能满足科技、管理的发展需要,都会不同程度影响各项工作任务的圆满完成。

我国铁路的技术自 20 世纪 80 年代后期以来呈快速发展趋势,由于各种因素,人才素质与科技经济发展速度没有成正比增长。从管理层面来看,由于传统的经验管理和计划经济思维的限制,对新的管理理念学习和运用不够,对新管理手段不熟悉;对信息技术、新设备、比较陌生,导致管理不能得心应手。从技术人员层面看,由于企业尚没有形成有效的、完善的继续教育机制,部分技术人员知识老化,对新技术、新设备掌握不够,技术创新能力不够突出。在人力资源的开发中存在“重使用、轻开发,重眼前、轻长远”的理念。

3. 人力资源的分布不均衡

这主要表现在两个方面：

(1)地域间分布不合理。由于自然条件、就业环境、收入等方面的差异，使东、西部铁路局之间，铁路局内大城市与沿线地区之间，人才分布很不平衡。

(2)专业技术人员在运输业和非运输业间分布不合理。普通专业多，运输主专业少。原铁路高校移交后，原开设的运输主体专业数量削减或专业延展，铁路运输主体专业毕业生生源大幅减少，给铁路专业技术队伍的补充带来较大困难，造成铁路运输主体专业人数相对不足。

4. 人力资源的补充渠道不够充分

铁路过去人力资源引进渠道主要有两个，一是接受大中专毕业生，二是接收转业军人。原铁路院校划归地方后，原铁道部原有十所直属高校，可不受任何限制地向全社会供应人才。不少原铁路院校的学生宁愿放弃所学专业也要到外资和效益好的地方企业就业。到铁路局就业的大学生逐年下降，其中还包括从地方高校毕业的非铁路专业毕业生。

5. 考核体系不够完善

在考核评价方面，缺乏针对专业技术人员不同系列、职务、岗位要求的考核标准和以业绩为核心的考核办法，专业技术职务的聘任尚存在事实上的终身制。在考核要素设计方面，一般都是从德、能、勤、绩等方面进行考核，很难反映专业技术人员的工作表现和业绩。在考核周期方面，通常强调年度和任期考核，日常考核力度不够，起不到应有的激励和约束作用。

6. 现行人事制度的不适应

(1)现行的人事制度在职能上具有封闭性。现行的人事制度是在长期计划经济下形成的，基本职能包括：人员的进出与调配；人员的考核和报酬；福利的兑现；人员的劳动保护和安全生产管理，人员的培训；人事的档案管理和企业资源统计。

而现代企业要求其人力资源管理的职能则包括：规划企业人力资源的需求；配备和组织所需人员；职业评估人员及报酬；开发人员的能力和工作环境的改善；建立和保持有效的劳资关系。

由此可以看出传统的人事制度的职能主要是根据上级统一计划分配人员进入本企业后所展开，主要的职能是在企业内部对人员管理的基础上得以实现的，出现了封闭性。而现代人力资源管理一方面根据社会劳动力市场和人才市场供需情况结合企业的发展战略和实际需要来实施；另一方面也侧重于在职员工的能力，为员工提供施展才干的舞台，具有开放性。

(2)现行的人事制度在目的上具有单一性，主要是录用人员和管理人员。而现代企业人力资源管理的目的是吸引人、聘用人和激励人，而且把激励人放在突出的位置，激发员工的积极性，使之产生内在的动力，通过激励人的措施，把外部人员吸引进来，集聚人才。

(3)现行的人事制度在目标上具有短期性。现行的人事制度在目标上存在短期行为，目标仅停留在处理雇佣劳动关系和维持正常的工作程序上。现代企业人力资源管理的目标从企业长期生存和发展的角度出发，把提高劳动生产率，提高员工整体素质，提高员工的生活质量以及确保员工遵守法规作为综合目标，具有战略性，全面扩大人力资源管理和开发的内涵。

(4)现行人事管理的有关人员的角色定位上表现出片面性的，仅仅是人事活动的执行者。而现代企业人力资源管理人员则要求从企业的战略出发，担任企业人事政策的制订者、管理者的代表者、执行企业制度的督察者。由此可见,现代的人事管理者的角色具有全面性、交叉性。

(5)现行的铁路企业人事管理在层次上表现出机械性。现行的人事管理层次主要依靠管理层来实施,以中层管理为主,包括部门管理和一般管理人员。而现代企业人力资源的管理层次则包括高、中、低多层次,参与者和管理的对象涉及决策层、管理层和操作层,面向所有人员。从而人力资源管理的地位得到进一步提高,人力资源管理渗透到直接操作人员,要求全员协作。

7. 薪酬激励还需强化

薪酬管理是人力资源管理的重要组成部分,工资分配制度是薪酬管理的主要内容。铁路企业专业类别多、差异大,铁路运输系统 1992 年以来一直实行的是岗位技能工资,该工资制虽发挥了积极作用,但现在已暴露许多缺陷,如偏重年龄资历、轻岗位能力、结构烦琐、不能反映岗位的区别和职工的实际技能水平,收入分配中的平均主义,激励和约束机制缺乏等等。同时,由于区域经济发展水平差异较大,部分地区铁路企业核心员工的薪酬低于当地劳动力市场平均水平,薪酬结构不具有市场竞争力,这也是近年来发达地区人才流失率呈现上升趋势的重要原因之一。

四、铁路人力资源发展对策

铁路人力资源管理和开发,要根据整个铁路的发展战略,立足于现实基础,通过劳动人事制度改革、劳动力结构调整以及员工劳动技能开发等手段,不断优化人才资源结构和供需平衡,使铁路人力资源适应生产经营和发展的需要,确保生产经营活动,并最大限度地降低人工成本,以获得最佳的效率和效益。

1. 转变观念,把人力资源管理和开发放到突出位置

面对知识经济的迅速发展和全球经济一体化形势,铁路新一轮发展说到底关键取决于人才。要转变观念,增强人力资源管理和开发意识,运用心理学、社会学、人才学和行为科学等有关学科理论,指导人力资源的管理和开发工作。要把人力资源规划与开发放在铁路现代化建设整体战略的规划中去思考和实施。

2. 建立提高人力资源管理和开发的运行机制

人力资源是企业最重要的资源。尤其作为劳动密集型服务性企业,人力资源的配置和开发,直接影响到企业形象、信誉、效益,直至企业的成败。为此,随着铁路政企分开的成功实施,铁路企业成为独立的法人单位。铁路企业必须要根据现代企业制度的要求,建立和完善企业的人力资源管理和开发运行机制,将其渗透到企业制度创新、管理创新和技术创新的实践活动中去。

要着重建立和完善人力资源管理运行机制,包括以人为本的管理理念、激励机制和约束机制、福利保证制度等,充实和完善人力资源开发机制,包括培训、绩效评价、员工按绩取酬机制和择优录用机制等,形成职工能进能出,干部能上能下,管理者竞争上岗的新格局。

3. 建立关键人才薪酬体系

目前铁路企业人才外流的最直接原因就是待遇问题。面对一些外资、合资及民营企业开出的诱人高薪,受到条条框框限制的铁路单位更多的是无奈和困窘。铁路的企业化运营机制为建立新型薪酬体系创造了条件。在考虑企业长期支付能力的基础上,按照创造性劳

动、复杂性劳动、简单性劳动的划分对内部岗位进行界定，同时建立科学的、具有较强操作性的绩效考核体系，使员工的薪酬既体现内部公平性，又有外部竞争性。这对发展初期的铁路企业，尤其对其中的高科技企业来讲至关重要，历史经验证明人力资本的投资是回报率最高的投资。

现代企业的发展既要依赖于有利创新的环境和机制，更要发挥拔尖人才的作用，企业的成败兴衰往往取决于几个关键人才。因此为他们创造施展才能的空间，并辅以相应的政策，加大激励措施力度，营造鼓励冒尖的氛围，以形成示范效应。

4. 建立透明的福利政策

福利待遇的高低也是衡量一个企业是否具有吸引力的重要因素。完善的职工福利保障体系正是国有企业的一大特色。今后不仅要制定更为完善、更为灵活的员工福利政策。譬如可以借鉴一些成功外资企业和民营企业的做法，如印发《职工福利手册》、实行福利货币化等等，更有效地吸引人才。

5. 建立有效激励机制

工资、奖金只能起到短期激励作用，要实现企业与员工共同成长，必须寻求新的长期有效的激励方式。尤其对一般工作人员，他们有一定的工作经验，较易发现实际工作中的问题。鼓励他们对现有工作的程序、方式，不断提高工作效率和生产效率。

6. 建立“开放、流动、竞争、协作”的新机制

在科学技术飞速发展的今天，科研开发人员不断流动重组，多学科不断交叉碰撞，新观念、新思想不断涌现，要建立“开放、流动、竞争、协作”的新机制，实现“优胜劣汰，适者生存”；要充分发挥日臻完善的劳动力市场在调节人力资源分配中的作用，引进“合适”人才与短期聘用、临时用工相结合的用人新机制。

7. 培育企业文化

企业文化是企业发展的内在动力，也是企业赖以生存和发展的基础。企业间的竞争加剧，客观上要求建立自己独特的企业文化，通过广大员工普遍接受和认可的企业宗旨和价值观，提高企业的凝聚力和向心力。也可采取目前不少成功企业广泛采用的团队组织方式，通过建立工作团队，提高组织工作效率。

铁路企业要从传统经验管理中走出来，用现代的、特别是国际国内经过实践证明有效的管理理论改进企业员工管理的方式，让员工热爱本职工作，最大限度地为铁路事业的发展贡献聪明才智，使人力资源通过科学的、先进的管理方式而进行合理的调配。营造出员工能够发挥才能的自由空间和宽松环境。具体措施包括奖金激励、让员工参与企业方案制定、建立付出与回报相适应的分配机制、建立公平的升职环境、进行不同群体激励、员工持股等多种途径，提高员工生活质量、让员工的工作丰富化。

8. 人力资源开发与培训

以未来铁路企业对人力资源的需求为依据，进行系统性开发利用；拓展培训方式。加强对新入路的大学生、转业军人的职前教育，使他们了解运输企业特征、现状、发展，增强对企业的信心；实行在职人员分层次的定期培训，必要时不仅与国内高校联手，也可探讨与国外高校、国外企业联手对管理人员进行培训的方式；有计划地聘请专家学者进行专题讲座，掌握一些前沿性、方向性的知识和观念，研究和探索建立学习型组织，对所有员工进行有计划、有目的的系统培训；提高培训质量。培训课程要突出针对性、实用性和前瞻性。

复习思考题

1. 国外铁路运输管理体制改革有哪些类型？它们各有哪些特点？
2. 结合国外铁路运输管理体制改革的经验,简述我国铁路管理体制的发展方向。
3. 我国铁路的客货运价的构成。
4. 运价的管理形式有哪些？简述目前我国铁路运价的管理形式。
5. 针对我国铁路运价政策的现状,简述我国铁路运价政策发展策略。
6. 面对我国铁路运输的快速发展,简述铁路人力资源发展对策。

第六章　铁路技术政策和发展政策

《铁路主要技术政策》是铁路技术发展的纲要文件，是指导铁路有关规划、规章、规程、规范、标准的编制和修订的重要文件。

铁路技术发展的方向是：旅客运输高速化、便捷化；货物运输重载化、快捷化；运营管理信息化；安全装备系统化；工程建设现代化；经营管理科学化。

铁路拓展旅游业务，主要是通过旅游产品的开发，来满足人们的旅游需求。近年来我国铁路旅游业取得了较快的发展。

铁路向现代物流拓展要以铁路运输物流资源为基础，以信息技术为支撑，通过运输物流资源整合和物流业务拓展，提供物流增值服务，最大限度地满足市场对现代物流服务的需求。

本章将详细介绍铁路在铁路建设，列车速度、密度、重量，铁路运输，行车安全，铁路信息化，机车车辆与供电，工程与工务，通信与信号以及质量、标准与计量等方面的技术政策；并阐述铁路拓展旅游服务和物流服务的相关政策。

第一节　铁路技术政策

铁路作为国民经济大动脉、国家重要基础设施和大众化交通工具，是综合交通运输体系的骨干，具有节能、环保、安全、大运力等特点，在我国经济社会发展中的地位至关重要。

为了促进国民经济发展，提高铁路的营运水平，必须制定适合我国国情的铁路技术政策。《铁路主要技术政策》是铁路技术发展的纲要文件，也是指导铁路有关规划、规章、规程、规范、标准的编制和修订的重要文件。

从 20 世纪 60 年代起，我国铁路就开始制定技术政策。1983 年颁布的《铁路主要技术政策》是在广泛征求意见和充分论证的基础上制定的，由于其内容切合实际，对铁路技术进步起到了良好的促进作用。20 世纪 90 年代，面对铁路运输能力严重不足，新线建设规模扩大的形势，铁道部组织有关部门对铁路主要技术政策进行修订，经过反复讨论、论证，形成了 1993 年版的《铁路主要技术政策》。之后，又结合我国经济发展的新形势以及世界铁路发展的总趋势，颁布了 2000 年版的《铁路主要技术政策》。

进入 21 世纪，随着我国经济和社会的快速发展以及铁路技术的日新月异，按照落实科学发展观、推进国家综合交通运输体系建设、快速扩充运输能力、快速提升技术装备水平的总体要求，原铁道部又适时地对 2000 年版的《铁路主要技术政策》进行了修订，发布了 2004 年版的《铁路主要技术政策》。

近年来我国经济发展步入“新常态”，在此形势下，要求以供给侧结构性改革为主线，扩大有效供给，满足有效需求。为了全面提升铁路现代化水平，提高运输能力和品质，更好地为国民经济与社会发展、为广大人民群众服务，铁道部发布了 2013 年版的《铁路主要技术政策》,自2013年2月1日起施行。

2013年版的《铁路主要技术政策》共有五十一条,内容包括以下几章:第一章　总则;第二章　列车速度、密度、重量;第三章　铁路建设;第四章　铁路运输;第五章　行车安全;第六章　铁路信息化;第七章　机车车辆与供电;第八章　工程与工务;第九章　通信与信号;第十章　质量、标准与计量。

一、铁路技术发展的原则与目标

铁路技术发展的总原则是:以安全为前提、市场为导向、效益为中心,系统提升运输安全、工程建设、经营管理等领域技术与装备水平,增强铁路科技持续创新能力,为我国铁路科学发展提供技术支撑和保障。

铁路技术发展的总目标是:依靠科技进步与创新,构建完善客运高速、便捷,货运重载、快捷,速度、密度、重量合理匹配,高新技术与适用技术并举,不同等级技术装备协调发展,具有中国铁路特色的技术体系,建设安全、高效、节能、环保、高度信息化的现代化铁路。

二、铁路建设

(一)铁路网现状

2016年末,全国铁路营业里程达到12.4万km。其中,复线里程6.8万km,复线率54.9%;电气化里程8.0万km,电化率64.8%。西部地区铁路营业里程5.0万km。全国铁路路网密度为129.2 km/万km^2。

(二)铁路建设的主要技术政策

1. 铁路建设的原则

铁路应合理安排建设规模,科学确定建设标准和建设工期,强化质量、安全、工期、投资效益、环境保护的措施,深入推进标准化管理,以机械化、工厂化、专业化、信息化为重要支撑手段,建立健全并落实技术、管理、作业三大标准,建设优质工程。

2. 铁路建设的重点

铁路路网建设的重点包括:

(1)加快形成以“四纵四横”为骨架的快速客运网,建设区际大能力干线。

(2)城市密集区优先建设不同速度等级的客运专线;其他地区优先发展200 km/h及以下客货共线铁路;新建煤运通道宜发展重载铁路。平行线路上新建铁路应充分利用既有客货运设施,优先发展200 km/h等级铁路,努力实现客货分线运输。

(3)强化点线能力协调配套,实现主要干线间、干线与支线间牵引定数匹配。建设换乘便捷、功能齐备、经济适用的客运站。优化编组站功能与布局,完善集疏运系统,提高枢纽通畅能力。构建与其他交通运输方式紧密衔接的综合交通枢纽及现代物流中心。

(4)提高既有铁路电气化率。快速客运网和大能力干线、煤运通道建设电气化铁路。根据运输和线路情况以及应急、防灾、国防交通需要,在全国各主要区域保留一定比例的内燃牵引。

(5)加强铁路建设项目环境影响评价和节能评估。强化对自然保护区、风景名胜区、文物古迹等特殊环境及生态环境的保护。采取综合措施节约用地、集约用地。研究采用噪声、振动、废水、固体废物、电磁等污染源控制技术。

（三）中长期铁路网规划

1. 规划目标

为了适应全面建设小康社会的目标要求，扩大路网规模，完善路网结构，提高运输质量，快速扩充运输能力，迅速提高装备水平，国务院2004年通过了《中长期铁路网规划》。

为明确我国交通基础设施的发展目标和任务，统筹协调各种运输方式，合理配置和有效利用交通运输资源，发挥综合交通的整体优势，2007年国家发展改革委员会组织编制了《综合交通网中长期发展规划》。

根据《综合交通网中长期发展规划》对铁路发展的目标要求，结合铁路发展的新形势，铁道部组织有关部门对2004年的《中长期铁路网规划》进行了修编，并在2008年10月31日出台了《中长期铁路网规划(2008年调整)》。

为了加快构建布局合理、覆盖广泛、高效便捷、安全经济的现代铁路网络，更好发挥铁路骨干优势作用，推进综合交通运输体系建设，支撑引领我国经济社会发展，在深入总结原规划实施情况的基础上，结合发展新形势新要求，2016年修编了《中长期铁路网规划》(发改基础〔2016〕1536号)。这是我国铁路基础设施的中长期空间布局规划，是推进铁路建设的基本依据，是指导我国铁路发展的纲领性文件。

我国铁路网的规划目标是：到2020年，一批重大标志性项目建成投产，铁路网规模达到15万km，其中高速铁路3万km，覆盖80%以上的大城市。到2025年，铁路网规模达到17.5万km左右，其中高速铁路3.8万km左右，网络覆盖进一步扩大，路网结构更加优化，骨干作用更加显著，更好发挥铁路对经济社会发展的保障作用。展望到2030年，基本实现内外互联互通、区际多路畅通、省会高铁连通、地市快速通达、县域基本覆盖。

(1)完善广覆盖的全国铁路网。连接20万人口以上城市、资源富集区、货物主要集散地、主要港口及口岸，基本覆盖县级以上行政区，形成便捷高效的现代铁路物流网络，构建全方位的开发开放通道，提供覆盖广泛的铁路运输公共服务。

(2)建成现代的高速铁路网。连接主要城市群，基本连接省会城市和其他50万人口以上大中城市，形成以特大城市为中心覆盖全国、以省会城市为支点覆盖周边的高速铁路网。实现相邻大中城市间1～4 h交通圈，城市群内0.5～2 h交通圈。提供安全可靠、优质高效、舒适便捷的旅客运输服务。

(3)打造一体化的综合交通枢纽。与其他交通方式高效衔接，形成系统配套、一体便捷、站城融合的铁路枢纽，实现客运换乘“零距离”、物流衔接“无缝化”、运输服务“一体化”。

2. 规划原则

(1)支撑引领、创新发展。以改革创新的精神破解铁路建设难题，推进铁路转型升级、提质增效，不断增强铁路发展动能和可持续发展能力。兼顾经济效益与社会效益，通过扩大完善铁路基础设施网络和提升铁路运输服务水平，支撑和引领经济社会相关领域深度融合发展。

(2)科学布局、共建共享。统筹考虑人口城镇布局、产业资源分布、国土空间开发、精准扶贫脱贫、对外开放合作、国防战略等经济社会发展要求，坚持“一张网”规划，强化需求导向，科学布局网络，合理确定规模，扩大有效供给，让人民群众更具获得感。

(3)层次清晰、协调优化。统筹高速与普速、新建与既有、枢纽与通道以及不同地区铁路协调发展，注重路网配套设施系统协调，强化主通道，疏通微循环，实现网络结构优化、层次清晰和效率效益最大化。

(4)衔接高效、开放融合。以开放融合理念加强与综合交通运输体系规划的有效衔接，做好与公路、民航、水运等其他交通方式发展通盘安排，构建现代综合交通运输体系，提升综合交通服务水平和运输效率。树立开放意识和国际视野，推进周边互联互通，形成国际运输通道，扩展国际合作发展新空间。

(5)安全可靠、绿色集约。牢固树立安全发展观念，深入实施军民融合发展战略，着力提高安全性和可靠性，提高国防交通和应急保障能力。坚持绿色发展，加强生态环境保护，综合高效利用土地、通道、岸线及枢纽资源，集约和引导空间综合开发利用。

3. 规划方案

(1)高速铁路网

为满足快速增长的客运需求，优化拓展区域发展空间，在“四纵四横”高速铁路的基础上，增加客流支撑、标准适宜、发展需要的高速铁路，部分利用时速 200 km 铁路，形成以“八纵八横”主通道为骨架、区域连接线衔接、城际铁路补充的高速铁路网，实现省会城市高速铁路通达、区际之间高效便捷相连。

因地制宜、科学确定高速铁路建设标准。高速铁路主通道规划新增项目原则采用时速 250 km 及以上标准(地形地质及气候条件复杂困难地区可以适当降低)，其中沿线人口城镇稠密、经济比较发达、贯通特大城市的铁路可采用时速 350 km 标准。区域铁路连接线原则采用时速 250 km 及以下标准。城际铁路原则采用时速 200 km 及以下标准。

①构筑“八纵八横”高速铁路主通道。“八纵”高速铁路主通道见表 6-1。“八横”高速铁路主通道见表 6-2。

表 6-1 “八纵”高速铁路主通道

名称	经　由	作　用
沿海通道	大连(丹东)—秦皇岛—天津—东营—潍坊—青岛(烟台)—连云港—盐城—南通—上海—宁波—福州—厦门—深圳—湛江—北海(防城港)高速铁路(其中青岛至盐城段利用青连、连盐铁路，南通至上海段利用沪通铁路)	连接东部沿海地区，贯通京津冀、辽中南、山东半岛、东陇海、长三角、海峡西岸、珠三角、北部湾等城市群
京沪通道	北京—天津—济南—南京—上海(杭州)高速铁路，包括南京—杭州、蚌埠—合肥—杭州高速铁路，以及北京—天津—东营—潍坊—临沂—淮安—扬州—南通—上海高速铁路	连接华北、华东地区，贯通京津冀、长三角等城市群
京港(台)通道	北京—衡水—菏泽—商丘—阜阳—合肥(黄冈)—九江—南昌—赣州—深圳—香港(九龙)高速铁路；另一支线为合肥—福州—台北高速铁路，包括南昌—福州(莆田)铁路	连接华北、华中、华东、华南地区，贯通京津冀、长江中游、海峡西岸、珠三角等城市群
京哈—京港澳通道	哈尔滨—长春—沈阳—北京—石家庄—郑州—武汉—长沙—广州—深圳—香港高速铁路，包括广州—珠海—澳门高速铁路	连接东北、华北、华中、华南、港澳地区，贯通哈长、辽中南、京津冀、中原、长江中游、珠三角等城市群
呼南通道	呼和浩特—大同—太原—郑州—襄阳—常德—益阳—邵阳—永州—桂林—南宁高速铁路	连接华北、中原、华中、华南地区，贯通呼包鄂榆、山西中部、中原、长江中游、北部湾等城市群

续上表

名称	经　由	作　用
京昆通道	北京—石家庄—太原—西安—成都(重庆)—昆明高速铁路,包括北京—张家口—大同—太原高速铁路	连接华北、西北、西南地区,贯通京津冀、太原、关中平原、成渝、滇中等城市群
包(银)海通道	包头—延安—西安—重庆—贵阳—南宁—湛江—海口(三亚)高速铁路,包括银川—西安以及海南环岛高速铁路	连接西北、西南、华南地区,贯通呼包鄂、宁夏沿黄、关中平原、成渝、黔中、北部湾等城市群
兰(西)广通道	兰州(西宁)—成都(重庆)—贵阳—广州高速铁路	连接西北、西南、华南地区,贯通兰西、成渝、黔中、珠三角等城市群

表 6-2　"八横"高速铁路主通道

名称	经　由	作　用
绥满通道	绥芬河—牡丹江—哈尔滨—齐齐哈尔—海拉尔—满洲里高速铁路	连接黑龙江及蒙东地区
京兰通道	北京—呼和浩特—银川—兰州高速铁路	连接华北、西北地区,贯通京津冀、呼包鄂、宁夏沿黄、兰西等城市群
青银通道	青岛—济南—石家庄—太原—银川高速铁路(其中绥德至银川段利用太中银铁路)	连接华东、华北、西北地区,贯通山东半岛、京津冀、太原、宁夏沿黄等城市群
陆桥通道	连云港—徐州—郑州—西安—兰州—西宁—乌鲁木齐高速铁路	连接华东、华中、西北地区,贯通东陇海、中原、关中平原、兰西、天山北坡等城市群
沿江通道	上海—南京—合肥—武汉—重庆—成都高速铁路,包括南京—安庆—九江—武汉—宜昌—重庆、万州—达州—遂宁—成都高速铁路(其中成都至遂宁段利用达成铁路)	连接华东、华中、西南地区,贯通长三角、长江中游、成渝等城市群
沪昆通道	上海—杭州—南昌—长沙—贵阳—昆明高速铁路	连接华东、华中、西南地区,贯通长三角、长江中游、黔中、滇中等城市群
厦渝通道	厦门—龙岩—赣州—长沙—常德—张家界—黔江—重庆高速铁路(其中厦门至赣州段利用龙厦铁路、赣龙铁路,常德至黔江段利用黔张常铁路)	连接海峡西岸、中南、西南地区,贯通海峡西岸、长江中游、成渝等城市群
广昆通道	广州—南宁—昆明高速铁路	连接华南、西南地区,贯通珠三角、北部湾、滇中等城市群

②拓展区域铁路连接线。在"八纵八横"主通道的基础上,规划建设高速铁路区域连接线(见表 6-3),进一步完善路网、扩大覆盖。

表 6-3 高速铁路区域连接线

区域	线 路
东部地区	北京—唐山、天津—承德、日照—临沂—菏泽—兰考、上海—湖州、南通—苏州—嘉兴、杭州—温州、合肥—新沂、龙岩—梅州—龙川、梅州—汕头、广州—汕尾等铁路
东北地区	齐齐哈尔—乌兰浩特—白城—通辽、佳木斯—牡丹江—敦化—通化—沈阳、赤峰和通辽至京沈高铁连接线、朝阳—盘锦等铁路
中部地区	郑州—阜阳、郑州—濮阳—聊城—济南、黄冈—安庆—黄山、巴东—宜昌、宣城—绩溪、南昌—景德镇—黄山、石门—张家界—吉首—怀化等铁路
西部地区	玉屏—铜仁—吉首、绵阳—遂宁—内江—自贡、昭通—六盘水、兰州—张掖、贵港—玉林等铁路

③发展城际客运铁路。在优先利用高速铁路、普速铁路开行城际列车服务城际功能的同时,规划建设支撑和引领新型城镇化发展、有效连接大中城市与中心城镇、服务通勤功能的城市群城际客运铁路。

京津冀、长三角、珠三角、长江中游、成渝、中原、山东半岛等城市群,建成城际铁路网;海峡西岸、哈长、辽中南、关中、北部湾等城市群,建成城际铁路骨架网;滇中、黔中、天山北坡、宁夏沿黄、呼包鄂榆等城市群,建成城际铁路骨干通道。

(2)普速铁路网

扩大中西部路网覆盖,完善东部网络布局,提升既有路网质量,推进周边互联互通,形成覆盖广泛、内联外通、通边达海的普速铁路网,提高对扶贫脱贫、地区发展、对外开放、国家安全等方面的支撑保障能力。到 2025 年,普速铁路网规模达到 13.1 万 km 左右,并规划实施既有线扩能改造 2 万 km 左右。

①形成区际快捷大能力通道(见表 6-4)。推进普速干线通道瓶颈路段、卡脖子路段及关键环节建设,形成跨区域、多径路、便捷化大能力区际通道。结合新线建设和实施既有铁路扩能,强化集装箱、快捷、重载等运输网络,形成高效率的货运物流网,提高路网整体服务效率,扩大有效供给。

表 6-4 区际快捷大能力通道

名称	线 路	作用
京津冀—东北通道	利用京哈、津山、沈山、哈大、集通等铁路,实施京通、平齐等铁路扩能,构建北京(天津)—沈阳—哈尔滨—绥芬河(同江)、北京(天津)—通辽—齐齐哈尔—满洲里等进出关通道	连接京津冀、辽中南、哈长城市群
京津冀—长三角、海峡西岸通道	利用京沪、京九、华东二通道、皖赣、金温、赣龙等铁路,建设阜阳—六安—景德镇、衢州—宁德、兴国—永安—泉州等铁路,实施皖赣等铁路改造,构建北京(天津)—济南—上海(杭州、宁波)、北京(天津)—商丘—南昌—福州(厦门)通道	连接京津冀、长三角、长江中游及海峡西岸城市群
京津冀—珠三角、北部湾通道	利用京广、京九、湘桂、焦柳、大湛等铁路,建设龙川—汕尾等铁路,实施焦柳、洛湛南段扩能改造,构建北京—武汉—广州(南宁)、北京—南昌—深圳通道	连接京津冀、中原、长江中游、珠三角及北部湾等城市群

续上表

名称	线　路	作用
京津冀—西北(西藏)通道	利用京包兰、临哈、南疆以及京广、石太、太中银、兰青、青藏等铁路，实施青藏铁路格拉段、南疆铁路等扩能改造，建设柳沟—三塘湖—将军庙铁路，构建北京(天津)—呼和浩特—乌鲁木齐—喀什、北京(天津)—石家庄—太原—兰州—西宁—拉萨通道	连接京津冀、兰西城市群及西藏地区
京津冀—西南通道	利用京广、沪昆、南北同蒲、西康、襄渝、成昆、内昆等铁路，构建北京—西安(长沙)—川、渝、黔、滇通道	连接京津冀与滇中城市群
长三角—西北通道	利用京沪、陆桥以及宁西铁路等，实施西平铁路、宝中铁路平凉至中卫段扩能、三门峡经禹州至江苏沿海港口铁路，构建长三角—西安—乌鲁木齐—阿拉山口(霍尔果斯)通道	连接长三角、中原、关中平原、兰西城市群
长三角—成渝通道	利用京沪、宁西、宁启、铜九、武九、武襄渝、达成、成渝等铁路，实施南京—芜湖—铜陵—九江铁路等扩能改造，建设九江—岳阳—常德、黔江—遵义—昭通—攀枝花—大理铁路，规划研究沿江货运铁路，构建上海—南京(合肥)—武汉—重庆—成都沿江通道	连接长三角、长江中游、成渝城市群
长三角—云贵通道	利用沪昆、金温铁路等，建设宁波(台州)—金华、温州—武夷山—吉安、赣州—郴州—永州—兴义铁路，实施衡茶吉铁路扩能	连接长三角、长江中游与云贵地区
长三角—珠三角通道	利用沪昆、京九、京广等铁路，实施赣韶铁路扩能	连接长三角、珠三角城市群
珠三角—西南通道	利用京广、沪昆、渝黔、广茂、黎湛铁路等，建设柳州—梧州—广州、韶关—贺州—柳州—百色铁路，实施渝怀、黔桂、南昆铁路扩能	连接珠三角与西南地区
山东半岛—西北通道	利用胶济、石德、石太、太中银、兰新铁路等，建设平凉经固原至定西等铁路	连接山东半岛与西北地区
西北—西南通道	利用兰新、陇海、宝成、包西、兰渝、西康、襄渝、渝黔、成昆、内昆等铁路，建设库尔勒—格尔木、格尔木—成都等铁路	连接西北(含呼包鄂榆)与西南地区
煤运大通道	利用大秦、神朔、朔黄、张唐、新菏兖日、山西中南部、宁西等铁路，建设蒙西至华中地区、庆阳—黄陵、庆阳—平凉、神木—瓦塘等铁路，构建西煤东运、北煤南运、海(江)铁联运大通道	完善煤炭集疏运系统，提升煤运通道能力

②面向“一带一路”国际通道(见表 6-5)。推进我国与周边互联互通，完善口岸配套设施，强化沿海港口后方通道。

表 6-5　面向“一带一路”的国际通道

方向	线　路
西北方向	规划建设克拉玛依—塔城(巴克图)、喀什—伊尔克什坦、喀什—红其拉甫、阿勒泰—喀纳斯(吉克普林)、阿勒泰—吉木乃等铁路及满都拉、乌力吉、老爷庙等口岸铁路

续上表

方向	线　路
西南方向	实施南宁—凭祥铁路扩能,规划建设芒市—猴桥、临沧—清水河、日喀则—吉隆、日喀则—亚东、靖西—龙邦、防城港—东兴等铁路
东北方向	实施集宁—二连浩特铁路扩能,规划建设伊尔施—阿日哈沙特、海拉尔—黑山头、莫尔道嘎—室韦、古莲—洛古河、虎林—吉祥、密山—档壁镇、南坪—茂山、开山屯—三峰、长白山—惠山、盘古—连崟等铁路
沿海方向	以大连、秦皇岛、天津、烟台、青岛、连云港、上海、宁波－舟山、福州、泉州、厦门、汕头、深圳、广州、茂名、湛江、海口等沿海城市及重要港口为支点,畅通港口城市后方铁路通道及集疏运体系,构建连接内陆、铁海联运的国际交通走廊

③促进脱贫攻坚和国土开发铁路。

a. 扩大路网覆盖面。建设安康—恩施—张家界、赣州—郴州—永州—兴义、阜阳—六安—景德镇、温州—武夷山—吉安、兴国—永安—泉州、黔江—遵义—昭通—攀枝花—大理、宁德—南平、瑞金—梅州、建宁—冠豸山、韶关—贺州—柳州—百色、黄陵—庆阳—平凉—固原—定西、额济纳—酒泉、汉中—巴中—南充、贵阳—兴义、黄桶—百色、涪陵—柳州、泸州—遵义、师宗—文山、临沧—普洱等铁路。

b. 完善进出西藏、新疆通道。建设川藏铁路雅安—昌都—林芝段、滇藏铁路香格里拉—邦达段、罗布泊—若羌—和田、成都—格尔木、柳沟—三塘湖—将军庙、西宁—玉树—昌都铁路,研究建设新藏铁路和田—日喀则段,形成进出西藏、新疆、青海及四省藏区的便捷通道。

c. 促进沿边开发开放。建设韩家园—黑河、孙吴—逊克—乌伊岭、鹤岗—富锦、创业—饶河—东方红、东宁—珲春等东北沿边铁路,芒市—临沧—文山—靖西—防城港等西南沿边铁路。

④强化铁路集疏运系统。以资源富集区、主要港口及物流园区为重点,规划建设地区开发性铁路以及疏港型、园区型等支线铁路,形成干支有效衔接、促进多式联运的现代铁路集疏运系统,畅通铁路运输的“最先一公里”和“最后一公里”。

上述路网方案实现后,远期铁路网规模将达到 20 万 km 左右,其中高速铁路 4.5 万 km 左右。

(3)综合交通枢纽

统筹运输网络格局,按照“客内货外”的原则,优化铁路枢纽布局,完善系统配套设施,修编铁路枢纽总图。创新体制机制,统筹建设运营,促进同步建设、协同管理,形成系统配套、一体便捷、站城融合的现代化综合枢纽。研究制定综合枢纽建设、运营、服务等标准规范。构建北京、上海、广州、武汉、成都、沈阳、西安、郑州、天津、南京、深圳、合肥、贵阳、重庆、杭州、福州、南宁、昆明、乌鲁木齐等综合铁路枢纽。

①客运枢纽。按照“零距离”换乘要求,同站规划建设以铁路客站为中心、与其他交通方式有机衔接的综合交通体,特大城市要强化铁路客运枢纽、机场、城市轨道交通的便捷连接。实施站区地上地下立体综合开发,打造高效便捷的综合客运枢纽和产城融合发展的临站经济区。同步强化客运枢纽场站设施,完善动车段(所)、客运机车车辆以及维修设施,完善客

运枢纽(高铁车站)快件集散等快捷货物服务功能设施。

②货运枢纽。合理布局铁路物流中心、铁路集装箱中心站及末端配送服务设施,扩大货物集散服务网络。按照"无缝化"衔接要求,完善货运枢纽多式联运、集装箱运输、邮政快递运输、国际联运以及集疏运等"一站式"服务设施,提升枢纽集散能力和服务效率。优化货运枢纽编组站,完善货运机车车辆设施。布局建设综合维修基地、应急救援基地以及配套完善铁路战备设施等。以发展枢纽型园区经济为导向,推进传统货运场站向城市物流配送中心、现代物流园区转型发展。

三、列车速度、密度、重量

铁路列车速度、密度和重量发展的基本原则是:普遍提高列车速度,积极加大列车密度,适当增加列车重量;以满足运输市场需求、提高经济与社会效益为目标,根据不同线路的条件及其承担的客货运输任务,充分利用运输资源,实现列车速度、密度、重量的合理组合。

1. 列车速度

高速铁路为新建设计开行 250 km/h(含预留)及以上动车组列车,初期运营速度不小于 200 km/h 的客运专线铁路。客货共线铁路为旅客列车与货物列车共线运营、设计速度 200 km/h 及以下的铁路。新建客货共线铁路旅客列车最高运行速度 200 km/h,快运货物列车最高运行速度 160 km/h,普通货物列车最高运行速度 120 km/h。新建重载铁路设计速度不大于 100 km/h。

2002 年以来,我国铁路进入了加快发展的新时期,开始了发展高铁的新历程,首先在既有线提速上取得重大突破。2007 年 4 月,我国铁路在连续五次大提速的基础上,以京哈、京沪、京广、陇海等繁忙干线为重点,成功实施了第六次大面积提速,使既有铁路具备高铁标准的线路营业里程一次达到 2 876 km,其中时速 250 km 线路营业里程 472 km,达到世界铁路既有线提速最高目标值。以第六次大面积提速为标志,我国铁路跨入高铁时代。

2005 年 6 月 11 日,石太高铁全线开工建设,我国铁路由此拉开了高铁新线建设的序幕,一大批高铁项目陆续开工建设。从 2008 年开始,我国高铁发展进入收获期,每年都有一批新建高铁投入运营。2008 年 8 月 1 日,我国第一条也是世界第一条运营时速 350 km 的高铁——京津城际高铁开通运营,标志着我国高铁技术达到世界一流水平;同年,时速 250 km 的合宁、合武、胶济、石太高铁相继建成通车。2009 年 12 月 26 日,世界上一次建成运营里程最长的时速 350 km 高铁——武广高铁开通运营,标志着我国率先在 1 000 km 以上长的高铁建设上取得重大突破;之前,时速 250 km 的甬台温、温福高铁建成通车。2010 年,时速 350 km 的郑西、沪宁、沪杭高铁和时速 250 km 的福厦、昌九、长吉、广珠、海南东环线高铁陆续建成通车,京沪高铁全线铺通,并在先导段创造了时速 486.1 km 的世界运营铁路试验最高速。2011 年"7・23"甬台温特大铁路交通事故后,国家对在建高铁和计划线路进行全面审核,一些线路在资金和政策等方面受到影响。2012 年底,中国高速铁路总里程达 9 356 km。2013 年以来,随着宁杭、杭甬、盘营高铁以及向莆铁路的相继开通,高铁新增运营里程 1 672 km,中国高铁总里程达到 1.1 万 km,"四纵"干线基本成型。2014 年,我国高速铁路营业里程超过 1.6 万 km,稳居世界第一。2015 年是中国高铁开通丰收大年,高速铁路投产 3 306 km,高铁总里程超过 1.9 万 km。到 2016 年底,全国高速铁路营业里程达到 2.2 万 km 以上,居世界第一位,占世界高铁总里程的 60%以上。高铁在铁路运营里程中的占比逐年提升,已达 17.74%。

2. 行车密度

高速铁路列车追踪间隔时间最小按 3 min 设计。双线铁路旅客列车追踪间隔时间最小按 5 min 设计。

3. 列车编组与重量

(1)旅客列车编组

高速铁路列车编组不大于 17 辆。旅客列车编组不大于 20 辆。

(2)货物列车重量

重载铁路为满足列车牵引重量 8 000 t 及以上、轴重为 27 t 及以上、在至少 150 km 线路区段上年运量大于 4 000 万 t 三项条件中两项的铁路。新建重载铁路列车牵引重量万吨级及以上。

(3)机车车辆轴重

高速铁路列车轴重不大于 17 t,160 km/h 客车轴重不大于 16.5 t,120 km/h 客车轴重不大于 18 t。普通客运机车轴重不大于 23 t,货运机车轴重推广 25 t。货车轴重研究推广 25 t,研究发展 27 t。新建重载铁路轴重不小于 30 t。

四、铁路运输组织

铁路运输组织坚持集中统一指挥原则,优化资源配置,分阶段推行客货分线运输,提高客货运输质量、效率和效益。大力发展客货运输核心业务,延伸铁路服务链,推进多元化经营。

1. 铁路旅客运输组织

铁路旅客运输组织的发展方向主要有:

(1)加强客户服务中心建设。发展互联网、电话等多种售票方式及延伸服务。

(2)动态优化客运产品结构,开行不同等级、不同速度旅客列车。线路允许速度 300～350 km/h 的高速铁路,兼顾 250 km/h 动车组列车运行。新建高速铁路一般不开行货物列车和机车牵引的旅客列车。特殊地区的铁路可根据季节实行不同的运行图。

2. 铁路货物运输组织

铁路货物运输组织的发展方向主要有:

(1)大力发展货运电子商务,实施货运需求网上受理、全程综合物流业务网上一站办理。

(2)发展货运系列产品。优先发展集装箱运输,大力提升集装箱运输比重。发展适应高附加值货物运输的不同速度等级的快捷货运产品。发展适应大宗货物运输的重载、直达货运产品。发展特种货物运输。

(3)大力发展现代物流业。统筹优化铁路货运设施分工和布局,形成覆盖全面、层次清晰、功能完善的铁路物流中心网络,拓展"门到门"服务,提升货运物流化管理及服务水平。

(4)推广运用节油、节电、节水、节煤、余热余能综合利用等新技术,积极采用清洁能源、光伏电源、地源热泵等新产品。推广应用散堆装货物运输抑尘技术。

五、行车安全

安全管理是铁路运输管理最重要的内容之一。近年来,铁路运输部门的硬件设备有了很大的改善,也采取了许多有力的措施,但在管理和运营中仍然存在一些惯性隐患,从而也导致了一些行车事故的发生。因此,铁路运输生产必须坚持"安全第一、预防为主、综合治理”的方针，全面推进安全风险管理，强化安全风险管理基础，加强安全风险过程控制，做好安全风险应急处置，构建安全风险防控体系，全面提升铁路安全保障能力。

为了预防运输事故，保障行车安全，要重点做好以下工作：

(1)强化运输装备与设施质量源头控制。健全运输装备与设施的技术标准和规范。坚持故障导向安全原则。推进第三方评价与检测。

(2)铁路建设项目的铁路线路安全保护区和基本安全设施，必须与工程同时设计、同时施工、同时使用。

(3)大力推进铁路安全监测监控系统建设，不断提升检测、监测、监控技术水平，扩大系统应用范围。

(4)发展高速综合检测、巡检技术和机车车载安全防护技术，发展移动装备的在线检测监控技术，完善基础设施服役状态实时监测、监控技术，开展安全数据综合分析评估，提升安全风险诊治能力。

(5)研究应用风、雨、冰、雪、雷、火等重大灾害和各类地质灾害的防治、监测及应急处置技术，完善高速铁路自然灾害及异物侵限监测系统，完善艰险山区复杂地质铁路监测系统，研究开发应用铁路地震预警及减灾处置系统。

(6)强化对铁路要害、重点目标、治安复杂区段的安全防护。加强铁路沿线防护设施的建设。加强高速铁路沿线周边安全环境监测。

(7)完善道口防护技术，逐步推进既有线道口平交改为立交。新建、改建设计开行120 km/h及以上列车的铁路或者设计运量达到规定运量标准的铁路，需要与道路交叉的，应当设置立体交叉。设计开行120 km/h及以上列车的铁路应当实行全封闭管理。

(8)探索设备设施运用状态变化规律，完善检修体制，制定科学的检修标准，强化检修质量控制。关键零部件实行寿命期管理。

(9)完善铁路应急预案，健全铁路应急救援网络，完善非正常行车情况下的安全保障措施，建立突发事件的预警、预防、控制和应急处理体系。

(10)提高客运、重载、高原铁路应急救援能力，研究应用复杂地形、特殊环境下的救援技术、装备及设施。

(11)大力加强铁路公共卫生体系建设，提高站车卫生质量和突发公共卫生事件的应急处理能力。积极采用职业安全防控技术，改善作业环境和劳动条件，保障铁路从业人员的职业安全健康。

六、铁路信息化

1. 铁路信息化建设的目标和原则

铁路信息化建设的目标是：围绕运输组织、客货营销、经营管理，构建技术先进、结构合理、安全可靠、保障有力的铁路信息系统。

铁路信息化建设的原则主要有：

(1)坚持统一规划、统一标准、互联互通、资源共享的原则，全面推进铁路信息化建设，大力发展数字化、智能化铁路。

(2)坚持积极防御、综合防范的原则，运用多样化的安全策略，实行信息安全等级保护制度，落实灾难备份措施，加强信息系统运行监测，建立健全信息安全保障体系和信息系统运行维护体系，提高铁路网络与信息安全突发事件应对能力。

2. 铁路信息化建设的主要任务

(1)推进运输调度指挥、运输生产组织、客货营销服务、运力资源配置、经营资源管理、行车安全监控、铁路建设和政务管理等信息化;

(2)强化系统整合,促进业务流程再造和资源优化配置,深入开发和综合利用信息资源,充分发挥信息化整体效益。

(3)积极发展应用物联网、云计算、地理信息、卫星导航、下一代互联网等现代信息技术。

(4)加强铁路信息基础设施建设,推进公用基础编码平台、信息共享平台、铁路地理信息平台、铁路门户和数据中心的建设与运用,建设覆盖全路的宽带信息网络。

七、机车车辆与供电

铁路机车与车辆是铁路运营的重要设备,为了提高运输效率,机车车辆装备制式应相对统一,动力配置应适当冗余,要推进机车车辆及重要部分的标准化、系列化、模块化、简统化。

1. 机车

2016年,全国铁路机车拥有量为2.1万台,其中,内燃机车占41.8%,电力机车占58.1%。

铁路机车发展的主要方向是:发展交流传动机车技术,完善优化机车型谱,发展适应重载运输、快捷货运和旅客运输需求,不同轴式、不同功率和速度等级的交流传动内燃、电力机车系列产品。

2. 动车组和车辆

2016年,全国铁路客车拥有量为7.1万辆。其中,动车组2586标准组、20 688辆。全国铁路货车拥有量为76.4万辆。

铁路动车组的发展方向是:发展适合不同地域和气候条件、安全舒适、经济适用、维修方便、节能环保、标准统一的160 km/h、200 km/h、250 km/h、350 km/h及以上动车组系列产品。

铁路车辆发展的主要方向有:

(1)发展自重轻、性能好的客车系列产品。

(2)发展旅客列车监控和服务网络。推广机车向客车供电技术。新造客车应采用集便装置。

(3)发展自重轻、载重大、强度高、耐腐蚀的新型通用货车、重载货车及集装箱车、煤运车、汽车运输车等专用货车和快运货车。

3. 供电

电气化铁路供电能力必须与线路运输能力相适应,供电设施应预留发展条件。采用高强度、耐腐蚀、少维修的接触网零部件,提高电气化铁路的运行可靠性和抗灾能力。优化高速铁路接触网线材性能和系统匹配,改善弓网关系。推广供电综合监控及数据采集技术。推广弓网实时监测技术,发展在线监测装置与技术。

电力配电系统必须安全可靠、具备冗余能力,完善铁路独立的输配电网络。

八、工程与工务

铁路工程一般多为投资额高、工期长、拆迁多、干扰大的项目,目前在实际操作中管理难度越来越大。为了做到铁路工程建设管理科学、技术先进、施工优化、效益良好,铁路工程建设要坚持科学的建设标准和程序，保证合理的建设工期，强化设计、施工及建设质量管理，建设高质量工程。

勘察设计是铁路工程建设的前提，铁路勘测设计应强化地质勘察和评估，发展综合勘察技术和三维动态设计技术，实现勘测设计一体化、数字化，不断提高勘察设计水平和质量。加强铁路工程结构抗震设计。200 km/h 及以上铁路应建立勘察设计、工程施工和运营维护三网合一的精密测量控制网。开展基于可靠度理论的极限状态设计标准体系研究。统一制定不同运输条件下的设计活载标准。

在路基设计和建设方面，路基设计采用土工结构物设计理念，强化路基、基床及过渡段设计和区域性沉降控制技术，加强路基防、排水工程措施，发展路基工后沉降控制技术和防护加固新技术，提高路基工程质量和防灾能力。完善路基状态的监测、维护与灾害整治技术。

在铁路桥梁设计和建设方面，发展高强和新型结构桥梁，加强桥梁动力性能和桥面脱轨防护设计，完善桥梁耐久性设计和施工技术。开展大跨度桥梁研究和深水基础研究。加强铁路桥梁减隔震技术研究。开展新建重载铁路常用跨度桥梁和既有桥涵重载强化的技术研究。

在隧道设计和建设方面，加强隧道工程地质选线及评估。强化隧道防、排水和洞口防护措施，提高隧道结构的可靠性、耐久性、可维护性。研究软弱围岩条件下全断面施工技术，积极采用全断面掘进机施工。发展隧道超前地质预报、监控量测和灾害诊治技术。

同时，完善不同运输条件下的轨道结构类型。新建 300 km/h 及以上铁路、长大隧道及隧道群内可采用无砟轨道。提高无砟轨道可靠性、耐久性。完善有砟轨道结构。新建重载和 120 km/h 及以上线路应一次铺设跨区间无缝线路，积极采用 100 m(60 kg/m)、75 m(75 kg/m)长定尺钢轨。积极发展重载铁路耐久道岔、钢轨技术，以及既有线改造重载铁路线桥隧强化技术。

在线路养护和维修方面，积极发展综合、高效、节能、环保的大型养路机械、工务专用设备。高速、重载、高原和干线铁路应采用大型养路机械施工和养护维修。深化研究高原冻土区路桥整治技术。

九、通信与信号

在调度指挥方面，高速铁路全面采用调度集中系统，其他线路积极采用调度集中系统，建成行车调度指挥系统。

在列车运行自动控制方面，完善中国列车运行控制系统(CTCS)，优化技术方案、技术标准。发展基于应答器提供基础数据的列车运行监控装置(LKJ)技术。列车运行控制系统装备等级根据线路允许速度选用。160 km/h 客货共线铁路采用 CTCS0 级或 CTCS1 级列控系统，200 km/h 客货共线铁路采用 CTCS 2 级列控系统，250 km/h 高速铁路优先采用 CTCS 3 级列控系统，300 km/h 及以上高速铁路采用 CTCS 3 级列控系统。

在行车闭塞方面，统一自动闭塞制式，完善车站电码化。双线区段应采用自动闭塞，单线区段采用自动站间闭塞或半自动闭塞。

在车站信号、道岔联锁方面，采用计算机联锁系统，发展安全计算机平台技术，积极采用三相交流转辙机。研究发展联锁、闭塞、列车运行控制一体化技术。干线逐步推广采用分动外锁闭道岔转换设备。推进编组站控制系统的升级换代，积极发展编组站综合自动化系统。

在铁路通信网建设和完善方面,推进传输网、数据通信网的宽带化、智能化,形成全路统一、稳定可靠、承载多种业务信息的通信网络平台。

在铁路通信系统建设方面,积极发展 GSM-R,全面实现高速铁路 GSM-R 网络覆盖,逐步建立覆盖全路的数字移动通信系统。建设和完善综合视频监控、应急通信、调度通信等系统。推进列车安全防护、安全预警等装备建设。开展下一代铁路移动通信技术的研究。

在铁路通信信号维修保养方面,积极发展铁路通信信号动静态检测、监测和智能分析技术,完善远程诊断、预警预报和综合网管等系统及装备。

十、标准、计量与质量

铁路标准、计量与质量工作的指导思想是:贯彻"以质量为中心,标准化、计量为基础"的方针,加快建立"政府监督、企业自控、检测把关、用户评价"的质量监督管理体系。实行铁路产品质量认证制度,加大质量技术监督力度,强化标准化和计量工作,提高产品质量、工程质量和运输服务质量。

在质量管理方面,加强行业管理,完善以行政许可、产品认证为主要形式的铁路产品准入制度,提高产品质量、工程质量。

在铁路标准方面,完善铁路技术标准体系与标准化工作管理体系。积极参与国际标准化工作。强化技术标准的贯彻、实施与监督。

在铁路计量方面,完善铁路专用计量管理体系,实行计量器具新产品技术认证制度,强化铁路运输安全监测监控设备量值溯源管理。

第二节　铁路拓展旅游服务

随着社会经济的发展和人民生活水平的提高,外出旅游已成为人们的生活时尚,各种形式的商务出行、休闲度假日益频繁,人们对旅游的质量也提出了越来越高的要求,从传统观念的角度看,旅游交通一般仅作为硬件设施中的一项,普遍被当作"服务手段"之一而按较低的水平来策划安排。

事实上,随着旅游活动从低级的以赶景点为主要目标的"苦行游",向包含多种文化生活内涵在内的、高级的、以休假与游览为主要目的的"康乐游""休闲游"等转化。铁路交通和旅游业的脱节制约了这一趋势的发展,给游客和旅游组织者造成诸多不便。铁路拓展旅游服务,不仅可为游客创造宽松的旅游环境,而且能为铁路交通业和旅游业带来巨大的效益。

一、我国旅游业发展概况

旅游是指人们在闲暇时间所从事游憩活动的一部分,就其实质而言,包括旅行和游览两方面的内容。一般说来,旅行是过程,游览才是目的。

旅游业,国际上称为旅游产业,是以旅游资源为凭借、以旅游设施为条件,专门或者主要从事招徕、接待游客、为其提供交通、游览、住宿、餐饮、购物、文娱等六个环节服务的综合性行业。旅游业由旅游资源、旅游设施、旅游服务三大要素组成。按业务种类划分,旅游业可分为组织国内旅客在本国进行旅行游览活动,组织国内旅客到国外进行旅行游览活动和接待外国人到自己国家进行旅行游览活动。

我国旅游业起步晚、发展快，旅游人数、旅游收入不断增长，并实现了从“事业型”到“产业型”的转变，已成为我国国民经济新的增长点。旅游业是为了充分满足旅游者的消费需求，由旅游目的地、客源地以及两地之间的连接体的企业、个人、组织通过各种形式的结合，组成的旅游生产和服务的有机整体。旅游业的基本职能是为满足旅游者的需要，提供旅游吸引物、设施和服务，从而在旅游活动中起到旅游供给的作用。它既是国民经济的重要组成部分，又是国家旅游经济赖以存在和发展的基础。

在旅游业的发展初期，由于旅游地客观条件以及旅游者自身条件的限制，观光旅游成为人们出游的主要形式。但是，随着中国旅游市场的日益成熟和诸多外界因素的推动，休闲旅游越来越被大众广泛接受。

改革开放以来，我国旅游业实现了从短缺型旅游到初步小康型旅游大国的转变，成为国家经济社会发展的重要组成部分，为未来持续发展奠定了坚实的基础。同时旅游业也出现了几大转变：一是国内旅游从小众市场向大众化转变，已拥有全世界最大的国内旅游消费市场。二是国际旅游从单一入境游发展为出入境旅游并重格局，出境旅游市场更加活跃、发展空间潜力巨大。三是旅游业从单纯外事接待型事业转向事业、产业共同发展，旅游综合功能优势日益凸显。四是旅游业由一般性产业向战略性支柱产业转变，产业规模和实力迅速壮大。五是旅游业发展面由局部扩展到全国，形成了国家与地方、政府与企业、社会共同推进的大格局。

现阶段我国旅游业紧扣创新、协调、绿色、开放、共享五大发展新理念，通过实施创新发展，着力提升旅游业发展能力；实施协调发展，着力提升旅游业发展质量；实施绿色发展，着力提升旅游生态文明价值；实施开放发展，着力构建旅游开放合作新格局；实施共享发展，着力推动旅游普惠民生。

二、交通与旅游的关系

1. 交通是旅游的重要组成部分

旅游二字中“旅”即“行”，即交通；“游”即边走边看，亦含交通之意。“旅游”从字面上已经明确地表达了交通是旅游的重要组成部分。从实际情况看，随着旅游距离的延伸以及景点的增多，交通所占的时间、精力、费用等也均会增加。虽然因为交通水平提高（如速度提高，换乘便利等）、休闲性增强等要素的变化，交通在旅游中所占的时间、精力可能会减少，但费用仍会因为追求高速、舒适、方便等交通服务指标的改善而增加。

由此可见，不管旅游业如何发展变化，交通始终占有重要的地位，是旅游活动的重要组成部分。具体表现在：

（1）旅游耗时中交通耗时占有相当大的比例

旅游线路不同、内容不一，交通所占的时间消耗比例也不尽一致。对于距离远、景点多、交通条件差、服务水平低即典型的“苦行僧”式的行军游，交通耗时可占一大半；即使是单一景点的休闲游，且采用最先进的交通方式，交通耗时仍占相当大的比例。

（2）旅游费用中交通费用比例较大

旅游中的交通费用视选择的交通方式不同、服务水平高低、交通路线差异而相差甚远。交通水平高低与其他要素又是互相匹配的。相对而言，“食”“宿”的支出有一定弹性、难以统一；“游”的支出也可以通过放弃一定的景点来降低。一般而言，交通费用在整个旅游费用中的比例可能会是所有食、宿、行、游四大项支出中最大的一项。

(3)交通是旅游的主要组成内容之一

狭义的旅游内容指在旅游景点的活动或称为在出行目的地的活动。广义的旅游内容指整个旅游过程,是一个出行活动的全过程,包含其中发生的一切活动,经历的所有事件,接触的全部景、物、人,产生的各种情感、文化、生活的变化。交通作为旅游中时间、费用消耗较大的一项,必然是旅游的主要组成内容之一。

而按广义的概念,交通则更是旅游中精彩多变、充满想象和新鲜感的重要组成内容。因此,充分满足旅游过程和游客的各方面不同层次的要求,是旅游交通作为旅游重要内容的最基本、最起码的功能。而生动和有发展潜力的是将旅游交通作为旅游的重要内容,精心策划、精心组织,不但可以使旅游圆满顺利,还可使旅游价值涵盖全过程,创造新的旅游项目,拓展旅游业发展的新领域。

(4)交通影响旅游的整体效果

人们旅游的主要目的是变换生活环境,寻求新鲜健康的生活经历,享受轻松、自然、多彩的生活乐趣。因此,旅游效果的好坏,可直接评价旅游的成败。破坏旅游效果的因素十分复杂,既有主观因素,也有客观因素,而且呈多变、动态、难寻规律的特征。

旅游交通的服务水平肯定是决定旅游效果的要素之一,而且是贯穿旅游全过程的至关重要的一项要素。旅游交通服务水平差,游客轻则筋疲力尽、支出增加、情绪低落;重则生命财产受损,造成难以挽回的遗憾。据调查,旅游效果影响要素中,与住宿、饮食、景点及其他服务消费等项目相比,60%左右的人将交通列为首位。因此,交通是旅游效果的重要评价指标之一,而且在我国表现得尤为突出。

2. 交通是旅游完成的必要条件

旅游过程一般以景点为节点,以交通路线为连线而形成闭合系统,其中包含了食、宿、行、游等各种活动内容。不管旅游活动是以什么为目的,达到什么等级水平,若要完成此闭合系统的运转,交通是必要条件。换言之,就是既要有交通路线通达、交通工具输送,又要有交通路线、交通活动将所有旅游内容串起来,设计出一个优化的旅游计划。可以说,没有交通即没有旅游。

事实上,目前的旅行社可以认为是旅游交通的组织实施者,但不是旅游项目的设计组织者。因为,旅行社的主要任务是落实交通、食宿、景点(包括部分导游也仅是“导行”而已)。由此而形成的旅游当然主要是由交通条件、交通路线来决定的。较差的交通条件将直接影响旅游的客源、收入及发展。因此,交通是旅游完成的必要条件,尤其是在旅游业发展的初期。

三、铁路旅游的概念和意义

1. 铁路旅游的概念

铁路旅游是以铁路交通工具为主要载体,有效满足游客旅游愿望和需求所必需的物质、人员、技术和信息,以及协调满足旅客旅游需求的生产和服务的总和。

铁路旅游的实质是把铁路交通和旅游二者有机结合起来,以便为游客提供更有效的服务。铁路旅游是介于国民经济铁路运输业和旅游业之间的一个相对独立的产业,属于第三产业的范畴。一方面,它借助于旅客列车和车站等交通运输设施,从事运送包括旅游者在内的旅客及其行李的社会生产产业,是整个国民经济交通运输业的重要组成部分。另一方面,它以旅游者为主要运送对象,使旅游者在旅游客源地和旅游目的地之间以及旅游目的地内各项旅游活动场所之间产生空间位移，以便使旅游者进行正常的旅游活动，因此，它又是旅游业的重要组成部分。

铁路旅游是以观赏沿途自然风光为主，是游客全方位体验一个国家和地区的美丽自然景观、考察一个民族多姿多彩的民俗风情和悠久历史文化的重要平台。铁路旅游之所以能深受广大游客的喜爱，主要是因为它是公认的经济、实惠、便捷、安全、时尚的旅游方式。

2. 铁路旅游产品开发的意义

铁路拓展旅游业务，主要是对铁路旅游产品的开发。铁路旅游产品开发的意义表现在：

(1)满足人们的旅游需求

铁路旅游产品的开发，不仅可为游客提供方便快捷的旅游方式，而且可以在有限的时间和空间内满足游客的食、住、行以及游、购、娱的欲望。

(2)提高铁路的竞争力

我国运输市场的竞争日趋激烈，铁路旅游产品的开发为铁路提高市场竞争力提供了新的思路，为铁路客运提高市场份额提供了有利的条件。

(3)促进经济的发展

铁路旅游产品的生产在使铁路取得良好经济效益的同时，也能带动旅行社、宾馆饭店、旅游景点等多元经济的发展，从而刺激消费，扩大内需，增加就业机会，推动贫困地区脱贫致富，拉动国家和地方经济的增长。

四、铁路旅游的发展

1. 国外铁路旅游的发展

自从有火车以来，铁路旅游也就结伴产生了。目前世界上开行历史最久的铁路旅游列车当数奥地利的阿亨湖列车，迄今为止已运行了 130 年左右。游客们坐在这种古老的火车上，翻越山岭，穿过冰山，欣赏着沿途美丽的湖光山色，是让人领略一种追忆历史和展望明天的浪漫之旅。德国的阿尔卑斯火车、加拿大落基山观景火车等都是铁路旅游的经典范例。

美国的铁路旅游是世界上最为发达的。在美国，最受游客欢迎的铁路旅游线路是美加边境的阿迪朗达克铁路线。这条线自纽约的宾州火车站至加拿大蒙特利尔的中央火车站，穿越了美国几个著名的风景区。火车从纽约驶出后，沿哈德逊河行驶，能看到两侧绿油油的森林，红瓦白墙的别墅，往来穿梭的游艇；经阿迪朗达克山区，成片的森林连着农田，山间小道又联结着一栋栋农舍；尚普兰湖水清澈如镜，能倒映两岸的秀美景色。游客乘坐在火车上，犹如置身于一幅长长的山水画中。

2. 我国铁路旅游的发展

1997 年以来，中国旅游热潮高涨，在图定旅游列车基础上，专列旅游迅速成长。

中国铁路专列旅游始于 1983 年，当时法国的一家旅行社组织了一列从法国巴黎出发，途径布鲁塞尔、波恩、华沙、莫斯科、新西伯利亚等城市，从满洲里进入我国，经北京、广州等地，最后到达香港的旅游专列。旅行团在我国境内由中国铁路对外服务公司华运旅行社(华运旅游集团前身)负责组织安排。此后，瑞士、美国、德国等国家的旅行社纷纷加入这一行列，每年都要开行数列不同形式和内容的“东方快车”。10 多年来，华运旅游集团先后在我国境内开发了二连—北京—广州—香港、北京—桂林—凭祥等“东方快车”旅游线路，以及北京—敦煌—吐鲁番—乌鲁木齐—阿拉山口“丝绸之路”专列旅游线路。

在开行国际旅游专列的同时，国内旅游专列也迅速崛起，随着客运能力的增大，各铁路局纷纷增设了旅游列车,如北京铁路局开行的北京—石家庄旅游列车、牡丹专列、上海铁路局开行的上海—杭州、苏州、无锡间的旅游列车和“黄山号”旅游专列、郑州铁路局开行的“韶山号”旅游专列等,都为铁路拓展旅游市场提供了有利条件。仅北京、上海、郑州 3 个铁路局每年开行的旅游列车均在 100 列之上,其他各铁路局也开行了各具特色的旅游列车大大方便了旅游者的出行,旅游客流已成为铁路客运量的重要组成部分。

然而,我国的铁路旅游业还处于市场发展的初级阶段,铁路在旅游市场中占有的份额还相当低。这一方面说明了铁路在旅游市场上的开拓力度不够;另一方面也说明铁路在这个市场上仍大有潜力可挖,旅游专列有着很大的发展空间。

五、铁路专列旅游

1. 铁路专列旅游的概念

20 世纪 80 年代起,世界旅游业发展迅速。随着旅游市场的逐渐饱和,旅游业内部竞争日趋激烈。在这种形势下,各国的旅游部门纷纷开发新的具有特色的旅游项目,铁路专列旅游就是发展起来的旅游项目之一。

铁路专列旅游是指由旅游公司(旅行社)向铁路包用非图定列车,由铁路根据旅游公司的要求安排编组、运行线路和运行时间,组织旅行团体进行游览的一种旅游项目。在组织专列旅游方面,铁路的旅游公司和旅行社无疑具有较大的优势。

2. 铁路专列旅游的要素

旅游由食、住、行、游、购、娱六大要素组成,铁路专列旅游的要素就是这六项要素与铁路旅游专列相结合的产物。具体地说,就是由铁路交通为游客提供食、住、行以及游、购、娱一体化的服务。

(1)食。旅游列车的餐厅除了为游客提供优质的基本饮食外,还应供应沿线经由地的各色小吃,并根据游客的年龄构成、民族构成、层次结构等提供相应饮食。此外,列车餐厅装饰要体现旅游主题氛围。

(2)住。充分发挥铁路“列车旅馆”的功能,晚间行车,白天游览,夕发朝至。列车上卧铺等级可以根据旅游者的特点和需求,采取硬卧和软卧相结合的形式。

(3)行。采取旅游列车和旅游景区汽车相结合的方式。首先要注意两者之间的衔接,尽量减少旅游者等候时间。其次要注意交通的等级,旅游列车要采用新型快速高等级的装备,景区内应该使用特色环保车,以绿色为主基调。第三,在旅游列车上配备专门设施和专业导游提供各类讲解服务。

(4)游。铁路专列旅游所涉及的旅游活动大致分为两个部分:一类是在旅游列车运行过程中的沿途观光活动;另一类则是整个线路所包含的具有吸引力的景区(点)的游览活动。为便于在旅游列车上观光,列车应采用两侧装有弧形车窗的全景车辆,使游客在列车上能方便地观看车外的风景。

(5)购。为满足游客的购买需求,可以采用和生产厂家联合经营的直销形式,提供沿途的名优特产品。作为一种流动广告的创意活动,生产厂家要绝对保证商品质量,以不高于当地的零售价格销售,提供精美的透明包装(尤其是食品)和便携式袋装服务,并印制明显的旅游标志。

(6)娱。专列旅游是一项群体活动,可以为陌生个体提供互相交流的良机。在交通旅游过程中组织一些健康、有意义的娱乐活动,既可使交通成为旅游的组成部分,又可使旅游结伴者的交流提前开始，更趋深入，同时也是降低交通疲劳的良方。根据旅游者的特点和需求设计开发旅游列车上的娱乐休闲活动，使其充分体验"交通旅游"的魅力。例如，针对公务旅游团队，可安排一些小型的宴会和座谈等；针对老年人团队则安排一些健康讲座、老年人舞会等；针对家庭出游者则安排家庭才艺展示、儿童娱乐车厢等。总之要突出列车的休闲特色和主题。

3. 对铁路旅游列车的要求

旅游列车是铁路专列旅游的载体。为了提高铁路专列旅游服务质量，旅游列车应达到以下要求：

(1)设施先进。旅游列车应配属高等级全封闭空调车体，以舒适典雅的卧铺为主，以充分发挥"列车旅馆"的功能；餐车能提供地方特色菜肴，以充分发挥"列车餐馆"的功能；车辆两侧装有弧形车窗，以充分发挥"观光列车"的功能。

(2)服务档次高。旅游列车应设有吧台、小型酒吧、OK厅、电话，配备上网设备，以满足游客途中娱乐的要求。每个车厢均应配有电视录像设备，改变过去单纯播放电视节目或欣赏音乐的传统定势，可考虑由各地的旅游部门与文化部门合作，拍摄当地的旅游景观、名胜古迹、风土人情、宗教艺术，介绍当地的民俗、美食、科技、文教、中医等旅游项目，将沿途景点的峻岭奇峰、茂林修竹、云海飞瀑、遗址古迹等都尽力通过自然生动的图像，编辑成旅游专题片，在列车运行途中依次插放并出售，给旅客留下深刻的印象，弥补"身临其境为时短"的缺憾。

(3)乘务员素质高。乘务员除熟悉乘务员工作标准外，还能使用外语进行一般的会话。

(4)导游素质高。除引导游客欣赏沿线的景观外，导游还应有比较广博的交通知识，以便在旅途中向游客讲解旅游交通发展的最新成果。

另外，由于铁路专列旅游的服务对象是游客，因此列车的软硬件配置要考虑到游客群体的具体情况。在旅游群体中，具有不同收入水平、受教育程度、生活背景和年龄的游客，他们对旅游列车软硬件标准的需求是有差异的。因此，在制定旅游专列的开行方案时可根据游客的差异需求混编各种档次的车辆，以充分满足不同层次游客的需求。另外，针对目前我国老年游客越来越多的情况，考虑老年人爱静不爱动、体质差、易疲劳等特点，旅游列车可开辟老年人车厢。车厢内设备设施应相对舒适一些，车内的厕所可设置成坐式，旁边增加扶手；盥洗、茶炉等设施应以便利、安全为主；增加隔音设施；车内设备色彩以淡雅为主。

4. 铁路专列旅游的特点和优势

铁路专列旅游作为新兴的特色旅游项目，具有鲜明的特点和自身的优势。

(1)内容新颖。专列旅游把旅行过程也作为旅游的重要内容之一，这是区别于其他旅游方式的最大特点。根据不同层次旅客的需求，专列可以编挂淋浴车、酒吧车、瞭望车、会议车等。可以白天组织展览和讲座，晚上组织不同形式的晚会、聚餐、酒会、卡拉OK，安排各种文艺趣味活动，丰富旅行生活，增进游客之间的相互了解，营造出温馨的气氛和舒适的环境，改变人们对旅游是"白天看庙、晚上睡觉"的传统印象。

(2)效率高。旅游者约有60%以上的时间要用于休息和长途旅行，而专列旅游由于不受固定航班和车次的限制，可以根据旅行者的需要，尽可能安排夜间行车，白天参观游览，把休息和长途旅行结合在一起，使时间得到最充分的利用。此外，专列旅游还能够使游客欣赏到沿途的风光，把"旅"和"游"有机地结合起来，提高时间利用率。

(3)安全舒适。尤其是对于老年人的银发之旅，专列能够为他们提供一个安全舒适的旅行环境。华运旅游集团自开办专列旅游以来,承接的游客中半数以上是60岁以上的老年人。西方国家许多老年人在退休后一方面时间充裕,另一方面在快节奏的社会生活中,感到生活相对贫乏而产生孤独感,因而有旅游消费的条件和欲望。但这部分人的身体状况往往不堪承受交通的颠簸劳累。专列旅游的设施齐备,条件优越,既给他们提供了安全舒适的旅行环境,又给他们营造了一个相互交流的机会,所以专列旅游自出现以来就首先受到一些国家中产阶层老年人的欢迎。

(4)价格相对低廉。旅游作为一种产业,价格的高低直接关系到旅游项目是否具有竞争力、能否在市场竞争中站住脚。专列旅游的铁路票价相对便宜,而且可以尽可能安排夜间乘车旅行,从而降低了旅游消费中所占份额较高的住宿费的支出,形成可观的价格优势。沈阳铁路局丹东站同当地国际旅行社自1993年起联合开发了丹东、朝鲜7日游项目,包括食宿在内每人全部费用只需1 000～1 300元,而其他旅行社组织的使用其他交通方式(飞机、汽车等)的相同旅游项目报价均在2 500～3 000元,凸显铁路专列旅游在价格上的明显优势。

发挥铁路专列旅游的优势,扩大专列旅游市场,满足大规模团体旅行的需要,既可以增加铁路运输收入,同时也有利于铁路与其他运输方式开展竞争,吸引客流,扩大铁路的影响和市场占有率。

【案例6-1】 乌拉盖草原旅游专列

2015年6月19日,满载着400名游客的Y534次列车驶出沈阳站,奔向700 km外的乌拉盖草原,成为全国首趟开进乌拉盖草原的旅游专列。游客可以欣赏沿线原生态的秀丽风光,游览乌拉盖草原的九曲湾、天鹅湖和《狼图腾》取景地,还可以到霍林郭勒参观全国最大的露天煤矿。

【案例6-2】 新疆旅游专列

2015年7月17日,首列夏季“大美新疆”旅游列车正式开行。乌鲁木齐铁路局创建“坐着火车游新疆”的铁路旅游品牌,利用各地州季节性节庆活动,实行路地合作,挖掘引导消费,大力开行旅游列车,促进客运增收和旅游创收,开行了“乘高铁·看杏花”“桑葚游”“沙漠之春”“薰衣草”“油菜花”“大美新疆”等旅游专列。

六、铁路旅游的发展对策

1. 铁路旅游产品存在的主要问题

近几年来,铁路旅游项目由少到多,满足了大多数游客出游的愿望,成为旅游运输市场上的亮点。但同时也应看到,旅游列车的开行还处于初级阶段,在旅游列车开行过程中隐含的问题正陆续暴露出来,现有的铁路交通与旅游业的脱节很难满足人们日益提高的旅游服务要求。主要表现在:

(1)时间安排上的不协调。有时游客为了赶上某趟列车被迫舍弃某些游览景点。同时,铁路旅游的食、住、行、游、购、娱六要素不能满足游客的需求。由于经济能力和其他因素的限制,人们旅游的时间一般是有限的,在铁路旅游中,人们对六要素的要求很难同时得到满足。

(2)服务意识有待加强。随着我国经济的发展,国民收入逐年提高,目前已经形成了巨大的国内旅游市场。游客的服务需求相对较高。短途旅客要求购票、候车、上车、途中等环节轻松方便,满足休闲需要;长途旅客需要在车上休息、娱乐,需要有一种“家”的环境,并有强烈接受信息引导的要求。但铁路只停留在采取加开旅游列车、临时加挂客车以及保证铁路旅行社的票额需求等措施，还没有扩大到为旅游者提供全方位的服务。国外经验表明，可以将往来于大城市和旅游胜地之间的旅客组织到旅游专列上来，这样既可使游客得到较好的服务，同时也可体现铁路旅游的品牌。

(3)不能满足游客的特殊要求。旅游者和旅游目的的差异性导致了旅游需求的差异性。铁路交通和旅游的脱节会造成很多游客的要求无法实现，进而影响铁路旅游的市场占有率和经济效益。

2. 发展铁路旅游的对策建议

(1)依托铁路优势，开发紧密关联市场

旅游业涉及吃、住、行、游、购、娱等诸多方面的服务。铁路之所以涉足这个行业，是基于铁路运输业作为中国的骨干运输方式所具有的"行"的优势。在其他方面，如市场经验、客户资源、人才储备及培训等，均与国有骨干旅游企业相差甚远，在经营机制方面又与民营旅游企业无法相比。基于这些现实条件，今后相当长的一个时期，发展铁路旅游业仍需依托铁路优势，关注铁路运输及关联领域。盲目在非优势领域参与竞争，面临的将不是发展问题而是生存的问题。

(2)明确重点产业发展方向，打造特色拳头产品

首先必须明确将旅游业与观光旅游严格区别开来，走出发展旅游业就是发展旅行社的旅游中介服务业务的认识误区。虽然旅游中介服务的需求随着旅游业的迅速增长也在快速增长，但由于旅行社投资少、行业进入门槛低，造成旅游中介服务的市场供给增长速度远远超过了需求的增长速度，使传统的组团、接团业务面临空前激烈的竞争，收入利润率已降到极低的水平，而且这种中介业务附加值低，创造的 GDP 总值在整个广义旅游业中的比重不超过 1%。事实上，旅游中介服务应属于"国退民进"的领域，以传统的组团、接团业务为主发展铁路旅游业，无法使之成为期望中的支柱产业。

铁路旅游业应围绕铁路优势发展，片面追求全面性的"一条龙"服务是不适宜的。以往投资的铁路新型空调客车就是围绕"行"的方面做文章，因而取得了良好的效益。铁路旅游业的发展，必须要以较大的投入在交通工具(如假日列车、旅游列车、旅游专列等)、铁路特色景点、利用铁路闲置资产诸方面做文章。到目前为止，投入较多资金的铁路酒店具有两重性：一方面它不是中介业务，而是旅游业中获得终极收入的行业，需要较多资金的投入，进入的门槛相对较高，可以发挥出铁路企业的资金优势，因而在一些经济相对落后地区和游客集中到达地区取得了较好的效益；另一方面，由于铁路酒店无法直接利用铁路运输优势，完全面对市场竞争，又受到内部机制的制约，因而在相当一些地区遇到了较大的经营困难。利用铁路运输优势，在一些局部市场取得绝对优势，渐进争夺关联市场应是铁路旅游业发展的方向。

(3)树立长期发展思想

铁路旅游业要成为多元经营支柱产业之一，必须树立长期发展思想。从人才引进、培养、储备，到市场开拓方向、步骤，资金投入方向，企业的组织形式、治理结构，新项目调研、储备等均应树立长远观念。要敢于投资长线项目，尊重市场发育周期的规律性，不盲目追求"短、平、快"。

(4)充分利用地方优惠政策

发展旅游业对经济增长的重要性已为多数地方政府所认识。在许多地方，旅游业发展正处于起步阶段，政府为促进该行业的发展，会采取一些优惠政策，应积极收集相关信息，低

成本取得一些旅游资源的经营权、专营权,为企业长期发展积累后劲。

(5)实行资本经营,落实现代企业制度

应尽可能利用资本经营手段增加存量资产的效益,筹集资金。可有选择、有步骤地推进在一些投资较小的企业,实行包括职工个人持股等多种形式的所有者多元化方案,使国有资本逐步减少直至退出一些不宜进入的领域。对于新增项目,在条件适宜时,应从一开始就实行所有者多元化的方案。

第三节 铁路拓展物流服务

随着社会经济的发展和国内外市场竞争的加剧,我国铁路运输企业必须要实现管理体制和经营方式的战略性转变,这既是挑战,也是机遇。现代物流的蓬勃发展为铁路运输企业向现代物流领域拓展提供了有利的契机。传统的铁路货运如何发挥自身优势,加快融入并积极发展现代物流,已成为摆在我们面前的一个现实和紧迫的问题。

一、交通运输与现代物流的关系

传统意义上的交通运输是完成旅客和在社会经济活动中产生的各类物质在空间和时间上的位移。而现代物流是以提供优质服务为目标,以交通运输为手段,以信息技术为支撑,与包装、装卸、存储、配送、流通加工、物流信息处理等有机的综合在一起,作为一个系统来管理,为供应链上各环节的企业提供服务的经济活动,交通运输与物流之间存在着密不可分的内在联系。

1. 物流的发展离不开交通运输

整个物流活动由包装、装卸、保管、库存管理、流通加工、运输和配送等活动组成,其中运输是物流活动的主要组成部分,是核心环节,没有运输就没有物流。现代物流在满足流通需求的同时,追求将服务全过程的系统总成本降至最低,而流通过程本身则由以信息系统为支撑的运输系统来完成。传统运输企业与现代物流企业相比,主要是欠缺对各项物流服务功能的有机衔接和提供各种有效的增值服务。传统运输企业在向物流业拓展中较之其他行业具有明显的可延伸性和可继承性。

2. 现代化运输体系是物流管理社会化的基础

针对企业对物流管理社会化的需求,发展公路、铁路、水运和航空的联运,快速货物运输,集装箱运输,建立集约化的物流中心,以及实行物资的及时综合配送等,成为交通运输行业发展的主要方向。在这些物流业务不断分化和组合的过程中,交通运输在行业内部形成了一个立体的运输网络,使每个企业都能通过这个网络以低成本构建自己的供应链,实现其物流管理计划,为物流管理的社会化提供基础条件。

3. 交通运输与物流的业务联系

现代物流业运用系统理论对社会商品生产、流通、消费的全过程进行重新整合、统筹规划,力求以最低的总运营成本实现货物的高效、快速、平稳的流动。而运输和仓储是物流过程中不可或缺的两个最基本的主要运作环节。此外,传统的运输企业在业务经营过程中,有一部分业务已经涉及现代物流的范畴,尽管只是处在较低层次和不自觉的状态。比如,为货主代办联运、代为保管货物以及为货主选择合适的运输方案等。

事实上,从国外现代物流业的发展情况来看,大多数现代物流企业都有着传统运输企业的背景,多是从传统的运输企业转化发展而来;我国的一些传统运输企业已经涉足现代物流业,向社会提供现代物流服务,取得了良好的经济和社会效益。国内外的这些成功事例都为我国传统运输企业向现代物流企业转化提供了可供借鉴和学习的范例。

4. 交通运输与物流的从业人员联系

现代物流业的中层管理人员以及基层操作人员大多来自传统的交通运输业。相对于传统的交通运输业而言,现代物流业着重于依靠现代物流信息管理系统对物流的全过程进行管理。对于现代物流的大部分操作来说,与传统的交通运输有着很强的相通之处。

二、铁路向现代物流拓展的意义

(一)新常态下铁路物流发展环境分析

1. 供给侧结构性改革对铁路物流提出新要求

当前,我国经济发展步入"新常态",经济增速从高速增长转向中高速增长,经济发展方式正从规模速度型粗放增长转向质量效率型集约增长,经济结构正从增量扩能为主转向调整存量、做优增量并存的深度调整。此形势下要求以供给侧结构性改革为主线,扩大有效供给,满足有效需求,加快形成引领经济发展新常态的体制机制和发展方式。我国物流业正处于产业地位的提升期、现代物流服务体系的形成期和物流强国的建设期,物流和制造业的联动发展、和商贸业的融合发展,以及交通物流的融合发展对物流业发展提出了系统性的要求。物流业需要加快转型升级,从要素驱动、投资驱动转变为整合发展、创新驱动,更好发挥物流业对于国家经济增长的推动和促进作用。铁路作为全社会物流体系的重要组成部分,既要发挥基础性与战略性作用,支撑经济总量保持中高速增长;又要满足经济发展方式转变对物流组织、经营质量、信息服务等的新要求。铁路物流应通过供给侧的发力,扩大铁路基础设施、技术装备和管理能力上的有效供给,通过供给侧改革创造新的需求,为持续增长提供保障。

2. 产业升级和转移引发铁路物流结构新变化

随着我国经济发展方式转变和产业结构调整升级,东部沿海地区产业向中西部地区转移步伐加快,承接产业的重点区域正逐步由东部沿海地区向中西部拓展;此外,中国正在逐步改变被动承接国际产业转移的角色,通过向海外进行产业转移,积极消化过剩产能,构建我国产品的全球供应链配套体系。国际国内产业转移与空间布局的调整,对货物流量流向产生重要影响,必将引发物流格局的大调整,要求铁路行业适应生产力布局新变化,有针对性地完善物流大通道和节点服务网络。随着中国经济增速放缓,未来对钢铁、煤炭等大宗物资的需求将缓中趋稳;制造业服务化正在成为制造业新的利润源泉和转型方向,制造业与物流业将实现融合发展,同时,电子商务、网络消费等新兴业态也在快速发展。因而,物流的成本、服务、速度面临着新的更高要求,这也必然要求铁路保持甚至扩大在中长途大宗货物运输上相对其他运输方式的优势,同时准确把握白货物流需求的变化,完善现代物流服务体系,为客户提供多样化、个性化的物流服务。

3. 对外开放加快为铁路物流发展带来新需求

随着"一带一路"国家战略的持续推进,我国对外开放由沿海为主向沿海和内陆并重转型,内陆依托国际陆路大通道的对外开放步伐加快。丝绸之路经济带沿线各省地方政府出于拉动区域经济发展、促进地区产业升级的诉求,积极推动中欧集装箱班列项目的实施。自2005年首列自呼和浩特至德国法兰克福国际集装箱班列开行以来,中欧国际集装箱班列项目发展迅速。以重庆和郑州为代表的中欧集装箱班列项目采取由政府主导,出资与铁路及物流公司共同组建班列运营平台公司,负责整个班列的运输组织、经营组织和企业管理。在班列开行初期,由于货源不足致使空箱补货造成的亏损,政府给予相应的财政补贴,以保证班列市场的培育。为使各省份中欧集装箱班列发展形成合力,目前已经形成以“中欧班列”品牌,促进各省份积极统筹西向和返程双向货源,为铁路集装箱国际运输催生了新需求。

(二)我国铁路向现代物流拓展的必要性和迫切性

根据运输在物流系统要素构成中所处的重要地位和所具有的重要作用,结合铁路在我国现代综合交通运输体系中所处的骨干地位的实际国情,不难确认铁路在我国现代物流体系构建及经济运行中所占有的特殊重要地位和应发挥的巨大作用。铁路向现代物流拓展的必要性和迫切性表现在以下五个方面:

1. 提高国民经济运行质量和国际竞争力

在世界经济日益全球化、市场日益一体化的今天,中国包括关税在内的各种贸易壁垒逐步被消除,企业面对的不仅仅是国内的市场,而要越来越多地面向全球市场竞争。企业要提高国际竞争力,除要注重技术创新,不断开发适应和引导市场需求的新的科技产品外,很重要的就是要采取各种有效手段和措施,降低企业生产经营成本,提高企业效益,从总体上说就是要提升国民经济运行质量。

根据经济学理论,商品的价值量是以其所耗费的社会平均必要劳动时间衡量的。企业的产品只有在其生产过程中的物化劳动和活劳动消耗低于社会平均水平,而以社会平均价格出售时,方能获取高于同业水平的收益。企业提高产品收益的途径,过去主要集中在更有效地降低产品生产过程中的物质资源消耗与活劳动消耗两个方面,通常把通过这两种途径而增加的利润称为“第一利润源泉”和“第二利润源泉”。

随着科技的进步以及管理手段和管理水平的不断提高,第一、第二“利润源泉”可挖掘利用的空间日益缩小,人们开始把提高企业效益的注意力投向生产过程之外的流通领域,即注重挖掘通过降低物流费用而增加利润的所谓“第三利润源泉”。发达国家企业在改进物流管理方面采取有力措施,以大幅度降低物流成本,有效地缓解了20世纪70年代初期的能源危机,稳定了经济发展,物流地位在全球范围内得到极大提高,物流潜力被喻为“经济界的黑色大陆”,各国纷纷把降低物流费用视为企业的第三利润源泉和提高整体国民经济效益的重大举措。在此基础上,把系统理论方法与现代信息技术引入和应用到物流领域,极大地促进了现代物流的形成和发展。

现代物流在发达国家的快速发展,有效地促进了这些国家物流管理水平的提高和社会整体物流成本费用的降低,增强其国际市场竞争力。各发达国家社会物流费用占其GDP的比重呈逐年下降趋势,目前达到8%～10%的水平。而各发展中国家由于现代物流发展滞后,这一指标普遍维持在15%及其以上的较高水平。从这里不难看出发展中国家与发达国家经济运行质量的巨大差距,同时也可以看出现代物流发展水平对各企业和不同国家国际市场竞争力可产生的重大影响。

我国经济发展速度虽然很快,但经济运行质量不高,这成为我国经济提高国际竞争力和可持续发展的重大障碍。在物流管理领域,传统计划经济体制形成的各种积弊仍严重存在,条块分割、自成体系;采购、生产、流通、销售等各环节相互分离;第三方物流市场发育不良,工商企业库存量巨大,物资和资金周转缓慢,生产经营成本居高不下;而运输、仓储、货代等企业有效需求不足,设施设备大量闲置;造成全社会资源的极大浪费。据统计,2016年我国社会物流总费用与GDP的比率为14.9%，与发达国家存在一定的差距。这一方面说明我国发展现代物流、提升国际竞争力方面任务艰巨、形势紧迫，另一方面也说明我国在挖掘利用“第三利润源泉”方面潜力空间很大，现代物流发展的市场前景非常广阔。政府大力提倡和推动现代物流发展，努力培育现代物流服务市场，加快建设与国际接轨的社会化、专业化现代物流服务网络体系，这不仅是适应国际现代物流发展趋势的需要，更是反映了经济发展规律的内在要求和提高经济运行质量、增强企业竞争能力和综合国力的客观需要。

为了促进国民经济持续稳定发展，优化物流资源配置，改善投资环境，加快融入国际经济贸易全球化进程，提高国民经济运行质量和中国企业的国际市场竞争力，必须大力发展现代物流。为了加快现代物流发展，大力倡导和推进第三方物流的发展，而作为发展第三方物流事半功倍的有效途径，尤其是要大力促进运输、仓储、货代等传统企业发挥其固有的优势，通过业务扩展和产业升级，向第三方物流企业转型。具有大量运输物流资源和网络经营优势的铁路运输业向现代物流拓展，对于构建和强化中国现代物流体系、加快第三方物流的发展、提高国民经济运行质量和国际竞争力具有十分重要的意义和作用。

2. 提高铁路货运的市场竞争力

随着改革开放的深入发展，社会各个层面对货物运输的要求也越来越高，越来越繁杂细致，单一的运输或仓储服务已经很难适应市场需求。基于这一变化，铁路面临的已经不是原来单纯的运输市场，而是包含运输、仓储、配送等各个服务功能的整个物流市场，这样铁路所面临的竞争对手也不再只是运输企业，而是各种类型的物流企业。

同时国外的物流企业进入中国市场，对国内物流造成了强烈的冲击，国内的现代物流业的发展又对传统的物流造成了冲击，面对双重压力，铁路货运的竞争力在不断下降。尤其是近年来，随着高速公路的建设和完善，许多铁路货运量转向公路。面对如此激烈的市场竞争，铁路货运要想长期的可持续发展，就必须要转变市场观念，强化服务意识，向现代物流转型。

加快铁路物流业发展是实施可持续发展战略的需要。随着现代物流的发展，物流活动已经被越来越多的企业作为一个整体来考虑。铁路在实物、信息和其他相关服务网络方面具备了向现代物流转化的物质基础和开拓物流市场得天独厚的优势。同时，路网规模的扩大不断加快了物流、人流、资金流和信息流的流动，为铁路的开展流提供了广阔的前景。铁路货运向现代物流转型发展，将给铁路货运业带来全新的经营理念，促进铁路运输行业提升服务质量与管理水平，也有利于我国物流业的长远健康发展。

3. 构建中国高效的现代物流体系

构建现代物流体系，最重要的是构建交通运输通道和设施平台、通信信息网络平台和法规政策环境平台三大平台。中国资源分布、经济发展的一系列显著特点，决定了铁路在现代物流体系构建中特殊的重要作用。

(1)幅员广阔、人口众多、经济总量较大且处于较快增长时期，物流数量巨大、空间分布广泛，要求构建规模庞大的现代物流网络体系，包括技术设施网络、通信信息网络和业务经营网络。

(2)自然资源和生产力的空间分布极不均衡，决定了各类能源、原材料供应及产成品销售物流平均距离较大，且流向相对集中，要求提供强大的陆路通道运输能力。

(3)国际经贸联系广泛，沿海及边境口岸众多，国际物流系统复杂庞大，国际物流需求增长明显高于物流需求总量的增长速度。

(4)各类市场的进一步开放和投资环境的改善,扩大了对外资及外资企业的吸引力,西部大开发战略和振兴东北老工业基地战略的实施将更有力地促进西部地区及东北地区经济贸易,尤其是外向型经济的发展。为此,要求现代物流实现向内陆地区的有效延伸扩展,构建覆盖中西部地区及东北地区高效率的整体现代物流体系。

(5)集装箱多式联运系统是构建现代物流体系的有效载体,要构建和发展辐射延伸能力、输送能力强的集装箱海陆多式联运系统。

由于上述特点,决定了运输过程的优化管理与控制成为中国现代物流体系优化和整体物流成本控制的有力手段和关键。

中国铁路拥有基本覆盖全国的设施网络、信息网络和经营网络,对于大批量、中远距离的物流运输具有明显的技术经济优势,在各主要货流方向能提供强大的通道运输能力。铁路拥有众多边境口岸站、港口站等物流设施,开展国际物流服务具备相当的基础条件。对于中西部及东北地区经贸发展,外向型经济的规模化发展,铁路是实现现代物流向内陆地区的有效延伸扩展、构建有力的集装箱海陆多式联运系统最有效的载体。因此,铁路对于构建中国高效的现代物流体系具有不可替代的作用。铁路货运向现代物流转型发展是物流业深入发展的内在需求。现代物流已经渗透到国民经济的各个方面,是一种跨地区、跨行业的复合型产业。与传统物流相比,现代物流的网络化、信息化、集成化、规模化和智能化等特征明显,正是由于这些特征,体现出了现代物流的低成本、高效率的特点。总之,铁路货运只有融入现代物流的大系统,才能满足现代物流的运作理念和要求,才能取得可持续发展。

4. 适应国际化市场竞争的支持作用

加快现代物流市场及其主体的培育发展,对于增强中国现代物流经济整体实力,在未来日益激烈的现代物流国际化市场竞争格局中取得主动地位具有极其重要的意义。国内不少大型的海运、民航、公路运输企业、货代企业、仓储企业较早地认识到拓展现代物流的重要性,积极实施向第三方物流企业转型的产业升级和战略转变,新兴的现代物流企业不断涌现,并迅速地拓展其经营网络,为中国现代物流经济的起步发展做出有益的贡献。中国铁路参与运输物流市场的国际化竞争是不可回避的现实,而铁路运输业向现代物流领域的融入拓展却比较滞后和缓慢。铁路不能贻误当前拓展现代物流的有利机遇,因为待第三方物流有了长足发展及国外运输物流企业大举进入我国物流业市场,铁路再想介入这一领域将倍加困难,铁路运输的发展将受到来自国内外日益强烈的市场竞争而处于被动的境地,而对中国的现代物流经济的发展也将产生不利的影响。因此,铁路必须不失时机地抓紧调整并实施积极地向现代物流拓展的发展战略。

5. 铁路寻求新的经济增长点和利润空间

作为传统产业,铁路拥有数量庞大的物流资源及人力资源,随着运输市场竞争的发展,仅经营传统的运输服务,铁路运输业的利润空间越来越狭小,甚至出现越来越多的“无利润区”,铁路的各类资源或被闲置或利用率低下。向现代物流领域拓展是铁路货运新的经济增长点,不仅能为铁路货运既有资源的利用提供新的天地,而且可为铁路货运开拓新的业务领域提供广阔的空间。铁路应利用枢纽内及口岸有条件的铁路货运站,建设发展铁路物流中心和城乡配送中心,开展各种形式的仓储、包装、流通加工及配送服务;通过合理的组织与协调,为企业提供全程代理服务和综合物流服务;利用现有的人力资源和信息资源,为企业提供物流解决方案和一体化供应链管理咨询服务等。新的资源利用方式与新的业务活动拓展将为铁路货运开辟新的增值服务领域和利润空间,在拓展现代物流服务过程中,与客户建立长期稳定的战略合作伙伴关系，使铁路运输业能主动适应外部经贸环境和运输物流市场需求变化，实现铁路运输的可持续发展。

三、铁路运输业开展综合物流服务的有利条件

1. 外部有利条件

(1)政策支持

2014 年 9 月 12 日，国务院印发《物流业发展中长期规划(2014～2020 年)》(国发[2014] 42 号)，把物流业定位于支撑国民经济发展的基础性、战略性产业，是物流产业地位进一步提升的重要标志。为落实《国务院关于印发物流业发展中长期规划(2014～2020)的通知》，国家发改委会同有关部门制定了《促进物流业发展三年行动计划(2014～2016)》。此外，有关部门也发布了一系列支持物流业发展的政策文件。系列利好政策的出台显著提升了物流产业的地位，极大地拓展了物流业发展空间，为物流业的健康发展创造了良好的政策环境，也为铁路物流的发展创造了难得的发展机遇。2016 年 6 月 10 日，《国务院办公厅关于转发国家发展改革委营造良好市场环境推动交通物流融合发展实施方案的通知》(国办发[2016] 43 号)为交通物流融合发展形势下铁路物流的发展提出了要求。文件指出，应尽快打通连接枢纽的"最后一公里"，加快实施铁路引入重要港口、公路货站和物流园区等工程。加快推进部分铁路枢纽货运外绕线建设，提高城市中心城区既有铁路线路利用水平。实施铁路物流基地工程，新建和改扩建一批具备集装箱办理功能的一、二级铁路物流基地。编制实施推进物流大通道建设行动计划和铁路集装箱运输规划，做好骨干物流通道布局，到 2020 年初步形成集装箱运输骨干通道。在长三角、珠三角等客货流密集地区，研究推进客货分流的铁路、公路通道建设。鼓励铁路运输企业在沿海主要港口与腹地物流园区之间开行小编组、快运行的钟摆式、循环式等铁路集装箱列车。大力发展铁路定站点、定时刻、定线路、定价格、定标准运输，加强与"一单制"便捷运输制度对接。加快研发铁路快运车辆、新型集装箱平车、双层集装箱车及特需车辆。探索在铁路市场引入社会化集装箱经营主体，铁路运输企业要积极向现代物流企业转型，开放各类信息和接口，提高多式联运服务能力。

(2)门槛较低

我国现代物流正处于起步阶段，整个物流产业受条块分割管理模式影响，物流中心没有规模效益，市场潜力和发展前景十分广阔。加上物流业的大门还未完全对外开放，使铁路货运向现代物流业拓展的门槛较低。

(3)需求旺盛

我国境内的"三资企业"和跨国公司、国内新型大中型企业，国有大型企业急切地要求将原有的物流活动剥离出来，把物流活动交给专门的物流提供商，通过物流服务合同、物流设施租赁多种形式获得及时性、准确性较高的物流服务。

2. 内部优势

(1)铁路发展物流具有良好的网络优势

铁路的网络优势可以分成三个层次：其一，具有显著的运输网络优势；其二，具有广泛的业务网络优势；其三，已建成一定规模的信息网络。

从铁路的运输网络来看，2016 年末，全国铁路营业里程达到 12.4 万 km，同时铁路与港口以及众多大型生产企业相连接的还有众多的专用铁路及专用线，形成了基本覆盖全国、连接各主要水路、陆路枢纽的较发达的铁路运输网络。

从铁路的业务网络来看,铁路在全国范围内拥有 4 000 多个货运办理站,已建成多个现代化铁路物流中心,货运业务深入到各个城镇,与各自服务吸引区的广大企业和用户有长期密切的业务联系。特别是近些年来,铁路货运代理企业开始向网络化经营发展,通过开展市场营销,与路内外的多家企业及货主确立了业务联系;同时,通过签订路企合作协议、发展大客户等形式,加强了与其他代理企业的联系与合作,建立了广泛的业务网络,逐步向全程代理发展。

从铁路的信息网络来看,铁路目前已形成了以光纤为载体、覆盖全路 60%的有线传输网,覆盖 18 个铁路局 1 800 个站点的数据网,覆盖 18 个铁路局的卫星通信网、电视电话会议网和机关计算机局域网。铁路运输管理信息系统(TMIS)、铁路调度指挥管理信息系统(TDCS)等逐步推广应用,各货运站的货运信息系统在应用中不断升级及完善。同时,铁路一些运输代理企业也开发了管理信息系统,建立了公司内部局域网,实现了办公自动化与信息共享,加强了企业业务功能的整合。一些企业还建立了信息网站,实现了业务信息与市场的及时沟通。

(2)铁路发展物流具有较强的运力保障

为了适应国民经济发展对运输的要求,近几年来,除了加强线路的建设与改造外,铁路开发了一系列满足不同市场需求的货运产品,为铁路发展现代物流提供了有力的保障。如为方便货主对高附加值货物的快捷运输要求,开行了特快、快速、普快货物班列,实现了管理规范化、运行客车化、价格公开化、服务承诺化;为适应企业对大宗货物运输的需要,开行了大宗货物直达列车;开行了中欧、中亚班列,为我国铁路跨国运输提供了一条便利通畅的运输通道。

(3)铁路发展物流具有一定的设施基础

我国铁路是一个基本覆盖全国的大型网络型干线运输企业,拥有数量庞大的线路、机车、车辆、集装箱、装卸搬运机具、场库设备、信息网络、技术管理及经营人员,其他各类相关设施设备等物流资源。这些物流资源为铁路系统向现代物流领域拓展提供了较为雄厚的物质技术基础,构成铁路发展现代物流服务较为有利的资源条件。

(4)铁路发展物流具有一定的业务基础

铁路通过转变观念,在服务意识上不断进步,开始从货主需要出发提供与运输有关的多种服务。为了满足货主的需要,铁路通过大力发展货运代理不断拓宽业务范围,许多货运代理企业可向货主提供运输咨询、代办运输手续、代办保价、保险、结算运杂费、仓储、包装加固、押运、监装监卸、理赔、索赔、报关、报检、短途运输等多种服务。近年来,各铁路局大力开展物流总包服务,各专业运输企业积极开展全程物流服务,取得了显著成效。这些服务的开展为铁路拓展物流服务功能,向现代物流融入和拓展打下了良好的基础。

四、铁路拓展现代物流的战略目标及市场定位

1. 铁路拓展现代物流的战略目标及指导思想

根据国内外现代物流发展趋势、国民经济发展及铁路行业自身改革发展的要求,铁路应抓住当前的有利时机,充分发挥自身优势,加快向现代物流拓展的步伐。

铁路向现代物流拓展的总体战略目标是:以市场为导向,以满足客户需求为目标,紧密围绕创新发展主线,全面树立现代物流服务理念,坚持一体化运作、集约化发展、专业化管理,加快构建铁路基础设施网、运营组织网、智能信息网,通过发展全品类物流、提供全流程

服务、开展全方位经营、实行全过程管理，实现运输、仓储、加工、配送、物流金融、信息服务等业务融合发展，打造全新的铁路物流生态体系。

铁路向现代物流拓展的指导思想为：以加快发展为主题，以满足客户需求为宗旨，以铁路运输物流资源为基础，以信息技术为支撑，通过运输物流资源整合和物流业务拓展，特别关注增值物流服务，优化运输组织，不断提高物流服务水平和能力，最大限度地满足市场对现代物流服务的需求。

2. 铁路拓展现代物流的市场定位

铁路发展现代物流必须紧密结合我国物流市场情况和铁路自身的条件。从国内当前的市场需求看，社会化的现代物流需求还不够旺盛，许多企业对现代物流还不十分了解，特别是国有大中型企业在原有计划经济条件下形成了“大而全”的生产组织和经营管理模式，多数企业设有自己的物流服务部门，对专业化物流服务的需求并不是很迫切，还需要有一个逐渐认识和发展的过程。

从物流服务的供给情况看，众多的运输企业、仓储企业、货代企业、部分工商企业、邮政部门等纷纷融入物流领域，国外一些运输物流企业也开始进入我国物流市场，呈现出竞争日趋激烈的态势。因此，铁路向现代物流领域拓展，必须立足自身的条件和优势，在当前国内物流发展热潮中冷静地选择发展现代物流的重点领域。

针对目前国内物流市场状况，铁路发展现代物流主要进入以下领域：

(1)大宗物资的物流增值服务

大宗物资运输是铁路在综合运输体系中的优势业务，其他运输方式的替代性不强，铁路当前拥有的仓储设施和装卸机具等类资源也比较适应大宗物资运输的要求，信息管理也较为简单。通过对大宗物资提供不同运输方式的衔接、仓储、库存控制、分拨、配送、流通加工等物流增值服务，是铁路向现代物流拓展初期的有效措施。

(2)小件货物物流服务

铁路小件货物快运业务已经在国内快运市场占据了重要的位置，为向现代物流发展奠定了良好的基础。

目前中铁快运已在国内 1 500 多个城市设立了 3 200 多个经营网点，覆盖 2 900 多个市、县，拥有城际运输及门到门配送汽车近 3 000 辆，分拨、仓储场地面积约 60 万平方米，形成了网络化的经营格局，在未来向现代物流发展过程中将具有良好的市场发展前景。

(3)外商独资企业、中外合资企业以及新兴民营企业的物流综合服务

这几类企业中的大部分企业在组建之初就是按照专业化分工的原则来设置企业内部组织机构，很多企业没有设置专门的物流服务部门和设施，同时这些企业观念新、产品档次和价值较高、支付能力强，对第三方物流形成直接的有效需求，但往往要求物流服务提供商能提供系统化的高水平的综合物流服务。

随着我国市场经济的发展，市场逐步开放和投资环境的进一步改善，这类企业的数量和物流需求将进一步快速增长，应作为铁路今后开展第三方物流服务的重点领域。

(4)国际物流服务

铁路拥有的边境口岸站、内陆口岸站及港口站，具有发展国际现代物流的优势条件。近年来，我国沿海各主要港口吞吐量快速增长，尤其是国际集装箱吞吐量增长更快。随着世界经济一体化进程的加快，国际贸易运量将有更快的发展，特别是跨境电商业务量迅猛增长，这为铁路拓展国际物流服务提供了有利的货源条件，铁路国际物流有着极大的发展空间。

近年来中欧班列、中亚班列的快速发展充分印证了这一点。

(5)国有大中型企业的第三方物流服务

国有大中型企业是铁路最重要的目标市场,经过多年发展,已与铁路形成了较为紧密的业务联系,在现有合作的基础上,利于与铁路建立更为紧密的战略伙伴关系。

虽然国有大中型企业一般都拥有自有的物流系统,但随着国有企业改革的深入和观念的转变,这一部分物流市场需求是铁路发展现代物流最大的潜力空间。

五、铁路运输向现代物流转型的发展思路

1. 统筹规划,建立体系

建立由营销系统、生产系统、配送系统、物流价格系统、质量控制系统、基础设施保障系统和企业建设保障系统组成的铁路现代物流服务体系,提升铁路物流服务水平,协调好各铁路局、专业运输公司之间的关系,保证物流的连续性和服务的持续性,打造运行高效、团结协作的铁路物流企业形象。

2. 细分市场,优化产品

根据不同市场需要,优化设计铁路物流产品。针对干线运输,做精做强,优化铁路班列谱系,延伸货运服务链条;针对快递、零散货物市场,为快递和物流企业搭建干线运输平台,开发标准化产品、引流上线,适度向两端延伸服务链条;针对高附加值货物大型生产制造企业,分行业大力拓展全流程总包、联营总包、采供销储配运一体化服务,为客户提供行业供应链管理优化服务;针对煤、焦炭、石油、矿石等大宗货物市场,大力拓展综合物流、商贸、金融等服务。

3. 加强经营,创新模式

加强市场调查,巩固扩大大宗货物物流市场,努力开拓高附加值货物物流市场,发展集装箱物流、快捷物流、物流总包等重点业务板块。推进物流节点经营与开发,开展代为采购、订单管理、流通加工、仓配一体化、物流金融、咨询服务等高附加值增值业务以及配套生活、物业服务等。探索物流总包经营模式创新,拓展一体化、多功能、全流程的物流业务;积极引入供应链管理理念、方法和技术,推广应用 VMI、JIT 模式,为客户提供个性化、精细化的供应链物流服务。

4. 强化节点,完善网络

合理布局物流节点,优化铁路物流基础设施网络;充分发挥市场配置资源的决定性作用,注重投资经济效益,引入社会资本,推进铁路物流园区、物流中心设施建设;加强物流基础设施建设的有效衔接,提升铁路物流节点服务功能。

5. 科技支撑,提升装备

加强物联网、大数据、云计算、北斗导航、移动互联等先进信息技术在铁路物流领域的应用;加快铁路物流信息集成与共享,推动 95306 电商平台与物流服务的有效集成,推动物流与商流、资金流、信息流的集成化运作;加强技术标准体系建设,加快铁路物流装备投入与更新力度,提升物流业标准化、信息化、智能化、集约化水平。

6. 整合资源,提高效率

加强与社会物流企业、大型客户的战略联盟和合作,推进物流资源整合与重组,不断增强铁路参与国际国内物流资源配置的能力,提高物流运作效率,提升铁路在全社会物流中的骨干作用和影响力。

六、铁路发展现代物流的对策措施

(一)加快市场化改革,强化市场经营与开发

1. 加强市场营销

建设现代化营销和客服中心,加强营销渠道建设与管理,实时掌握客户供应链需求,匹配物流服务;加强营销宣传,提升铁路物流产品品牌的知名度;加强 95306 网络营销平台建设,实施铁路物流网络营销。

2. 优化业务受理模式

全面强化敞开受理,随到随办,丰富线上受理服务渠道,积极拓展线下受理覆盖面,一站式受理客户的全部物流服务要求;减少和取消货物受理中间环节,实现业务直接办理。

3. 实行市场化定价策略

全面实行市场化“一口价”,创新价格形成机制,建立科学规范的货运和物流服务价格决策、调整、监督管理体系。

4. 推进物流节点经营与开发

围绕新建或改造的铁路物流中心,设计符合地域经济特点的经营方案,进行全面招商,变货场为市场;积极发展代为采购、仓储管理、流通加工、城市配送等经营业务,扩大增值服务空间。

5. 向制造业物流与供应链管理延伸

为制造业企业提供供应链设计、物流方案策划、采购物流、入厂物流、销售物流、回收物流、供应链金融以及信息追溯等集成服务。

6. 探索物流经营模式创新

推动铁路物流服务与制造业、信息业、电子商务、金融业等行业联动发展,推动与综合交通运输体系深度衔接、协同创新。搭建第四方物流整合平台,拓展物流金融服务。

7. 推进物流市场对外开放

全面开放铁路物流投资和运营市场,鼓励和扩大社会资本加速进入,支持和包容新型业态融入,推动经营和管理体制机制创新,提升铁路物流市场竞争力和生命力。

(二)全面提升物流服务水平

1. 进一步提升铁路物流全程服务能力

建立接取送达组织体系,形成以铁路局物流配送调度为组织核心、站段物流调度、货运站配送值班员、配送员和接取送达司机为主要机构岗位的接取送达服务组织体系;搭建跨局沟通协调平台,畅通接取送达业务的跨局协调渠道。加强接取送达能力建设,建立起完整健全、方便快捷、集约高效的接取送达服务网络;进一步扩充自营车辆数量,探索接取送达众包模式,调动社会力量集货和分拨;搭建车辆调度平台,提高车辆资源运用效率。规范优化接取送达业务组织,通过全路接取送达系统的投入使用、车载 GPS 设备跟踪手段的实施、铁路货运标识应用的推行,逐步规范接取送达服务作业标准;优化接取送达作业流程,卡控物流节点内作业时间,提高接取送达作业效率。加强全程调度指挥,进一步优化完善中国铁路总公司、铁路局、站段调度指挥模式,明确全程调度指挥一体化管理考核机制;优化全路系统的车流组织,提高全程调度指挥质量;制定实施全路“一条运行线”指挥管理模式,提高两端服务质量。实行市场化运到时限管理,调查分析分区域、分品类、分客户的时效性需求特点以及不同运输方式竞争状况,挖掘自身潜力,进一步开发、优化适应市场需求的运输产品,提高

运到时限保障能力。

2. 着力提升铁路物流服务质量

健全物流服务标准和功能,深化"以客户为中心"的服务理念,按照"高效、安全、诚信、便捷"的原则,全面满足客户的功能性、时效性、安全性、可靠性、经济性、增值性、管理性物流服务要求。提升铁路物流硬件服务水平,加快淘汰老化严重、效率低下、不易操作的既有设施设备,快速配备作业能力大、自动化程度高、功能匹配性强的系列化新型物流设施设备。强化全程运输时限保障,明确不同货运产品规定的运到期限及预期送达时间标准,强化班列化产品固定时刻运行的执行机制,建立分路局、分区段的运输时限分配办法,完善保障运到期限的管理考核机制。优化作业组织管理,优化业务咨询、受理、计费、接取、包装(集装)、装车、加固、途中运行、卸车、仓储、分拣、加工、配送、安全监控、信息追踪、结算等铁路物流作业流程,加强组织管理。加强投诉处理,强化货物损失理赔服务,加快铁路物流客户服务中心建设,明确铁路物流理赔细则,畅通铁路物流投诉、理赔渠道,提高客户满意度。完善服务质量监管和评价体系,积极开展质量标杆与示范活动,推广先进质量管理技术,推进先进质量管理模式和方法在铁路物流中的应用。

(三)谱系化打造铁路物流服务品牌

1. 构建谱系化、快捷化铁路物流产品品牌

大力培育铁路行包快运、高铁快运、货物快运、电商班列、多式联运、国际物流、商品车物流、集装箱物流、危险品物流等铁路物流产品,大力发展大宗货物直达列车,实现铁路物流产品品牌设计谱系化,市场覆盖全面化;完善铁路快捷物流设施网络,开发与邮政、电商以及社会物流企业广泛合作的快捷物流产品。

2. 加强铁路物流企业品牌培育

健全现代企业管理制度,提高人员素质,推进信息化建设水平,提升企业物流服务水平,加快推进物流企业资质认证。加强服务品牌建设。依托铁路运输产品,开拓综合物流服务、物流金融服务和物流增值服务,全面培育铁路物流服务系列品牌。严控服务质量,打造明星品牌。

(四)推进铁路物流基础设施建设

1. 加快铁路物流大通道建设

综合考虑全国产业梯度转移、城镇区域分工重构、物流需求分布调整、铁路既有设施布局等因素,着力构建联结东西、贯穿南北、畅通高效的铁路物流大通道,加快形成"七纵七横"的国内铁路物流通道主骨架,完善路网布局,提高铁路网覆盖广度和通达深度。重点加强中西部铁路物流通道建设,形成面向中亚、欧洲、东南亚等地区的铁路便捷走廊;加强国际通道建设,积极助力国家"一带一路"倡议的实施,形成以中国铁路网为中心,三座亚欧大陆桥为主骨干,从我国东北、内蒙古、新疆、西藏和云桂地区五个方向辐射境外,覆盖东北亚、中亚、南亚和东盟四个区域的"三陆桥五辐射四区域"的互联互通铁路国际通道格局。全面实现铁路与其他运输方式的无缝衔接,打通铁水联运、公铁联运链条,着力打造铁路与港口的联动合作,形成便捷高效的铁水联运体系。

2. 分阶段构建覆盖全国的三级物流节点

按照国家战略和产业布局调整要求,结合物流业中长期发展规划和城镇体系规划,以市场需求为导向,结合路网分工,优化铁路物流节点布局,充分利用存量资源,逐步将既有货运场站和铁路物流企业经营基地向铁路物流中心转型,初步形成覆盖广泛、层次清晰、功能完

善的综合型物流中心网络。面向高附加值货物规划建设一级、二级、三级铁路综合型物流中心，面向大宗货物和专业物流领域规划建设专业型铁路物流中心，推进城市货场转型升级为城市配送中心，统筹建设受理点、无轨站等揽货网点，争取快速形成全国铁路物流骨干节点体系。逐步构建集装箱运输网、商品车运输网、口岸物流综合服务网、零散快运网、冷链物流网、城市配送网六大专业物流网络，构筑现代化高效铁路物流基础设施，推动铁路向现代物流转型发展。

（五）加快铁路物流服务技术装备现代化

1. 推进物流新装备的研发与生产

组织研发袋装货物集装化装卸车设备和适合零散货物集装化运输的专业物流设备和机具，进一步提高铁路物流配送能力，发挥铁路运输效能。在发到站货源比较稳定的前提下，推行集装袋运输和循环使用，降低运用成本。

2. 大力推进装卸机械化、自动化

借鉴机务、车辆系统检修基地经验，加强装卸机械检修基地建设。推进装卸机械修程修制改革，将现行的装卸机械“计划修”调整为“状态修”。制订装卸机械配置统型标准，加快设备统一管理和调配，提高装卸机械化和自动化水平。加快铁路装卸技术研发，积极研发适宜铁路车辆、货物品类、库台条件的铁路专用装卸机械，扩大机械使用范围。

3. 推广货运集装化

推广运用托盘、集装袋、集装网、小型箱等集装化用具，为装卸机械化创造条件。加大政策支持力度，强化集装化配套设施设备建设。

4. 加强集装箱、小汽车专业运输车辆的购置工作

根据集装箱和小汽车铁路运输情况和发展趋势，适时购置一定数量的集装箱、小汽车专业运输车辆。同时，鼓励客户购置集装箱、小汽车专业运输自备货车来满足自身运输需求，补充铁路运能的不足。

（六）大力提高铁路物流信息化水平

1. 实现物流信息集成与共享

强化数据采集质量管理和数据整合，构建物流信息交换与共享的标准体系，推进现有货运信息系统整合应用，搭建铁路共用物流信息平台，实现铁路内外部物流信息资源共享共用和互联互通，促进铁路与社会物流信息资源的有效整合。

2. 加强先进信息技术在铁路物流领域的应用

充分应用物联网、大数据、云计算、北斗导航、移动互联等技术，整合铁路物流资源，实现铁路网、配送网、电商网、物联网、信息网“五网”集成；开展 RFID 技术的应用，从高端物流入手，采用无线射频标签，逐步实现对货物的自动识别与追踪。

3. 加快 95306 电商平台建设

推进集网上营销、网上招标、网上交易、网上支付、信息交互、行业资讯、物资采购与招商等功能于一体的中国铁路 95306 综合物流网络平台建设，推动物流与商流、资金流、信息流的集成化运作。

4. 实现货物全程追踪与可视化

借助铁路运输管理信息系统（TMIS），实现在途货车或货物的跟踪，同时利用全球卫星定位系统（GPS）、北斗卫星定位系统和地理信息系统（GIS），对货车进行监控和调度，实现对货物运输的全过程监控和视频记录。

(七)推动实施国际化战略

针对国内企业“走出去”步伐加快,特别是跨境电商快速发展,物流网络逐步向国际延伸的铁路物流国际合作发展趋势,适应区域经济一体化新形势和“一带一路”倡议,促进铁路物流服务与跨境电商联动发展,优化企业“走出去”的国际环境,优化国际班列产品和服务网络设计,进一步完善国际集装箱班列境外经营网络、优化国际集装箱班列运输组织,加强与周边国家和地区的跨境物流体系和走廊建设,积极构建服务于全球贸易和营销的电子交易平台和物流信息平台,以适应制造业、电子商务等其他产业跨境发展需要,打造区域化、国际化竞争新优势。

复习思考题

1. 简述铁路技术发展的目标与方向。
2. 我国铁路路网建设的重点主要有哪些?
3. 铁路货物运输组织的发展方向有哪些?
4. 如何发展铁路旅游?简述铁路专列旅游的特点和优势。
5. 试述铁路运输业开展综合物流服务的有利条件。
6. 如何加快铁路向现代物流的融入和拓展?

第七章　铁路环境政策

世界范围内可持续发展理念的提出，使人们开始重新认识和重视铁路。发挥铁路在可持续发展中的重要作用，已成为许多国家的共识。“绿色铁路”概念就是基于可持续发展铁路的基础上提出的。

中国政府从 20 世纪 80 年代开始，把环境保护确立为一项基本国策。在铁路的中长期发展规划和年度计划之中，明确了环境保护的目标、任务和措施，使环境保护与铁路建设、运输生产同步发展。

铁路部门通过总结国外经验，结合铁路实际，对我国铁路资源、环境的发展提出了新的要求，明确了以保护土地资源为基础，规划、建设、利用、开发土地资产，进行铁路用地的地籍、规划、利用和监察管理，管理好铁路用地的基本任务。

本章将遵循交通可持续发展理念，介绍“绿色交通”的概念，分析法国、日本和德国铁路的环境保护政策，阐述铁路运输与环境保护、能源以及土地资源的关系。

第一节　绿色铁路

面对世界能源资源紧缺和环境恶化的现实，交通的可持续发展理念不断推进，铁路结合自身比较优势，提出了“绿色铁路”的概念，在交通可持续发展方面开始了积极的尝试以及新一轮的发展。

一、铁路与可持续发展

(一)铁路的可持续优势

作为一种绿色的交通运输方式，和其他交通运输方式相比，铁路运输在土地占用、能源消耗、环境保护、运营成本、运输安全和输送能力等多方面具有独特的比较优势。

1. 土地资源占用少

与其他陆上交通方式相比，铁路在占用土地上具有明显的比较优势。单线铁路与两车道公路、复线铁路与四车道公路、高速铁路与八车道高速公路相比，铁路路基宽度和单位长度土地占用量仅为公路的 1/3～1/2；完成单位运输量所占用的土地面积，铁路仅为公路的 1/10 左右。此外，新建铁路，特别是高速铁路通过采用以桥代路的方式，可以进一步降低土地使用量，节约宝贵的土地资源。由于铁路运输量大，与其他运输方式相比，铁路单位运输量土地占用的比较优势更加明显。根据测算，二级公路(二车道)、一级公路(四车道)、高速公路(四车道)年断面客货运量可分别达到 1 170 万换算吨、2 930 万换算吨和 6 900 万换算吨。而国家Ⅰ级单线铁路和复线铁路每年断面客货运量则可达到 4 300 万换算吨公里和 15 000 万换算吨公里。可以推算，若需要完成相同的客货运输量，公路的占地面积是铁路的 8～10 倍。据统计，2005 年按照每公里完成的运输量测算，我国铁路每公里完成的换算运输密度约为公路的 34 倍，即使按等级公路里程计算，每公里铁路完成的换算运输密度也是公路的 27 倍。因此，铁路在有效利用土地方面具有明显优势。

2. 能源消耗低

能源是国民经济发展与社会进步的基石，能源的可持续发展是人类社会可持续发展的重要保障之一。交通运输行业是能耗大户，交通运输业能源消费结构中，以油为主，有少量煤炭和电力消费。从变化趋势上看，交通运输行业能源消费结构中油的消费比重最大，且呈逐年上升趋势。在全球能源形势逐渐紧张的今天，铁路低能耗的优势显得格外突出，铁路与其他运输方式能耗对比见表 7-1。

表 7-1　铁路与其他运输方式能耗对比

运输方式	单　　位	能源消耗量			
公　　路		汽油货车	柴油货车	汽油客车	柴油客车
	L/[百 t(人)·km]	6.89	6.06	1.56	1.21
	kJ/[百 t(人)·km]	296.75	212.69	67.19	42.33
铁　　路		内燃机车		电力机车	
	kg/(百 t·km)(柴油)	0.259			
	kW·h/(百 t·km)(电力)			1.108	
	kJ/(百 t·km)	11.05		3.98	
内河水运		小型机动船		大型船舶	
	kg/(百 t·km)(柴油)	1.17		0.226	
	kJ/(百 t·km)	49.91		9.64	
航　　空	kg/(百 t·km)(煤油)	36.4			
	kJ/(百 t·km)	1 826.52			

以铁路内燃机车为例，铁路与公路的能耗比，货运为 1∶(19.25～26.86)，客运为 1∶(3.83～6.08)；铁路与内河水运相比为 1∶(0.87～4.52)；铁路与民航的能耗比为 1∶165。如果采用电力机车，能耗还可以降低一半。2008 年，我国铁路以约占交通运输业总能耗的 10%，完成了国内运输 33%的客运周转量和 44.2%的货运周转量。从对石油的消耗看，铁路年消耗柴油等石油资源仅为 600 万 t，只占整个交通运输行业的 5.7%。此外，铁路运输的能源优势还体现在能够充分利用电能，降低石油依赖。1993 年我国成为石油净进口国后，我国石油消费量越来越大，国内生产越来越供不应求。由于世界石油分布不均，对石油资源的争夺和控制非常激烈，对石油过快的增长需求和过高的对外依存度，将对我国社会经济发展带来诸多不确定因素。再加上国际原油价格的逐步提升，提高交通运输业的能源利用率，减少石油消耗势在必行。而电能作为重要的二次能源，不仅使用方便、效率高、无污染，而且可以通过煤炭、水能、风能、太阳能等多种方式提供。作为一个缺油、少气、多煤炭、多水能的国家，通过提高电气化铁路的运输比重，不仅可以降低能耗和环境污染，还可以利用我国煤炭、水能等丰富的替代资源，降低对石油的需求压力。

3. 环境污染小

经济的快速发展带来了环境的日益恶化。随着交通运输的发展，特别是公路、航空等高能耗交通运输方式的快速发展，交通运输带来的环境问题日益受到人们的重视。以我国为例，近年来，我国许多城市的大气环境已经由煤烟污染型，转为由于交通运输造成的氮氧化物(NO_x)为主的污染。据瑞士专家测算，城市大气污染中，近60%的有害物是汽车排放的，其中包括一氧化碳、氮氧化合物、二氧化碳、二氧化硫、碳氢化合物等。同时，由于二氧化碳的大量排放引发温室效应，主要冰盖区融化，冰川退缩，海平面上升，沿海城市面临被淹没的威胁，海啸、飓风等灾难频频发生。而交通运输业是排放温室气体的主要行业，发展低污染环保型交通运输势在必行。

按每完成单位运输量排放的一氧化碳、碳氢化合物计算，公路、航空是铁路内燃机车的数十倍甚至上百倍，而铁路电力机车则基本不排放有害气体。同时，由于铁路能耗低，能源替代性好，单位运量下公路和航空运输的二氧化碳排放量是铁路的4～12倍，铁路与公路污染物排放对比见表7-2。

表7-2 铁路与公路污染物排放对比

污染物	排放污染量[g/(人·km)]	
	小汽车	铁 路
一氧化碳(CO)	9.30	0.06
氮氧化合物(NO_x)	1.70	0.43
碳氢化合物(C_xH_y)	1.10	0.03

铁路还加快发展节能环保技术。2007年，国家铁路运输工作量比2002年增长了44.9%，而能耗总量仅增长了9.8%，单位运输工作量能耗下降了24%，二氧化硫排放量下降了21.8%，化学需氧量排放下降了9.5%。

4. 安全性高

安全可靠是衡量绿色交通的重要标准。由于铁路运行在相对独立的空间内，运行于固定轨道上，并根据信号组织列车运行，因此铁路运输相对安全可靠。自2003年1月至2007年9月的数据统计，全路从业人员责任死亡事故211件，死亡248人；其中责任重大死亡事故7件，死亡22人；5年年平均千人死亡率为0.022，5年间，未发生重大交通责任死亡事故。以单位运输量(亿换算吨公里)所发生的交通事故、人员伤亡和经济损失计算，铁路的安全优势则更加明显。据各国在交通死亡事故方面的统计，每10亿人·km死亡人数，法国铁路为0.18人，航空为0.26人，公路为16人；美国铁路为0.4人，私人轿车为7人。据日本有关统计，普速铁路每运行1亿人·km的死亡人数仅为航空的18%、公路的13%。相比之下，铁路运输伤亡事故少、事故损失小、安全性高，为社会提供了最为安全的运输环境。

5. 运输成本低

铁路能耗低、运量大，运输成本相对低廉。根据测算，铁路、公路、远洋、内河、航空运输的单位运输成本分别为0.049元/千换算吨公里、0.313元/千换算吨公里、0.021元/千换算吨公里、0.035元/千换算吨公里、0.457元/千换算吨公里，铁路运输、公路运输、远洋运输、内河运输、航空运输的单位运输成本之比为1∶6.4∶0.43∶0.72∶9.35。

同时，运输行业的总成本不仅仅是企业运营所发生的支出，还包括环境污染、事故损失、交通堵塞等造成的外部成本。据欧盟对17个所属成员各种运输方式外部成本指标的评估结果显示：2000年以来，17个国家由各种运输方式构成的运输外部成本(废气排放、扬尘污染、噪声、交通拥堵、交通事故伤亡及对其他方面的干扰影响等)平均每年高达7 000亿欧元。其中公路占83.7%，民航占14%，铁路仅占1.9%，铁路运输的外部成本远远低于公路和民航，社会成本最低。

据统计,公路交通事故所造成的人身伤亡高于铁路;从事故后幸存者的数量看,民航事故发生后,生还的可能性极小,单次事故经济损失大。此外高速铁路开通后,还可大幅节约乘客旅行时间,创造额外的社会价值。行程在 1 000 km 以内时,乘坐高速列车总体上比乘坐飞机花的时间更少。乘坐火车出行安全、正点、舒适。

6. 运输能力大

铁路是大能力的陆上交通工具。双线铁路年最大运输能力是四车道一级公路的 16 倍,是四车道高速公路的 2~4 倍。内河水运除受河道宽度、水深等天然条件限制外,还受到船闸等人为因素的限制,通常运能不及铁路。航空运输只能承担少量轻浮货物和旅客的长途运输,运输能力,特别是货物运输能力非常有限。铁路不仅在客货运输方面具有广泛的适应性,而且对于大宗货物、大规模人流更具有大批量、规模化的运输优势。特别是近年来,随着高速铁路和重载铁路的兴起,铁路运输能力大的优势愈发明显。

此外,铁路还是各种运输工具中真正的全天候运输工具,受恶劣气候影响最小。特别是高速铁路,由于采用全封闭线路、车内信号控车以及先进的通信工具,高速铁路在大雾、大雪、沙尘等恶劣自然环境中依然能够正常运营。

(三)铁路的可持续发展状态

第二次世界大战以后,在第三次工业革命浪潮的推动下,世界交通运输领域发生了革命性变化,传统的陆路运输格局被彻底改变。公路、航空、管道等现代交通运输方式迅速兴起,对铁路形成了强大的替代性竞争,综合交通运输体系逐步形成。特别是 20 世纪 50 年代末到 80 年代末,由于公路运输具有机动灵活与门到门、航空运输具有高速便捷等优势,使得公路和航空运输快速发展,铁路几乎垄断陆上客货运输的时代结束,铁路的地位和作用逐步弱化。在其他运输方式的强烈竞争下,铁路运量大幅度下降,经营出现大面积亏损,开始滑入低谷,有些国家甚至拆除了部分运量不大的铁路。然而,公路、航空业的迅速发展,在给人们出行提供更多便利的同时,也给人类社会可持续发展带来了负面影响。20 世纪 70 年代的“石油危机”给过分依赖汽车和飞机的发达国家带来了战后最严重经济危机的同时,也让人们重新审视交通政策。近年来,随着自然环境的日益恶化和以石油为代表的化石能源的日益枯竭,人类社会开始思考和探索建设绿色环保交通运输体系的有效途径。铁路以其绿色的本质重新焕发了青春。

世界能源资源紧缺和环境恶化的现实,迫使许多国家重新认识加快发展铁路的重要性。首先是能源资源紧缺的矛盾日益突出。石油、天然气、煤炭等一次性能源,在经过近 200 年的大量开采后,已经面临资源枯竭或严重短缺的局面。世界经济快速发展的需求,进一步加剧了能源紧张的局面。2003 年以来,全球能源需求年增幅一直是前 10 年年均增幅的 2.5 倍以上。全球石油年产量始终保持在 37 亿 t 以上,年增长速度比近 10 年的平均增长率高出 1.5 倍,预测未来 15 年石油需求还将增长 50%,世界石油产量在未来 15 年内将达到峰值。世界各国普遍面临能源短缺的严重危机。其次是生态环境持续恶化。由于能源资源的大量消耗和工业废气、废水、废渣的大量排放,严重破坏了全球生态环境,世界面临气候变暖、环境污染、水土流失、生物多样性减少、土地荒漠化、臭氧层破坏等灾难性环境问题,对人类的生存发展构成严重威胁。面对全球能源资源危机、环境恶化的严峻形势和巨大挑战,世界各国普遍认识到,在加快经济发展的同时,必须高度重视能源资源节约和生态环境保护,以实现世界经济和人类社会的可持续发展。

在全球能源紧张、环境恶化的大背景下,铁路以其独特的技术经济特征,再次进入人们的视野。同时，在高新技术的推动下，高速铁路技术与货运重载技术快速发展，铁路自身所具有的节能、环保、快捷、安全的比较优势更加突出。根据日本的研究资料，高速客运铁路与小汽车、飞机相比，平均每人·km 的能耗比例为 1:5.3:5.6。如果以每个旅客消耗 1 单位燃料所能行驶的里程来比较，则高速铁路为 1.0，公路为 0.62，航空为 0.26。由于铁路具有降耗和减排的显著优势，随着可持续发展战略在全世界范围内的提出和实施，铁路在可持续发展战略中的重要地位和作用，已成为许多国家的共识。许多国家纷纷把发展铁路作为交通产业政策调整的重点。

日本制定了新的促进铁路发展的政策，其中包括修建和改造城市间、城市内的客运铁路线路，使城市间和城市内的旅客运输向铁路转移的政策。以铁路货运为主的美国近些年也开始支持修建高速铁路，计划在东北走廊开行电气化高速列车，并在沿东、西海岸北部 11 个州的大城市修建 5 条高速铁路客运走廊。

德国铁路在努力加强自身建设、优化路网结构、更新车辆设备、提高运输舒适度、发展公铁联运、改善服务质量的同时，广泛宣传铁路运输在大能力、低能耗和保护环境方面的作用，从而提高铁路在各种运输方式中的竞争能力，并要求国家在交通体系的战略规划中把铁路作为一种可持续发展的交通方式放在重要地位。

我国拥有世界五分之一的人口，许多重要资源人均占有量远远却低于世界平均水平，面临着人均资源不足、环境污染严重对经济社会发展带来的巨大压力等问题。要在这样的条件下建设和谐社会，必须坚定不移地走可持续发展的道路。而我国可持续发展的一个重要目标，就是建立资源节约型和环境保护型的综合运输体系。由于铁路自身的比较优势，使其在实现这一目标中将发挥不可替代的重要作用。

寻求可持续发展已成为人类的共识，对于在社会经济发展中起到巨大作用的运输动脉——铁路，人们也相应提出了更高更新的要求：不仅要求铁路能够方便、迅速、安全、舒适、清洁，同时也要注重铁路与生态环境之间的和谐发展，以实现铁路建设的可持续发展。

二、绿色铁路的概念和内涵

“绿色铁路”概念是基于可持续发展铁路的基础上提出的，实际上是可持续发展的升华，是一种新型的可持续发展的交通运输理念，其核心内涵是社会、经济、资源和环境的协调发展。所谓绿色铁路，是指在铁路与自然、铁路与社会和谐发展的前提下，运用各种绿色技术，减少铁路对生态环境产生的负效应，实现铁路规划、设计、施工、运营和管理的绿色环保，提升铁路的经济、社会效益和可持续发展的能力，为可持续发展的交通提供新模式。“绿色铁路”主要有四个特点：

(1)在经济上，尽量使建设和运营管理的外部成本内部化。

(2)通过技术水平的提高和管理的现代化，节约使用各种能源和资源。

(3)采用先进的技术，节能降污相结合，尽量减少铁路对生态环境的不利影响。

(4)增长模式从粗放型转变为集约型，从数量型转变为质量型，从单纯追求速度的发展理念转向统筹考虑综合平衡的可持续发展。

我国的“绿色铁路”包括了铁路及配套设施“勘测选线—施工建设—运营维护—报废回收”等所有环节。其内涵包括以下几个方面：

(1)以经济持续发展为目的。绿色铁路建设的根本目的是促进区域经济增长，经济的发展是摆脱贫困、改善环境和社会进步的基础。

(2)以自然资源可持续利用为背景。自然资源不但是铁路存在的物质基础,也是人类社会存在的根本物质条件。只有实现自然资源的可持续利用,才能保证铁路的持续发展和社会的不断进步。

(3)以生态环境保持和改善为约束条件。绿色铁路中"绿色"两字即意味着保护、维护和改善生态环境。把握"绿色思想",减少甚至消除各环节对环境的破坏和不利影响,保护与人类社会发展息息相关的生态环境,这也是可持续发展的内在要求。

(4)以实现铁路、经济、社会、资源和环境的和谐发展为前提。可持续的发展是指既满足当代人的需求,又不对后代人满足其自身需要的能力构成危害。绿色铁路与可持续发展是一脉相承的概念,是在我国建设和谐社会的时代背景下提出的。这个前提是制定相关政策、措施的根本出发点。

高速铁路的诞生成功开创了世界铁路的新纪元。建设快捷、绿色、节能、安全、方便的高速铁路已经成为世界性的浪潮。高速铁路的诞生和发展,极大地改变了人们的时空观念,提高了铁路在客运市场中的竞争力。同时,融合了交流传动技术、复合制动技术、高速转向架技术、高强轻型材料与结构技术、减阻降噪技术等多种高精尖技术的高速铁路为世界铁路走向复兴提供了强大的技术平台。经过 40 多年的发展,截至 2015 年,全球投入运营的高速铁路已有 3.1 万 km(按《高速铁路设计规范》TB 10621—2009 中规定的新标准统计,只包括"新建铁路旅客列车设计最高行车速度达到 250km/h 及以上的铁路"),分布在中国、日本、法国、德国、意大利、西班牙、比利时、荷兰、瑞典、英国、韩国等国家和地区。

货物运输方面,自 20 世纪 50 年代起,随着大功率电力机车和内燃机车、大轴重大容量货车的使用以及列车无线控制技术的发展,铁路重载运输走入人们的视野。由于运量大,能耗低,经济性好,60 多年来,重载运输在美国、加拿大、俄罗斯、澳大利亚等一些幅员辽阔、矿产资源丰富的国家迅速发展,成为世界铁路发展的一个重要趋势。

三、中国绿色铁路的建设

在我国能耗和环保矛盾日益突出的情况下,面对日益明显的瓶颈制约,作为最经济、最环保的交通运输方式,铁路越发受到国家和社会的重视。加快铁路建设对于加快转变经济发展方式,提高资源利用效率,保护生态环境,加快建设资源节约型、环境友好型社会,促进经济社会实现可持续发展,具有十分重要的现实意义。

2004 年,国务院审议并通过了《中长期铁路网规划》,为中国铁路发展指明了方向。2008 年 10 月 31 日,《中长期铁路网规划》调整方案出台。根据调整规划,到 2020 年,全国铁路营业里程达到 12 万公里以上,其中客运专线及城际铁路达到 1.6 万公里以上,复线率和电化率分别达到 50%和 60%以上,主要繁忙干线实现客货分线,基本形成布局合理、结构清晰、功能完善、衔接顺畅的铁路网络,运输能力满足国民经济和社会发展需要,主要技术装备达到或接近国际先进水平。2016 年,再次修编《中长期铁路网规划》,规划目标:到 2020 年,一批重大标志性项目建成投产,铁路网规模达到 15 万 km,其中高速铁路 3 万 km,覆盖 80%以上的大城市,为完成"十三五"规划任务、实现全面建成小康社会目标提供有力支撑;到 2025 年,铁路网规模达到 17.5 万 km 左右,其中高速铁路 3.8 万 km 左右,网络覆盖进一步扩大,路网结构更加优化,骨干作用更加显著,更好发挥铁路对经济社会发展的保障作用;展望到 2030 年,基本实现内外互联互通、区际多路畅通、省会高铁连通、地市快速通达、县域基本覆盖。

绿色铁路就是要使铁路运输在现代化的进程中满足可持续发展的要求，获得良好的经济效益和社会效益。2000 年，国务院下发了《关于进一步推进全国绿色通道建设的通知》，对绿色通道建设的基本思路、目标任务、科学规划、资金投入、组织领导都做了明确的规定。2001 年，铁道部制定了绿色通道工程建设规划，组织制定新建、改建铁路绿色通道建设设计、造价、验收标准，安排必要的绿色防护工程技术研究，大力推进绿色通道建设，促进生态环境保护与铁路建设协调发展。2007 年，铁道部印发了《铁路绿色通道建设实施指导意见》来贯彻落实绿色通道建设要求，规范绿色通道建设标准和参与建设各方的职责，适用于新建铁路绿色通道的设计、施工与验收。2014 年国家铁路局印发了《绿色铁路客站评价标准》，建立了适用于不同气候区、规模和自然环境条件下的绿色铁路客站评价指标体系和权重体系，明确了相应的评价方法和评价等级。

自 2001 年至今，铁路部门制定了一系列绿色铁路工程建设规划，全面加快新建铁路绿色通道建设和既有线绿色通道改造速度。在线路建设中不但充分重视水土保持、植树造林、防风固沙和水资源保护，还注意改善和保护铁路沿线生态环境，在绿色铁路建设方面取得了骄人的成绩。

1. 胶新铁路：中国第一条绿色生态环保铁路

胶(州)新(沂)铁路是国家“十五”计划铁路重点建设项目，是我国沿海地区一条新的南北运输干线的一段，是我国东北至浙江的南北陆海大通道的重要组成部分，全长 306.6 km，总投资 48.3 亿元，于 2001 年 12 月 10 日开工建设，2003 年 12 月 10 日全线开通，是我国第一条时速达 100 km 的新建客货混线铁路。

在建设中，济南铁路局将铁路路基边坡绿色生态防护、路基两侧绿化林带建设与铁路工程建设同步设计、同步建设、同步验收，首创中国铁路建设史上的新模式。胶新铁路改变了以往铁路沿线树木杂乱、参差不齐的现状。建成了一段一景、景随路移、路景交融、浑然一体的绿化效果，四季常绿、三季有花、林带与周边环境匹配的绿色景观成为国内第一条环境优美的铁路大型绿色风景线。

2. 青藏铁路：世界屋脊的环保型绿色铁路

青藏铁路是世界上海拔最高、线路最长的高原冻土铁路，是当今世界高原最具挑战性的工程项目。

青藏铁路经过地区自然生态环境原始、独特，生物多样性丰富，生态系统极其脆弱、敏感，高寒草甸、高寒草原、多年冻土等被破坏扰动后很难恢复，野生动物保护、高原植被恢复以及湿地、湖泊环境保护和冻土环境保护，都是铁路建设面临的环保难题。因此，搞好青藏铁路建设的环境保护不但是维护高原生态平衡的需要，更是保证青藏铁路建成后长期安全运营的需要。为将青藏铁路建成一条符合高原生态环保的铁路，建设者始终坚持“预防为主，保护有限，开发与保护并重”的指导方针，根据青藏高原的特点，采取了以下环保工作及措施：野生动物保护及通道设计；设计和施工中采取的优化完善措施；植被、景观保护和表土保存、草皮移植；草地、湿地保护措施；污染防治措施；营造浓厚的环保氛围，重视环保宣传教育；实施环境监理及监测等方法手段。并且在铁路建设史上首次引入环保监理和环保专项审计制度，对所有参建各方的环保工作实施监督。在青藏铁路的建设中，全面贯彻了环境保护法规，明确了环保设计原则，开创了环保管理新模式，实现了高海拔植被保护新突破，创造了野生动物保护新经验，防止了铁路沿线水土流失，确保了江河湖泊不受污染。青藏铁路建设环境保护在国内重点工程建设项目中处于领先水平,具有示范意义。

3. 高速铁路:绿色铁路新标志

高速铁路和客运专线都是采用节能、环保型的技术和材料,使用的土地也是节约型的,它们都是“绿色铁路”。

土地是不可再生的资源,目前中国人均土地面地不足 0.8 hm^2,仅占世界人均土地资源量的 1/3。高速铁路建设大量采用“以桥代路”,最大限度地节约土地资源。据测算,与路基相比,采用桥梁每公里可节省土地 44 亩,以京津城际铁路为例,共建成桥梁 31 座,全长 100.3 km,占线路长度的 86.1%。通过采用“以桥代路”,京津城际铁路不仅减少了铁路对沿线的切割,更节约土地 4 590 亩,有效保护了沿线宝贵的耕地资源。京沪高铁,是世界上一次性建设里程最长、标准最高的高速铁路,铁路穿越的华北和长江中下游两大平原,是我国经济最发达地区,铁路所经地段的土地资源十分宝贵。在全长 1 318 km 的线路上,桥梁全长为 1 061 km,占总长的 80.5%,最大限度地节约我国东部地区十分宝贵的土地资源。

绿色高速动车组是当今世界高新技术的集成,应用了轮轨关系、交流传动、制动控制、列车运行控制、信息工程、空气动力学工程、人体工程、环保工程、可靠性与安全性技术等多个专业领域的研究成果,是高速铁路的标志性装备。高速动车组具有节能环保的优点。京津城际铁路上运行的动车组重量比一般客车轻三成以上,降低能耗效果明显。时速 350 km 动车组功率在 8 800 kW,人均 15 kW,北京到天津人均耗电仅达 7.5 度,据测算,京津城际铁路高速动车组单位能耗不及波音 747 飞机的 3%,仅为磁悬浮列车能耗的 40%和私人汽车能耗的 20%,是陆路运输方式中最节省能源的。

高速列车实现零排放。衡量交通工具绿色与否的重要标准之一就是废水废气的排放。由于采用绿色能源电力牵引,高速列车没有任何废气排放。同时,列车上的废水污物采用真空系统来收集,所有的废水废物车到了车站以后会采用专用的设施吸走并进行环保处理,实现线路两侧的废水废物零排放。

为了降低高速铁路沿途的噪声,分别在轮轨技术、空气动力学、列车受电技术等方面进行了技术革新,采取了相应的降噪措施。通过高速列车外形系统优化设计,有效降低了高速运行时的气动噪声;使用特殊的消音车轮并配合无缝长钢轨,有效降低了轮轨噪声。同时,动车组列车系统采用了先进的隔音降噪技术,在车体的中空结构和地板间,填充了大量的隔音降噪材料,有效降低了车内噪声。

同时,高速铁路在设计、建设、施工的每一个环节都贯彻了建设资源节约型和环境友好型社会的要求,创造了科技减排、低碳环保的典范。投入使用的国产“和谐号”动车组列车采用轻量化技术,提高交直交牵引传动效率和再生制动能量的回收率,在电力节能设计上达到了世界一流水平,并系统解决了外部噪声、振动传递、电磁辐射对环境的影响。沿线车站设计了超大面积的玻璃穹顶,在各层地面还做了透光处理,充分利用自然光照明,采用太阳能光伏发电技术,充分利用了太阳能。在线路设计建设过程中,同步实施了桥下植被绿化、边坡绿色防护等措施,并安装了声屏障,既能有效防止水土流失、绿化美化沿线环境,又能有效降低噪声污染。上线运行的列车全部安装了真空式集便装置,实现了污物、污水集中收集和垃圾零排放。

4. 既有线的绿色改造

既有线的绿色改造是从 1999 年铁道部投资 2 000 万元开展“京九绿色长廊”工程开始的。以此为起点,全路开始了大量的既有线绿色改造建设。

铁路部门为指导既有线绿色通道建设，制定了《铁路既有线绿色通道工程建设标准》(2002)；针对新线建设，制定了《铁路路基边坡绿色防护技术暂行规定》(2003)和《铁路绿色通道设计暂行规定》(2004)。各铁路局也结合各自的特点制定了有针对性的措施，如上海局制定了《上海铁路局绿色通道工程建设技术标准》《上海铁路局沿线营造绿篱林带技术标准》，乌鲁木齐局制定了《"千里绿色长廊"工程建设管理办法》。上海铁路局以标准化林带和园林化车站为目标，把沪宁线建成了绿色通道示范线，后又做出了"巩固沪宁线品牌，向沪杭、津浦线和二通道辐射，从2003年基本建成沪杭、津浦安全、优质、文明达标线"的部署，在沪宁线上建成了280 km的绿色通道。截至2016年末，我国已运营国家铁路线路绿化里程46 120 km，防护林带现存林木乔木14 358.99万株、灌木49 874.76万穴。伴随着运营铁路已绿化里程不断地增长，沿线防护林带进一步贯通，林带厚度逐渐补强，防护林带"连起来、厚起来、茂起来、美起来"持续推进，已建成内灌外乔，层次分明，三季有花，四季常绿，安全可控的标准化林带绿色通道。

第二节　铁路运输与环境保护

随着经济的发展，人类对生存环境的要求也越来越高，人与自然资源的矛盾愈发激烈，导致环境污染问题越来越严重，这个问题已经扩展到全世界。随着可持续发展战略的提出，各国致力于发展改善环境、节约能源、清洁、便利的大众交通运输方式。近年来，中国经济发展迅速，但生态环境也为此付出了巨大代价。相对于其他交通方式而言，铁路因具有运输能力大、能耗低和环境污染少的特点而使其在环境保护方面具有得天独厚的优势。

国家应从绿色交通的角度，从环保和节能角度考虑宏观运输政策，调整运输结构，改变各种运输方式的运量比重，提高铁路在各种运输方式中的竞争能力，从而减少运输工具给环境造成的负面影响。

一、我国铁路环境保护现况

(一)我国铁路环境保护现状

20世纪80年代，中国政府把环境保护确立为一项基本国策。铁路环境保护是国家环境保护事业的重要组成部分，在促进环境与铁路运输生产协调发展、防止铁路运输生产和基本建设对环境的污染和破坏、保护和改善生活环境与生态环境、保障人民身体健康方面起着不可替代的作用。

为促进环境与铁路运输生产协调发展，防治铁路运输、生产和基本建设对环境的污染和破坏，保护和改善生活环境与生态环境，保障人民身体健康，根据《中华人民共和国环境保护法》和《中华人民共和国铁路法》，制定了《铁路环境保护规定》。根据该规定，铁路环境保护是国家环境保护事业的重要组成部分，要贯彻执行国家有关环境保护的方针、政策、法规和标准。铁路环境保护工作，必须贯彻"全面规划，合理布局，预防为主，综合治理，强化管理"的方针和遵循"谁污染谁治理、谁破坏谁恢复"的原则。

我国铁路将铁路环境保护纳入铁路的中长期发展规划和年度计划之中，明确环境保护目标、任务和措施，使环境保护与铁路建设、运输同步发展。同时，各级铁路环境保护主管部门对所属单位的环境保护工作实施监督管理，各级主管部门要鼓励、支持发展铁路环境保护产业,促进铁路环境保护产业的形成。企业的环境保护工作由企业经营责任者负责,实行部门分工和专业机构协调监督相结合的原则。铁路各级管理部门分工负责本系统的环境保护工作。

经过多年的努力,我国的铁路环保建设取得了长足的进步:

1. 控制铁路运输污染物排放

铁路部门每年根据前一年的工作成果下达全路的各类污染控制指标,各铁路局根据下达的环境保护指标分解落实到各排污单位,落实环境保护目标责任制,加强监督检查,确保污染控制指标的实现。

旅客列车直排污染问题受到了高度重视,铁路部门开展了旅客列车密闭式厕所改造试点工作。自2002年起,我国铁路在新造客车和部分改造客车中逐步加装集便器,特别是新造25T型快速客车和CRH动车组列车全部加装了集便设备,加装的真空保持式集便器,不但避免了铁路客车对铁路沿线的污染,还大大节约了列车上有限的水资源。

制定了《固体废物污染环境防治法》,抓好旅客列车固体废弃物、铁路运输危险品废物、建设施工废物和站场废弃物处理工作。加强固体废弃物处理技术研究和设施建设,使固体废弃物达到资源化、减量化和无害化。

城区铁路噪声扰民问题已经引起社会和人民的极大关注,上访和投诉越来越多。做好城区铁路噪声治理,是改善铁路形象,为城际铁路建设和发展创造良好外部环境的一项重要工作。为了解决该问题,各铁路局选择管内的重点城市开展机车限鸣管制工作和站场高噪声喇叭改造工作;在机车上推广采用低噪声喇叭的技术措施,降低机车鸣笛噪声。

研究推广客车餐车燃煤炉灶改为电磁炉技术和烟尘净化技术,改善餐车煤、油烟污染状况。开展机务、车辆整备、检修含油废水的处理,客运洗涤水和集中生活污水的治理工作,提高了污水处理水平。

2. 加强铁路沿线生态保护

由于铁路路网点多、线长、面广,使得我国铁路沿线生态保护问题日益严重,因此引起了铁路环保管理部门的重视。我国铁路在加强铁路沿线生态保护方面进行了深入而细致的工作。

在铁路选线过程中,尽量避让主要环境敏感点。为了减少对植被的破坏,路基施工采用分段集中取土方案,选择在线路周围植被稀疏、对景观影响较小的地点。通过设置野生动物通道、野生动物迁徙期间停止施工等方法,减少对动物的惊扰。为了防止水土流失,保护特殊环境等,也进行了积极的尝试。以青藏铁路为例,通过及时制止违规取土行为,并责成相关单位予以恢复,保护了当地特殊的冻土环境。

3. 开展建设项目环境影响评价和环保监理

2003年9月1日实施了《环境影响评价法》(于2018年第二次修订),对铁路建设发展规划提出环境影响评价要求。铁路为规范环境影响评价文件和水土保持方案编制内容和文本,组织编制了《铁路工程建设项目环境影响评价技术标准》和《铁路建设项目水土保持方案编制技术标准》。通过督促各铁路局环保部门加强局管建设项目环境影响评价工作;各建设单位切实履行项目建设中的各项责任;各环评技术评审单位把好环评质量关,使我国铁路的环境影响评价工作达到了一个新的高度。

在中国铁路建设史上,青藏铁路首次引入环境监理制度。从这几年的现场环境保护监理工作实践看，设立环保监理机制的效果已经开始凸显。青藏铁路建设中环保监理的引入，建立了施工期的环保工作制约机制，使得施工单位、工程监理单位的环保意识明显加强，同时各单位也完善了相应的环境管理制度，保证了各项环保措施的落实。除青藏铁路外，渝怀铁路、宜万铁路、京沪高铁等也推行了环境监理制度。

（二）环境保护存在的问题

我国铁路一直以来都把环境保护作为工作的重点之一，特别是在建设"和谐铁路"的指导思想下，环保问题得到更多的关注。随着一系列环保政策的实施以及青藏铁路等环保线路的建设，我国铁路环保工作取得了可喜的成绩，但在未来很长的一段时间里，我国铁路的环境保护仍将存在以下问题：

1."三废"污染

"三废"是指固体废弃物、废水和废气。铁路的"三废"污染一直以来都是铁路环境保护的重点和难点问题，虽然长期以来都受到了铁路部门的重视，但是一直没有完全根除"三废"对环境的破坏。

2. 噪声污染

铁路噪声污染主要包括铁路施工中的噪声污染和铁路运营中的噪声污染两部分。相对其他交通方式，铁路的噪声污染并不是非常严重，但是近几年对铁路噪声投诉的增加反映出铁路噪声污染得到了大家的重视。

3. 生态破坏

铁路在建设的时候难免要影响当地的动植物，一旦处理不好，就会造成生态系统的破坏甚至是永久性的破坏。铁路在运行中产生的废弃物、噪声等也会对生态产生破坏。

4. 水土流失

我国是一个人多地少的国家，耕地紧缺问题尤为严重。铁路建设造成的植被破坏、铁路建设取土不科学等都会造成水土流失问题。

5. 环保意识

通过长期的环保宣传，环保意识薄弱的现象得到了改善，但是许多新环境问题随着铁路提速、高速铁路的新建而出现，需要继续提高环保意识。

6. 相关法律法规陈旧

我国生态环境保护法律法规大多比较陈旧，尤其是铁路方面。另外，我国铁路环境保护法律法规制定角度以污染物的治理与控制为重点，主要措施为末端控制，立法理念较陈旧，控制治理手段比较单一，适用范围较窄，不能全面有效地解决铁路环境问题。尤其是对于复杂的铁路环境保护部门的规章领域，并没有强硬的处罚条款，在处理环境问题时常常很难奏效。总的来说，我国铁路环境保护法律法规从立法理念、治理手段、监管模式等方面显得陈旧落后，对我国铁路环境保护极为不利。具体铁路环境保护法规见表 7-3。

表 7-3 我国铁路环境保护相关法律法规

类型	名　称	时间	颁布部门
法律	中华人民共和国铁路法	2015	全国人大
	中华人民共和国环境保护法	2014	全国人大
	中华人民共和国环境影响评价法	2018	全国人大
	中华人民共和国水污染防治法	2017	全国人大

续上表

类型	名　　称	时间	颁布部门
法律	中华人民共和国大气污染防治法	2018	全国人大
	中华人民共和国环境噪声污染防治法	2018	全国人大
	中华人民共和国固体废物污染环境防治法	2016	全国人大
	中华人民共和国放射性污染防治法	2003	全国人大
	中华人民共和国土地管理法	1987	全国人大
	中华人民共和国水土保持法	2019	全国人大
	中华人民共和国水法	2016	全国人大
	中华人民共和国节约能源法	2018	全国人大
	中华人民共和国防沙治沙法	2018	全国人大
行政法规	建设项目环境保护管理条例	2017	国务院
	中华人民共和国环境保护税法实施条例	2017	国务院
	规划环境影响评价条例	2009	国务院
部门规章	环境监察办法	2012	环保部
	环境监测管理办法	2007	环保部
	地面交通噪声污染防治技术政策	2010	环保部
	关于公路、铁路(含轻轨)等建设项目环境影响评价中环境噪声有关问题的通知	2003	环保部
	关于加强铁路噪声污染防治的通知	2001	环保部
	关于铁路建设项目变更环境影响评价有关问题的通知	2012	环保部
	铁路环境监测管理办法	1994	铁道部
	铁路环境保护监察办法	1995	铁道部
	铁路环境保护计划管理实施细则	1995	铁道部
	铁路建设项目环境影响评价管理办法	1995	铁道部
	铁路建设项目环境保护“三同时”管理办法	1995	铁道部
	铁路环境保护规定	1997	铁道部
	关于严格执行建设项目环境保护三同时制度的通知	2008	铁道部
	铁路工程环境保护设计规范	2016	铁道部
	关于进一步加强建设项目环境保护全过程管理工作的通知	2011	铁道部
	高速铁路环境保护、水土保持设施竣工验收工作实施细则	2012	铁道部
	铁道部关于加强铁路建设项目环境影响评价工作的通知	2012	铁道部
	关于加强铁路建设项目环保工作的通知	2013	铁道部
	中国铁路总公司环境保护管理办法	2015	铁路总公司

二、国外铁路环境保护状况

人们对于铁路环境保护问题的研究始于20世纪60年代。美、日、英、法、德等发达国家经过30多年的研究，对铁路勘测、设计、建设、运营中如何保证自然经济效益，天然资源的利用和保护，保护动、植物及各种自然特性，以及保护名胜古迹和风景等都已有较完整的规范和手册。美国1965年制定了《铁路美化规定》，日本1976年制定了《铁路绿化技术基准》。法国、德国、荷兰、英国等国对铁路或公路的环境设计与景观规划设计还规定了设计原则和方法等。国外铁路的环保发展比较早，也取得了不错的成绩，下面介绍其中比较有代表性的法国、日本和德国铁路的环保状况。

1. 法国铁路的环境保护

高速铁路具有速度快、耗能低和污染少等优点，堪称当今最先进的陆路运输方式。但由于高速铁路工程浩大，因而必然会对环境造成一些冲击和影响。法国的高速铁路居世界领先地位，法国铁路一直致力于改进和完善其环境保护措施，针对不同的情况，采取不同的处理方法。

(1)农田水利。被所征土地干扰或阻断的原有排灌系统，由法国铁路负责出资重建，重建工程在有关省土地整治部门的指导下进行。

(2)地方道路。被铁路阻断的道路大多数是农用路。道路的重建须与有关市镇、省，以及农民的代表协商，要考虑靠近其他道路和使用方便等因素。

(3)植物。路线的选择应尽可能避开森林，考察现场有无特殊价值的植物。如有，原则上应避开，但因其他限制因素无法避开，则须移植有关物种。

(4)野生动物。法国铁路对所有新线进行了系统考察，以确定如何修建特别通道以解决动物的迁徙问题。

(5)水源。高速铁路本身不是水污染因素，但是铁路建设可能会改变地表水和地下水的流动方式，因此对所有水流均要进行公共调查，以确定引水、蓄水设施的大小和位置并取得流域地区公众的同意。

(6)噪声。噪声是沿线居民主要担心的问题。在建设新线时，法国铁路力求控制噪声对居民的干扰。最常用的办法是在噪声源处设置隔音屏，其外观和技术效果均比较好，成本也比较合理。

(7)施工。施工过程中的环保问题是法国铁路最为关注的一个问题，因此对施工单位提出了如下一系列要求：在牧区的工地周围设置隔墙；在两栖动物栖息地和有保护价值植物生长地设置标志，施工时注意保护；在重建的道路交付使用前，要保留征地上的通道，以避免给农民和当地居民造成绕道过远的不便；干旱季节经常洒水，减少尘土飞扬；在城镇地区禁止夜间使用高噪声设备，白天施工要把噪声控制在规定标准之内。

2. 日本铁路的环境保护

日本铁路环境保护问题，不单纯是噪声和振动问题，它几乎涉及铁路活动的各个方面。对铁路环境污染问题的意见很久以前就有，但受到人们的高度重视，还是在1964年东海道新干线开始运营以后。1967年，日本制定了《公害对策基本法》，此后更多的有关法案得以立法，在此基础上相继产生了各地方自治体独自的条例，发展到现在几乎各个项目都有标准可循。

对列车行驶中产生的噪声，先后出台了《噪声限制法》和新干线铁道噪声的《环境标准》，就新干线铁路振动问题提出了环保的标准和目标值。

大气污染方面,《大气污染防治法》是防治大气污染的基本法,其后又规定了各种排放物的总量限制标准,实施了具体的防治措施。

《水质污浊防治法》是防治水污染的基本法。多数地方政府制定的条例中采用了比法律更高的标准。

日本针对铁路的环境影响评价问题,从20世纪70年代开始,经过环境影响评价制度专门委员会和中央公害对策审议会等的研讨,1984年8月根据内阁会议决定公布《环境影响评价指针》,最早使环境影响评价规范制度化。

3. 德国铁路的环境保护

德国铁路部门十分重视发挥铁路环境保护方面的优势,广泛宣传铁路运输大能力、低能耗和有利于保护环境的特点,从而提高铁路在各种运输方式中的竞争能力。同时,德国铁路始终强调国家应从环保和节能角度考虑国家宏观运输政策,调整运输结构,改变运输方式的比重,从而减少运输工具给环境造成的影响。

德国新建、扩建线路从立项开始就对沿线的环境进行调查,并根据国家有关环境保护方面的法律结合沿线环境特点及环保要求进行方案优选。建设期间,建设单位对建设项目的环境保护效果负责,对施工中的环保工作进行管理,施工单位必须按照环境评价报告书的要求实施环保工程,地方环保行政部门对建设项目的环保行为进行执法监督。

在运营中,德国铁路着重做好噪声治理、节能、客运固体废物处理三个方面的工作。

环境管理体系ISO14000认证也受到德国铁路的重视。在基于企业自愿的前提下,从节约资源、节省开支、企业运行安全性、顾客的需求、公众及社会要求和企业不断改进持续发展的能力等角度考虑,对企业建立的环境管理标准体系进行ISO14000认证。

三、我国铁路环境保护建议

1. 立法先行,完善铁路环境保护立法

实现铁路环境保护,必须先加强铁路环境保护立法,完善我国铁路环境保护法律体系,切实做到立法先行。铁路环境保护法律体系是铁路环境保护的基础和依据。若没有完善的铁路环境立法体系,环境保护问题治理就没有司法保障。

首先,铁路环境保护法律的颁布时间大多为20世纪八九十年代,其立法理念、治理手段、监管模式比较陈旧落后,亟待进行更新与修改。其次,我国幅员辽阔,铁路建设线多面广,涉及的环境问题也极为复杂。《环境保护法》《水污染防治法》《噪声污染防治法》等国家性的法律为了解决我国大部分地区的环境问题,仅对普遍性、原则性的问题做出了相应规定,在解决复杂铁路环境问题时就显得有些棘手,因此需要加强铁路行业环境立法。第三,铁路建设途经我国不同省市,不同省市对环境保护问题颁布了各自的地方性行政法规,环境问题铁路部门规章与地方性行政法规经常产生冲突,进而影响铁路工程建设。要解决这个问题,就必须根据铁路行业环境问题的特点完善铁路环境保护部门规章,同时升格为法律或行政法规层次,提高铁路环境保护法律体系效力等级,可以以实施多年的《铁路环境保护规定》为基础制定《铁路环境保护法》。

2. 加强环保监管部门监管措施与处罚手段

因铁路环境保护问题涉及众多相关法律法规,也就有众多监管部门,铁路环境问题经常出现谁该管,如何管,管什么的问题,监管的方式和监管手段都没有明确界定,从而导致监管不力的铁路环境问题案件屡屡皆是。监管部门无查封权、扣押权，行政处罚权能力弱，面对日益严重的生态破坏、环境污染问题，执法部门要么重复执法，要么推诿扯皮。

要彻底解决监管部门的乱行政、不行政问题，首先，要从立法上授予环保部门统一的监管权，其他部门各负其责的监管方式，同时建立行政执法部门协调沟通机制，对违法环境案件进行联合执法。其次，强化监管部门行政处罚权限，加重环境污染和生态破坏违法成本。第三，建立环境稽查机构，环境稽查机构既能对环境监管部门起到监督作用，也能保证环境保护法律法规的严格实施。

3. 加大施工期的环境监控力度

在铁路建设过程中，应加强施工期的环境监控力度，这在很大程度上会减少施工对环境造成的不良影响。首先，在施工准备阶段，应该详细审核施工方案中的各个细节，对施工设备和施工工艺进行进一步的考察，确定其是否能够达到国家规定的环境保护要求。同时应当制定相应的环境保护计划，并确保在施工过程中得到顺利实施。在工程开工前，采用公开招标方式确定相应的工程监理单位，明确其进行现场施工环境保护监理工作，在施工进行阶段，建设单位通过与专业的工程监理单位、当地政府主管部门进行合作，进一步加强施工现场的环境监控力度。另外，在工程竣工后，还应该撰写相应的环保工作材料，并按照相应的标准对环保工作进行验收，对不合格者，责令相应的施工单位整改。

第三节 铁路运输与能源

一、铁路运输与能源的关系

交通运输与能源都是国民经济发展的重要支柱和基础产业。邓小平同志在 1982 年曾指出："我国整个经济发展的战略，能源和交通是重点。"

能源的运输离不开交通，交通又必须由能源提供动力支持，能源与运输的关系是你中有我，我中有你，两者密不可分。而铁路作为重要的陆上能源运输工具，理清其与能源的关系具有现实意义。

1. 能源布局影响路网布局和运力布局

自古以来，能源一直是人类赖以生存的要素之一，尤其在进入工业社会之后，能源成为国民经济和社会发展的重要战略物资。能源储量分布的不均匀和能源消耗需求的广泛性促成了世界范围的能源贸易市场。为了实现能源贸易的正常进行，保证能源供需调配的有序性，各种交通运输方式成为连接能源供应地和消费地的重要工具。铁路运输是陆上能源运输(特别是煤炭)的主要方式，铁路路网和运力布局受能源分布的影响。

我国的能源资源分布具有明显的相对集中性，如煤炭资源的 60%以上集中在华北，石油资源主要分布在黑龙江、山东和河北；而消费地和加工地的地理分布则相当广泛，大多在我国东南沿海一带。因此形成了北煤南运、西煤东运和北油南运的格局，导致长距离的运输。

煤炭运输是我国交通运输产业中一项主要的运输任务，煤运量占总货运量的 35%左右。统计表明，国家铁路完成的煤炭运量和周转量远远超过其他运输方式，铁路是煤炭运输的主力。为了解决煤炭运输问题，我国以"三西"(陕西、山西、内蒙古西部)为中心，新建、改建了一系列煤炭运输线路，形成了运力强大、组织先进、功能完善的煤炭运输系统。大秦线、侯月(日)线等具有中国特色的重载铁路运输通道的建成,大大改善了我国能源资源运输能力不足的问题。

2. 能源价格影响铁路运输成本

目前我国铁路的牵引动力有内燃机车、电力机车和蒸汽机车三种,能耗高且性能差的蒸汽机车目前很少,只在个别站用于调车作业。资料表明,每万吨公里蒸汽机车消耗 155.6 kg 标准煤,内燃机车消耗 25.2 kg 标准煤,电力机车用电 111.7 kW(合标准煤 13.7 kg),三种机车的综合能耗为 52.1 kg 标准煤。据统计,2010 年国家铁路(不含控股合资铁路)运输企业能源消耗折算标准煤 1 615.73 万 t,单位运输工作量综合能耗 4.94 t 标准煤/百万换算 t・km,比上年降低 6.8%。

由此可见,铁路运输是能源(特别是固体能源)的主要运输方式,铁路运输的能耗较低(特别是电气化铁路),所以从能源价格和安全角度考虑,应快速发展电气化铁路。

3. 铁路能源运输对国民经济的影响

中国已成为世界上第二大一次能源消费国。随着经济的不断发展,能源需求将继续增长,且需进口大量石油和天然气资源。能源运输在整个运输中占重要地位,对国民经济的发展具有决定性的作用,对人民生活也有直接的影响。

能源运输主要具有运量大、运距长等特点。中国能源运量占总运量的 40%以上,其中铁路运输的煤炭、石油约占铁路总运量的 43%。由于能源运量大,运距长,能源运输占用了大量的运输能力。能源问题在很长一段时间内成为限制我国经济发展速度的"瓶颈"问题。铁路由于运量大、距离长、运价低、安全性高等特点,成为我国能源运输的骨干力量。一直以来,铁路对煤炭等国家重点物资运输给予扶持和运力倾斜,最大限度地满足其运输需求,保障了我国国民经济的高速稳定发展。

4. 铁路运输发展适应我国能源结构发展方向

交通运输行业能源消费包括完成运输活动的各种运输工具或设施直接消耗的能源和各运输组织或管理部门服务于运输生产活动消耗的能源,主要是通过各种运输工具或设施直接对能源进行消耗的。

近年来,交通运输行业的能源消费增长很快,已经成为继工业和生活消费之后的第三大能耗产业。如何在交通运输中有效地使用能源,优化各种交通工具的配置,降低能耗,保护环境,关系到国家经济社会的可持续发展。

据统计资料显示,中国铁路能源消耗在国家交通运输业总消耗中只占 18% ,而完成换算周转量达到 50%以上。在各种交通工具中,铁路是唯一可以大面积实现用多种能源替代石油的大能力综合性绿色交通运输工具。目前电气化铁路已经成为我国铁路的主要发展方向,大规模铁路客运专线建设以及铁路既有线的电气化改造,可以把对石油的直接消耗转变为对煤和水能资源的间接消耗,减少国家的石油压力。

铁路在"以电代油"能源替代方面所具有的优势更是其他交通方式所无法具备的,这不仅可以有效降低交通运输中石油的消耗量,减轻对石油的依赖,而且对于调整和优化交通运输产业能源消费结构起着十分重要的作用。铁路是交通运输产业中最适应我国能源结构发展方向的优选方式,发展铁路运输对于改善我国交通运输业的能源消费结构将起到积极的推动作用。

二、我国的铁路节能技术

随着能源问题渐渐为人们所重视,各国铁路部门都在根据自己的实际情况调整能源战略。以俄罗斯铁路为例，作为俄罗斯各种运输方式中能源消耗量相对较小的部门，每年电能消耗约占全国电力总量的5%～6%，柴油燃料消耗占6%。俄铁一直把降低铁路运输燃料和电能支出作为公司改善经营管理的主要方向，特别是减少列车牵引所需能源的消耗。

我国在节能和资源综合利用计划中，明确要求铁路的节能工作必须把节约用油、节约用水放在首位，通过加快铁路牵引动力结构调整，实现铁路牵引动力部分以电代油，做好生产、生活用能设施的经济合理配置，推进节能科技进步与创新，加大技改力度，促进节能与资源的综合利用。

1. 加大节油和代油技术应用

加快铁路电气化建设，大力推进"以电代油"工程，实现能源结构根本性调整和优化，这是我国铁路节能工作的战略性技术措施。同时，加强节油方面的技术措施。首先改进和提高了内燃机车的技术装备水平，使内燃机车燃油消耗率达到国际先进水平，采用加装机车新型轮轨自动润滑节能装置、强化柴油机结构和性能参数等技术措施。其次，提高了柴油的使用技术。比如采用高冷凝点的柴油，推广使用零号柴油技术，推广润滑油、燃油添加剂和节油装置的应用，发展电子燃油喷射技术等等。

2. 推广电气化铁路功率因数补偿技术

随着铁路电气化改造的深入，为提高电气化铁路供电效率，重点开发研究了提高供用电功率因数、减少负序电流和谐波等技术，在兰州、南宁等铁路局投入使用并取得了巨大成功。

3. 大力发展重载运输

随着我国经济的发展，对能源的需求也迅速增长。铁路是煤炭等大宗货物的主要运输方式，大力发展重载运输不仅能够提高运输能力、降低运输成本，而且能够降低能耗。近年来我国重载运输发展取得了重大的突破。2014年，由中国铁路总公司在大秦铁路组织实施的3万t重载列车运行试验取得圆满成功，实现了我国铁路重载列车牵引重量从2万t到3万t的跨跃，使我国成为世界上仅有几个掌握3万t铁路重载技术的国家之一。

4. 推广新型绿色照明节电技术

兰州、上海、南昌、济南等铁路局通过参加世界银行赠款项目的绿色照明大宗采购活动，按照绿色照明标准进行公开招标，引进了国外先进技术，达到降低投资、提高照度和工程质量的目的。郑州、成都、广州、昆明、南宁等铁路局积极安排和实施绿色照明，推广新型光源，对车站照明实行自动控制，取得了可喜的效果。

5. 开发新能源和可再生能源

人类文明要继续维持和发展下去，就必须积极探索新能源。进入21世纪之后，随着新能源的开发和普及，人类将从矿物燃料时代迈进新能源时代。在全国都在思考如何缓解、解决能源瓶颈问题的时候，铁路部门进行了积极的尝试。铁路系统通过引入中美能源合作项目——地源热泵采暖制冷技术，在北京、沈阳、上海、济南铁路局和地方、合资铁路的推广使用，降低了采暖制冷的运营成本，节约了能源。同时，各铁路局还利用太阳能来解决沿线职工生活使用热水，节约了采暖成本。废机油、废电解液、废旧钢轨等废旧物资的回收和再生利用也得到了普遍重视。

三、国外铁路的节能技术

国外铁路节能技术发展至今已呈现出多极发展的趋势，既有传统节能技术的延续发展，也有新节能技术不断地得到推广和运用,还有尚处在实验阶段的节能技术成果的有序转化。下面简单介绍几种国外较为成熟的节能技术成果。

(一)再生制动节能技术

再生制动节能技术是指在列车减速时,将电动机转换为发电机运行,产生再生电力回馈电网达到节能效果的一种技术。

日本铁路引入了两种节能技术:其一是再生能源。据有关资料介绍,在容纳 150 名乘客的 10 节车厢以时速 90 km/h 运行时,从刹车到列车停止的 30 s 内大约能够产生 1 500 kW 的再生电量。产生的再生电力通过专门架设的电线输送给其他列车,它们以这些再生电量作为动力,从而实现了列车的节能运行。其二是采用"可变电压可变频率(VVVF)变压控制装置"以更有效地制动。这一装置可将上述供电线路中的直流电转换为交流电,根据电车的加速度和速度的变化调整电压和频率,从而使得电机更有效运转。其最大优点就是比过去的列车减少了约 30%的耗电量。

铁路利用再生制动实现节能还有其他形式。例如,东大阪的新生驹变电所设有可控硅逆变器,靠回收制动车辆的回生电力,每年回收 70 万 kW·h 的电力供给非行车用电使用。又如,德铁采用使列车的气体制动能转换成电能反馈接触网的节能方案,2003 年反馈电能为 281 GW·h,相当于 122 座现代化风力发电设备的发电量。

(二)重载运输节能技术

国外铁路公司采用重载运输方式的主要目的是提高列车运输的规模效益、降低运输成本。不过后来人们很快就发现,重载运输还能降低能耗。

例如,澳大利亚 BHP 公司从 1973 年采用重载运输技术后,能耗连年下降。2000 年与 1980 年相比,燃油消耗下降了 43%。正是因为有这双重效应,铁路重载运输已成为许多国家追求的现代货运组织方式,被世界公认为铁路货运发展的重要趋势。美国、澳大利亚、苏联以及德国、法国等欧洲国家比较早地开行了重载列车,而且重载量呈现不断加大的趋势。近年来,印度等发展中国家也在积极推进重载铁路运输。

(三)牵引能耗方面

牵引能耗在国外铁路能耗中占有比较大的比重,有些国家甚至在 60% 以上。因此,降低牵引能耗成为降低整个能耗的关键之一。目前的趋势就是采用新能源替代化石能源。

1. 新能源电能替代煤电

"以电代油"无疑是铁路牵引用能低碳化的一大技术进步,但由于目前大多数国家牵引用电主要是使用煤电,尽管从使用过程来看,并不产生碳排放,但却有碳排放的"嫌疑"。而且,有些国家电气化铁路的增加导致机车牵引用电量的快速增加,对整个国家而言,无疑会加大发电环节的碳排放。因此,从推进全社会减碳的角度看,使用煤电并不是最优的选择。

核电属于低碳、密集型能源,没有温室气体排放,核电链对公众产生的辐射照射约为煤电链的 1/50。法国是一个核电占有量比较高的国家,2008 年核电占其总发电量的 87.5%。但由于核电具有比较大的风险,一旦泄露会对周边环境造成极大的破坏,很多国家因此对发展核电持谨慎态度。但对发展可再生能源发电均持欢迎和支持的态度。2015 年 7 月 22 日,法国国民议会通过了一项环保法案,规定 2050 年之前大幅度降低对核电的依赖,并提高可再生能源的运用。在各种发电方式中,可再生能源的电力比重必须提高到 32%,远高于 2012 年的 13.7%的比例。

2. 生物柴油替代石油柴油

有研究表明，采用生物柴油尾气中的有毒有机物排放量仅为1/10，颗粒物为普遍柴油的20%，一氧化碳和二氧化碳排放量仅为石油柴油的10%，无硫化物和铅有毒物的排放。目前国外铁路已有个别公司使用生物柴油替代石油柴油的案例。

2007年，英国Virgin公司在其高速旅客列车上开始试验燃用20%生物柴油混合燃料，以减少二氧化碳排放量。2009年11月，加拿大太平洋铁路(CP)公司与加拿大国家自然资源部合作，开展了一项为期5个月的生物柴油燃料试验计划，用4台GE Transportation公司制造的AC4400型内燃机车(装用FDL-16型柴油机)在卡尔加里和埃德蒙顿之间进行专项运营试验，试验中机车使用5%的生物柴油混合燃料。

3. 液化天然气替代柴油

液化天然气虽然是化石能源，但被公认是地球上最干净的化石能源，无色、无味、无毒且无腐蚀性。近年来，美国、俄罗斯和加拿大等国家正在积极研制、改装和试验燃用液化气的内燃机车，取得了一定的成果。俄罗斯在将液化天然气用于汽车运输、铁路运输和空中运输方面积累了许多经验。在铁路方面，俄罗斯已试制出燃用液化天然气的机车技术。2012年底，俄罗斯成功研发和试制了全世界第一台完全使用液化天然气燃料的内燃机车，并准备对此进行改造并投入批量生产。

4. 燃料电池机车

燃料电池基于电化学原理，而不是燃烧原理，将燃料能量直接转化成电能，具有节约能源、无噪声、高效率、低排放、少维护的特点，非常适宜用作运输系统的能源。

日本铁道综合技术研究所携手东日本铁路公司，已成功研制出了世界首台混合型燃料电池机车。东日本铁路公司已对这台混合型燃料电池机车进行了测试。该机车用氢燃料电池取代内燃机车，但其控制系统仍然采用混合型内燃机车控制系统。当机车加速时，由燃料电池和蓄电池供电；当机车制动时，则向蓄电池重新充电。每添加一次氢燃料，机车可运行80 km。除用氢燃料电池试验外，日本铁道综合技术研究所还准备进行采用醚类和硼素等其他元素的燃料电池进行可行性研究。

5. 混合动力内燃动车

传统内燃动车由柴油机提供全部动力，而混合动力内燃动车除柴油机外，还可由新型蓄电池提供电能。西日本铁路公司在充分利用内燃动车动力系统特点的同时，还有效利用柴油机能量和再生制动能量。其方法是，将柴油机能量(柴油机输出轴的机械能)作为牵引时优先使用的能量(动能)，而将再生制动能量(蓄电池的电能)作为辅助装置优先使用的能量(电能)。由于柴油机不为辅助装置提供能量，所以为牵引系统提供的输出能量达到最高水平(即柴油机的辅助装置耗能最小的状态)，车辆就能快速加速，从而缩短牵引时间。另外，在停车时，由蓄电池为辅助装置提供电能，柴油机处于停机状态。这样，减少了柴油机的运转时间，发挥了节能效果。

(四)非牵引能耗方面

据日本新干线的统计，非直接行车方面的耗能约占铁路总耗能量的13%，包括车站和列车用照明、空调、热水、机器等的能耗。在这些能耗中照明占40%。由于对旅客服务设施的不断改善，铁路非行车方面能耗占总能耗的比重呈逐年上升趋势。

1. 铁路沿线利用新能源为设备供电

美国早在20世纪80年代初就开始在堪萨斯城南方铁路应用太阳能供电装置，在80多英里的干线上,装了 59 个太阳能供电装置,为沿线地面信号机、轨道电路和转辙机提供电源。

通过比较,在很多边远地区,采用太阳能电池供电比用公用电网供电的成本要低。假如太阳能电池装置坏了,也很容易更换。如果工作不正常,能立即发信号给调度员。装置所需的唯一的维修是定期清扫太阳能电池板。电动转辙机、全部必要的照明和调度集中所需的线路、终端编码设备都由太阳能电池装置供电。

2. 铁路车站利用新能源发电供电

德国铁路股份公司在新柏林总站建筑物上采用再生能源,安装了高效能的太阳能光电设备,整个太阳能发电设备的额定功率(189±18.9)kW。投入运用后,仅从 2002 年 6 月底至 8 月初的头 4 个星期,该设备就向公共电网输电 2.2 万 kW·h。这座太阳能电站每年发电 16 万 kW·h,加上其他新型能源的应用,德国铁路公司使用环保技术能源的比例将占总能源消耗量的 13%,大大高于目前全德国 6.25%的平均值。

纽约 Stillwell Avenue 地铁车站与车站建筑结合处安装了太阳能光伏发电系统,太阳电池组件覆盖了整个车站的屋顶。该项目是目前美国铁路上使用非晶硅薄膜电池光伏屋顶的最大项目。安装峰值总功率约为 210 kWp,每年大约可以产生 25 万 kW·h 的电能,能够满足该车站每年用电需求的 15%。在天气晴朗的情况下,光伏发电系统的发电电能可以足够供给车站 65%的电力需求。

日本近畿铁道在一部分车站安设了太阳能电池,以供空调使用,虽然成本较高,但可减少 CO_2 的排放。名古屋铁道在舞木、犬山、丰明等处的车辆检查场设有太阳能热水器,为洗刷车辆提供热水,起到了很好节能和保护环境的作用。此外,日本铁路公司还利用车站屋顶的太阳能热水器收集太阳能,储存大量热水代替燃油作为冬季屋顶融雪的能源。

四、我国铁路节能发展展望

随着社会市场经济的发展,我国提出了建设资源节约、环境友好的和谐社会的目标。基于我国的国情,铁路必将在很长的一段时间内不能满足新目标的要求,期待进一步的改革。总结国外经验,结合我国铁路实际,对我国铁路能源的发展提出了新的要求。

1. 进一步发展电气化铁路和推进铁路节能技术运用

作为二次能源,电力在利用效率和环境保护上都有一次能源不可企及的优势。因此加快铁路电气化建设,不仅有利于缓解我国的能源压力,还能减轻能源对环境的压力。

我国铁路电气化比例多年来一直徘徊在 30%左右。随着动车组列车及电力机车的推广应用,我国的电气化铁路建设进入快速发展时期,截至 2016 年底,电气化里程已达到 8.0 万 km,比上年增长 7.4%,电化率 64.8%,比上年提高 3.0 个百分点。提高电气化铁路的比重是我国铁路发展的一个主攻目标。比较可行的方案是:改造存量,保证增量,即对繁忙的既有线实行电气化改造,新建线路按电气化线路进行设计和投资施工。

同时,还需借鉴国外在牵引能耗方面的研究,进一步推进新能源的开发与利用,将现有对动力牵引系统、再生制动、储能装置等牵引动力的研究应用到实际生产中,以降低铁路的牵引能耗。

2. 改进铁路运输组织,提高现有能源的利用效率

我国能源利用效率仅为 33%,比发达国家低 10 多个百分点,再乘以 32%的能源开采

率，能源系统总效率只有10.3%，不到发达国家的一半。

铁路运输节能应继续推进内涵式扩大再生产，通过改进铁路运输组织网络中的各个环节，实现资源和能源利用率的提高。由于铁路能源消耗主要集中在机车的使用上，提高机车牵引效率直接关系到能耗效率。降低无效能耗成为节能工作的一个重点。产生无效能耗的情形有两种：第一种情形是机车站停超时形成的柴油机空转耗油浪费，这跟行车调度以及车站组织工作有关系；第二种情形是列车在运行途中出现了停车或减速所造成的动能损失，一般情况下一次制动将使列车速度下降5 km/h，会造成列车运行中能耗的浪费。显然，降低或避免无效浪费的关键是要创新运输组织以及出台一些制度性的奖励和约束措施。

优化机车运用，最大程度地减少机外停车，少放单机，减少备用机车；优化牵引定数，合理配置机车。机车与牵引吨位合理配备，组织满载货物运输，减少欠重欠轴，避免功率浪费、损坏机车等，提高机车运用效率。

在运行管理过程中，完善资源消耗奖罚制度，强化单位能耗限额管理和定额考核，加强运输行车组织，减少不合理运输，可以在保证国民经济发展对交通需求的前提下，减少交通量，从而有效降低单位国民生产总值的交通需求，实现降低能耗的目标。

3. 完善节能规章制度建设

按照国家有关要求，铁路行业已初步建立起比较科学、完整和统一的节能减排统计、监测和考核体系。总体看，统计、考核体系已在节能减排日常工作中发挥越来越大的作用，但节能减排监测体系相对薄弱，需要进一步完善。

根据国家新修订的《节约能源法》，逐步清理、修订与《节约能源法》不相适应的既有铁路节能减排行政法规和规章，编辑整理新的铁路节能环保管理办法，规范铁路行业节能行为，完善铁路行业节能环保规章制度建设，争取完成《铁路实施节能法细则》和《铁路节能技术政策》等规章的修订工作，更好地指导铁路节能减排工作。

第四节　铁路运输与土地资源

土地是人类社会一切生产和生活的基础，是极其有限的不可再生资源。我国虽然幅员辽阔，但是人均土地面积相对较低，人多地少的局面使得土地在很大的程度上限制了我国的经济发展。合理规划、利用、管理和保护铁路用地，将是我国铁路运输事业发展需要考虑的基本因素。

一、铁路规划用地的范围

铁路用地是指铁路部门依法获得使用权的土地，包括留用的和征拨用的土地。铁路用地属于国家所有，是国有土地的一个重要组成部分，由铁路部门利用和管理，受国家法律保护。铁路用地分为运输生产用地、辅助生产用地、生活设施用地和其他用地四大类。

运输生产用地包括区间线路用地，车站用地，管理维修仓储用地和其他运输生产用地。辅助生产用地包括机关用地、职工培训用地、专业生产修配用地、后勤保障用地、林场苗圃用地、采石用地和其他辅助生产用地。生活设施用地包括文体设施用地、职工住宅用地和其他生活设施用地。其他用地包括特殊用地和其他特殊用地。

二、铁路规划用地的意义

铁路用地是铁路部门根据国家有关法律、法规依法留用和征(拨)用的专项国有土地。它是铁路运输生产的重要基础，是维护铁路运输安全的重要条件，是铁路改革与发展的重要资本。

1. 铁路用地是铁路建设的物质基础

铁路运输生产经营工作中的一切活动和发展建设，都是在铁路用地提供的场地和空间上发展的。线路、站场、货场、通信指挥系统、排水系统、绿化系统、稳固路基系统等形成了铁路用地利用的整体性。

2. 铁路用地是铁路职工生活的客观要求

由于铁路生产工作线长、点多，多数职工要昼夜轮班、交替上岗，连续性、时间性要求十分严格，为职工创造一个舒适安逸、恬静优美、上下班就近方便的集中居住条件，对保证和促进铁路生产是非常重要的。因此，在运输生产用地的周围开辟一定的生活居住小区，是铁路用地利用的又一特点。

3. 铁路用地是城市间、城乡间的联络线

由于铁路运输事业在国民经济中处于先行官和大动脉的特殊地位，铁路用地自然地在城市发展中处于经济活动的中心，铁路为城乡之间架起了经济联系和友谊交往的桥梁，铁路用地的利用和发展必然成为城镇经济和周围经济发展的辐射源。

4. 铁路用地是铁路安全运营的保障

铁路的沿路绿化带不仅可以防止水土流失，保证铁路安全，还能起到防止人畜进入铁路线路的作用，避免影响铁路列车的运行。

5. 铁路用地是铁路发展的必要条件

无论是新建线路，还是扩建既有线路，土地都是先决条件。没有土地，铁路的发展就是无源之水。

三、铁路土地管理的内涵

我国铁路用地管理是由铁路用地管理机构依据国家法律法规规定，在政府授权委托的条件下，对铁路用地实施的内部管理，包括地籍管理、规划管理、利用管理和监察管理四个部分。

铁路用地管理机构既不同于国家土地资源管理部门，也不同于土地资产的经营部门，其主要职责是保护国土资源，维护国有资产权益，组织实现土地功能及保值增值。

目前，铁路土地利用管理方面的法律法规很多，按法律效力主要有以下四个层次：①宪法。宪法对我国国土资源的产权关系和利用都作出了明确规定。宪法第十条规定，“城市的土地属于国家所有，农村和城市郊区的土地，除由法律规定属于国家所有的以外，属于集体所有”等规定，构成了我国国土资源立法的基本依据。②单行法律。我国全国人民代表大会及其常务委员会所制定的规范性文件，其效力仅次于宪法和基本法律，比如《中华人民共和国铁路法》《中华人民共和国土地管理法》等。③法规。一是行政法规，是由国务院颁布的有关铁路土地法律实施细则，以及铁路土地行政管理过程中的一些具体问题的规范性文件，如《财政部、国土资源部、中国人民银行关于调整新增建设用地土地有偿使用费政策等问题的通知》《确认土地所有权和使用权的若干规定》等；二是地方法规，即地方权力机关——省、自治区、直辖市及省级人民政府所在地的市和经国务院批准的较大的市人民代表大会及其常务委员会，结合本地实际情况，依照宪法、法律所制定的有关国土资源开发利用和保护的规范性文件，如《北京市铁路干线两侧隔离带规划建设管理暂行规定》《浙江省人民政府关于印发〈浙江省铁路用地管理办法〉的通知》等。④规章，比如《铁路专用线专用铁路管理办法（试行）》等。

中国铁路总公司《关于印发〈铁路用地管理办法〉的通知》（铁总开发〔2015〕202 号）中规定“第四条：总公司负责拟订铁路用地管理标准、制度、办法，对铁路局用地管理进行指导、监督、服务，对管理权限内用地资产处置事项进行审批，协调解决重大土地纠纷。铁路局承担用地管理的主体责任，履行用地权属管理、监察管理、资产处置、开发利用、规划编制和实施等职责。”“第五条：铁路局应按照专业化管理及精干高效的原则，建立健全土地管理机构，配齐配强土地专业管理力量，提升专业管理能力。铁路局土地管理部门负责铁路用地的归口管理。铁路局土地管理办公室作为附属机构，承担辖区内土地管理的具体工作。铁路局应根据土地日常管理及对外协调工作的需要，优化土地管理办公室设置。铁路局应结合实际，实行土地管理部门直接管理模式或土地管理部门管理＋站段辅助管理模式。对山区、偏远地区等，可采取站段代管的方式，赋予站段土地处置以外一定的土地管理职能。”

因此，在国家相关法律、法规的指导下，以保护土地资源为基础，以规划、建设、利用、开发土地资产为中心，进行铁路用地的地籍、规划、利用和监察管理是依法、统一、全面、科学管理好铁路用地的基本任务。

1. 地籍管理

地籍是铁路进行用地管理的法律保障，所以地籍管理是铁路用地管理的基础。由于铁路用地具有线长、点多、面广，跨省、穿市、连县、越乡，多邻、多界不易管理的特点，通过申报登记，领取《国有土地使用证》，依法确定线路、站场、生活居住等铁路用地界限，并通过建立健全地籍档案，把土地的数量、价值量及动态变化资料完整保存建档，是铁路地籍管理的主要内容，也使得铁路的土地管理具有连续性、系统性、专业性和法律性等特点。

2. 规划管理

为使铁路用地有效的综合利用，优化资源配置，建立高效、便捷、安全、舒适的铁路运输服务体系，需要对铁路用地进行统筹规划，以实现布局合理、节约用地、科学管理的规划特点。铁路用地规划管理需坚持以下三个原则：一要坚持铁路用地规划与城市规划和土地利用总体规划统一性的原则；二要使铁路用地规划具有社会效益、经济效益、环境效益的原则；三要坚持铁路用地的利用呈多样性、为铁路多元经济服务的原则。

铁路用地规划需在铁路长远发展规划指导下进行，既要确定站区铁路用地范围和发展规模，又要合理调整站区铁路用地结构，科学地进行功能分区和核定各类用地技术指标，满足各类用地的功能需求；既要做好站区总体规划，又要做好生产、生活区控制性详细规划。铁路用地规划一经批准，即具备法律效力，成为依法管理的龙头。

3. 利用管理

按照相关法律、法规，对铁路用地的使用进行管理是铁路用地管理的核心。认真贯彻执行国家有关铁路用地管理的法律、法规，正确行使法律赋予的权利，履行法律规定的义务，是做好铁路用地管理工作的保证，是依法保护铁路用地的关键。铁路用地管理的任务是在国家土地统一管理的原则下，运用行政、经济、法律和科学的综合管理手段，依法做好铁路用地的规划、建设、保护和管理,达到合理、高效地利用铁路用地的目标。

4. 监察管理

《铁路用地管理办法》规定:"铁路用地管理机构受当地政府土地管理部门委托,可建立监察队伍,负责铁路用地的保护,依法对铁路用地的利用状况实施监督检查,对违章占地、滥用土地等行为进行制止。"因此,努力做到有法可依、有法必依、执法必严、违法必究、严管用地行为是铁路用地监察管理的目标。

铁路用地的监察管理,就是对铁路用地范围内路内外单位和个人占用铁路用地以及执行和遵守国家和铁路土地法律、法规、政策情况进行监督,检查铁路用地的建设、利用、开发、管理和权属变更及费用收缴情况。对土地违法者应予以法律制裁,保护铁路用地的合法使用权益,保证铁路用地适应铁路事业的发展需要。

四、铁路用地存在的问题

随着经济的发展、铁路企业的改制、分局撤销、站段合并、生产力布局调整、政企分开等新形势的发展,铁路用地问题和矛盾不断出现。

目前,铁路用地管理面临的问题主要表现在以下几个方面:

1. 侵占铁路用地

近年来,在铁路用地内修建建筑物、构筑物、挖土取沙、倾倒废弃物等现象不断出现。所有这些都侵害了铁路的土地权益,影响了铁路行车安全。

2. 盲目用地

有的铁路单位私自利用原有划拨用地,未经铁路土地管理部门同意,盲目组织开发,致使铁路用地没有科学有效利用,甚至造成严重后果,给铁路带来巨大损失。

3. 铁路土地执法权限问题

铁路土地监察是地方政府土地管理部门委托的铁路行业内部的土地监察,它的职责范围、执法权限因此也受到很大的局限,铁路监察不具有地方政府土地管理部门土地监察所具有的大部分职责和执法权限。在所能做的实际工作中,铁路土地监察工作难度较大。

4. 土地确权领证的工作难度大

确权领证由于有历史原因,用地被地方政府或路外单位、个人占用或施工完成时没有完整交接资料等,都使得确权领证工作的难度加大。

5. 内部组织混乱

铁路内部土地规划、建设征用分属不同部门管理,难以避免工作衔接上有脱钩现象。比如新线建设中应该征用多少,设计征用多少,工程部门实际征用多少,征地手续是否规范,与地方各项协议是否完整,用地管理部门并不掌握,致使新线验交时才发现问题,影响铁路局接收和管理。

6. 宣传力度不够

经调查,铁路沿线土地被侵占,当事人多数并不知晓有关规定,尤其是对铁路用地,更是知之甚少。有的铁路预留地更是被随意侵占,当事人根本就没有这方面的法律意识,对铁路用地问题没有向铁路沿线居民广泛宣传。

五、加强铁路用地管理

面对这些问题,我国铁路工作者根据我国的实际情况,提出了一系列解决方法。

1. 继续推进用地管理规章制度建设

合法的规章制度是进行铁路用地管理的根本依据。要根据国家相关法律、法规，把握铁路的改革发展方向，分析铁路用地特点，完善铁路用地管理规章制度，保证铁路用地资产安全、依法建立主辅经济关系和严格规范操作程序等全面的规则性要求。

2. 健全并完善管理机制

在各铁路局土地管理机构设置、力量配置存在一定差异的情况下，为实现全路用地规范、有效管理和步伐基本统一，必须加大力量推进管理机制的健全和完善。

要着力于提高土地管理人员的责任意识、依法管理意识和苦干实干精神，努力使土地管理队伍的精神面貌有全新的变化，使铁路用地工作向主动、创新、精细、规范型发展；各铁路局要根据相关文件细化工作职责，明确工作标准，建立工作制度；要建立严格完善的监督考核办法，包括工作考核办法、日常检查指导工作制度等，确保工作目标的实现。

3. 建立健全铁路用地监察网络

由于铁路用地沿线开放式分布的特点以及铁路用地作为运输安全保障的重要条件，要求采取不同一般的方法、手段，来实现对铁路用地的全面守护。通过组织土地管理人员成立监察网络，形成覆盖全路每一地块的监察体系，实现对铁路用地全面、动态、有效的监管。

4. 强化线路安全保护区清理

维护铁路线路安全保护区内的正常秩序，是铁路用地管理融入运输安全工作的一项重要职能，具体工作包括整治铁路安全保护区内违法取土、挖沙、挖沟、建造建筑物和构筑物、放养牲畜、种植等行为，为铁路安全创造良好的环境。

5. 完成铁路用地确权领证工作

随着新增建设用地被严格控制、土地价格的迅速攀升、《物权法》的实施和铁路改革的深化，土地确权领证工作显得愈发重要和紧迫。当前虽然铁路用地确权领证率处于全国领先水平，但随着逐步推进的全国第二次土地调查，铁路用地确权领证工作又面临着新的考验。因此，要努力将各种条件转化为有利因素，强力推进铁路用地确权领证工作的开展。

6. 加强人才培养

着力提高铁路用地管理队伍整体素质，不但是当前需要解决的紧迫和重大问题，也是需要长期坚持的战略。要通过制定相关的规划，将人才引进和人才培养结合起来，有效促进队伍素质的提高。

7. 开发应用新软件

随着电子技术的不断成熟，许多以前由人工完成的工作现在都可以用软件实现。这样，一方面大大减少了人力资源浪费，将有限的人力资源释放出来，另一方面能提高工作效率。2007年，铁道部成功开发了“铁路用地管理软件”，未来一段时间的目标将是研发“铁路用地管理信息系统”。

复习思考题

1. 建立资源节约型和环境保护型的综合运输体系的进程中铁路运输有哪些优势？
2. “绿色铁路”主要有哪些特点？
3. 我国铁路环境保护存在哪些问题？

4. 试简述铁路运输与能源的联系。
5. 国外铁路节能技术有哪些?
6. 我国铁路运输的节能技术及发展展望有哪些方面?
7. 试简述铁路土地管理的内涵。

第八章 铁路运输法规概述

铁路运输法律规范是国家法律体系的一个重要组成部分，从铁路运输法律规范的数量构成来看，大量的是铁路行政规章。铁路运输法规作为法律规范，除具有规范性、国家意志性、强制性、普遍性等所有法规都具有的共同特点外，还具有广泛性、复杂性、技术性和变动性等特点。

铁路运输法规体系同其他法律、法规一样，调整着一定的社会经济关系，也与其他法律关系一样，是由主体、客体和内容三个要素构成的。

铁路运输法律关系的类型主要有铁路运输经济法律关系、行政管理法律关系、劳动管理法律关系、社会保障法律关系、行政执法关系和涉外法律关系等。

铁路法是为调整铁路企业在铁路运输营运、管理、建设、安全与防护等方面而建立的各种社会关系的法律规范的总称。

本章将介绍铁路运输法规的概念，分析铁路运输法律关系的构成要素和主要类型，重点阐述《铁路法》的立法目的、基本原则、适用范围和主要内容。

第一节 铁路运输法规的特点和作用

一、铁路运输法规的概念

铁路运输法规是指国家立法机关为了加强铁路运输管理而颁布的法律以及国家按有关规定制定和发布的行政法规、规章，它是集行政法、民法和经济法为一体的调整铁路运输关系的法律规范的总称。

铁路运输法规涉及与铁路规划、建设、养护、营运和管理等有关方面（包括建设者、使用者、经营管理者、政府主管部门等）的职责、权利和义务，调整与铁路运输有关的各种社会关系。

制定铁路运输法规的目的是维护国家利益，规范铁路运输秩序，保护公民、法人和其他单位的合法权益。

二、铁路运输法律规范的构成

由于铁路运输在促进经济增长和保证经济正常运行方面的关键性作用，必须为其建立一些特殊的法律环境或规则，即要求铁路运输活动必须在法定规则下进行。同时为保证铁路运输生产的顺利进行，保障铁路运输安全，维护铁路运输生产秩序，各国也十分重视加强对铁路的法律管理，制定了大量的铁路运输法律法规，用以调整铁路运输关系。

铁路运输法律规范是国家法律的一个重要组成部分，铁路运输法律规范是为了适应铁路运输管理而产生的，也是在总结铁路运输管理实践经验的基础上不断完善起来的部门法。

从各国的立法情况看,铁路运输法律规范一般由以下三个方面构成:

(1)国家的专门立法机关制定的法律,如美国的《斯塔格斯铁路法》、日本的《铁路营业法》、加拿大的《铁路法》等;

(2)国家的最高行政机关制定的行政法规,主要是一些条例或者实施细则,如日本政府于 1949 年 5 月以政令颁布的《日本国有铁路法施行令》,我国国务院于 2013 年 8 月发布的《铁路安全管理条例》等;

(3)政府的铁路主管机关颁布的行政规章,包括各种实施细则、规程、规则、办法和规定等。如我国的《铁路货物运输规程》《铁路旅客运输安全检查管理办法》《铁路危险货物运输安全监督管理规定》等。

从铁路运输法律规范的数量构成来看,大量的是铁路行政规章。这些行政规章一方面体现了铁路运输管理的技术特性,另一方面也体现了作为法律规范所特有的强制性。可以说,绝大多数铁路运输法律规范是铁路运输技术规范的法律化,是国家以认可的形式承认技术规范,并赋予其法律的强制力以保证施行的结果。因此,铁路立法在很大程度上也反映了自然科学技术立法的特点。

三、铁路运输法规的特点

铁路运输法规作为法律规范,除具有规范性、国家意志性、国家强制性、普遍性等所有法规都具有的共同特点外,还具有其特殊的特点。

1. 广泛性

铁路运输系统的运行过程和铁路运输活动内容的多样性决定了铁路运输法律规范的广泛性。具体表现在:

(1)内容的多样性。以货运为例,铁路运输活动涉及从生产领域原材料的供应到流通领域成品的销售等诸多环节,有时还涉及铁路与其他运输方式的联运。铁路运输法规应对所有这些环节和过程中所产生的社会关系进行调整,因此内容非常广泛。

(2)表现形式的多样性。铁路运输活动的多样性决定了铁路运输法律不可能仅限于某一效力层次或某一种表现形式。铁路运输法规有许多表现形式,有国家最高权力机关正式颁布的法律,有国家最高行政机关颁布的行政法规,有省、自治区、直辖市权力机关发布的地方性法规,有国务院各主管部门制定的规章、办法,有国际组织、团体制定的国际条约,还有相关的技术标准或技术规范等。

不同的表现形式使铁路运输法律表现出不同的效力层次。其中,法律具有最高效力,行政法规的效力次之,部门规章起到补充和帮助法律实施的作用。当铁路运输活动在国际范围内进行时,会受到国际条约或国际惯例的制约;技术标准和技术法规,则根据不同的情况而在使用中具有不同的效力。

(3)铁路运输活动的参加者众多,涉及承运人、旅客、托运人、收货人、运输代理人、运输中介人等不同的参与主体。

2. 复杂性

铁路运输活动的广泛性和复杂性决定了铁路运输法律规范具有复杂性。表现在:

(1)铁路运输法律规范包括横向的民事法律规范和纵向的行政法律规范以及各种技术法律规范,表现出铁路运输法律规范本身的多样性。

(2)即使在同一类法律规范中,由于铁路运输活动所涉及的领域众多,不同的运输主体,其权利、义务和责任都不相同，因此，也将适用不同的法律规范。

(3)铁路运输活动参与者的多样性也使得铁路运输法律关系变得复杂。

(4)随着国际铁路运输的发展，跨国运输活动会涉及多个国家，将会受到各个国家法律规范以及国际公约和国际惯例的约束和调整，从而也使铁路运输法律规范呈现出复杂性的特点。

3. 技术性

由于铁路运输有其独特的技术特征和技术标准，体现出较高的技术含量。作为调整铁路运输活动的法律规范，必然要涉及铁路运输活动的专业术语、技术标准、技术政策等，因而体现出技术性的特点。

4. 变动性

随着铁路运输业的快速发展以及旅客和货主需求的日趋多样化，运输供给的服务内容也越来越丰富。显然，经济和社会的快速发展，使得社会关系、经济关系经常处于变动之中，铁路运输活动所引起的各种法律关系也处在不断的变动之中。作为调整铁路运输法律关系的法律规范因而具有较强的变动性，需要适时地予以废、改、立，以适应铁路运输业的发展需要。因此，铁路运输法律规范的发展过程就是对现有铁路运输法规不断进行调整和增补的过程。

四、铁路运输法律规范的调整对象

铁路运输法规体系是我国经济法规体系中的一个组成部分，同其他法律、法规和规章一样，调整着一定的社会经济关系。铁路运输法规的调整对象主要有以下几个方面。

1. 国家对铁路运输宏观调控与管理过程中发生的宏观经济管理关系

所谓宏观经济管理关系，是指国家对整个国民经济的管理关系。就铁路部门而言，是指国家对整个铁路运输行业的管理关系。现代市场经济需要政府宏观调控，这已被国内外市场经济发展的实践所证明。

铁路是国家重要的基础设施，又具有很强的网络特性，在中国的具体国情条件下，更需要政府的宏观调控。这是确保国家、社会利益的需要，是维护市场经济秩序的需要，也是顺利推进铁路运输发展的需要。

(1)国家通过做出全局性的决策，制定铁路运输法规以及通过综合平衡、领导、组织、管理与监督等方式，理顺铁路运输活动中的各种经济关系。

(2)国家职能管理部门代表国家依法对铁路运输部门与其他部门之间的关系进行管理监督，即通过下达各种有关计划、指标等实现铁路运输的社会经济效益。

2. 国家对铁路运输企业作为市场主体的主体行为的经济管理与监督关系

(1)政府职能部门代表国家对铁路运输企业的经济活动进行具体的管理与监督。

(2)政府和有关主管部门为铁路运输企业从事经济活动提供社会服务，并根据各自职责依法对铁路运输企业的经济行为进行管理和监督。

3. 铁路运输企业内部组织、成员之间的微观经济管理关系和经济协作关系

铁路运输企业内部存在的经济关系既有经济管理关系，也有经济协作关系。铁路运输企业存在着计划、生产、分配、财务核算等方面的管理关系，也存在着内部组织之间的协作关系。铁路运输企业要走向市场，必须转换其经营机制，这些经济关系也必须通过法规加以调整，只有这样才有利于规范铁路运输企业的组织和行为，保护铁路运输企业作为市场主体的合法权益。

4. 铁路运输企业与其他市场主体间的经济关系

在市场经济条件下，各市场主体从事各项交易以及相互协作而又相互竞争的经济活动

时应当遵循自愿、平等、公平和诚实守信的原则。既然铁路运输企业走向市场是必然趋势,则铁路运输企业与其他市场主体之间的经济关系也就成为铁路运输法规体系调整的内容。具体来说,主要包括以下三种关系:

(1)铁路运输企业与其他市场主体之间的商品交易关系。这是市场和商品经济发展的必然结果。这种交易关系既属于经济法的调整对象,也属于作为经济法规体系一部分的铁路运输法律规范的调整对象。

(2)铁路运输企业与其他市场主体之间的竞争关系,这种竞争关系应当遵守《反不正当竞争法》的规定,应能促进铁路运输企业与其他市场主体的公平竞争。

(3)铁路运输企业与其他市场主体之间的经济协作关系,这是社会化生产和市场经济发展的必然趋势。国家应通过立法,规范它们在经济协作活动中各自的权利义务关系,这有利于引导市场主体行为向着健康的方向发展。

应该看到,铁路运输所涉及的社会经济关系是一个错综复杂的体系,因此,调整铁路运输关系的法规除了铁路运输专业法律、法规外,还有其他法律,例如民法、商法、劳动法、行政法等。有些经济关系可能发生在法律部门之间的交叉调整或重叠情况之下,这也说明了建立和完善铁路运输法规体系的必要性。

五、铁路运输法规的作用

铁路是国民经济的大动脉,在国民经济中具有重要地位。把铁路放到优先和重点发展的位置,表明了国家对铁路的高度重视和支持。因此,保证铁路运输畅通无阻,快速、高效地完成国家的运输生产任务,为社会经济建设服务,是铁路面临的基本形势。铁路运输法规的作用主要表现为:

1. 加强国家对铁路运输业的依法管理

铁路运输业对国家的政治、经济、文化和国防建设具有重要意义,铁路运输业的健康发展直接影响到广大人民群众的合法利益,因此,国家必须加强对铁路运输业的管理。铁路运输管理是国家行政管理的重要组成部分,是国家行政权的运用。为防止权力滥用,保护铁路运输业的健康有序发展,保护铁路运输经营者和使用者的合法权益,国家必须通过立法,依靠法制的健全和完善来确保依法行政、依法管理。

2. 正确引导铁路运输业的发展方向

国家通过立法以及对现有法律法规的整理是正确引导铁路运输业发展的重要手段之一。其主要方法是通过统一立法或针对铁路运输制定单行法规来对铁路运输业进行规范和调整,保证国家对铁路运输业行使行政管理权,更好地推动铁路运输业健康、规范、快速、有序的发展。

3. 促使铁路运输管理活动制度化、规范化

铁路运输管理是一项综合性的管理活动,涉及铁路运输的各个部门。这些部门之间的协调、配合,是保证铁路运输生产活动顺利进行的关键。而法律的突出特点是具有强制性,使行为规范化,因此,国家在对国民经济施行管理之时,法律是最重要、最普遍的有效手段。它具有经济手段、行政手段所不能比拟的作用。

铁路运输的特点是点多、线长,涉及的人员和部门多,运输服务行为是由若干个铁路运输企业和铁路职工的具体劳动行为实现的。因而,对铁路职工来说,时间性、纪律性要求相当高,特别是列车运行、列车编组、车辆装载等都有相应的规章制度,要求各级部门和每个职

工都必须依章办事，才能保证整个运输生产活动的顺利进行。

由于规章制度在一般情况下适用面比较窄，强制作用也不明显，因此，需要将管理制度法律化、社会化。不但要求全体铁路职工依法办事，而且还要为广大人民群众依法监督铁路运输企业提供依据。因此，只有健全铁路法制，才能增强全路职工的法制观念，维护正常的铁路运输生产秩序。

4. 调整铁路运输与各方面的关系

铁路运输关系涉及面广，它是产、供、销的纽带，是人们旅行的重要交通工具。铁路运输企业要同各种各样的人和单位发生经济关系。如果不理顺这些关系，不保证这些关系沿着法制的轨道健康运转，那么，铁路的正常生产秩序就得不到保证。因此，要充分发挥法律调整社会经济关系的职能作用，把铁路运输的各项工作都纳入法制轨道，保证铁路运输业持续、健康地发展。

5. 保证公民、法人和其他社会组织的合法权益

有法可依，有法必依，执法必严，违法必究是我国法制的重要内容。法律既是人们行为的准则，也是人们处理各种纠纷的依据。铁路运输法规通过明确规定铁路运输参与者的权利和义务，使参与铁路运输活动的各方的行为有章可循，从而可以减少和避免纠纷，确保公民、法人及其他社会组织的合法权益不受侵犯。

第二节　我国铁路运输法规体系

一、我国铁路运输法律规范的渊源

法规渊源是指法规的表现形式，即不同国家机关依法制定的各种具有不同法律效力的规范性文件。它们因国家机关不同而具有不同的效力。目前，我国铁路运输法律规范的表现形式（即渊源）大致包括下列几个层次：

1. 宪法

宪法是国家的根本大法，由全国人民代表大会制定和修改，是铁路运输立法的基本依据，具有最高效力。

2. 法律

法律是指由国家最高权力机关按照立法程序制定和颁布的规范性文件。《铁路法》是铁路运输法的主要渊源，在铁路运输领域具有重要地位。

3. 行政法规

行政性法规是指由国家最高行政机关，即国务院为了实施宪法和有关法律，在自己的职权范围内，制定的涉及铁路运输基本行政管理规范性文件的总称，多以办法、条例、实施细则、暂行规定等命名，其法律地位和法律效力仅次于宪法和法律，如《铁路安全管理条例》等。

4. 地方性法规

地方性法规是指由省、自治区、直辖市、经济特区等地方人民代表大会及其常务委员制定的规范性文件，其法律效力低于行政法规，仅限于地方政府管辖范围内有效，即受地域范围的限制。

5. 行政规章

行政规章是由国务院各部委及各级地方人民政府为实施法律、行政法规，在自己权限范

围内依法制定的规范性管理文件,如由交通运输部所颁布的有关管理铁路运输的条例、规程、规则、办法、规定和通知等。

6. 国际条约

国际条约是指国家及其他国际法主体间所缔结的以国际法为基础,确定其相互关系中的权利和义务的一种国际书面协议,也是国际法主体间互相交往的一种最普遍的法律形式。

涉及铁路运输法律关系的国际条约很多,但并不是所有国际条约都可以无条件的在任何一个国家内生效。根据国际法和国家主权原则,只有经一国政府签署、批准或加入的有关铁路运输的国际条约,才对该国具有法律约束力,成为该国铁路运输法律规范的表现形式,如《国际铁路货物联运协定》等。

7. 国际惯例

国际惯例是指在国际上因对同一性质的问题所采取的类似行为,是经过长期反复实践逐渐形成的,为大多数国家所接受的,具有法律约束力的不成文的行为规则。国际惯例的成立必须具备两个要件:

(1)物质要件,即一种行为必须是相同或类似的重复行为,并为多数国家或地方所持续采用;

(2)心理要件,要求行为人在采取或进行该项行为时,在心理上认为是在履行法律义务。

8. 技术标准

技术标准是与铁路运输法律规范有关的一种特殊渊源。技术标准可以分为国家标准和国际标准。国家标准是由国家质量技术监督管理部门组织制定、批准和发布的。其中有些强制性标准属于国家的技术法规,其他标准本身虽不具有强制性,但因标准的某些条文由法律赋予强制力而具有技术法规的性质。

国际标准由国际组织制定,本身没有强制力,一般均为推荐性标准。但是,国际公约常将一些国际标准作为公约的附件,从而使其对缔约国产生约束力,例如,国际标准化组织(ISO)制定的针对产品和服务的质量及技术要求的标准。

二、我国铁路运输法规体系的构成

改革开放以来,我国铁路运输事业取得了很大的发展,铁路运输管理正逐步走向法制化、规范化,国家先后制定了大量管理铁路运输的法律规范。这些法律、行政法规和行政规章的颁布实施,对保障铁路运输安全,强化运输生产管理,维护运输生产秩序起到了积极作用。尤其是《铁路法》的发布实施,为铁路运输行业法规体系的建立确立了基础。

我国现行铁路运输法规体系的基本框架是:以《宪法》为基础,以《铁路法》为龙头,以铁路运输行政法规为骨干,以铁路运输行政规章为补充的纵横相结合的系统,如图 8-1 所示。

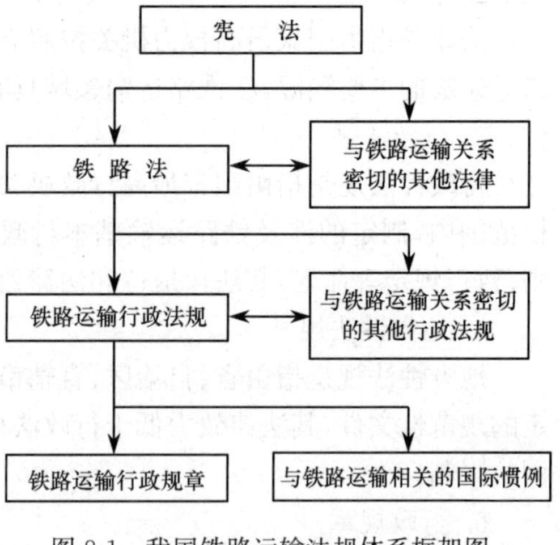

图 8-1　我国铁路运输法规体系框架图

在上述铁路运输法规体系框架中,横向构成包括与铁路运输运营关系密切的各种法律规范,如《中华人民共和国民法典》(以下简称《民法典》)等一些基本法律;纵向构成则按照我国现行的立法权限、效力层次,分为铁路运输法律、铁路运输行政法规、铁路运输行政规章三个层次。

我国铁路运输法规体系纵向构成的三个层次具体分为:

第一层次是全国人大及其常委会制定的管理铁路运输的基本法律以及相邻的其他法律。《铁路法》是管理铁路运输的基本法律,也是铁路运输法规体系的基本法律。铁路运输行业的一切法规、规章都应当以此为基础,其内容不得与之相违背。相邻的其他法律,是指与铁路运输关系比较密切的、其具体规定同样适用于铁路运输的一些法律,如《民法典》《环境保护法》等,它们也是铁路运输法规体系的第一个层次的组成部分。

第二层次是国务院制定或经国务院批准由铁路行政主管部门发布实施的行政法规。按照国家宪法的规定,国务院有权根据铁路运输法律和行政管理的需要,制定一些铁路运输方面的行政法规,以保证铁路运输行政管理活动能够顺利进行。这方面的法规在铁路运输法规体系中占有很重要的位置。例如,为保障铁路运输安全畅通,国务院发布了《铁路安全管理条例》。

第三层次是国务院铁路主管部门制定的行政规章,包括各种实施细则、规程、规则、办法和规定等。根据《宪法》的规定,国务院各部委有权根据法律和行政法规制定在本部门适用的行政规章。国务院铁路主管部门在几十年的铁路运营管理实践中,制定了大量的行政规章,对加强铁路管理起到了积极的作用。

这个层次中还包括一些铁路行政主管部门与其他部委联合发布的一些铁路运输管理方面的规章制度。如《铁路道口管理暂行规定》就是由原国家经委、原铁道部等七部委联合发布施行的。必须指出的是,这个层次的法律规范其法律效力最低。即所有行政规章都不得与法律、行政法规规定的内容相抵触,换句话说,所有规章的制定都必须以法律、行政法规为依据。

加入世贸组织以来,国家立法机关和铁路行政管理机关根据社会经济的发展要求,相继制定和修改了一系列适应市场经济发展需要的法律、行政法规和规章,同时废止了一批与市场经济发展要求不相适应的法律规范。

这些新的法律法规和行政规章的颁布实施,对于促进铁路的市场化发展、保障铁路运输安全、强化铁路运输生产管理、维护铁路运输生产秩序发挥了积极有效的作用,也使铁路管理从传统的以行政手段为主的管理,逐步走上了法制化、市场化、规范化的轨道。目前,全国正在实施的铁路运输法规共有400多件。

三、我国铁路运输法规体系存在的问题

随着市场经济的发展和对外开放的深入,特别是随着运输市场的开放,各种运输方式在运输市场中的竞争日趋加剧,我国铁路在迈向市场化过程中其法制建设明显滞后。至今尚未形成一个完整的法规体系,使铁路法制建设不能适应铁路改革与发展的需要,阻碍了铁路经营机制的转换、铁路管理的现代化及铁路市场化的改革。现行铁路运输法规体系存在以下问题:

1. 法律效力层次低、内部规章多,法律、法规少

现行的铁路法规体系中,经立法机关依立法程序制定的法律只有《铁路法》1件,由国务院批准或发布的行政性法规仅20件左右。在市场经济逐步规范的条件下,铁路运输活动中各种关系的调整主要应该依据具有普遍适应性的法律。行政规章虽然也是广义上的法律,

但是由于其法律效力层次低,普遍适用范围较小,其法律作用受到一定限制。这对铁路全面走向市场化经营,无疑会产生一定的阻碍。

2. 法规的许多内容不适应市场经济发展的要求

现有的铁路法律、行政法规和规章很多是在计划经济体制条件下制定的,反映和代表着计划经济体制下的一些特征与要求,其中有许多内容已不能适应市场经济发展对铁路运输的要求,甚至还会发生矛盾和冲突。

3. 主要是铁路技术规范,对外法律效力的适用范围有限

现有的一些铁路行政法规和规章从内容上看主要是技术规程,或者说它是铁路运输技术规范的法律化。严格说来,它主要用作行业内部的技术规范,对外法律效力的适用范围有限。而且部分法规在内容上还存在交叉重叠,甚至矛盾,形式上有些也存在着不规范性。

4. 规范铁路企业行为、维护铁路合法权益的法规不完善

我国铁路正在向外国和国内非公有资本开放其市场,而铁路要参与市场竞争,必须从根本上变革其经营管理体制,建立起与市场机制相适应的各类法律制度,使铁路在参与运输市场的竞争中,规范其企业行为,并维护铁路自身的合法权益。而目前这类法律、法规还极不完善,即使与航空等其他运输方式相比,仍有较明显差距,这些都有赖于尽快通过具体立法来加以规范与保障。

5. 外商投资建设经营铁路的法律制度需要强化

铁路对外开放,吸收国内外资金来建设经营铁路,已经成为加速我国铁路建设的有效途径之一。面对外国资本和国内非公有资本等铁路投资主体呈现多元化的态势,迫切需要建立合理、稳定,既符合国际惯例又符合我国实际的外商投资经营铁路法律制度,以确立各类主体间的相互关系、法律地位,确认和保护投资各方的合法权益。

目前,我国铁路的改革与建设已进入攻坚阶段,机制转换、减员增效、扭亏增盈等深化改革、实施实质性市场经营的重大举措正在逐步展开,中国铁路面临国内、国外两个市场的竞争压力,加快铁路立法工作,完善铁路法制建设,使铁路改革与发展做到有法可依,对于深化铁路经营、管理体制的改革、规范企业行为,吸引国内外资金投资建设、经营铁路,保护各类投资主体的合法权益,都将产生极其深远的影响。

为此,要求以适应市场经济和铁路改革要求的铁路法律、法规为基础,结合国家其他法律的有关要求,全面清理现行法律规范。对其不适应市场经济和铁路改革要求的部分,及时予以补充、修改和完善;对于完全不适应的,立即予以废止。

四、我国铁路运输法规体系的完善

(一)完善铁路运输法规体系的必要性

中国与世界联系的密切,经济与贸易交往的频繁。使铁路运输企业全面走向市场。铁路运输企业要走向市场,按市场经济规律运作,必须从根本上变革其经营管理体制。而经营管理体制的变革必须要有法律的规范与保障。纵观世界各国铁路运输改革的经验可以看出,发达国家和部分发展中国家的铁路改革都有立法的保证。

例如美国铁路的改革,是以国会通过的《国家铁路客运法》《地区铁路改组法》《铁路复兴及管理改革法》以及《斯塔格斯铁路法》等一系列法律为基础的。德国铁路改革的具体措施之一就是修改德国基本法中有关铁路的条款,变铁路的国有性质为股份制、民营性。阿根廷铁路的改革是在《国家改革与公共结构调整法》的指导下进行的。日本、英国的铁路改革也

是在议会通过改革法以后才开始实施的。

这些国家的做法很值得我国借鉴。社会主义市场经济也是法制经济，一切社会经济关系也应该靠法律来调整。而如前所述，我国铁路运输法制建设仍很薄弱，一个完整的铁路运输法规体系尚未建成，这在一定程度上阻碍了铁路运输经营体制改革的进程、铁路运输管理的现代化以及铁路运输事业的快速发展。

在新的历史条件下，铁路运输要适应社会主义市场经济的发展，就必须高度重视法制建设，加强立法工作，抓紧建立和完善铁路运输法规体系，这是铁路运输适应经济体制转轨以及满足其自身快速发展的迫切要求。

1. 铁路运输企业的基本经济关系需要法律来确认

铁路运输企业走向市场，自然会与各类市场主体产生经济活动，由此产生的各种基本经济关系需要法律来确认和调整。

2. 铁路运输主体的权益需要法律的保障

铁路运输主体多元化，要求确立、保护各类主体的合法权益，确立处理主体之间相互关系及主体地位的法律制度。只有对这些市场主体、政府机关及个人的权利义务明晰化，才能为铁路运输经营、管理体制的运行提供活而不乱的法律环境。

3. 维护运输市场的公平竞争需要法律的规范

由于运输市场是一个易产生垄断和不公平交易的领域，为规范铁路运输企业的竞争行为，维护运输市场的公平竞争，保障各类主体的合法权益，就必须健全铁路运输法规体系，适应市场制度和市场法制。

4. 铁路经营机制的转换、政府职能的转变必须依法实施

我国改革的目的是要建立社会主义市场经济体制。铁路运输企业走向市场，既是新的经济体制的重要方面，又对新经济体制的建立起到重要的促进作用。而铁路运输企业要走向市场，必须转换其经营机制，这就需要法律强制力的保障，使之进入市场后的一切经营活动具有法律的保护。

一方面政府对铁路运输企业的管理，需要用法律来规范，需要在法律的规定下依法进行。另一方面，国家管理铁路运输业的行政、经济和其他手段，也只有建立在法制基础之上，才能充分发挥其作用。

5. 铁路运输建设的投融资必须有法律的保障

铁路要快速发展，筹集建设资金是一个关键。随着运输市场的全面开放，铁路运输企业走向市场，吸引国内外资金投资建设铁路将成为一个重要途径，而这就必然涉及各种经济关系的调整。因此，必须建立合理、稳定、既符合国际惯例又符合我国铁路运输实际情况的法律制度，以保障铁路运输行业吸引内、外资金的健康发展。

由此可见，如果没有法律的规范与保障，铁路运输经营、管理体制的改革将是不可能的。因此，尽快建立和完善铁路运输法规体系，并规范其运作，是深化铁路运输企业改革，加快铁路运输建设，促进铁路运输现代化的一个重要前提。

（二）完善铁路运输法规体系的基本原则

铁路运输法规体系是我国社会主义经济法规体系的一个组成部分，是调整铁路运输领域内各方面的社会关系的法律规范的有机组合，是按照一定的规律组合起来的、内部有机联系的、门类齐全、干支分明、互相协调的统一整体，是一个由法律、法规和规章组成的完整系统。铁路运输法规体系是我国经济法规体系的组成部分，在建立铁路运输法规体系时，必须

深入细致地研究铁路运输法律问题,坚持铁路运输法规的社会主义方向。建立铁路运输法规体系应当遵循以下原则:

1. 理论联系实际的原则

铁路运输法规体系的建立,是加强我国铁路运输立法工作和铁路运输法制建设的一项重要任务。因此,在研究建立铁路运输法规体系的过程中,应当把理论与实际紧密结合起来,从我国铁路运输实际情况出发,进行科学总结分析,合理归纳,使铁路运输法规体系具有实际意义。既要使现有的铁路运输法律、法规和规章在实际应用中发挥应有的作用,最大限度地发挥法律规范的功能,又要通过铁路运输法规体系的建立,促进我国铁路运输立法工作的发展,使铁路运输的立法计划、立法项目能够充分反映铁路运输的实际,具有较强的可操作性。

2. 维护国家法制统一的原则

从全局出发,一方面要从铁路运输建设事业发展的全局出发,使铁路运输法规体系的内容与铁路运输建设事业做到高度协调一致;另一方面,又要使铁路运输法规体系本身能够协调一致,自成系统,使铁路运输法律、法规和规章能够覆盖铁路运输行业的各个领域,做到各个方面有法可依、有章可循。在此基础上,还要考虑到铁路运输法规体系是国家法规体系的一个组成部分,其法律原则不能违背国家法规体系的一般精神。要适应国家现行的立法体制的需要,既要处理好铁路运输法规体系与国家法规体系的关系,又要处理好铁路运输法规体系与其他部门法规体系的关系。

由于铁路运输行业是国民经济的一个部门,它要与其他经济部门、管理部门发生各种各样的联系,因此,在法律上很可能出现交叉的情况,所以要做好铁路运输部门与其他部门的法律协调工作。只有处理好这些方面的关系,才能保证整个国家法制的协调统一。这也是建立铁路运输法规体系的一项重要任务。

3. 借鉴国内外有益经验的原则

国外铁路运输立法比较完善,铁路运输管理基本上实现了法制化。因此,借鉴国外铁路运输立法的有益经验,可以提高我国铁路运输法制建设的工作效率,可以使建立的铁路运输法规体系更具可行性,更切合铁路运输现实及将来发展的情况。同时也应借鉴我国其他经济部门的立法经验,分析这些部门法规体系的结构、内容,建设好铁路运输法规体系。

(三)完善我国铁路运输法规体系的建议

1. 以立法方式推进管理体制的改革

我国铁路运输管理体制改革的关键就是要建立现代企业制度。为此,政府应以立法的方式全面推进铁路运输管理体制改革的步伐。我国实行市场经济体制以来,运输管理体制改革在各种运输方式之间的进程存在较大差距,尤以铁路运输管理体制改革的进程最为缓慢。在欧美发达国家的铁路改革中,为确保改革的顺利进行,无不是通过立法程序、依靠法律来加以保障的。我国铁路要建立与市场经济相适应的管理体制和运行机制,也迫切需要建立与之相配套的法律体系,形成与之相适应的法制环境。

2. 完善市场经济要求的铁路法规体系

从目前我国铁路运输发展的实际来看,建立适应市场经济体制的铁路运输法规体系主要应从以下几方面着手:

(1)铁路运输主体法,主要指确立铁路运输主体资格,明确铁路运输活动各类主体的法律规范。铁路运输主体包括投融资主体、建设施工主体、运营主体等,重点是确立各类主体市场准入方面的问题。

(2)铁路运输行为法,主要指调整铁路运输主体从事铁路运输活动的行为的法律规范。

(3)宏观调控法,主要指调整国家与铁路运输主体之间以及各个运输主体之间特殊市场关系的法律规范。

(4)铁路运输技术标准法,主要指确立与国际技术和管理标准体系接轨的我国铁路运输技术与管理标准法规。

3. 建立适应运输和物流发展的技术标准法规体系

为适应交通运输一体化和国际物流化发展的要求,大力推广和普及国际标准体系,并在此基础上制定和完善与国际标准接轨的通用的国家标准,以实现铁路运输与现代物流活动的合理化和现代化。

从我国的实际情况来看,铁路应建立与国际标准中的基础标准、安全标准、卫生标准、环保标准和贸易标准相吻合的标准体系,并依照相应的行业技术标准,把重点放在技术标准的制定与推行上,例如对集装箱、托盘、各种搬运和装卸设施等通用性较强的运输设施和装备的标准进行全面的梳理、修订和完善,并形成系统的标准法律规范体系,以满足交通运输一体化和物流国际化发展的需要。

4. 完善铁路运输行业协会组织的职能

要重视和加强运输行业协会组织的功能和作用,将政府过多的管理职能逐步交由行业协会行使。为此,应加强铁路运输业发展中的行业协调和行业自律的作用,并从法律规范上加以支持。对铁路运输行业协会组织的功能、作用、职权以及与政府相关部门的联络和沟通作用做出法律规定,使对铁路运输行业协会的管理逐步与国际惯例接轨,以发挥民间组织所固有的协调功能和专业作用。

第三节　铁路运输法律关系

一、铁路运输法律关系的概念与特征

铁路运输法律关系是铁路法律问题中的一个重要问题。它体现的是当事人之间的权利和义务关系。任何一种法律关系都以与这一法律关系相适应的现行法律规范为前提。铁路运输法律关系的前提就是铁路运输法律规范。

铁路运输法律关系是指在铁路运输管理及运营过程中发生的权利与义务关系。具体是指国家机关、铁路运输企业、其他企事业单位和社会组织之间以及铁路运输企业与公民之间,在铁路运输运营及管理过程中发生着的各种社会关系。当这些社会关系由法律规范来调整时,就形成了具有权利与义务内容的铁路运输法律关系。

在人们社会生活中,社会关系基本上可以划分为两大类:一类是物质关系,主要指生产关系,是人们在生产过程中形成的关系,它构成一个社会的基础;另一类是思想关系,它是通过人的意识而形成的人与人之间的关系,是上层建筑的重要内容,铁路运输法律关系就属于这一种。

铁路运输法律关系具有以下特征:

1. 法律关系的主体上有一方必然是铁路运输企业

铁路运输合同关系中铁路运输企业作为承运人的地位是固定不变的,尽管具体的车站、铁路局可能有所不同,但是每个车站、铁路局都是以铁路承运人的名义与旅客或货主发生铁

路运输合同关系的。虽然各铁路局作为相对独立的企业法人,在经济上有自身的利益,但作为国家铁路的一个组成部分,无论是在责任划分还是在赔偿方面,总是以铁路这个整体的面目出现。铁路内部企业之间的责任划分并不影响对旅客或货主的赔偿。

2. 法律关系的内容都与铁路运输业务有关

不管是直接运送旅客、货物、行李和包裹的运输合同关系,还是铁路运输安全保护以及铁路建设方面的关系,都是关于铁路运输的权利义务。所以,每一类铁路法律关系都与铁路运输有联系,这是铁路运输法律关系的又一特点。

3. 在运输法律关系方面,各方当事人的权利和义务既可分又统一

可分性表现在运输合同关系上,每一份铁路运输合同的履行,从承运方铁路运输企业来说,都是由若干个不同站段的共同劳动来完成的,每一站段、每个路局都是履行合同的主体之一。离开这些站段的共同劳动,铁路运输合同就不可能得到履行,也无法履行。在货物运输方面托运人和收货人的权利义务往往也是可分的,各自遵守相应的权利义务。统一性表现在每一个合同履行主体都不能单独完成合同,每个站段仅仅按规定完成属于自己这一部分的义务。到站虽然直接与收货人打交道,但到站的交付行为也仅仅是履行合同的一个组成部分而已。

二、铁路运输法律关系的构成要素

法律关系一般由三个要求构成,即参与法律关系的主体、法律关系主体间的权利和义务所指的对象以及构成法律关系内容的权利义务。这三个要素也就是通常所说的主体、客体和内容。

铁路运输法律关系与其他法律关系一样,也是由主体、客体和内容三个要素构成的。

(一)铁路运输法律关系的主体

铁路运输法律关系的主体是指在铁路运输生产经营和管理活动中,依法享有权利和承担义务的参加者或当事人。他们的法律地位和在铁路运输运营过程中的权利和义务,是由铁路运输法律、法规来规定的。应当指出的是,作为交通运输法律关系主体的自然人或法人,必须具有民事经济权利能力和民事经济行为能力。在我国,铁路运输法律关系的主体主要包括:铁路局、企事业单位、其他经济组织、自然人以及国家。

铁路运输法律关系的主体包括参与铁路运输活动的所有当事人。有的人把铁路运输活动仅仅理解为铁路的旅客运输和货物运输,这并不全面。除了直接的客货运输业务之外,还应当包括与铁路运输有关的其他活动。铁路运输法律关系主体的特点是:一方是具有特定的运输能力的铁路运输企业,另一方可以是铁路企业,也可以是其他任何一个企业、事业单位、社会团体、国家机关和个人。而铁路内部的法律关系,既有上下级之间的管理关系,也有平等主体间的经济协作关系,这也造成了铁路运输法律关系主体的多样性和复杂性。

(二)铁路运输法律关系的客体

铁路运输法律关系的客体,是指铁路运输法律关系的主体享有权利和承担义务所指向的事物。如果没有铁路运输法律关系的客体,铁路运输法律关系主体的权利和义务就无从体现。铁路运输法律关系的客体一般来说包括行为和物两种。

1. 行为

行为是指铁路运输法律关系主体为实现一定目的而进行的活动。如国家或国家机关依法进行的对铁路运输行业进行管理的行为,铁路运输企业依法行使经营、管理的行为,铁路

线路维修、车辆维修、建筑物维修等方面的行为，为完成一定的运输任务所提供的劳务行为等，都是铁路运输法律关系的客体。其中，为了使旅客或货物从甲地移至乙地的劳务行为，虽然不会产生新的物质，是一种非物化劳动，但对于货物运输来说，却是实现物品价值的重要过程，是商品生产过程在流通过程中的继续。

因此，铁路运输劳务行为作为法律关系的客体具有以下几个特征：

(1)这种劳务行为是一种合法的法律行为。

(2)这种劳务行为可获得相应的劳动报酬。

(3)它具有相对的独立性，是铁路运输企业的行为。

2. 物

这里物的内容相当广泛。如铁路运输企业中的国有资产、供应钢轨合同中的钢轨等，都是铁路运输法律关系中作为客体的物。

(三)铁路运输法律关系的内容

铁路运输法律关系的内容是指铁路运输法律关系主体享有的权利和承担的义务。这是铁路运输法律关系的基础，是连接铁路运输法律关系主体之间关系的桥梁，是铁路运输法律关系最基本的要素。可以这样说，铁路运输法律关系的实质就是权利和义务的关系，这种权利和义务的关系直接由法律规范确认，并得到国家强制力的保护和监督。

1. 铁路运输法律关系主体的权利

权利主要是指铁路运输法律关系主体依法进行某种活动或要求他方进行某种或不进行某种活动的资格。作为铁路运输法律关系内容的权利主要表现为：

(1)权利主体可以依法进行一定的经营、管理活动。

(2)权利主体在法律允许的范围内，可要求义务主体做出相应行为或不做出某种行为以实现或不影响自己的利益。

(3)权利主体的权利受到侵害时，可依法请求国家行政机关或司法机关以强制力保证实现自己的利益。

2. 铁路运输法律关系主体的义务

义务是指铁路运输法律关系主体为满足权利主体的要求，依法必须为一定行为或不为一定行为的责任，主要包括以下内容：

(1)铁路运输法律关系主体必须按照法律规章担负其应负的义务，履行义务有其法定范围的限度。

(2)铁路运输法律关系主体应自觉履行义务，如果不履行或不适当履行，就会依法承担法律责任。

铁路运输法律关系作为经济法律关系中的一种，其权利和义务是相对的，也是对等的。即一方享有的权利，正是对方应当履行的义务，一方权利的享有，必须以对方履行义务为前提。因此，主体的任何一方不得只享有权利而不承担义务或只承担义务而不享有任何权利。

不同类型的铁路运输法律关系的内容，其权利义务各有其相应的特殊性，不可一概而论。各方当事人应当自觉地按照法律的规定，切实履行法律规定的义务，以维护正常的运输生产秩序。下面详细介绍铁路运输合同法律关系的内容。

(四)铁路运输合同法律关系的内容

1. 铁路运输合同法律关系中铁路运输企业的权利和义务

(1)向货主或旅客收取规定的运输费用或票款。

(2)有权拒绝承运不符合运输条件的货物。

(3)对于无法交付的货物,铁路运输企业有权按规定予以变卖、处理。

(4)铁路运输企业有保证将货物和旅客准时、安全、经济、便利地运至指定的目的地的义务。

因铁路运输企业责任造成旅客不能按车票载明日期、车次乘车的,要按旅客的要求改乘或者退票。因铁路运输企业责任造成货物、行李、包裹逾期运到的,要支付违约金;发生短少、灭失、污染损坏的,要赔偿损失。

(5)根据运输计划的规定编制具体的运输方案;保证运输计划的贯彻实施。

2. 铁路运输合同法律关系中旅客的权利和义务

在铁路运输合同法律关系中,旅客的基本权利和义务主要有:按规定购票;有权要求铁路运输企业提供法律规定的运输服务,如提供饮用开水等;有权要求铁路运输企业按车票载明的日期、车次提供乘车条件等。

3. 铁路运输合同法律关系中托运人、收货人的权利和义务

(1)有权要求铁路运输企业在规定的运到期限内交付货物、行李和包裹;逾期运到时,有权要求铁路运输企业支付违约金。

(2)因铁路运输企业责任造成货物、行李、包裹发生灭失、损坏、短少、污染、损坏时,有权要求赔偿损失。

(3)托运人托运的货物应当符合铁路运输的条件,并支付相应的运输费用。

(4)托运人匿报货物品名或者收货人未按时领取货物,均应承担相应的法律责任。

三、铁路运输法律关系的类型

铁路运输法律关系的类型主要有铁路运输经济法律关系、铁路运输行政管理法律关系、铁路运输劳动管理法律关系、铁路运输社会保障法律关系、铁路运输行政执法关系、铁路运输涉外法律关系等。

(一)经济法律关系

铁路运输经济法律关系是指由铁路运输法律、法规和其他法律规范所确认和调整的铁路运输企业与公民个人、国家、其他企事业单位和社会组织之间因铁路运输生产经营活动而发生的具有权利、义务内容的社会关系。其中主要涉及铁路运营和铁路建设方面的法律关系。

涉及铁路运营的法律关系主要是铁路客货运输关系,反映在法律上就是合同关系,它直接地反映了生产关系的要求。

旅客运输关系是指铁路运输企业在运送旅客过程中所发生的社会关系,这种运输关系反映在法律上就是旅客运输合同关系。它表明铁路运输企业作为承运人,有义务将旅客运送到车票票面规定的到站,旅客则有义务支付相应的旅客运输费用。

货物或者行李、包裹运输关系,是将货物或行李、包裹从一地运送至另一地,使之发生位移时所产生的社会关系,反映在法律上,就是货物运输合同关系、行李运输合同关系和包裹运输合同关系。

客货运输关系在铁路运输关系中占有特别重要的位置。除客货运输关系外,与铁路运输关系比较密切的铁路运输安全保护、铁路运输各级组织之间的关系以及铁路运输企业同其他组织和个人之间所发生的侵权赔偿关系也是铁路运输经济法律关系的重要内容。

根据法律关系的性质,铁路运输经济法律关系可以分为五类:

第一类是旅客运输合同法律关系。在这种法律关系中,主体是铁路运输企业和旅客,客体是铁路运输企业运送旅客,使旅客发生位移的劳务行为。

第二类是货物运输合同法律关系,包括行李、包裹运输。其主体是铁路运输企业、托运人和收货人。客体是铁路运输企业运送货物(行李、包裹),使货物(行李、包裹)发生位移的劳务行为。

第三类是运输安全保护方面发生的侵权行为法律关系。其主体是侵犯铁路运输企业合法权益的当事人或者合法权益被铁路运输企业侵犯的当事人,客体是侵权行为。

第四类是运输行业内部组织之间发生的法律关系,如上下级组织之间的管理与被管理关系。在铁路运输行业内部,下级有义务服从上级的调度指挥;有义务确保通过本单位的旅客和货物的运输安全。

第五类是运输各级组织同其他单位发生的其他法律关系,主要是铁路运输计划法律关系。

在铁路运输经济法律关系中还涉及有关铁路运输基础设施建设的内容,它是指由铁路运输法律规范所确认和调整的铁路运输企业、其他法人、其他社会组织、地方政府和国家在铁路运输基础设施建设中发生的具有经济权利、义务内容的社会关系。在该关系中,应明确各个主体在铁路运输基础设施建设中的权利和义务,特别是要明确国家和铁路运输企业的权利、责任和义务。在这一方面,目前我国有关法律、法规规定得不够细致,应积极借鉴国外的立法经验加以改进。

(二)行政管理法律关系

长期以来,我国铁路运输管理基本上采用的是计划经济体制下"大一统"的行政管理模式。国家对铁路的基本运价进行严格的控制,铁路运输企业承担公用事业职能,这使得铁路运输企业的经营机制受到严重制约。

因此,政府要处理好行政主体(国家机关)行使权力和市场主体(铁路运输企业)享有权利的关系,不能直接干预企业的经营活动,但可以通过法律和经济手段来影响市场和企业行为。即要使政府部门从直接经营管理企业的惯性中摆脱出来,更加注重从政策、法规、标准、规划等方面加强指导、协调、监督、服务。尽可能减少行政指令性要求,为企业自主经营创造良好的外部环境。

铁路运输行政管理法律关系是指由铁路运输法律规范及其他法律规范所确认的社会关系,它包括铁路运输企业与国家、政府部门以及铁路运输企业内部组织、职工之间在铁路运输管理活动中发生的社会关系。其主体有铁路运输企业、国家、铁路运输企业内部组织、职工等;其客体是各级管理行为和因管理发生的侵权行为;其内容主要包括各级政府部门、铁路运输各主管部门各自的权利与义务。

我国法律虽然对铁路运输行政管理行为有所规定,但对各主体在管理过程中所具有的权利、义务在法律上没有明确规定,行政管理中应包括的债务管理、财政管理、运价管理的内容涉及很少,这些都有待于今后加以完善。

1. 债务管理

负债经营是市场经济中企业生产经营的一个重要特点。铁路运输企业在走向市场后,其建设与经营资金将由国家财政拨款的形式转为企业自筹或向金融机构贷款的形式。因此铁路运输企业转变经营机制之后负债经营是不可避免的。相应地,成立铁路运输企业债务的管理机构，并通过立法明确铁路运输企业负债的方式、方法，明确债务管理机构的权利、责任和义务，是铁路运输企业管理现代化和法制化的一个重要方面。我国在这方面的立法比较缺乏，应借鉴国外的经验加以完善。

除了发行债券外，铁路还可采取融资的办法，依惯例向工业或商业企业融资，可以采用多种提供资金的方式。为了确保长、中、短期投资良好、经济平衡，必须办理民事财务借贷文件。

2. 财政管理

财政管理也是企业经营管理的一项重要内容。在国家财政中，铁路运输业和铁路运输企业生产经营本身的财务平衡，对国民经济和铁路运输业的发展都是至关重要的。

国外铁路立法中有很多关于财政管理方面的规定，它们对国家、企业及社会团体在财政管理方面应享有的权利和应负的责任、义务都规定得比较明确，并常常以数量的形式确定下来，使得铁路的发展较少受到人为因素的干扰。我国铁路应吸收国外的这一有益经验。

3. 运价管理

铁路运价管理一直是铁路运输管理的核心，其改革也是运输业改革的关键。在传统计划经济体制下，铁路运价权高度集中，改革开放以来，国家对铁路运价的管理也有一定的改革措施并有所松动，但铁路运输作业仍然没有完全的自主定价权，铁路运价水平较低，与其劳务价值相差较大，是有悖于市场经济规律的要求的。

铁路要走向市场，必须拥有根据市场情况制定运价的权力，国家主要通过法律对运价的合理性进行调控。如果要求铁路制订某项特殊运价，国家应对这个运价给铁路造成的损失给予补偿。这样才有利于铁路与其他运输市场主体进行公平的竞争，促进铁路的快速发展。在这方面，法国、美国的做法值得我们借鉴。

法国政府在其与法国铁路制定的1990～1994年合同中规定：

(1)政府放开客货运价，允许铁路在不同线路、不同季节实行不同运价，允许其他运输方式竞争。

(2)政府对铁路的宏观控制与监督，主要体现在将铁路运输纳入整个国民经济和社会发展之中，规划铁路发展，要求建设国家需要的新线，控制铁路客货运价浮动于物价上涨指数之内，监督铁路履行合同规定的责任、义务等。

(3)政府对优惠票价要给予补贴。

(4)在任何情况下，为了整体的利益，要求铁路提供与运输市场运作条件不同的特殊服务时，国家与有关公共集团应给铁路以财政补贴，使这些服务不致造成铁路收入的减少。

美国国会1980年制定的《斯塔格斯铁路法》涉及运价管理的主要内容有：

(1)明确市场竞争是铁路经营与价格管理最有效的调节手段。

(2)放松政府对铁路的控制，给予铁路行业以相当的自由度，鼓励竞争。

(3)铁路可以与货主协商定价，秘密定价等，但最终以合同形式明确。

(4)在税收政策上，对某些确属国家需要的不赢利线路采取免税政策。

(5)鼓励把不赢利的支线出卖，以补贴主要线路的经营。

(6)逐步缩小州际商务委员会的权力。

我国铁路的立法不能全盘照搬外国的模式，但需要有关法规明确的是，铁路运价必须要保证铁路运输企业作为市场主体与其他运输主体进行公平竞争。只有这样，才能促进铁路走向市场，促进铁路的现代化。

（三）运输劳动法律关系

铁路运输劳动法律关系是指由铁路运输法律规范及有关劳动法律规范所确认和调整的铁路运输企业与其职工之间在铁路运营过程中产生的具有权利、义务内容的社会劳动关系。其主体是铁路运输企业及其职工；其客体是铁路运输企业和职工在劳动关系中权利和义务所指向的物和行为；其内容是指铁路运输企业和职工在铁路运输劳动关系中应享有的权利和应承担的义务。

铁路运输劳动法律关系作为铁路运输法律关系的一个重要组成部分，其内容不仅要符合我国有关劳动法律的要求，而且应适应社会主义市场经济的发展。随着产业结构和生产布局的调整，特别是减员增效机制的建立，目前我国铁路运输行业的劳动关系正在发生变化。优化劳动组织，减少劳动用工，引入竞争机制，竞争上岗，优胜劣汰，正在成为新的用工主流。可以这样说，铁路运输劳动关系的改革，顺应了铁路运输劳动关系逐步适应社会主义市场经济劳动关系的要求，有利于促进铁路运输劳动管理体制的改革。

（四）社会保障法律关系

铁路运输社会保障法律关系是指由铁路运输法律规范和其他有关法律规范所确认和调整的国家、铁路运输企业与职工之间因社会保障而发生的具有权利、义务内容的社会关系。其内容主要包括铁路运输业服务社会应承担的权利与义务，铁路运输企业对其职工所承担的有关社会保障的权利、义务等。《中华人民共和国社会保险法》已于 2011 年施行（2018 年修订），因此，应根据我国铁路运输业的具体实际，加强这方面立法的研究，以满足实现我国铁路运输管理法制化、现代化的客观要求。

（五）行政执法法律关系

铁路运输行政执法法律关系是指在铁路运输法律规范和其他法律规范下，确认和调整的铁路运输企业与公民、法人、有关社会组织及国家之间在铁路运输行政执法过程中产生的具有权利、义务内容的社会关系。

铁路运输行政执法法律关系的内容应明确执法机构的法律地位，明确其应享有的权利和应承担的义务。

目前我国铁路运输行政执法机构主要有铁路公安机关、铁路运输法院以及其他运输行政执法部门。这些行政执法机关的设立，确保了铁路运输的安全运营，对于保障铁路运输企业、公民、其他法人、有关社会组织以及国家的合法权益是尤为重要的。应加强铁路运输法院与地方法院、铁路公安机关与地方公安机关的配合、联系，明确各方的权利、义务，保证铁路运输部门有法必依、执法必严，使铁路运输行政执法符合社会主义市场经济的发展要求。

（六）涉外运输法律关系

铁路涉外运输法律关系包括由于国际联运发生的涉外法律关系和由于外国投资者建设经营铁路而发生的涉外法律关系。这里主要讨论后者。

随着社会主义市场经济的发展和对外开放的深化，铁路运输业也将逐步走向市场并逐步全面对外开放。由于我国铁路建设资金比较短缺，因而，吸引外国投资者建设经营铁路，对于加快铁路建设、促进铁路现代化具有十分重要的意义。而研究由此引起的法律关系，从而建立和完善相应的法律框架并规范运作，则是吸引外资的前提条件。

1. 外商投资建设经营铁路运输业法律关系的概念

外商投资建设经营铁路运输业法律关系是指由铁路运输法律规范和其他法律规范所确认和调整的铁路运输企业、其他企业或经济组织、政府机关及国家和外商在投资建设经营铁路运输业过程中发生的具有权利、义务内容的社会关系。

2. 外商投资建设经营铁路运输业法律关系的主体

外商投资建设经营铁路运输业法律关系的主体包括投资主体和运输市场主体。投资主体是指投资建设经营铁路运输业的经济实体,主要指企业或其他经济组织,可以是某个财团,也可以是私营企业法人。作为投资者(投资主体),只能是企业或其他经济组织,政府机关以及一些社会团体不能作为投资主体。

运输市场主体是指投资主体依法设立的从事铁路运输生产经营活动的经济实体,它具有中国企业法人资格,依法享受权利并承担相应的义务。投资主体的确定要遵循合理性原则和能力适应原则。

合理性原则是指主体资格必须符合法律的规定。例如,目前不少地方政府直接与外商谈判修建地方铁路,这是不妥当的。政府是国家的行政机关,而与外商联合经营铁路是经济行为,应由经济组织来进行。因此正确的做法应当是,由政府授权某个经济组织或企业作为投资主体,与外商合资或者合作建设经营铁路。

能力适应原则是指建设经营铁路运输业必须具备资金、技术和管理方面的条件。由于作为基础设施的铁路项目,工程规模大、整体性强、投资大、回收期长,与地方的关系密切,土地征用、安全保护等方面的问题比较多,因此,在对外商投资建设经营铁路运输项目的审查时,一定要把能力审查放到重要的位置上来,以确保铁路运输安全,同时避免发生一些不必要的损失。

3. 外商投资建设经营铁路运输业法律关系的内容

(1)外商投资建设经营铁路运输业的基本原则

①平等互利、公平合理的原则。当事人各方以平等地位参与投资经营活动,任何一方都不能把自己的意志强加于对方。双方遵循合同规定的权利、义务,且权利、义务对等,按照各自的投入获得相应的回报。

②维护国家主权和国家安全的原则。对外商既要给予法律上的保护,也要在法律上予以约束,不能为吸引外资而不顾我国国家利益和中方合资法人的利益;对国防铁路设施以及其他涉及国家特殊利益的铁路项目或设施,要遵守国家法律和政策规定,确保其安全。

③尊重国际惯例的原则。国际惯例是国际经济贸易关系中具有普遍约束力的行为准则,应通过国内立法承认国际惯例的效力,以便在法律框架上与国际通行的规则接轨。

(2)外商投资建设经营铁路运输业的范围和方式

由于铁路在国民经济、国防建设中占有极为重要的位置,因此,外商只能投资建设经营一定范围、一定领域内的铁路基础设施和参与部分运营工作。

除国防铁路、其他涉及国家特殊利益、国家安全和秩序的铁路项目和设施以及其他国家法律明确规定不允许外商投资建设经营的以外,其他方面都是允许外商投资建设经营的,包括新建铁路干线、支线和专用线,既有铁路干线、支线的电气化改造和增建第二、三线,新建铁路特大桥、长隧道、过海轮渡、货场、客运站房等设施等。

外商投资建设经营铁路运输业可以采取合资、合作或者独资方式。合资经营铁路运输应当成立有限责任公司。对于比较重要的铁路设施,如铁路干线改造、铁路货场和客运站房等设施的改扩建,可采取合资或合作方式,但中方合营者必须控股,外国投资者只能参股。而对于铁路支线、铁路专用线、铁路特大桥、长隧道、过海轮渡等非重要的铁路基础设施,允许外商控股建设经营或独资建设经营。

(3)外商投资建设经营铁路运输业的管理

国务院铁路主管部门对外商投资铁路运输企业依法实行监督、指导、协调和帮助。

监督主要是指运用立法或者必要的行政手段，对外商投资铁路运输企业实施法律监督，确保铁路建设符合国家和社会的利益，确保铁路运营能够保障旅客和货物运输安全，依法维护铁路运输企业和旅客、货主的合法权益。

指导是指政策与技术上的指导。国务院铁路主管部门通过制定切实可行的行业发展政策和技术政策，来引导外商资金的投向；同时在技术上给予外商投资铁路运输企业以具体的指导，以便实现外商投资铁路运输企业与中国现有铁路运输企业的衔接，顺利开展联合运输。

协调是指国务院铁路运输各主管部门要充分发挥行政协调的职能作用，使外商投资铁路运输企业能够与国内各运输企业有机协作，提高铁路运输效率。

帮助是指各级政府铁路运输主管部门要依照法律法规的规定，帮助解决外商投资铁路运输企业所遇到的各种困难和问题。应当为外商投资铁路运输企业创造良好的外部环境，使其能真正平等地参与运输市场的竞争。

(4)外商投资建设经营铁路运输企业的设立

外商投资建设经营铁路运输企业，应当按照《公司法》的规定成立公司，公司的设立应符合法定程序和规定。

(5)外商投资建设经营铁路运输企业合同、协议和章程

外商投资建设经营铁路运输企业应当与中方合资者签订合同或协议，设立企业时应有章程。双方有义务履行合同，同时依法享有合同规定的权利。合资各方违反合同要求应承担违约责任，合资各方、合资企业违反合资企业章程要承担各自的法律责任。

(6)外商投资建设经营铁路运输企业与其他铁路运输企业的关系

主要是要遵循主体地位平等原则和协作原则，要体现民事主体之间权利、义务平等的精神，密切协作，加强联系，开展联合运输，实现经济效益。

(7)外商投资建设经营铁路运输企业的优惠政策

外商投资铁路运输企业在法律允许的范围内享有某些优惠政策，如外商投资企业可以依法享有对外经营权，利用外商在国际上的有利地位，发挥跨国经营优势，开展多种经营，可以办理国际货物代理业务，为货主提供全程服务；可以在铁路沿线一定区域内搞综合开发，并优先取得综合开发所需土地的使用权；可以自主制定运价；在直通运输业务方面，其他铁路运输企业必须允许外商投资铁路运输企业的车辆通行等。

四、铁路运输法律关系的产生、变更与消灭

铁路运输法律关系并不是由铁路运输法律规范本身产生的，换句话说，铁路运输法律规范并不直接产生法律关系。铁路运输法律关系只有在一定的情况下才能产生，而这种法律关系内容的变更或消灭，也是由一定的情况来决定的。这种引起法律关系发生、变更、消灭的情况，人们通常称为法律事实。导致铁路运输法律关系产生、变更和消灭的法律事实的性质有所不同，具体包括以下两类：

1. 事件

所谓事件，通常是指不以参与人的意志为转移的法律事实。铁路运输中的事件主要有以下两种：

一是引起铁路运输法律关系发生、变更和消灭的不可抗拒的自然现象。如因洪水灾害

导致铁路运输生产中断,致使运输合同不能履行,从而导致的铁路运输合同法律关系的变更或消灭,即属于事件的范围。

二是因铁路建筑和设备的不可更换性而引起的铁路项目建设合同或物资供应合同的无法履行和必要的变更,也属于事件的范围。

2. 行为

所谓行为,是指与铁路运输法律关系参与人的意志有关,即以参与人的意志为转移的法律事实,或者说它是经济组织之间引发法律后果即一定的法律关系的行为。引起铁路运输法律关系的行为大致可分为以下三种:

(1)法律行为。与法律后果相联系起来的行为称为法律行为,如订立铁路运输合同。法律行为有两种:一是合法行为,即行为是属于不受法律禁止的,如根据运输合同完成运输任务;二是违法行为,即违反法律规定,应为而不为,不应为而为。如擅自变更运输到站,扣押合法运输的货物,将危险品以非危险品品名进行托运等。

(2)行政行为。行政行为是指国家授权机关依法行使对铁路运输生产经营的管理权而发生法律后果的行为。如国家有关机关下达建设铁路的计划以及运输救灾物资的调度计划等。

(3)司法行为。司法行为指各级人民法院,铁路运输法院依法对铁路运输建设、生产、经营活动中产生的经济案件做出的判决和裁定。

第四节　铁路法及其适用范围

一、铁路法的概念

铁路法是调整政府机关、企事业单位、其他社会团体以及公民与铁路运输企业在铁路运输营业、铁路运输管理、铁路建设及铁路安全与防护等方面建立的各种社会关系的法律规范的总称。

在我国铁路运输活动中,主要发生三类社会关系:一是铁路运输行政管理关系;二是铁路运输合同关系;三是铁路运输的经营管理关系。这三类关系构成了铁路运输关系,而对这些关系加以规定、调整的法律规范,即是广义上的铁路法,它包括所有调整铁路运输关系的法律、法规和规章。

狭义上的铁路法即指《中华人民共和国铁路法》(以下简称《铁路法》),它是 1990 年 9 月 7 日由第七届全国人大常委会通过,自 1991 年 5 月 1 日起开始施行的。2009 年 8 月和 2015 年 4 月对《铁路法》进行了修正。本节及本章第五节主要介绍《铁路法》的有关规定。

二、《铁路法》的立法目的

铁路是国民经济的大动脉,在我国各种交通运输工具中占有特别重要的位置,在我国社会主义现代化建设事业中起着重要的作用。《铁路法》的立法目的具体体现在以下几个方面:

1. 保障铁路运输的顺利进行

铁路是国民经济的基础设施,铁路运输企业的主要任务就是要进行客货运输生产活动。因此,保证运输任务的完成是铁路运输企业的责任。长期以来,铁路部门在完成国家的客货运输计划等方面做出了积极的贡献。但是,与整个国民经济的发展相比,在一定程度上制约了国民经济建设的迅速发展。同时,铁路运输的安全状况也十分令人担忧,盗窃铁路设备和铁路运输物资、抢劫旅客财物和铁路运输的货物、拦截列车、制造事故、破坏运输生产秩序、妨碍铁路行车等危害铁路运输安全的行为时有发生,使铁路运输安全面临严峻的局面。所有这些,都需要运用法律手段,维护铁路生产秩序,使旅客和货主在乘车和运货时有安全感。另外,铁路运输企业在从事运输生产活动时,要与数以亿计的旅客和货主发生各种各样的客货运输关系,要与许多公民和机关、社会团体、企事业单位发生各种各样的经济关系和行政管理关系,所有这些,都需要法律来调整。因而《铁路法》在调整铁路运输各种关系方面将发挥积极的作用,这是《铁路法》最基本的立法目的。

2. 保证铁路建设的顺利进行

这也是《铁路法》的立法宗旨之一。《铁路法》实施前,我国铁路的发展速度较慢,铁路里程与经济发展状况不相适应。因此,《铁路法》在铁路建设方面做出了不少有利于发展铁路的规定,体现了铁路立法的宗旨。

3. 适应社会主义现代化建设和人民生活的需要

铁路既是国民经济的大动脉,同时它又是重要的基础设施,与人民的生活息息相关。铁路运输企业要为人民旅行、为发展经济提供运输生产服务。党的十一届三中全会以来,我国正坚定不移地向社会主义现代化的宏伟目标迈进。在这一历史进程中,党和国家把交通运输业作为国民经济和社会发展计划的战略重点,而铁路又是交通运输业中的先行行业和基础设施,是整个运输业的重要组成部分。因此,无论是铁路建设,还是铁路运输都要适应国民经济发展的总体需要,最大限度地满足各个方面的运输要求。

三、《铁路法》的基本原则

1. 计划运输的原则

我国铁路实行计划运输,批准的运输计划是铁路承运货物的依据。货物运输计划由国家铁路和地方铁路根据发展生产、搞活流通的原则来具体制定。地方铁路运输的物资需要经由国家铁路运输的,其运输计划也应当纳入国家铁路运输计划。

目前我国铁路运输的指令性计划已逐步减少,在市场经济日益发展的条件下,由于铁路运输能力不能储存,铁路为了充分利用运能,仍要实行计划运输。

2. 人民铁路为人民的原则

铁路运输企业不同于一般意义上的企业,它既具有一般企业的属性,又具有公用企业的属性,它的一切经济活动,必须首先考虑社会效益,然后才能是自身的经济效益。《铁路法》根据铁路运输企业的这个特点,规定铁路运输企业必须坚持社会主义经营方向和为人民服务的宗旨,改善经营管理,切实改进路风,提高服务质量。

由于铁路运输企业的公用性质较强,与人民群众的关系尤为密切,对其为人民服务的要求就更为强烈。针对这种状况,《铁路法》将改进铁路路风,提高服务质量作为铁路运输企业的一项法律义务写进法律中,具有非常重要的意义。它意味着路风建设的好坏,已经不仅仅是衡量铁路部门日常工作的一般尺度,而是上升到执法的法律高度。路风建设工作的影响和辐射面很宽,关系到铁路自身的形象和声誉,也关系到整个国家的形象和声誉。因此,保持良好的路风势态,是铁路职工的法律责任。

为了使铁路运输企业能够切实提高服务质量,《铁路法》还规定:铁路运输企业应当采取有效的措施做好旅客运输服务工作,做到文明礼貌,热情周到,保持车站和车厢内的清洁卫生,做好列车上的饮食供应工作等。

3. 维护当事人正当权益的原则

在我国铁路运输合同关系中,铁路运输企业与旅客和货主的关系表面上看处于平等的法律地位,但实际上铁路运输企业的地位更为优越。目前,铁路运输是我国主要的运输方式,在一些运输市场上铁路运输企业处于卖方市场的地位,旅客和货主不能也不可能去自由选择运输企业。针对以上情况,《铁路法》用大量详尽的法律条文规定了铁路运输企业的职责和义务,而对旅客和货主的职责和义务就规定得比较原则和笼统。其目的就在于从中国实际情况出发,着重强调对旅客和货主合法权益的保护。这也是从保证社会稳定出发而应坚持的一条法律原则。

4. 安全运输的原则

保障货物和旅客的安全,是铁路运输企业的基本义务,也是《铁路法》的一条基本原则。为加强铁路安全管理工作,《铁路法》用一章的篇幅对铁路安全与保护要求及措施等进行了规定。突出了保障运输安全畅通的有效措施及铁路运输企业与地方人民政府的分工负责制。

四、《铁路法》的适用范围

法律的适用范围,是指法律规范在什么时间、什么地点、对什么人发生法律效力的范围。这是一部法律必须明确的一个基本问题。

1.《铁路法》的空间效力范围

《铁路法》空间效力范围是指在什么地域内该法有效。《铁路法》规定:“铁路,包括国家铁路、地方铁路、专用铁路和铁路专用线”。这就是说,凡是中国境内的上述 4 种铁路,都适用《铁路法》的规定。随着改革开放的发展,出现了合资铁路、股份制铁路和有限责任公司铁路等新型铁路,这些铁路也受《铁路法》调整。

国家铁路是指由国务院铁路主管部门管理的铁路。国务院铁路主管部门在目前是指中华人民共和国交通运输部。

地方铁路是指由地方人民政府管理的铁路。它主要是由地方自行投资或修建,或者与国家铁路联合投资修建,担负地方公共旅客、货物短途运输任务。

专用铁路是指由企业或者其他单位管理,专为本企业或者本单位内部提供运输服务的铁路。专用铁路也是我国铁路运输网的重要组成部分。

铁路专用线是指由企业或者其他单位管理的与国家铁路或者其他铁路线路接轨的岔线。铁路专用线与专用铁路不同,前者仅指铁路线路,而后者还包括一整套严密的铁路运输组织系统。

2.《铁路法》的时间效力

《铁路法》的时间效力是指该法从什么时候起开始生效。《铁路法》规定,开始发生法律效力的时间是 1991 年 5 月 1 日。以前发生的各种纠纷,仍然要按照当时的法律法规处理,《铁路法》没有溯及既往的效力。

3.《铁路法》对人的效力

《铁路法》对人的效力是指本法对什么人有效。这里所说的“人”,既包括自然人,也包括法人或者其他社会组织。自然人中包括我国公民和外国人。凡是在我国境内乘坐火车的每个旅客或者托运货物的托运人、收货人都要按照《铁路法》规定,依法订立合同,履行自己的义务,都要遵守《铁路法》,按规定进行铁路运输活动。违反了《铁路法》的规定,要承担相应的法律责任。

第五节　《铁路法》的主要内容与实施

一、铁路运输管理体制

《铁路法》规定:“国务院铁路主管部门主管全国铁路工作,对国家铁路实行高度集中、统一指挥的运输管理体制,对地方铁路、专用铁路和铁路专用线进行指导、协调、监督和帮助”。同时也规定:“铁路沿线各级地方人民政府应当协助铁路运输企业保证铁路运输安全畅通,车站、列车秩序良好,铁路设施完好和铁路建设顺利进行”。《铁路法》从铁路运输内部和外部两个关系方面,确定了我国铁路的运输管理体制。

1. 国务院铁路主管部门主管全国铁路工作

国务院铁路主管部门不仅是国家铁路运输企业的政府主管部门,而且还是对其他铁路实行行业归口管理的部门。国务院铁路主管部门与国家铁路运输企业的关系不单纯是政府主管关系,国务院铁路主管部门对国家铁路运输企业的运输生产经营活动要直接进行干预,进行调度和组织。这是国家铁路的性质和特点所决定的。

《铁路法》还明确了国务院铁路主管部门要对地方铁路、专用铁路和铁路专用线进行指导、协调、监督和帮助,即把行业归口统一管理权交给了国务院铁路主管部门,这是现代化大生产发展的必然趋势,是客观经济规律的要求。

2. 国家铁路实行高度集中、统一指挥的运输管理体制

国家铁路的这种管理体制,是由铁路运输生产活动的特点和国家铁路在国民经济中的地位和作用决定的。

首先,国家铁路运输历来就有“高,大、半”的特点。“高”即高度集中,统一指挥;“大”即大联动机,环环相扣,技术性强,管理程序复杂,整体性要求严,一环被阻,全路被动;“半”即半军事化,铁路运输组织机构和活动都带有半军事化的特点,下级服从上级。正是由于铁路这种“高、大、半”的特点,决定了铁路必须有一个强有力的运输指挥系统才能适应铁路运输管理的需要。

其次,铁路的现状也需要实行高度集中、统一指挥的运输管理体制。随着改革开放的深入发展,城乡人民生活水平不断提高,物资交流日趋活跃,对铁路运输的要求也越来越高。这就需要充分利用铁路的运输能力,最大限度地满足国民经济发展对铁路运输的要求,并提高铁路运输效益。因此,需要有适应这种形势的运输管理体制,强化铁路运输生产管理,为社会主义经济建设提供优质服务。

3. 国家铁路运输企业行使法律、行政法规授予的行政管理职能

行使法律、行政法规授予的行政管理职能,是国家铁路运输企业作为公用企业的一个特点。《铁路法》规定:“国家铁路运输企业行使法律,行政法规授予的行政管理职能”。这条规定,是符合我国国家铁路运输企业的现状的。目前,国家铁路运输企业的行政管理权主要有:《食品安全法》授予的铁路食品卫生管理权;《铁路安全管理条例》规定的行政处罚权;《公共场所卫生管理条例》授予的车站公共场所卫生管理权以及卫生防疫方面的行政管理权。授予国家铁路运输企业行政管理权,是加强铁路运输管理和铁路运输安全的需要,是国家铁路在国民经济中的地位和作用决定的。根据《铁路法》的规定,行政管理权只授予国家铁路,不能授予地方铁路、专用铁路和铁路专用线,而且授权必须有法律或行政法规为依据。

4. 铁路沿线地方政府协助管理铁路工作

铁路贯穿城乡,连接全国各地。与地方各级人民政府和沿线居民的关系非常密切。特别是铁路露天24h作业,铁路的安全管理涉及千家万户。因此,铁路安全管理经验很重要的一条就是要取得地方政府的大力支持和帮助。为此,《铁路法》明确要求地方人民政府积极协助铁路运输企业,整顿铁路沿线的治安秩序和社会秩序,确保铁路的安全畅通。铁路沿线地方人民政府协助管理铁路主要包括两个方面的内容:一是要保证铁路运输安全,包括铁路线路安全、行车安全,治安管理等;二是要保证铁路建设的顺利进行。

二、铁路运输营业管理

1. 铁路运输计划管理

《铁路法》规定:"国家铁路和地方铁路根据发展生产、搞活流通的原则,地方铁路运输的物资需要经由国家铁路运输的,其运输计划应当纳入国家铁路的运输计划安排货物运输计划。对抢险救灾物资和国家规定需要优先运输的其他物资,应予优先运输。"因此,加强对铁路运输计划管理是铁路运输营业管理的一项重要内容。

铁路运输计划管理是指铁路的一切工作都要有计划地进行。运输计划包括旅客运输计划和货物运输计划两部分。

(1)旅客计划运输

有计划地组织售票,合理使用运力是旅客运输组织的目的。在旅客运输计划的安排上,首先要保证重点旅客及时乘车,同时要安排好一般旅客和团体旅客的乘车。通过售票和组织签证等工作,有计划地使用和分配票额,合理组织客流,均衡组织运输,提高运输效益。

(2)货物计划运输

在货物运输计划中要确定分品类的货物发送量、到达量;各铁路局间的接运量、交出量;货物周转量;月均装车数等重要指标。要通过计划,合理组织铁路货物运输,最大限度地利用运能,合理组织运输生产,迅速、安全、经济地运送货物。

2. 铁路运价管理

铁路运价是我国整个物价的一个重要组成部分,对整个商品经济和市场供应影响都较大,国家把铁路运价的管理作为宏观调控的一个重要手段。

《铁路法》规定:"铁路的旅客票价率和货物、行李的运价率实行政府指导价或者政府定价,竞争性领域实行市场调节价。政府指导价、政府定价的定价权限和具体适用范围以中央政府和地方政府的定价目录为依据。铁路旅客、货物运输杂费的收费项目和收费标准,以及铁路包裹运价率由铁路运输企业自主制定。"《铁路法》的上述规定,明确了铁路运价的管理权限,符合我国铁路运价管理的实际情况。

3. 铁路运输票证管理

铁路运输票证是指铁路运输企业印制的,用来保证铁路运输生产活动顺利进行的各种证明文件。主要包括旅客车票、行李票、包裹票和货物运单等。

《铁路法》规定:"国家铁路、地方铁路和专用铁路印制使用的旅客、货物运输票证,禁止伪造和变造。"这就是说,铁路的客货运输票证的印制权在铁路运输企业,其他单位和个人不得印制、伪造。

4. 其他铁路运输管理

铁路运输管理的基本内容,还包括对禁运和限运货物的管理。《铁路法》规定:"托运、承运货物、包裹、行李，必须遵守国家关于禁止或者限制运输物品的规定。”

在对国内、国际联运和军事运输的管理方面，《铁路法》规定，铁路运输企业与公路、航空或者水上运输企业相互实行国内旅客、货物联运，依照国家有关规定办理。国家没有规定的，按有关各方的协议办理。国家铁路、地方铁路参加国际联运，须经国务院批准。铁路军事运输，也依照国家有关规定办理。

三、铁路建设

（一）铁路发展规划

铁路发展规划是我国国民经济和社会发展规划的重要组成部分，应当依据国民经济和社会发展以及国防建设的需要而制定，并与其他方式的交通运输发展规划相协调。同时地方铁路、专用铁路、铁路专用线的建设规划也必须符合全国铁路发展规划。并征得国务院铁路主管部门或者国务院铁路主管部门授权机构的同意。

（二）铁路建设用地和建设标准

1. 铁路建设用地

铁路建设用地，是指按修建铁路的需要而征用或者国家划拨的土地。《铁路法》规定：“铁路建设用地规划，应当纳入土地利用总体规划。为远期扩建、新建铁路需要的土地，由县级以上人民政府在土地利用总体规划中安排。”

2. 铁路道口

铁路道口是指为方便行人和车辆通行而在铁路与道路交叉处铺设的平面交叉，俗称“平交道”。《铁路法》明确规定：“铁路与道路交叉处，应当优先考虑设置立体交叉；未设立体交叉的，可以根据国家有关规定设置平交道口或者人行过道。”

3. 铁路建设程序和标准化

《铁路法》规定：“铁路建成后，必须依照国家基本建设程序的规定，经验收合格，方能交付正式运行。”

我国铁路实行标准化建设，《铁路法》规定：“我国铁路的标准轨距为 1 435 mm。新建国家铁路必须采用标准轨距。窄轨铁路的轨距为 762 mm 或者 1 000 mm。新建和改建铁路的其他技术要求应符合国家标准或者行业标准。修建跨越河流的铁路桥梁，应当符合国家规定的防洪、通航和水流的要求。”

四、铁路安全与保护

铁路安全管理包括旅客与货物运输的安全、行车安全、线路安全、通信信号安全以及铁路道口通行安全等方面。铁路安全管理在铁路运输管理中具有重要的地位和作用。

《铁路法》针对铁路安全保护方面存在的各种问题，从保障铁路运输生产活动顺利进行的立法目的出发，作了如下几个方面的规定：

（1）定期检查、维修铁路运输的各种设施。属于铁路设备带病运行、超负荷运转的，铁路运输企业都应当有计划地安排检修和更新。近期能解决的，要抓紧解决；近期不能解决的，要有个长期规划，逐步落实维修计划。国家有关部门，要根据实际情况，解决铁路维修资金来源问题，确保铁路的维修工作能顺利进行。

（2）保证铁路牵引用电及重要负荷的电力供应。电力是铁路运输的重要的动力源。《铁路法》规定：“电力主管部门要保证铁路牵引用电和重要负荷的电力供应。”保证供应铁路的牵引用电和重要负荷的电力,是保证铁路运输生产顺利进行的前提条件。因此,法律要求电力部门保证供电,这是电力主管部门应当切实履行的法律义务。电力主管部门要采取有效措施,确保铁路运输的电力供应。

(3)责令停止一切影响铁路线路、桥梁、涵洞安全的行为,拆除一切妨碍铁路行车瞭望的建筑物,迁移或者剪修、砍伐妨碍行车瞭望的树木等,这是法律赋予地方人民政府的职责和权限。

(4)禁止擅自在铁路线路上铺设平交道口、人行过道。要求铁路运输企业加强对铁路道口的管理,设置必要的安全防护标志,行人和车辆通过铁路道口时应当遵守国家关于铁路道口通行的规定,从铁路运输企业和行人、车辆两个方面规定了铁路道口安全管理方面各自应负的责任。

(5)禁止携带危险品进站上车或者以非危险品品名托运危险品。法律授权铁路公安人员和国务院铁路主管部门规定的铁路职工可以对旅客携带的物品进行运输安全检查。

(6)对违反铁路治安管理和破坏铁路运输生产秩序的行为规定了明确的责任。法律规定铁路职工有权制止,或者扭送公安机关处理。对一些危害铁路行车安全的行为,法律授权铁路公安人员或者地方公安人员现场负责人可以予以拘留。

(7)铁路交通卫生检疫。防止传染病流行,不仅是保证旅客的生命安全的需要,而且也是维护国家利益的需要,因此,加强交通卫生检疫,是一项重要任务。法律规定,旅客列车内发生需要检疫的情况,由铁路卫生检疫机构负责,必要时,地方卫生检疫机构应当协助。

除了上述七项措施外,法律还对铁路交通事故的处理原则和人身赔偿的原则以及地方人民政府和铁路运输企业的职责及其分工做了明确的规定,使每一种危害铁路安全的行为都有人管、有人处理,从各个方面保障铁路的安全。这些措施,对加强铁路的安全管理是有利的。铁路运输企业应当充分运用法律武器,同一切危害铁路运输安全的行为作斗争。

五、违反《铁路法》的法律责任

在铁路运输生产过程中,违反《铁路法》或其他法律法规的行为,应承担相应的法律后果。

(一)违反《铁路法》的刑事责任

对危害铁路运输安全等行为达到一定的严重程度,触犯我国刑事法律的规定,构成犯罪的,要给予刑事制裁。我国《铁路法》对此作了相应的原则规定,可追究刑事责任的行为有:

(1)携带危险品进站上车或者以非危险品品名托运危险品,导致发生重大事故的;

(2)故意损毁、移动铁路行车信号装置或者在铁路线路上放置足以使列车倾覆的障碍物的;

(3)盗窃铁路线路上行车设施零件、部件或者铁路线路上的器材,危及行车安全的;

(4)聚众拦截列车不听制止的;

(5)聚众冲击铁路行车调度机构不听制止的;

(6)聚众哄抢铁路运输物资的;

(7)在列车内,抢劫旅客财物的,伤害旅客的;

(8)在列车内,寻衅滋事,侮辱妇女,情节恶劣的;

(9)在列车内,敲诈勒索旅客财物的;

(10)倒卖旅客车票数额较大的;

(11)违法多收运费、票款或者旅客、货物运杂费，并将多收的费用据为己有或者侵吞私分的；

(12)铁路职工利用职务之便走私、非法经营的；

(13)铁路职工玩忽职守、违反规章制度造成铁路运营事故的，滥用职权、利用办理运输业务之便谋取私利，情节严重的。

【案例 8-1】　破坏铁路设施案

【案情简介】　犯罪嫌疑人王某某、郭某二人携带钢锯、克丝钳、铁锹、手电筒等作案工具，窜到京广线焦庄车站附近，将焦庄车站 2 号、4 号、6 号、8 号道岔信号电缆锯断，影响客货列车正常运行 23 列。经抢修通车后，二犯罪嫌疑人又携带上述作案工具于当晚 23 时许，再次将该站 6 号、8 号道岔信号电缆锯断，影响 3 列货物列车正常运行。两次盗窃割损坏 24 芯电缆 450 m(29.80 元/m)价值 13 410 元，铁路公安人员在距破坏现场 200 m 处将两犯罪嫌疑人抓获。经查实，二犯罪嫌疑人在京广线还盗窃旧信号电缆 5 次，折价 2 000 多元，并在其家中搜查出大量电缆线皮及裸线。

【法律分析】　两案件中当事人的行为属于“盗窃铁路线路上行车设施的零件、部件或者铁路线路上的器材，危及行车安全”的行为。

根据《铁路法》的规定，对于上述行为，尚未造成严重后果的，依照刑法第一百零八条破坏交通设施罪的规定追究刑事责任；造成严重后果的，依照刑法第一百一十条破坏交通设施罪的规定追究刑事责任。

【案例 8-2】　携带危险物品危及公共安全案

【案情简介】　韩某携带煤矿类铵锑炸药 20 管和八号纸壳电雷管 29 个等物品进入雁翅火车站内，被正在检查危险物品的车站工作人员及民警查获。违禁品全部被起获。

【法律分析】《铁路法》规定，“携带炸药、雷管或者非法携带枪支子弹、管制刀具进站上车的，比照《刑法》第一百六十三条的规定追究刑事责任。”

被告的行为构成携带危险物品危及公共安全罪，可以追究当事人的刑事责任。

(二)违反《铁路法》的民事责任

民事责任是指公民、法人或者其他社会组织因违反民事法律规范所应承担的法律后果。它是法律责任的一种具体形式。

1. 铁路运输企业对由运输事故及其他运营事故造成的损害承担民事赔偿责任

《铁路法》规定：“因铁路行车事故及其他运营事故造成人身伤亡的，铁路运输企业应当承担赔偿责任；如果人身伤亡是因不可抗力或者由于受害人自身的原因造成的，铁路运输企业不承担赔偿责任。”

2. 侵害铁路运输设施的侵权民事责任

《铁路法》规定：“在铁路线路和铁路桥梁、涵洞两侧一定距离内，修建山塘、水库、堤坝，开挖河渠、干渠，采石挖砂，打井取水，影响铁路路基稳定或者危害铁路桥梁、涵洞安全的，由县级以上地方人民政府责令停止建设或者采挖、打井活动，限期恢复原状或者责令采取必要的安全防护措施。”

3. 侵占铁路建设用地的民事责任

《铁路法》规定：“已经取得使用权的铁路建设用地，应当依照批准的用途使用，不得擅自改作他用；其他单位或者个人不得侵占。侵占铁路建设用地的，由县级以上地方人民政府土地管理部门责令停止侵占、赔偿损失。”

【案例 8-3】 侵占铁路建设用地纠纷案

【案情简介】 ××线是我国南方的一条铁路线,1959 年移交铁路部门,铁路部门一直依照国家有关法规管理铁路土地。而被告××学校在 1992 年市府路延伸开发时占用铁路运输生产用地 1 219 m^2,当原告某铁路局土地管理办公室发现土地被侵占时,铁路用地上已修建了永久性建筑物。原告于 1997 年曾多次找被告联系,以便妥善解决土地占用问题,被告总是以种种借口推诿。故原告向法院提起诉讼。

【法律分析】 被告未经任何部门授权,即私自在原告所属土地上修筑了永久建筑物,违反了《铁路法》的规定:"已经取得使用权的铁路建设用地,应当依照批准的用途使用,不得擅自改作他用;其他单位或者个人不得侵占。侵占铁路建设用地的,由县级以上地方人民政府土地管理部门责令停止侵占、赔偿损失。"因此,被告的行为属侵权行为。

法院判决:建筑物归原告所有,将建筑物评估作价,在抵偿土地占用期间被告应交纳的土地使用费、土地税费后,由原告补偿给被告。考虑到诸多历史原因及建筑物的修建目的,若被告有意与原告协议继续使用该建筑,则原告应优先考虑到被告请求,并就租赁方式、租金等在双方协商的基础上确定。

复习思考题

1. 简述铁路运输法规的特点和作用。
2. 铁路运输法律规范的渊源有哪些?
3. 简述铁路运输法律关系的构成要素。
4. 铁路运输法律关系主要有哪些类型?
5. 简述铁路法的概念和适用范围。
6.《铁路法》对铁路运价管理的规定有哪些?

第九章　铁路安全法规

铁路安全法规，是对与铁路安全及其管理相关的法律、行政法规和规章的统称。实施《铁路法》以来，国务院在铁路安全领域颁布了两个重要条例。

2013年发布的《铁路安全管理条例》标志着我国铁路安全管理开始走上规范化、制度化、法制化轨道。

2007年发布的《铁路交通事故应急救援和调查处理条例》(2012年修订)规定了铁路交通事故应急救援和调查处理的责任主体、事故等级类别、事故报告制度、应急救援制度、调查制度、损害赔偿制度以及保障条例实施的法律责任制度。

本章将在介绍铁路安全法规概念的基础上，重点阐述《铁路安全管理条例》和《铁路交通事故应急救援和调查处理条例》的内容。

第一节　铁路安全法规概述

一、铁路安全法规的概念

铁路安全法规是对与铁路安全及其管理相关的法律、行政法规和规章的统称。

铁路安全，包括铁路建设质量安全、铁路专用设备质量安全、铁路线路安全和铁路运营安全。

二、我国铁路安全法制建设现状

铁路安全事关人民群众的生命财产安全，事关国民经济的可持续发展，事关社会稳定，事关国家大局。

鉴于铁路在促进我国经济和社会发展中具有特别重要的地位和作用，我国历来非常重视铁路安全法制建设，并初步建立起我国的铁路安全法制体系。这主要表现为：作为我国铁路基本法的《铁路法》，其第4章用了18个条文专门规定了有关铁路安全与保护方面的法律问题；国务院先后制定和发布了有关铁路安全保护的多项行政法规；交通运输部颁布了大量的铁路安全部门规章，具体表现为为数众多的与铁路建设质量、铁路专用设备质量、铁路线路和铁路运营安全及管理有关的规程、规则。

此外，国家技术监督管理部门和铁路行业监督管理部门还制定了大量具有引申规章性质的与铁路安全相关的作业和人身安全标准。这些标准都对确保铁路安全起到了重要作用。

但是，在我国铁路快速发展的同时，铁路安全法制化建设明显滞后。这主要表现在：专门规范铁路安全的法律至今缺位；现行铁路安全法律规范中的立法内容，既存在滞后，又有所缺失；虽然现行铁路安全法律规范中规章较多，但法律效力位阶普遍较低，且适应范围有限。由此可见,我国铁路安全法制化建设仍然任重道远。

三、铁路主要安全法规

自《铁路法》于 1991 年 5 月 1 日起实施以来,我国在铁路安全领域颁布的最为重要的法规要算国务院于 2013 年颁布的《铁路安全管理条例》(简称《安管条例》)和 2007 年颁布的《铁路交通事故应急救援和调查处理条例》(简称《事故条例》)。《安管条例》着眼于从源头上保障铁路安全,《事故条例》则着重规范事故发生后的应急救援和调查处理工作。通过这两个条例,我国将铁路的安全生产、监督管理、事故处理的全过程都纳入了法制化管理轨道,基本实现了有法可依。这对全面规范铁路安全监督管理,推进铁路安全领域的依法行政,具有重大意义。

《安管条例》与《事故条例》的主要配套规章有:《铁路建设管理办法》(2003 年 7 月)、《铁路建设工程勘察设计管理办法》(2006 年 1 月)、《铁路机车车辆设计制造维修进口许可办法》(2013 年 12 月)、《铁路机车车辆驾驶人员资格许可办法》(2019 年 12 月)、《铁路运输基础设备生产企业审批办法》(2013 年 12 月发布,2021 年 11 月修正)、《违反〈铁路安全管理条例〉行政处罚实施办法》(2013 年 12 月发布,2021 年 11 月修正)、《铁路运输企业准入许可办法》(2014 年 12 月发布,2017 年 9 月修正)、《铁路旅客车票实名制管理办法》(2022 年 11 月)、《铁路旅客运输安全检查管理办法》(2014 年 12 月)、《铁路危险货物运输安全监督管理规定》(2022 年 9 月)、《铁路建设工程质量监督管理规定》(2015 年 3 月发布,2021 年 12 月修正)、《铁路专用设备缺陷产品召回管理办法》(2015 年 11 月发布,2018 年 8 月修正)、《铁路交通事故应急救援规则》(2007 年 8 月)和《铁路交通事故调查处理规则》(2007 年 8 月)。

本章后两节主要介绍《安管条例》与《事故条例》的内容。

第二节 铁路安全管理条例

自 2014 年 1 月 1 日起施行的《安管条例》,标志着我国铁路安全管理正逐步走上规范化、制度化、法制化轨道,为全面深入推进铁路发展奠定了坚实的安全基础。本节以《安管条例》为基本依据,阐述其立法背景和立法目的,铁路安全管理的基本原则,铁路安全管理的责任主体及其职责,铁路建设质量安全、铁路专用设备质量安全、铁路线路安全与铁路运营安全管理的具体制度以及保障该条例实施的法律责任制度。

一、《安管条例》的立法背景和立法目的

(一)立法背景

早在 1989 年,国务院就制定公布了《铁路运输安全保护条例》(简称《安保条例》),2004 年又对该条例进行了全面修订,《安保条例》在保障铁路运输安全方面发挥了重要作用。但随着近年来我国铁路建设和运营的快速发展,《安保条例》已不能完全适应保障铁路安全的新形势和新要求,需要修改完善,主要表现在以下三个方面:一是铁路建设质量安全是保障铁路运输安全的基础,但《安保条例》缺乏对铁路建设的规定,需要补充;二是近年来高速铁路的发展对铁路安全提出了更高要求,需要在立法中做出有针对性的规定;三是根据铁路政企分开和国务院深入推进行政审批制度改革的精神,需要对《安保条例》中不适应改革要求的规定进行调整。

《安管条例》是在总结《安保条例》实施经验的基础上制定的。《安管条例》总计 8 章 108 条，其内容涵盖了铁路建设质量安全、铁路专用设备质量安全、铁路线路安全、铁路运营安全等铁路安全生产的主要领域和重要管理制度，是铁路安全管理的综合性法规。《安管条例》的贯彻实施，必将有力地推进铁路安全管理，更好地保障公众生命财产安全，促进铁路安全发展。

（二）立法目的

《安管条例》的立法目的主要体现在以下三个方面：

1. 加强铁路安全管理

这是制定该条例的首要目的。《安管条例》作为一部行政法规，其立法目的首先是通过行政权力规范铁路建设质量安全、铁路专用设备质量安全、铁路线路安全、铁路运营安全等工作。本条例开宗明义"加强铁路安全管理"，就是对政府铁路安全监督管理职责的强调，通过贯彻实施本条例，进一步完善铁路安全监督管理体制，确保政府监管到位。

加强铁路运输安全管理，也是对铁路工程参建单位、铁路专用设备制造维修企业和铁路运输企业的要求。这些相关单位或企业是铁路安全生产管理的责任主体，其安全生产制度是否健全，安全投入是否到位，人员素质是否适应，设备管理是否严格，安全责任是否落实，对铁路安全的持续稳定起着基础性、决定性作用。

2. 保障铁路运输安全和畅通

这是制定该条例的直接目的。改革开放以来，随着国民经济及铁路的快速发展，铁路安全环境发生了很大变化，安全管理面临许多需要解决的新问题。《安管条例》正是针对铁路运输安全管理中出现的这些新情况、新问题，明确提出了"保障铁路运输安全和畅通"这一立法宗旨，并从这一宗旨出发，设定了一系列重要的安全管理制度，加大了对铁路运输安全的保护力度。

3. 保护人身安全和财产安全

这是制定该条例的根本出发点，也是实施该条例的最终目的。保护人的生命财产安全，要求铁路的建设、运输、设备制造维修等生产活动在任何时候、任何情况下都要把保护人的生命财产安全放在首位，维护最基本的人权，即生存权。铁路安全生产不仅事关铁路建设、运输、设备制造维修单位及其从业人员的财产安全和人身安全，也关系到社会公众的人身安全和财产安全，属于公共安全的范畴。加强铁路安全管理，不仅是确保铁路有序畅通的需要，更是为了避免和减少安全事故的发生，避免和减少给铁路生产单位或企业及其从业人员、旅客、货主及社会公众的人身及财产安全造成损失。

加强铁路安全管理，保障铁路运输安全和畅通，最终落脚点是"以人为本"，是为广大人民群众创造安全稳定的生存发展环境，为构建社会主义和谐社会创造基础性、前提性条件。这是贯彻落实科学发展观的必然要求，是权为民所用，情为民所系，利为民所谋理念的重要体现。

二、铁路安全管理的基本原则

《安全生产法》第 3 条所规定的"安全第一、预防为主、综合治理"的安全生产工作方针，既是我国安全生产工作的一项基本原则，也是我国社会主义企业管理的一项基本原则。铁路安全管理工作属于安全生产工作的重要组成部分，理当遵守这一指导方针。为此，《安管条例》规定："铁路安全管理坚持安全第一、预防为主、综合治理的方针"。

1."安全第一、预防为主、综合治理"的含义

"安全第一"，就是要求从事铁路建设、运输、设备制造维修的单位在组织生产、指挥生

产、实施生产作业时,坚持"安全优先"原则,始终把保证从业人员、旅客、货主以及广大人民群众的生命财产安全放在首位,坚决做到"生产必须安全、不安全不生产",绝不能以牺牲人的生命、健康和损失财产为代价换取发展和效益。

"预防为主",强调把预防生产安全事故的发生放在安全生产工作的首位,要求从事铁路建设、运输、设备制造维修的单位以主动积极的态度,在组织管理和技术措施上加强生产作业安全保障系统的整体功能,把各种不安全的因素消灭在萌芽状态,以防患于未然。

"综合治理",就是要求综合运用经济手段、法律手段和必要的行政手段,从发展规划、行业管理、安全投入、科技进步、经济政策、教育培训、安全立法、激励约束、企业管理、监管体制、社会监督以及追究事故责任、查处违法违纪等方面着手,解决影响制约铁路安全管理的历史性、深层次问题,建立铁路安全管理的长效机制;还要求充分发挥铁路监督管理机构、铁路公安和其他执法部门、铁路沿线各级地方人民政府、相关单位、铁路企业等各方面的作用,综合治理整顿危及铁路安全的突出问题,共同维护铁路安全。

安全第一,体现了以人为本的思想,是预防为主、综合治理的统帅,没有安全第一的思想,预防为主就失去了思想支撑,综合治理就失去了整治依据;预防为主,是安全生产方针的核心和具体体现,是实施安全生产的根本途径,也是实现安全第一的根本途径,只有把安全生产的重点放在建立事故隐患预防体系上,超前防范,才能有效减少事故造成的损失,实现安全第一;综合治理,秉承了安全发展的理念,是贯彻落实科学发展观的具体体现,是保证"安全第一,预防为主"的安全管理目标实现的重要手段和方法,只有不断健全和完善综合治理工作机制,才能有效贯彻安全生产方针。"安全第一"、"预防为主"和"综合治理"的辩证关系与生产实践相结合,共同构成了铁路建设、运输、设备制造维修等铁路生产活动的安全屏障,三者密不可分。

2."安全第一、预防为主、综合治理"基本原则的作用

"安全第一、预防为主、综合治理"这一不以人们意志为转移的客观规律,不仅深刻揭示了安全与效率、安全与效益及安全管理与其他管理工作之间的辩证关系,同时也表明了铁路安全管理自身各项工作应遵守的原则。

概括地说,"安全第一、预防为主、综合治理"基本原则的作用,主要有四个方面,即导向、规范、约束和评价。要发挥这些应有作用,关键在于认识的深化、决策的正确和扎扎实实的工作。

3."安全第一、预防为主、综合治理"基本原则在条例中的体现

为了从法律上保证"安全第一、预防为主、综合治理"方针的落实,《安管条例》除了在第 2 条中对该方针做出明确规定外,还在其他条文中规定了大量相关的基本制度和具体措施,使"安全第一、预防为主、综合治理"这一铁路安全管理基本原则得到了全面、具体的体现。

这些相关的基本制度和具体措施主要包括:铁路安全监督管理制度;关键运输设施设备、关键岗位人员及重要运输活动的行政许可制度;铁路运输企业的安全生产责任制度;铁路运输安全综合治理制度;违反该条例的法律责任制度等。

这些基本制度和具体措施的内容,本节将在以下相关部分予以说明。对这些法定的铁路运输安全生产基本制度,各有关方面都必须严格执行。

三、铁路安全管理的责任主体及其职责

1. 铁路监管部门和国务院有关部门

为了能够落实2013年铁路体制改革的精神，并体现铁路这一特殊重要行业的安全管理规律，《安管条例》规定："国务院铁路行业监督管理部门负责全国铁路安全监督管理工作，国务院铁路行业监督管理部门设立的铁路监督管理机构负责辖区内的铁路安全监督管理工作。国务院铁路行业监督管理部门和铁路监督管理机构统称铁路监管部门。"铁路监管部门在铁路安全监督管理工作中的具体职责主要有四个方面：

(1)实施铁路安全生产监督检查。如，对从事铁路建设、运输、设备制造维修的企业执行本条例的情况实施监督检查；对铁路运输高峰期和恶劣气象条件下，铁路运输的关键环节、重要设施设备的安全状况以及铁路运输突发事件应急预案的建立和落实情况的监督检查；对所发现的安全隐患，责令有关单位立即排除等等。

(2)实施行政许可，即对依法设定的行政许可项目进行审查，决定予以批准或不予批准。目前，铁路监管部门负责组织实施的行政许可项目有六项，即铁路机车车辆设计、制造、维修或进口许可；铁路运输基础设备生产企业审批；铁路机车车辆驾驶人员资格许可；铁路运输企业准入许可；铁路无线电台设置审批及电台频率的指配；铁路车站和线路命名、更名审批。

(3)行政执法，即依法查处违反本条例规定的行为，行使本条例规定的处罚权。

(4)依法组织或者参与铁路安全事故的调查处理。

铁路安全管理涉及社会生活的许多领域，涉及国务院除铁路监管部门之外的多个相关部门的行政职权。因此，《安管条例》还规定："国务院有关部门依照法律和国务院规定的职责，负责铁路安全管理的有关工作。"这里的"国务院有关部门"，主要是指国务院所属的交通运输、发展改革、安全监管、质量监督、国土资源、建设、水利、公安等部门。这些部门职责的具体分工，一是依据国务院对各部门的职责规定，即通常所说的"三定方案"规定；二是依据相关法律规定，如《安全生产法》《建筑法》《招标投标法》《产品质量法》《特种设备安全法》《公路法》《道路交通安全法》《航道法》《治安管理处罚》等。

2. 铁路沿线地方各级政府和县级以上地方政府有关部门

铁路运输还具有跨地区的网络性，这就决定了其安全管理要充分发挥有关部门和地方各级人民政府的作用，形成统一协调、责任明确、相互配合的铁路运输安全管理长效机制。为此，《安管条例》规定："铁路沿线地方各级人民政府和县级以上地方人民政府有关部门应当按照各自职责，加强保障铁路安全的教育，落实护路联防责任制，防范和制止危害铁路安全的行为，协调和处理保障铁路安全的有关事项，做好保障铁路安全的有关工作。"这里的地方各级人民政府，主要是指乡(镇)级人民政府、县级人民政府、设区的市级人民政府、省(自治区、直辖市)人民政府。县级以上地方人民政府有关部门主要指县级人民政府、设区的市级人民政府、省(自治区、直辖市)人民政府的安全生产监管部门、国土资源部门、交通部门(含道路管理部门)、水行政部门(含河道、航道管理部门)、建设部门、环保部门、信息产业主管部门、公安机关等与铁路安全管理相关的部门。

根据《安管条例》规定，铁路沿线地方各级人民政府和县级以上地方人民政府有关部门保障铁路安全的职责主要有三个方面：

(1)加强保障铁路安全的教育

重点是加强对铁路沿线相关单位和个人的铁路安全普法宣传教育，使社会公众了解、掌

握相关规定，自觉履行保障铁路安全的法定义务。

(2)落实护路联防责任制，防范和制止危害铁路安全的行为

护路联防责任制，是落实安全综合治理方针、解决铁路沿线安全保障方面存在的突出社会问题、维护铁路治安持续稳定的一项重要制度。在铁路沿线地方各级政府的高度重视和大力支持下，各级铁路护路联防领导小组组织协调公安等执法部门、铁路监管部门和铁路沿线基层组织，深入排查铁路沿线治安问题，开展专项整治和集中治理，及时解决摆放路障、牲畜上道等影响铁路行车安全的问题，严厉打击盗窃铁路运输物资、拆盗铁路器材、破坏铁路设施等危害铁路运输安全的违法行为，创建安全文明铁道线，建立和完善护路联防的长效机制，取得了显著成效。

(3)协调和处理保障铁路安全的有关事项，做好保障铁路安全的有关工作

这方面的职责，《安管条例》的规定有 20 项之多，可归纳为以下几类：

①铁路治安管理。公安机关应当按照职责分工，维护车站、列车等铁路场所和铁路沿线的治安秩序；公安机关或者其他有关部门应当根据各自职责受理并及时处理社会公众对影响铁路安全的行为的举报。

②划定相关铁路安全保护区域。县级以上地方人民政府应当组织有关铁路监管机构、国土资源等部门做好铁路线路安全保护区的划定、公告工作；水行政主管部门会同有关铁路监管机构就高速铁路线路所在地地下水禁采区和限采区的范围划定提出方案，报省级人民政府批准并公告；水行政主管部门、国土资源主管部门按照各自职责划定在铁路桥梁跨越处河道上下游采砂和淘金的禁采区域，设置禁采标志，制止非法采砂、淘金行为。

③审批作业申请。国土资源、安全生产等部门负责依法审批在铁路线路两侧 1 000 m 范围内从事露天采矿、采石或者爆破作业的申请；水行政主管部门、河道管理部门按照各自职责依法审批在铁路桥梁跨越处河道上下游各 1 000 m 范围内进行围垦造田、拦河筑坝、架设浮桥等活动的申请；河道、航道管理部门按照各自职责依法审批在铁路桥梁跨越处河道上下游各 500 m 范围内进行疏浚作业的申请。

④费用分担和日常管护。道路管理部门或道路的建设方应当依法与铁路方分担设置铁路与道路立体交叉设施及其附属安全设施所需的费用；县级以上地方人民政府对铁路线路安全保护区内既有的危及铁路运输安全的建筑物、构筑物，应当责令当事人采取安全防护措施或者依法拆除；在电气化铁路附近从事排放粉尘、烟尘及腐蚀性气体的生产活动，超过国家规定的排放标准，危及铁路运输安全的，由环境保护主管部门依法责令整改，消除安全隐患；铁路、道路两用桥由所在地铁路运输企业和道路管理部门或者道路经营企业定期检查、共同维护，保证桥梁处于安全的技术状态；铁路桥梁桥区航标中的水面航标由铁路运输企业负责设置，航道管理部门负责维护；下穿铁路桥梁的城市道路的限高、限宽标志由当地人民政府指定的部门设置并维护，下穿铁路桥梁的公路的限高、限宽标志由公路管理部门设置并维护；在邻近铁路线路的道路和桥梁上设置的用以保护铁路线路的安全防护设施和警示标志，由道路管理部门或者道路经营企业维护、管理；信息产业主管部门对埋设、铺设、架设铁路信号和通信线路、杆塔负监督管理责任；铁路道口的警示标志、路段标线由铁路道口所在地的道路管理部门设置、维护；铁路运营指挥调度无线电频率受到干扰的，无线电管理机构应当依法排除干扰。

⑤预治和处理地质灾害：县级以上各级人民政府及其有关部门、铁路运输企业应当依照地质灾害防治法律法规的规定，加强铁路沿线地质灾害的预防、治理和应急处理等工作。

⑥信息通报和安全生产协调:安全生产监督管理部门应当与铁路运输企业和铁路监管部门建立信息通报制度和运输安全生产协调机制。

3. 铁路建设、运输、设备制造维修单位及其工作人员

铁路建设、运输、设备制造维修单位的安全生产工作搞得好与坏,其工作人员在作业中是否严格执行规章制度,直接影响整个铁路系统安全管理工作。为此,从落实铁路安全生产主体责任的角度出发,依据《安全生产法》规定,《安管条例》结合铁路安全生产实际,对铁路建设、运输、设备制造维修单位及其工作人员安全生产责任作了六个方面的规定:

(1)铁路建设、运输、设备制造维修单位应当加强安全管理,建立健全安全生产管理制度,落实企业安全生产主体责任。这一总体性要求,意在强调铁路安全生产管理制度的建立和落实,强调铁路企业是安全生产的责任主体。

(2)铁路建设、运输、设备制造维修单位应当设置安全管理机构或者配备安全管理人员。这是落实各项安全生产制度和措施的重要组织保证。铁路企业在内部设置安全管理机构,配备安全管理人员,专门负责本企业的安全监管日常工作,可以强化企业内部的安全管理基础,更好地解决企业安全管理中存在的问题,监督企业落实各项安全规定。

(3)铁路建设、运输、设备制造维修单位应当执行保障生产安全和产品质量安全的国家标准、行业标准。保障生产安全和产品质量安全的国家标准、行业标准是安全生产的重要制度保障。《安管条例》中要求各类单位执行国家标准和铁路行业标准的条款,多达13处。

(4)铁路建设、运输、设备制造维修单位应当加强对从业人员的安全教育培训。铁路建设、运输、设备制造维修单位从业人员的安全意识、安全知识与技能、安全风险管理能力直接决定了生产经营活动的质量。

(5)铁路建设、运输、设备制造维修单位应当保证安全生产所必需的资金投入。这是做好安全生产的重要物质基础和保障。对一个铁路企业来说,要实现长久的生产安全,必须有积极有效和科学的投入。

(6)铁路建设、运输、设备制造维修单位的工作人员应当严格执行规章制度,实行标准化作业,保证铁路安全。这里的规章制度,既包括国家法律法规及规范性文件,以及相关的国家标准、行业标准,也包括企业内部的规定、规则、办法、规程、标准等。这里的标准化作业,就是在作业系统调查分析的基础上,将现行作业方法的每一操作程序和每一动作进行分解,以科学技术、规章制度和实践经验为依据,以安全、质量效益为目标,对作业过程进行改善,从而形成一种优化作业程序,逐步达到安全、准确、高效、省力的作业效果。严格执行规章制度和实行标准化作业是统一的,其共同的目标就是为了保证铁路的安全。

除上述的铁路监管部门和国务院有关部门、铁路沿线地方各级政府和县级以上地方政府有关部门以及铁路建设、运输、设备制造维修单位及其工作人员之外,铁路旅客、铁路运输托运人以及广大社会公众,也是铁路安全管理的责任主体,他们对于保护铁路安全也负有义不容辞的责任。铁路旅客、铁路运输托运人以及广大社会公众保护铁路安全的职责,将在后文予以具体介绍。

四、铁路建设质量安全管理

铁路建设,是指新建、改建铁路建设项目的立项决策、勘察设计、工程实施、竣工验收等全部建设活动。铁路建设质量安全是保障铁路运输安全的基础和前提。

《安管条例》针对保障铁路建设质量安全的关键环节和主要问题,设专章对铁路建设质

量安全做了以下十个方面的规定:

1. 铁路工程建设及建设物资设备采购招标

《招标投标法》规定,在中华人民共和国境内进行下列工程建设项目,包括项目的勘察、设计、施工、监理以及与工程建设有关的重要设备、材料等的采购,必须进行招标:一是大型基础设施、公用事业等关系社会公共利益、公众安全的项目;二是全部或者部分使用国有资金投资或者国家融资的项目;三是使用国际组织或者外国政府贷款、援助资金的项目。

铁路是关系国计民生的重要基础设施,也是服务大众的公用事业。铁路建设项目的资金,大多是中央政府和地方政府的投资。因此,《安管条例》依照《招标投标法》的规定,重申铁路建设工程的勘察、设计、施工、监理以及建设物资设备的采购都应当依法进行招标。这里所说的"依法"主要依据《招标投标法》和《招标投标法实施条例》等法律法规;同时铁路建设项目各环节的招标工作,还应遵守国家有关部门规章和铁路行业监管部门的规定。

2. 铁路工程参建单位主体资质管理

《建筑法》规定,从事建筑活动的建筑施工企业、勘察单位、设计单位和工程监理单位,按照其拥有的注册资本、专业技术人员、技术装备和已完成的建筑工程业绩等资质条件,划分为不同的资质等级,经资质审查合格,取得相应等级的资质证书后,方可在其资质等级许可范围内从事建筑活动。

为保证铁路建设安全,保证铁路工程质量,做好投资控制,拟参与铁路建设的施工、勘察、设计和工程监理单位具备规定资质条件的,应按照程序申请并取得相应资质,在其资质等级许可范围内从事铁路工程建设活动。

未取得相应资质的单位,不得参与铁路建设活动;同时,参建单位也不得超越资质许可范围承担铁路建设工作。否则,根据《建筑法》《建设工程质量管理条例》等法律法规的规定,将会受到罚款、没收违法所得、降低资质等级以及吊销资质证书等处罚。

3. 铁路建设工程地质勘察监理制度

依据《安管条例》和《建设工程质量管理条例》的规定,当前我国实行的"工程监理"主要是指"依照法律、法规以及有关技术标准、设计文件和建设工程承包合同,代表建设单位对施工质量实施监理,并对施工质量承担监理责任"。

地质勘察监理的主要任务是依照批准的勘察大纲对地质勘查工作进行监理,监督勘察单位运用先进的综合勘察技术,确保各阶段勘察工作达到深度,并组织对勘察资料和勘察报告进行验收,对实际完成的勘察工作量进行审核,确保地质勘查工作符合相关规程、规范和勘察合同要求。考虑到铁路工程勘察工作质量是设计质量、工程质量、运输安全的源头,而高速铁路、地质构造复杂铁路的勘察工作质量对保证工程质量、运输安全更具有决定性作用,《安管条例》规定"高速铁路和地质构造复杂的铁路建设工程实行工程地质勘察监理制度",以防止建设期间发生重大质量问题,防止运营过程中因地质变化,危及行车安全、危及人民群众的生命财产安全。

4. 铁路建设工程安全设施"三同时"制度

建设工程项目完成后,安全设施不完善或根本没有配建安全设施,可能导致项目投产后不具备安全运输条件。因此,《安管条例》重申《安全生产法》所规定的建设项目安全设施"三同时"制度,要求铁路建设工程的安全设施应当与主体工程同时设计、同时施工、同时投入使用,安全设施投资应当纳入建设项目概算,即在铁路建设项目的可行性研究、初步设计、施工图设计以及竣工验收各阶段都必须严格落实安全设施"三同时"制度。

5. 建筑材料、构件及设备的质量要求

工程质量安全事故大多与使用了不合格的材料、构件和设备有关，所以铁路建设过程中必须加强对建筑材料、构件、设备等产品的质量管理。质量管理的基本依据，就是有关产品质量的强制性国家标准、行业标准，具体要求是：

(1)设计单位在设计文件中选用的建筑材料、建筑构配件和设备，应当注明规格、型号、性能等技术指标，其质量要求必须符合强制性国家标准、行业标准。

(2)建设单位与参建单位签订有关合同，涉及有关建筑材料、构件、设备的，应当明确其符合强制性国家标准、行业标准。

(3)施工单位必须按照工程设计要求、施工技术标准和合同约定采购材料、构件、设备，并按照标准化管理方式对建筑材料、建筑构配件、设备进行管理。

6. 铁路建设工期的确定与调整

建设工期与工程质量、施工安全、工程投资、工程成本和合同履行等密切相连，合理的建设工期是保障工程质量安全的重要条件。根据《安管条例》的规定，铁路建设工期需满足以下几点要求：

(1)勘察设计单位应认真开展现场调查，结合工程地质条件、工程技术复杂程度等实际，按照规定和标准，编制施工组织设计，针对工程质量、施工安全、节约投资等方面的要求，提出合理的建设工期，并据此确定工程概算。

(2)建设单位应充分参与前期工作，对现场进行调查，在初步设计文件初审时同时审查施工组织设计中的工期，以及与施工组织配套的工程概算；在初步设计批复后，按照批准初步设计细化指导性施工组织设计，并将其纳入施工招标文件。

(3)审查部门应在调查的基础上，根据工程地质、工程难易程度，合理确定工期和工程概算。

(4)建设工期一旦确定，不得随意调整。确需调整工期的，应当按照国家规定程序履行相关手续，调整内容要符合国家标准、行业标准和技术规范合理确定、调整。任何单位和个人不得违反规定要求压缩建设工期。

7. 铁路建设工程的竣工验收和运营安全评估

竣工验收和运营安全评估是保证铁路建设工程投入运营的重要环节，也是保证铁路开通后运营安全的重要保障手段。为此，《安管条例》规定：

(1)铁路建设工程竣工，必须按照国家规定组织竣工验收。

(2)铁路投入运营前，铁路运输企业必须组织运营安全评估。

(3)未经验收和评估，或者虽经验收和评估，但不合格，不符合运营安全要求的，均不得投入运营。

8. 铁路营业线施工安全管理

铁路营业线施工要坚持运输、施工兼顾的原则，加强施工计划管理，加强施工组织和施工期间的运输组织，按计划、有组织地进行各项施工。为了加强铁路营业线施工安全管理，《安管条例》规定：

(1)在铁路线路及其邻近区域进行铁路建设工程施工，应当执行铁路营业线施工安全管理规定。这里所指的“施工”，既包括对铁路线路自身的维修、改造，也包括在铁路线路邻近区域的影响营业线运输安全的其他工程施工。目前，关于营业线施工安全规定，主要指2021年国家铁路局修订的《铁路营业线施工安全管理办法》(国铁运输监〔2021〕31号)。

(2)铁路建设单位应当会同相关铁路运输企业和工程设计、施工单位制定安全施工方案,按照方案进行施工。按照前述《铁路营业线施工安全管理办法》的规定,安全施工方案应包括:施工项目基本情况(含作业内容、地点和时间、影响及限制行车条件范围、设备变化等)、技术标准、施工方式及流程、施工过渡方案、施工组织、施工安全和质量的保障措施、施工防护办法、列车运行条件、验收安排、指挥体系、应急预案等基本内容。

(3)施工完毕应当及时清理现场,不得影响铁路运营安全。

9. 铁路与道路立体交叉设施

列车速度的不断提高,给道口管理带来巨大的安全压力,平交改立交势在必行。为此,《安管条例》对立体交叉的设置及其相关问题做出了明确规定。

(1)立体交叉的设置

对于立体交叉的设置条件,可分为四种情形:

①新建、改建设计开行时速 120 km 以上列车的铁路或者设计运输量达到国务院铁路行业监督管理部门规定的较大运输量标准的铁路,需要与道路交叉的,应当设置立体交叉设施。

②新建、改建高速公路、一级公路或者城市道路中的快速路,需要与铁路交叉的,应当设置立体交叉设施,并优先选择下穿铁路的方案。

③已建成的属于前两种情形的铁路、道路为平面交叉的,应当逐步改造为立体交叉。④新建、改建高速铁路需要与普速铁路、道路、渡槽、管线等设施交叉的,应当优先选择高速铁路上跨方案。

(2)立体交叉设置费用的分担原则

设置铁路与道路立体交叉设施及其附属安全设施所需费用的承担,以建设先后为原则来确定,具体分三种情况:

①新建、改建铁路与既有道路交叉的,由铁路方承担建设费用,但是道路方要求超过既有道路建设标准建设所增加的费用,由道路方承担。

②新建、改建道路与既有铁路交叉的,由道路方承担建设费用,但是铁路方要求超过既有铁路线路建设标准建设所增加的费用,由铁路方承担。

③同步建设的铁路和道路需要设置立体交叉设施的,以及既有铁路道口改造为立体交叉的,由铁路方和道路方按照公平合理的原则分担建设费用。

(3)立体交叉设施及附属设施竣工后的移交和管护

实践中,由于铁路与道路立体交叉设施及其附属安全设施的接收和管理维护主体不明确以及移交后的管理维护费用没有落实,造成相关设施移交困难,导致相关设施长期处于管理维护不稳定状态,严重危及铁路、道路安全。为此,《安管条例》专门做出了规定,要求铁路与道路立体交叉设施及其附属安全设施经竣工验收合格后,必须按照国家有关规定移交有关单位管理、维护。这里的"有关国家规定",既包括法律法规,也包括国家有关部门制定和发布的相关文件、标准和规范。

10. 专用铁路、铁路专用线接轨安全管理

由于铁路运输的联动性,有必要对专用铁路、铁路专用线与公用铁路网的接轨做出规范。为此,《安管条例》规定了接轨应满足的基本要求,即符合国家有关铁路建设、运输的安全管理规定,包括本条例对铁路建设工程质量安全、竣工验收、运输安全管理等方面的相关规定,以及国家有关部门、铁路行业监管部门制定的安全管理相关规定。

五、铁路专用设备质量安全管理

铁路专用设备质量安全是铁路运营安全的基础。铁路专用设备种类繁多、技术专业性强，简单适用一般产品的管理，难以满足保障铁路安全的要求，有必要针对其特点，加强规范管理。按照"预防为主"的安全工作方针，必须加强对铁路专用设备质量安全的源头监管，切实防止不合格设备投入使用。为此，《安管条例》设"铁路专用设备质量安全"专章，主要规定了铁路专用设备的行政许可制度、认证制度、相关标准要求以及缺陷产品召回制度。

1. 铁路机车车辆质量安全管理

交通运输部于 2013 年 12 月发布的《铁路机车车辆设计制造维修进口许可办法》规定，需办理许可的铁路机车车辆目录由国家铁路局制定、调整并发布。目前，属于该目录范围的机车车辆产品有 9 类 61 种。

机车车辆是铁路运输的关键设备。为了加强对铁路机车车辆质量安全管理，确保铁路运输安全，《安管条例》依据《行政许可法》，对铁路机车车辆的设计、制造、维修或者进口设定了行政许可，并明确规定了铁路机车车辆设备质量的主体责任。

(1)铁路机车车辆设计、制造、维修、进口许可

《安管条例》规定，设计、制造、维修或者进口新型铁路机车车辆，应当分别向国务院铁路行业监督管理部门(即国家铁路局)申请领取型号合格证、制造许可证、维修许可证或者进口许可证。《铁路机车车辆设计制造维修进口许可办法》规定了申请上述证件的具体办法，主要包括取证条件、申请材料、许可程序、证书管理、监督管理等内容。

(2)明确规定铁路机车车辆设备质量的主体责任

《安管条例》规定，铁路机车车辆的制造、维修、使用单位应当遵守有关产品质量的法律、行政法规以及国家其他有关规定，确保投入使用的机车车辆符合安全运营要求。这里的"国家其他有关规定"，包括国务院铁路行业监督管理部门、国务院产品质量监督管理部门、国家标准化部门等有关部门制定的规章、规范性文件以及发布的国家标准、行业标准等。

2. 铁路运输基础设备生产企业审批

铁路运输基础设备，是指铁路道岔及其转辙设备、铁路信号控制软件和控制设备、铁路通信设备和铁路牵引供电设备。铁路运输基础设备目录由国家铁路局制定、调整并公布。

为了加强铁路运输基础设备质量安全的监督管理，保障公众生命财产安全，《安管条例》依据《行政许可法》规定，对上述四类铁路运输基础设备生产企业设定了行政许可，对其资质条件实行审查批准制度。

《安管条例》规定，在我国境内生产上述四类铁路运输基础设备的企业，应当向国家铁路局提出申请，经审查合格取得"铁路运输基础设备生产企业许可证"("生产许可证")。申请企业要取得"生产许可证"，必须同时具备以下四项条件：①有按照国家标准、行业标准检测、检验合格的专业生产设备；②有相应的专业技术人员；③有完善的产品质量保证体系和安全管理制度；④法律、行政法规规定的其他条件。

为规范铁路运输基础设备生产企业行政许可工作，加强铁路运输安全监督管理，保障公众生命财产安全，交通运输部于 2013 年 12 月发布了《铁路运输基础设备生产企业审批办法》，对铁路运输基础设备的范围、申请领取"生产许可证"的条件与程序、证书管理、监督管理等问题做出了具体规定。我国对铁路运输基础设备生产企业实行资质审查批准制度，既可以严把铁路运输基础设备的质量关，从源头上卡住不符合要求的企业生产这些铁路重要

产品,也可以避免此类企业重复建设,造成浪费。

3. 铁路机车车辆以外的铁路专用设备产品认证

《安管条例》规定,国家对铁路机车车辆以外的直接影响铁路运输安全的铁路专用设备,即铁路机车车辆重要零部件、铁路道岔及其转辙设备、铁路信号控制软件及控制设备、铁路通信设备、铁路牵引供电设备等,依《产品质量法》和《认证认可条例》实行产品认证管理。即实行在国务院认证认可监督管理部门统一管理、监督和综合协调下,各有关方面共同实施的工作机制,国家认证认可监督管理委员会负责铁路产品认证工作的监督管理和综合协调工作,中国铁路总公司负责铁路产品认证采信工作,国家铁路局和其他相关政府部门负责认证产品使用的监督管理工作,由具备法定资质的、经国家认可的专业认证机构对相关铁路产品是否符合标准和技术规范要求实施合格评定活动。应当认证而未经认证,或者经认证不合格的产品,不得出厂、销售、进口或者在其他经营活动中使用。

4. 危险化学品和放射性物品运输器具的质量安全管理

危险化学品的目录,由国务院安全生产监督管理部门会同国务院工业和信息化、公安、环保、卫生、质量监督、检验检疫、交通运输、铁路、民航、农业主管或监管部门,根据化学品危险特性的鉴别和分类标准确定、公布,并适时调整。放射性物品的具体分类和名录,由国务院安全监管部门会同国务院公安、卫生、海关、交通运输、铁路、民航、核工业行业主管或监管部门制定。

鉴于危险化学品和放射性物品的特殊性,国家专门制定了《危险品化学品安全管理条例》和《放射性物品运输安全管理条例》等法规,分别对上述两类物品的生产储存、经营使用、包装运输等方面做出了明确、细致的规定。

由于相关法律、行政法规已有专门规定,故《安管条例》不再重复,而是明确了用于危险化学品和放射性物品运输的铁路罐车、专用车辆及其他容器的生产和检测、检验,依照有关法律、行政法规的规定执行。

5. 铁路运输安全保障设施设备、运输器具、包装材料、包装技术等的安全管理

这类产品及作业要求具有多样性,涉及生产厂家比较多,市场化程度也比较高,能够较好地运用市场机制,通过优胜劣汰来促使企业严格质量把关。政府没有必要再对这类产品设置行政许可或者强制性认证,主要应通过制定技术标准和技术规范来进行管理。

因此,《安管条例》规定,用于铁路运输的安全检测、监控、防护设施设备,集装箱和集装化用具等运输器具,专用装卸机械、索具、篷布、装载加固材料或者装置,以及运输包装、货物装载加固等,应当符合国家标准、行业标准和技术规范。这里的"国家标准、行业标准和技术规范",主要包括上述设施设备、运输器具、包装材料生产和使用过程中应当遵循的国家、行业的技术标准,以及对运输货物进行包装或装载加固时所应当遵循的国家标准、行业标准和技术规范。

6. 铁路专用设备缺陷产品召回

铁路机车车辆以及其他铁路专用设备的安全状态对铁路运营安全有重大影响。倘若有缺陷,若不及时消除,将危及铁路安全,有可能造成恶劣后果。因此,《安管条例》根据相关法律,规定对铁路机车车辆以及其他铁路专用设备的缺陷产品实行召回制度,主要包含以下三个方面的内容:

(1)召回条件

即如何界定"需召回的缺陷产品"。按照《安管条例》规定,铁路机车车辆以及其他铁路

专用设备存在缺陷，设备制造者应当召回缺陷产品，采取措施消除缺陷。这里的“缺陷”，是指由于设计、制造、标识等原因导致同一批次、型号或者类别的铁路专用设备中普遍存在不符合保障人身、财产安全的国家标准、行业标准的情形或者其他危及人身、财产安全的不合理危险的。

(2)召回的实施主体及召回实施

《安管条例》规定，铁路机车车辆以及其他铁路专用设备存在缺陷，符合召回条件，设备制造者应当立即停止生产、销售、进口，设备使用单位应当立即停止使用。

这既是设备制造者应承担的法律责任，也是其应履行的法律义务。设备制造者对确定召回的缺陷产品还应当及时采取修正或者补充标识、修理、更换、退货等措施消除缺陷，并承担消除缺陷的费用。

(3)授权国务院铁路行业监督管理部门制定召回的具体办法

在铁路专用设备领域实行召回制度是一项创新，没有现成的规则可循。铁路专用设备种类繁多、特性各异，需要根据实际情况研究确定缺陷产品召回及消除缺陷的具体方式。因此，《安管条例》授权国务院铁路行业监督管理部门制定召回的具体办法。交通运输部在2015年11月发布了《铁路专用设备缺陷产品召回管理办法》，就产品缺陷的含义、召回的主体及其责任、产品缺陷调查、召回实施程序、监督检查、法律责任等问题做了具体规定。这些规定，对强化铁路专用设备缺陷产品召回管理，规范铁路专用设备市场秩序，促进铁路专用设备质量不断提升具有重要意义。

总的来说，《安管条例》在铁路专用设备质量安全的规定上，较之《安保条例》做出了较大范围的调整、修改和补充，在法规层面把确保铁路专用设备质量安全的主要制度确立起来，通过行政许可制度、产品认证制度和缺陷产品召回制度对铁路专用设备质量进行把关，夯实了铁路安全管理基础。

六、铁路线路安全管理

铁路线路是铁路最主要的基础设施，铁路线路安全也就成为铁路安全和畅通的基础。为此，《安管条例》设“铁路线路安全”专章对其进行调整和规范。

很多铁路交通事故都是由于一些单位和个人在铁路线路上或线路两侧违规从事生产、生活活动或者不按规定通行铁路道口造成的。本着既要尽可能方便人民群众的生产生活，又要满足铁路线路安全保护需要的原则，针对铁路线路安全存在的突出问题，《安管条例》主要从下述七个方面建立健全相应的保护制度和措施，确保铁路线路的安全和畅通。

(一)铁路线路安全区保护

1. 线路安全保护区的含义

铁路线路安全保护区，是指为防止外来因素对铁路列车运行的干扰，减少铁路运输安全隐患，保护国家的重要基础设施，在铁路沿线两侧一定范围内对影响铁路运输安全的行为进行限制而设置的特定区域。

铁路线路安全保护区不同于铁路用地，不涉及土地权属问题。在实际划界时，铁路用地边界可能大于安全保护区边界，也可能等于或小于铁路线路安全保护区的边界。但无论是在铁路用地地界内还是地界外，《安管条例》就铁路线路安全保护区所列的禁止性规定都同样适用。

2. 线路安全保护区的划定

随着我国改革开放和市场经济的发展，铁路沿线环境发生了很大变化，一些单位和个人在铁路线两侧修路、挖沟、盖房或放养牲畜,严重影响了列车运营安全。特别是铁路提速后,这种情况更直接危及沿线群众的生命财产安全。为此,《安管条例》参照其他相关行业的做法和经验,设定了铁路线路安全保护区,明确了铁路线路保护区的范围,规范了铁路线路保护区的划定原则及程序。

(1)线路安全保护区的范围

《安管条例》以保证铁路安全最基本需求为底线,从实际出发,对铁路线路安全保护区的范围作了四种不同情况的规定,即:城市市区高速铁路为 10 m,其他铁路为 8 m;城市郊区居民居住区高速铁路为 12 m,其他铁路为 10 m;村镇居民居住区高速铁路为 15 m,其他铁路为 12 m;其他地区高速铁路为 20 m,其他铁路为 15 m。

上述安全保护区的起算基点,是铁路线路路堤坡脚、路堑坡顶或者铁路桥梁(含道路、铁路两用桥)外侧起向外,两侧分别的距离。

(2)划定线路安全保护区的权限、原则和程序

鉴于铁路线路安全保护区在实际划定时可能遇到的各种复杂情况,《安管条例》对不同情况下的划定权限、原则作出了具体规定:①在铁路用地范围外划定铁路线路安全保护区的,由县级以上地方人民政府根据保障铁路运输安全和节约用地的原则,组织有关铁路监督管理机构、县级以上地方人民政府国土资源等部门划定并公告。②在铁路用地范围内划定铁路线路安全保护区的,由铁路监督管理机构组织铁路建设单位或者铁路运输企业划定并公告。③铁路线路安全保护区与公路建筑控制区、河道管理范围、水利工程管理和保护范围、航道保护范围或者石油、电力以及其他重要设施保护区重叠的,由县级以上地方人民政府组织有关部门依照法律、行政法规的规定协商划定并公告。

至于铁路线路安全保护区的划定程序,《安管条例》规定:新建、改建铁路的铁路线路安全保护区范围,应当自铁路建设工程初步设计批准之日起 30 日内,由县级以上地方人民政府依照本条例的规定划定并公告。铁路建设单位或者铁路运输企业应当根据工程竣工资料进行勘界,绘制铁路线路安全保护区平面图,并根据平面图设立标桩。

此外,当《安管条例》规定的距离不能满足铁路运输安全保护需要,要适当扩大线路安全保护区范围的,由铁路建设单位或者铁路运输企业先提出方案,再由铁路监督管理机构或者县级以上地方人民政府依照本条例第 27 条第 3 款规定的程序划定。

3. 线路安全保护区的保护

《安管条例》还对铁路线路安全区的保护作出了具体规定:

(1)规定在铁路线路安全保护区内的禁止行为

禁止在铁路线路安全保护区内烧荒、放养牲畜、种植影响铁路线路安全和行车瞭望的树木等植物。

禁止向铁路线路安全保护区排污、倾倒垃圾以及其他危害铁路安全的物质。

(2)规范在铁路线路安全保护区内进行的相关生产活动

在铁路线路安全保护区内建造建筑物、构筑物等设施,取土、挖砂、挖沟、采空作业或者堆放、悬挂物品,应当征得铁路运输企业同意并签订安全协议,遵守保证铁路安全的国家标准、行业标准和施工安全规范,采取措施防止影响铁路运输安全。铁路运输企业应当派员对施工现场实行安全监督。

(3)规范对铁路线路安全保护区内既有建筑物、构筑物、植物,以及他人合法先占权利的处置

铁路线路安全保护区内既有的建筑物、构筑物危及铁路运输安全的，应当采取必要的安全防护措施；采取安全防护措施后仍不能保证安全的，依照有关法律的规定拆除。

拆除铁路线路安全保护区内的建筑物、构筑物，清理铁路线路安全保护区内的植物，或者对他人在铁路线路安全保护区内已依法取得的采矿权等合法权利予以限制，给他人造成损失的，应当依法给予补偿或者采取必要的补救措施。但是，拆除非法建设的建筑物、构筑物的除外。

(4)规定禁止侵入铁路建筑限界

除机车车辆和与机车车辆有直接相互作用的设备(车辆减速器、路签授受器、接触电线及其他)外，其他设备或建筑物、构筑物均不得侵入铁路建筑限界。进入铁路建筑限界的，铁路运输企业和铁路监管部门有权制止、拆除。

(5)规定铁路运输企业对铁路线路进行经常性巡查和维护的义务

铁路运输企业应当对铁路线路进行经常性巡查和维护；对巡查中发现的安全问题应当立即处理，不能立即处理的应当及时报告铁路监督管理机构。巡查和处理情况应当记录留存。

(二)铁路桥梁隧道安全保护

铁路桥梁和隧道是铁路线路中的特殊路段和重要组成部分，重要的桥梁和隧道是铁路运输的咽喉要道，对保证铁路畅通有着极为重要的意义，《安管条例》对铁路桥梁隧道安全的保护作了以下七个方面的规定：

1. 禁止危害铁路桥梁安全的行为

任何单位和个人不得擅自在铁路桥梁跨越处河道上下游各 1 000 m 范围内围垦造田、拦河筑坝、架设浮桥或者修建其他影响铁路桥梁安全的设施。

因特殊原因确需在前款规定的范围内进行围垦造田、拦河筑坝、架设浮桥等活动的，应当进行安全论证，负责审批的机关在批准前应当征求有关铁路运输企业的意见。

2. 禁止在铁路桥梁跨越的河道上下游一定范围采砂淘金

禁止在铁路桥梁跨越处河道上下游的下列范围内采砂、淘金：跨河桥长 500 m 以上的铁路桥梁，河道上游 500 m，下游 3 000 m；跨河桥长 100 m 以上不足 500 m 的铁路桥梁，河道上游 500 m，下游 2 000 m；跨河桥长不足 100 m 的铁路桥梁，河道上游 500 m，下游 1 000 m。有关部门依法在铁路桥梁跨越处河道上下游划定的禁采范围大于前款规定的禁采范围的，按照划定的禁采范围执行。

县级以上地方人民政府水行政主管部门、国土资源主管部门应当按照各自职责划定禁采区域、设置禁采标志，制止非法采砂、淘金行为。

3. 规定在铁路桥梁跨越的河道进行疏浚作业的前提和条件

河道疏浚有可能改变河床、影响桥基，影响铁路桥梁安全。《安管条例》规定，除依法进行河道、航道日常养护、疏浚作业外，在铁路桥梁跨越处河道上下游各 500 m 范围内进行疏浚作业，应当进行安全技术评价，有关河道、航道管理部门应当征求铁路运输企业的意见，确认安全或者采取安全技术措施后，方可批准进行疏浚作业。

4. 规定道路、铁路两用桥的安全维护责任及费用分担原则

铁路、道路两用桥由所在地铁路运输企业和道路管理部门或者道路经营企业定期检查、共同维护，保证桥梁处于安全的技术状态。

铁路、道路两用桥的墩、梁等共用部分的检测、维修由铁路运输企业和道路管理部门或

者道路经营企业共同负责,所需费用按照公平合理的原则分担。

5. 规定铁路重要桥梁和隧道的守卫职责

重要桥梁和隧道,是指在铁路干线重要位置上的桥梁和隧道。铁路的重要桥梁和隧道属于国家的重点保卫目标。《安管条例》重申《铁路法》的规定:“铁路的重要桥梁和隧道,按照国家有关规定由中国人民武装警察部队负责守卫。”

6. 规定船舶通过铁路桥梁的通行规则和桥区航标的管理

船舶通过铁路桥梁时,应当符合桥梁的通航净空高度并遵守航行规则。

桥区航标中的桥梁航标、桥柱标、桥梁水尺标由铁路运输企业负责设置、维护,水面航标由铁路运输企业负责设置,航道管理部门负责维护。

7. 规定铁路桥梁、涵洞的安全保护

下穿铁路桥梁、涵洞的道路应当按照国家标准设置车辆通过限高、限宽标志和限高防护架。城市道路的限高、限宽标志由当地人民政府指定的部门设置并维护,公路的限高、限宽标志由公路管理部门设置并维护。限高防护架在铁路桥梁、涵洞、道路建设时设置,由铁路运输企业负责维护。

机动车通过下穿铁路桥梁、涵洞的道路时,应当遵守限高、限宽规定。

下穿铁路的涵洞的管理单位负责涵洞的日常管理、维护,防止淤塞、积水。

(三)铁路信号和通信线路、杆塔的安全保护

铁路信号和通信线路、杆塔属于通信线路设备范畴,不仅密切关系着铁路线路安全和运输安全,在社会主义现代化建设和巩固国防中也发挥着重要作用,应当由《关于保护通信设施的规定》(1982 年国务院、中央军委联合下发)和《安管条例》共同予以调整,对其的管理也应当接受信息产业部门的统一管理。因此,《安管条例》规定,架设、铺设铁路信号和通信线路、杆塔应当符合国家标准、行业标准和铁路安全防护要求。

此外,《安管条例》第 52 条还对直接危及铁路通信、信号设施安全的四种行为做了明确的禁止性规定,包括:在埋有地下光(电)缆设施的地面上方进行钻探,堆放重物、垃圾,焚烧物品,倾倒腐蚀性物质;在地下光(电)缆两侧各 1 m 的范围内建造、搭建建筑物、构筑物等设施;在地下光(电)缆两侧各 1 m 的范围内挖砂、取土;在过河光(电)缆两侧各 100 m 的范围内挖砂、抛锚或者进行其他危及光(电)缆安全的作业。

(四)铁路道口和铁路人行过道安全保护

由于铁路交通事故很多都发生在铁路道口,铁路道口安全已经成为铁路线路安全保护的重点。为了依法加强对铁路道口和铁路人行过道的监管,有效遏制随意设置或拓宽道口及人行过道的现象,切实减少道口事故的发生,《安管条例》主要从以下四个方面完善了铁路道口和铁路人行过道的安全管理制度:

1. 规范铁路道口和铁路人行过道的设置或者拓宽

自 20 世纪 80 年代以来,国务院及有关部门制定发布了一系列规范性文件,加强铁路道口管理。2004 年修订《安保条例》时,对设置或拓宽铁路道口、铁路人行过道的事项设定了行政许可,规定了申请、审查和批准程序。2013 年铁路政企分开改革后,取消了“设置或拓宽铁路道口人行过道审批”事项,调整为由铁路运输企业自主决定。这主要是考虑到铁路运输企业是铁路线路的经营和管理主体,掌握着道口、人行过道设置或拓宽相关情况的第一手资料,由企业自行把关,在实践中具有可操作性,也有利于落实企业安全生产主体责任。

2. 规范道口标志及安全防护设施的设置与维护

《安管条例》规定，铁路与道路交叉的无人看守道口，应当按照国家标准设置警示标志；有人看守道口，应当设置移动栏杆、列车接近报警装置、警示灯、警示标志、铁路道口路段标线等安全防护设施。

对于设置、维护道口标志及安全防护设施的责任主体，《安管条例》规定，道口移动栏杆、列车接近报警装置、警示灯等安全防护设施由铁路运输企业设置、维护；警示标志、铁路道口路段标线由铁路道口所在地的道路管理部门设置、维护。

3. 规定道口紧急情况的处置措施

《安管条例》规定，当铁路道口内机动车或者非机动车发生故障或者装载物掉落时，应分三种情况予以处理：①对能移动的，应当立即将故障车辆或者掉落的装载物移至铁路道口停止线以外或者铁路线路最外侧钢轨 5 m 以外的安全地点；②不能移动的，应当立即报告铁路道口看守人员，便于看守人员采取措施拦停列车；③在无人看守道口处，应当立即在道口两端采取措施拦停列车，并通知就近铁路车站或者公安机关采取紧急措施。

4. 规定可能损坏铁路设施设备的车辆、物体通过铁路道口时的通行规则

可能损坏铁路设施设备的车辆、物体，包括履带车辆、压路机、挖掘机等重型机械，以及其他自重较大、构造特殊，对铁路设施设备可能造成不利影响的车辆、物体。《安管条例》规定，此类车辆、物体通过铁路道口，应当提前通知铁路道口管理单位，在其协助、指导下通过，并采取相应的安全防护措施。

（五）高速铁路线路安全保护

高速铁路对路基稳定性要求极高，若不设定禁、限采水制度，在高铁路基附近随意采水，造成地下空洞区，将严重威胁高速铁路的安全。

鉴于此，《安管条例》确定了高速铁路线路两侧禁采或限采地下水的制度，即高速铁路线路路堤坡脚、路堑坡顶或者铁路桥梁外侧起向外 200 m 范围内均为地下水禁采区。在前述规定范围外，高速铁路线路经过的区域属于地面沉降区域，抽取地下水危及高速铁路安全的，应当设置地下水禁止开采区或者限制开采区，具体范围由铁路监督管理机构会同县级以上地方人民政府水行政主管部门提出方案，报省、自治区、直辖市人民政府批准并公告。

（六）电气化铁路线路安全保护

电气化铁路分布的范围极广，其所处部分地区生产活动中存在着超过国家标准排放粉尘、烟尘及腐蚀性气体（如氨、环氧乙烷、硫化氢等）的情况，对电气化铁路接触网的正常运作产生了一定的干扰，可能会危及铁路运输安全。因此，《安管条例》规定，在电气化铁路附近从事排放粉尘、烟尘及腐蚀性气体的生产活动，超过国家规定的排放标准，危及铁路运输安全的，由县级以上地方人民政府有关部门依法责令整改，消除安全隐患。这里的“有关部门”，主要是指县级以上地方人民政府的环境保护行政主管部门；“依法”，主要是依照环境保护方面相关的法律法规。

此外，《安管条例》第 53 条还对直接危害电气化铁路设施的五种行为做了明确的禁止性规定，包括：向电气化铁路接触网抛掷物品；在铁路电力线路导线两侧各 500 m 的范围内升放风筝、气球等低空漂浮物体；攀登铁路电力线路杆塔或者在杆塔上架设、安装其他设施设备；在铁路电力线路杆塔、拉线周围 20 m 范围内取土、打桩、钻探或者倾倒有害化学物品；触碰电气化铁路接触网。

(七)保护铁路线路安全的其他规定

1. 规定设计开行时速 120 km 以上列车的铁路实行全封闭管理

设计开行时速 120 km 以上列车的铁路应当实行全封闭管理。铁路建设单位或者铁路运输企业应当按照国务院铁路行业监督管理部门的规定在铁路用地范围内设置封闭设施和警示标志。

2. 规范在铁路线路两侧建造、设立危险物品作业场所、仓库

在铁路线路两侧建造、设立生产、加工、储存或者销售易燃、易爆或者放射性物品等危险物品的场所、仓库,应当符合国家标准、行业标准规定的安全防护距离。

3. 规范在铁路线路两侧从事采矿、采石及爆破等作业

在铁路线路两侧从事采矿、采石或者爆破作业,应当遵守有关采矿和民用爆破的法律法规,符合国家标准、行业标准和铁路安全保护要求。

在铁路线路路堤坡脚、路堑坡顶、铁路桥梁外侧起向外各 1 000 m 范围内,以及在铁路隧道上方中心线两侧各 1 000 m 范围内,确需从事露天采矿、采石或者爆破作业的,应当与铁路运输企业协商一致,依照有关法律法规的规定报县级以上地方人民政府有关部门批准,采取安全防护措施后方可进行。

4. 规定设置防止进入、坠入铁路线路的安全防护设施和警示标志

铁路线路安全保护区内的道路和铁路线路路堑上的道路、跨越铁路线路的道路桥梁,应当按照国家有关规定设置防止车辆以及其他物体进入、坠入铁路线路的安全防护设施和警示标志,并由道路管理部门或者道路经营企业维护、管理。

5. 规定铁路警示、保护标志的设置地点

在下列地点,铁路运输企业应当按照国家标准、行业标准设置易于识别的警示、保护标志:铁路桥梁、隧道的两端;铁路信号、通信光(电)缆的埋设、铺设地点;电气化铁路接触网、自动闭塞供电线路和电力贯通线路等电力设施附近易发生危险的地点。

6. 规定危害铁路基础设施设备及相关辅助设施的禁止行为

禁止毁坏铁路线路、站台等设施设备和铁路路基、护坡、排水沟、防护林木、护坡草坪、铁路线路封闭网及其他铁路防护设施。

7. 规定铁路沿线地质灾害的预防、治理和应急处理

县级以上各级人民政府及其有关部门、铁路运输企业应当依照地质灾害防治法律法规的规定,加强铁路沿线地质灾害的预防、治理和应急处理等工作。

8. 规定铁路运输企业对铁路线路、铁路防护设施和警示标志的巡查、维护和报告义务

铁路运输企业应当对铁路线路、铁路防护设施和警示标志进行经常性巡查和维护;对巡查中发现的安全问题应当立即处理,不能立即处理的应当及时报告铁路监督管理机构。巡查和处理情况应当记录留存。

七、铁路运营安全管理

铁路运营工作是综合运用线路、车站、机车、客车、货车、通信信号等各种运输技术设备,统筹协调各个专业部门和各个生产环节的关系,完成铁路旅客运输和铁路货物运输任务。铁路运营安全,既是铁路安全的基本目标,也是铁路安全的核心内容。为了加强铁路安全管理,保障铁路运输安全和畅通,《安管条例》设“铁路运营安全”专章,就以下十项内容作出了具体规定。

（一）铁路运输企业的安全管理责任

铁路运输企业是铁路运输安全生产的第一责任人，是铁路运输安全的基础。铁路运输企业安全生产工作能否搞好，直接影响整个铁路运输安全管理工作。为此，《安管条例》对铁路运输企业的安全生产主体责任作出了明确规定。

1. 铁路运输企业落实安全生产主体责任的总体要求

《安管条例》规定，铁路运输企业应当依照法律、行政法规和国务院铁路行业监督管理部门的规定，制定铁路运输安全管理制度，完善相关作业程序，保障铁路旅客和货物运输安全。这里的铁路运输安全管理制度，既包括铁路运输日常经营过程中必须遵循的指导意见、管理规则、管理办法等，也包括安全生产监督检查制度和安全生产责任追究制度；作业程序，主要包括铁路运输企业制定发布的操作规程、操作规则。

2. 铁路运输企业应当加强特殊岗位从业人员业务培训和安全培训

业务培训和安全培训是安全生产管理工作的一个重要组成部分，是实现安全生产的一项重要的基础性工作。通过安全培训，可以使广大从业人员正确按规章办事，严格执行安全生产操作规程，认识和掌握生产中的危险因素和生产安全事故的发生规律，并正确运用科学技术知识加以治理和预防，及时发现和消除事故隐患，保证安全生产。另一方面，随着铁路高速、重载技术的发展以及高原、高寒铁路等特殊线路的建设经营，对铁路专业技术管理提出了新的要求，要求各专业技术岗位、主要行车工种的从业人员具备更高的专业知识水平和专业技能。

为此，《安管条例》规定，铁路运输企业应当加强铁路专业技术岗位和主要行车工种岗位从业人员的业务培训和安全培训，提高从业人员的业务技能和安全意识。

3. 铁路运输企业应当加强运输过程中的安全防护

在铁路运输过程中，存在着很多不确定的偶发性因素，如果不加以重视，做好安全防护措施，就很可能引发恶性事故，造成不必要的人员和财产损失。因此，铁路运输企业应当加强运输过程中的安全防护，提前做好相关的安全预防措施。

同时，铁路运输企业所使用的运输工具、装载加固设备以及其他专用设施设备应当符合国家标准、行业标准和安全要求。这里的"国家标准、行业标准和安全要求"，既包括国家标准化委员会和国务院铁路行业监管部门发布的有关铁路运输工具、装载加固设备以及其他专用设施设备的标准，也包括政府部门和企业就加强铁路运输过程中的安全防护作出的规定和措施要求。

4. 铁路运输企业应当加强对铁路设施设备的日常检修维护和使用管理

铁路运输设施设备是铁路运输生产的物质基础，其技术状态和质量状态的好坏直接制约生产效率和安全生产。

为此，《安管条例》要求铁路运输企业应当做实、做好以下两项工作：一是建立健全铁路设施设备的检查防护制度。例如，建立设施设备的定期检查防护制度、建立各种检查记录台账、定期保质保量地做好维修保养和病害整治工作等。二是加强对铁路设施设备的日常维护检修，对不符合安全要求的应当及时更换。

同时，铁路运输企业的从业人员也应当严格按照操作规程使用、管理铁路设施设备。

5. 铁路运输企业在运输高峰期及恶劣气象条件下的安全应急管理义务

随着我国经济的发展和人民群众生活水平的不断提高，人员流动日益频繁。每到黄金周、春节等法定假日和传统节日，铁路客流比平日多出几倍甚至十几倍，给安全管理带来很大压力。为了保证旅客运输安全,必须集中人力、物力,加大安全检查力度,及时发现和处理各种不安全因素,并对突发事件及时采取应急措施。

另一方面,近些年来,台风、暴雨、暴雪、雷电以及高温酷暑等极端恶劣天气下,影响铁路安全稳定的各类不确定因素也随之增多,铁路安全压力很大,必要的、及时有效的安全管理措施可以有效防范风险、防止故障,例如防止线路胀轨跑道、防止客车设备故障、防站车火灾事故等。

为此,《安管条例》规定,在法定假日和传统节日等铁路运输高峰期或者恶劣气象条件下,铁路运输企业应当采取必要的安全应急管理措施,加强铁路运输安全检查,确保运输安全。

6. 铁路运输企业应当在列车、车站等场所公告相关安全管理规定

《安管条例》规定,铁路运输企业应当在列车、车站等场所公告旅客、列车工作人员以及其他进站人员遵守的安全管理规定。

公告可以通过文字、书画、广播、影像等各种形式。

7. 铁路运输企业的安全检查义务

《安管条例》规定,铁路运输企业应当依照法律、行政法规和国务院铁路行业监督管理部门的规定,对旅客及其随身携带、托运的行李物品进行安全检查;从事安全检查的工作人员应当佩戴安全检查标志,依法履行安全检查职责,并有权拒绝不接受安全检查的旅客进站乘车和托运行李物品。

《安管条例》还规定,铁路运输企业应当对承运的货物进行安全检查,并不得有下列行为:在非危险货物办理站办理危险货物承运手续;承运未接受安全检查的货物;承运不符合安全规定、可能危害铁路运输安全的货物。

8. 铁路运输企业应当加强铁路运营食品安全管理

铁路运营食品安全包括铁路旅客在进站乘车过程中饮食安全和粮食鲜肉等食品运输的安全。由于铁路运输流动性强、地域范围广,长期以来,铁路运营食品安全管理模式采取的是由铁路部门自行管理,不同于一般食品的属地化监督管理方式。

《安管条例》规定,铁路运输企业应当加强铁路运营食品安全管理,遵守有关食品安全管理的法律法规和国家其他有关规定,保证食品安全。

为加强铁路运营食品安全管理,保障公众身体健康,依据《中华人民共和国食品安全法》第152条规定,国家食品药品监督管理总局会同中国铁路总公司于2016年11月联合发布了《铁路运营食品安全管理办法》,对铁路运营食品安全监督管理的范围、主体、内容等作出了明确规定。

(二)铁路机车车辆驾驶人员资格管理

铁路机车车辆的驾驶人员,主要包括两类:一类是在铁路营业线上承担公共运输任务的铁路机车和动车组车辆的驾驶人员;一类是在铁路营业线上承担铁路工程施工、线路维修检测及试验任务的大型养路机械、轨道车、接触网作业车等车辆的驾驶人员。根据《安管条例》规定,上述驾驶人员必须通过国务院铁路行业监督管理部门组织的资格考试,取得相应类别的铁路机车车辆驾驶证,方具备从业资格。

铁路机车车辆驾驶证只是驾驶资格许可的证明文件,不能代替具体的企业上岗证。如果企业对岗前培训有其他条件要求的,应当在取得驾驶证后再按照企业要求履行相关程序,合格后上岗。

为规范铁路机车车辆驾驶人员资格许可工作，保障铁路运输安全和畅通，2019 年 12 月交通运输部颁布了《铁路机车车辆驾驶人员资格许可办法》，对铁路机车车辆驾驶人员范围、驾驶证类别、申请条件与考试、驾驶证管理、监督管理和法律责任等内容作了详尽的规定。

(三)公安机关维护铁路治安秩序职责和工作分工

根据《人民警察法》《治安管理处罚法》等有关法律法规规定，维护治安秩序是公安机关的基本职责。维护铁路治安秩序是铁路公安机关和地方公安机关的共同责任。铁路治安秩序是社会治安秩序的重要组成部分。铁路公安机关是国家公安机关的重要组成部分，是国家派驻铁路的治安行政和司法力量，负责维护铁路治安秩序和办理有关刑事、行政案件，与地方公安机关在职责范围内共同保护铁路运输安全。

《安管条例》规定，公安机关应当按照职责分工，维护车站、列车等铁路场所和铁路沿线的治安秩序。此规定明确了以下三点内容：①车站、列车等铁路场所的治安秩序和铁路沿线的治安秩序由公安机关负责维护，其他单位和部门不能行使维护治安秩序的职权；②车站和列车等铁路场所的治安秩序，由铁路公安机关负责维护；③铁路沿线的治安秩序，由地方公安机关和铁路公安机关共同维护，以地方公安机关为主。

(四)火车票实名购买、查验制度

我国铁路运输企业从 2010 年春运开始，进行实名购票的试点；2011 年 6 月 1 日起，所有动车组列车实行购票实名制，取得了比较好的实践效果，也得到了广大旅客和社会的普遍认可。

《安管条例》将实践过程中比较成熟的做法总结提炼，上升为行政法规规定，即：①铁路运输企业应当按照国务院铁路行业监督管理部门的规定实施火车票实名购买、查验制度。②实施火车票实名购买、查验制度的，旅客应当凭有效身份证件购票乘车；对车票所记载身份信息与所持身份证件或者真实身份不符的持票人，铁路运输企业有权拒绝其进站乘车。③铁路运输企业应当采取有效措施为旅客实名购票、乘车提供便利，并加强对旅客身份信息的保护。铁路运输企业工作人员不得窃取、泄露旅客身份信息。

为了贯彻落实《安管条例》，保障铁路旅客生命财产安全及其他合法权益，维护旅客运输秩序，交通运输部于 2022 年 11 月发布了《铁路旅客车票实名制管理办法》。

(五)铁路旅客的义务与铁路运输托运人的禁止行为

旅客与托运人对于保护铁路运营安全也负有义不容辞的责任。

1. 铁路旅客的义务

《安管条例》规定，旅客对铁路运输安全的责任主要分为以下两个方面的内容：①实施火车票实名购买、查验制度的，旅客应当凭有效身份证件购票乘车。②旅客进站乘车，应当接受并配合铁路运输企业在车站、列车实施的安全检查，不得违法携带、夹带管制器具，不得违法携带、托运烟花爆竹、枪支弹药等危险物品或者其他违禁物品。

2. 铁路运输托运人的禁止行为

《安管条例》规定，铁路运输托运人对铁路运输安全的责任主要包括以下三个方面的内容：①托运人托运货物、行李、包裹，不得匿报、谎报货物品名、性质、重量，不得在普通货物中夹带危险货物，或者在危险货物中夹带禁止配装的货物，不得超过规定重量装车、装箱。②托运人托运危险货物，应当依照法律法规和国家其他有关规定使用专用的设施设备，应当按照操作规程包装、装卸、运输危险货物，防止危险货物泄漏、爆炸，应当配备必要的押运人员和应急处理器材、设备以及防护用品,并使危险货物始终处于押运人员的监管之下。③托运人托运特殊药品,应当依照法律法规和国家其他有关规定予以包装、装载、押运,并防止其在运输过程中被盗、被劫或者发生丢失。

(六)危险货物与特殊药品运输

1. 危险货物运输

危险货物具体的品名包括有关法律、行政法规和标准以及国务院铁路行业监督管理部门制订公布的铁路危险货物品名,如《危险化学品目录》(2022年调整版)、《危险货物品名表》(GB12268)、《铁路危险货物品名表》(TB/T 30006—2022)等。

危险货物运输具有技术性强、危险性大等特点,因此,《安管条例》分别从办理危险货物运输业务的铁路运输企业及其工作人员、装卸人员、托运人及押运人员等各个方面,对危险货物运输各个环节的安全管理提出了严格要求。

(1)直接参与危险货物运输的有关人员的安全责任

直接参与危险货物运输的有关人员的安全责任,主要有以下四点:①不管是承运人,还是托运人,只要运输危险货物,就应当按照法律法规和国家其他有关规定,配备使用专用的设施、设备。②托运人运输危险货物,应当配备必要的押运人员和应急处理器材、设备以及防护用品。③在危险货物运输的整个过程中,押运人不得擅离职守,要使危险货物始终处于其监控之下。④一旦发生危险货物被盗、丢失、泄露等情况,押运人有义务按照国家有关规定及时报告。

(2)对办理危险货物运输业务从业人员的资质要求

在具体的危险货物运输活动中,处于运输一线的工作人员往往对危险货物运输安全起着更直接的作用。《安管条例》规定,办理危险货物运输业务的工作人员和装卸人员、押运人员,应当掌握危险货物的性质、危害特性、包装容器的使用特性和发生意外的应急措施。

(3)危险货物托运人和承运人在运输作业过程中的具体责任

办理危险货物运输,包装、装卸、运输是三个最基本的作业环节,也是对保障危险货物运输安全起关键作用的三个作业环节。《安管条例》规定,铁路运输企业和托运人应当按照操作规程包装、装卸、运输危险货物,防止危险货物泄漏、爆炸。

为加强铁路危险货物运输安全管理,保障公众生命财产安全,保护环境,交通运输部于2015年3月颁布、2022年9月修订了《铁路危险货物运输安全监督管理规定》,对危险货物的范围、运输条件、运输安全管理、监督检查等内容作出了具体规定。

2. 特殊药品托运人和承运人的安全责任

《药品管理法》规定,国家对麻醉药品、精神药品、医疗用毒性药品、放射性药品,实行特殊管理,管理办法由国务院制定。

对上述特殊药品的托运人和承运人在具体运输作业过程中的安全责任,《安管条例》主要作了两项规定:①对特殊药品的包装、装载、押运,应当严格执行国家有关规定。包括国家相关法律法规和国务院相关管理部门的有关规定。如《药品管理法》《麻醉药品和精神药品管理条例》《医疗用毒性药品管理办法》《放射性药品管理办法》等。②采取有力措施,防止特殊药品在运输过程中被盗、被劫或者发生丢失。

(七)铁路管理信息系统及其设施的建设和使用要求

随着铁路信息化建设步伐的加快,运输网络的安全越来越依赖于信息网络和信息系统的安全。因此，铁路运输管理信息系统必须实现集中、统一、兼容、顺畅，确保网络和信息系统安全。

对铁路管理信息系统及其设施建设和使用的要求，《安管条例》主要作了三项规定，包括：①铁路管理信息系统及其设施的建设和使用，应当符合法律法规和国家其他有关规定的安全技术要求。相关的法律法规如《计算机信息系统安全保护条例》；国家其他有关规定主要包括国家和行业的安全标准和规范等。②铁路运输企业应当建立网络与信息安全应急保障体系。应急保障体系应包括制度、组织、技术、运作等多个方面。③铁路运输企业应当配备相应的专业技术人员负责网络和信息系统的安全管理工作。信息系统运行维护技术队伍包括一线值班人员，平台管理维护人员和网络及系统维护支持人员。各类人员应合理配备，相对稳定，责任明确，形成梯队。值班人员应该专岗专职，平台管理和应用支持人员要专岗专职或专岗专责。

(八)铁路无线电台管理

铁路运营指挥调度系统是保障铁路运输安全畅通的指挥中枢，其工作的重要手段和方式就是通过无线电实施集中统一指挥。如果无线电频率受到干扰，必然影响指挥中枢的工作，甚至可能造成指挥失灵，引发铁路事故。

为了保障铁路运输安全畅通，根据《行政许可法》《无线电管理条例》的规定，铁路无线电台设置和频率使用采用行政审批的方式，铁路建设单位、铁路运输企业需要使用铁路专用通信频率设置无线电台(站)的，应当向国务院铁路行业监管部门申请许可。

《安管条例》主要从加强铁路安全管理的角度，针对实践中存在的干扰铁路运营指挥调度无线电频率的情况，作出了三点具体规定：①禁止使用无线电台(站)以及其他仪器、装置干扰铁路运营指挥调度无线电频率的正常使用。②发现受到干扰的情况，铁路运输企业应当立即采取排查措施，并向无线电管理机构和铁路监管部门报告。③无线电管理机构和铁路监管部门应当依法排除干扰。

(九)铁路运输供电保障

电力是铁路运输生产的重要保障。它与提高运输效率，保证行车安全有着密切关系。自动闭塞电线路、电力贯通线路及铁路变、配电所，电源线路等设施构成的供电网络是铁路重要的行车设备。铁路电力工作是铁路运输的重要组成部分，其主要任务是不断提高供电质量和可靠性，满足铁路运输生产需要。

《安管条例》关于铁路运输供电保障的规定，有三方面内容：①电力企业应当依法保障铁路运输所需电力的持续供应，并保证供电质量。②铁路运输企业应当加强用电安全管理，合理配置供电电源和应急自备电源。③当遇有特殊情况影响铁路电力供应时，电力企业和铁路运输企业应当按照各自职责及时组织抢修，尽快恢复正常供电。

(十)危害铁路安全的禁止行为

《安管条例》在全面总结我国铁路运输安全保护工作经验的基础上，针对近年来铁路沿线及铁路站车安全保护中存在的主要问题，采用列举的方式，对16个方面的行为，作出了禁止性规定。这些禁止性规定也是社会公众对于保护铁路运营安全所必须履行的基本义务。这些禁止性规定有：

(1)非法拦截列车、阻断铁路运输。

(2)扰乱铁路运输指挥调度机构以及车站、列车的正常秩序。

(3)在铁路线路上放置、遗弃障碍物。

(4)击打列车。

(5)擅自移动铁路线路上的机车车辆,或者擅自开启列车车门、违规操纵列车紧急制动设备。

(6)拆盗、损毁或者擅自移动铁路设施设备、机车车辆配件、标桩、防护设施和安全标志。

(7)在铁路线路上行走、坐卧或者在未设道口、人行过道的铁路线路上通过。

(8)擅自进入铁路线路封闭区域或者在未设置行人通道的铁路桥梁、隧道通行。

(9)擅自开启、关闭列车的货车阀、盖或者破坏施封状态。

(10)擅自开启列车中的集装箱箱门,破坏箱体、阀、盖或者施封状态。

(11)擅自松动、拆解、移动列车中的货物装载加固材料、装置和设备。

(12)钻车、扒车、跳车。

(13)从列车上抛扔杂物。

(14)在动车组列车上吸烟或者在其他列车的禁烟区域吸烟。

(15)强行登乘或者以拒绝下车等方式强占列车。

(16)冲击、堵塞、占用进出站通道或者候车区、站台。

上述禁止性行为,都是严重威胁铁路运输安全的行为,必须加大执法力度,才能保障广大旅客、货主和铁路沿线群众的生命财产安全,确保铁路运输的安全、畅通。

八、法律责任

在法学上,法律责任是指由特定法律事实所引起的对损害予以赔偿、补偿或接受惩罚的特殊义务。法律责任是法律法规得以实施、获得普遍遵守的重要保障。法律责任分为刑事责任、民事责任和行政责任。

刑事责任是依照刑事法律的规定应当承担的法律后果。这是最严厉的法律责任追究形式。根据我国《刑法》规定,刑事责任的制裁方式主要包括管制、拘役、有期徒刑、无期徒刑、死刑五种主刑和罚金、剥夺政治权利、没收财产三种附加刑。

民事责任是依照民事法律的规定应当承担的法律后果。根据我国《民法典》规定,承担民事责任的方式主要有:停止侵害;排除妨碍;消除危险;返还财产;恢复原状;修理、重作、更换;继续履行;赔偿损失;支付违约金;消除影响、恢复名誉;赔礼道歉。以上承担民事责任的方式,可以单独适用,也可以合并适用。

行政责任是指行政法律关系主体违反行政法律规范或者不履行行政法律义务而依法承担的行政法律后果,主要包括行政处罚和行政处分。行政处罚,是指特定行政机关或法律、法规授权的组织依照法定权限和程序对违反行政法律规范尚未构成犯罪的个人、组织给予行政制裁的一种具体行政行为。根据我国《行政处罚法》规定,行政处罚的种类主要有:警告、通报批评;罚款、没收违法所得、没收非法财物;暂扣许可证件、降低资质等级、吊销许可证件;限制开展生产经营活动、责令停产停业、责令关闭、限制从业;行政拘留;法律、行政法规规定的其他行政处罚。行政处分,是行政机关或法律、法规授权组织依照行政隶属关系对其违法违纪的工作人员给予的内部惩戒措施。根据我国《公务员法》规定,行政处分的种类主要有:警告、记过、记大过、降级、撤职、开除。

《安管条例》规定的法律责任主要指行政责任。《安管条例》以具体的罚则条款,明确规定了违反该条例的各种违法主体、违法行为、法律责任及责任追究主体,为实现依法治路提供了法律保障。

第三节 铁路交通事故应急救援和调查处理条例

铁路交通事故的应急救援和调查处理，是铁路运输安全工作的重要环节。本节以《铁路交通事故应急救援和调查处理条例》（简称《事故条例》）为依据，阐述《事故条例》的立法背景、立法目的、立法依据和适用范围，铁路交通事故应急救援和调查处理的责任主体及其职责，铁路交通事故等级类别和分类标准，铁路交通事故的报告制度、应急救援制度、调查制度、损害赔偿制度以及保障该条例实施的法律责任制度。

一、《事故条例》立法概述

（一）立法背景

在2007年9月1日之前，铁路交通事故调查处理的法律依据主要是1979年国务院批转铁道部、交通部、公安部联合发布的《火车与其他车辆碰撞和铁路路外人员伤亡事故处理暂行规定》（以下简称《暂行规定》）与《铁路行车事故处理规则》。其中对铁路行车事故进行调查处理的主要依据是《铁路行车事故处理规则》，对路外人员伤亡事故进行调查处理的主要依据是《暂行规定》，对铁路从业人员伤亡事故进行调查处理的主要依据是《企业职工伤亡事故报告和处理规定》。这些法规性文件对规范铁路交通事故的应急救援和调查处理发挥了积极作用。

随着国民经济和社会的发展，《暂行规定》已不能适应处理铁路交通事故的需要，主要表现在：《暂行规定》确立的事故调查体制已经发生了变化；适用范围不适应铁路事业的发展；对有关单位和个人在铁路交通事故应急救援工作中的职责权限和调查处理程序规定得不够明确、具体，不利于开展事故应急救援工作和调查事故责任；确定的赔偿原则和标准需要随着社会经济的发展进行调整。

随着铁路改革的深化，《铁路行车事故处理规则》所确立的具有铁路内部性质的事故调查处理方式，也已经明显不适应依法行政的管理要求，并且其对事故等级的划分也与国家现行的一般规定不一致，迫切需要进行修改，理顺事故调查处理关系，明确事故标准，建立相应的责任追究制度。另外，铁路提速也对铁路交通事故应急救援和调查处理提出了更高的要求。在这种情况下，有必要在总结实践经验的基础上，制定一部全面、系统的规范铁路交通事故应急救援和调查处理的行政法规。

为了加强铁路交通事故的应急救援工作，规范铁路交通事故调查处理工作，减少人员伤亡和财产损失，保障铁路运输安全和畅通，2007年7月，国务院公布了《铁路交通事故应急救援和调查处理条例》，总计8章41条。2012年11月9日，国务院决定删去《事故条例》的第三十三条，即不规定事故中铁路运输企业对旅客人身伤亡和自带行李损失的赔偿限额，故该条例变为40条。

《事故条例》是我国第一部全面规范铁路交通事故应急救援和调查处理的行政法规。《事故条例》的公布实施，是铁路运输安全法制建设的一件大事。《事故条例》在总结多年铁路交通事故处理实践经验的基础上，对事故分类、事故报告、应急救援、调查处理及事故赔偿等做出了全面规定，是处理铁路交通事故的重要法律依据。

《事故条例》的公布实施，充分体现了以人为本，贯彻落实科学发展观，构建社会主义和谐社会的要求，对于推动铁路交通事故处理工作的法制化、规范化，切实维护人民生命财产安全,保障铁路运输安全畅通,具有重要的意义。

(二)立法目的与依据

《事故条例》规定:为了加强铁路交通事故的应急救援工作,规范交通事故调查处理,减少人员伤亡和财产损失,保障铁路运输安全和畅通,根据《铁路法》和其他有关法律的规定,制定本条例。

1. 立法目的

《事故条例》的立法目的包括以下四个方面:

(1)加强铁路交通事故的应急救援工作。铁路具有轨道性、网络性,是国民经济的大动脉。铁路交通事故一旦发生,其影响很有可能波及整个运输网络,给国民经济的正常运行带来不利影响。加强铁路交通事故的应急救援工作,可以最大限度地减少人员伤亡和财产损失,尽快恢复铁路运输秩序。

(2)规范铁路交通事故调查处理。铁路交通事故的调查处理直接关系广大人民群众的切身利益。《事故条例》规范铁路交通事故调查处理,旨在对事故调查处理的组织体系、工作程序、期限要求、行为规范以及有关法律责任做出具体明确的法律规定,保证事故调查处理工作的依法规范进行。

(3)减少人员伤亡和财产损失。最大限度地减少伤亡和损失是事故应急救援和调查处理工作的第一要务。因此,《事故条例》将减少人员伤亡和财产损失也规定为该条例的立法目的,并对如何采取措施减少伤亡和损失做出了十分明确的要求。

(4)保障铁路运输安全和畅通。铁路运输的根本目的在于实现旅客和货物安全有序的位移,铁路运输安全畅通是铁路实现运输目的的根本保证。随着铁路营业里程的增加,汽车等机动车的增长和近年来铁路提速范围的不断扩大,防范各类铁路交通事故发生的工作难度更大,保证铁路运输的安全畅通成为铁路工作的头等大事。

2. 立法依据

《事故条例》的立法依据是《铁路法》和其他有关法律的规定。

《铁路法》明确规定:“发生铁路交通事故,铁路运输企业应当依照国务院和国务院有关主管部门关于事故调查处理的规定办理,并及时恢复正常行车。”这是制定该条例最直接的立法依据,《事故条例》的相关具体规定必须与《铁路法》规定的原则相一致。

《安全生产法》对“生产安全事故的应急救援与调查处理”做了专门规定;《生产安全事故报告和调查处理条例》对生产安全事故的报告、调查、处理及责任追究等进行了细化规定。这些法律法规也是《事故条例》的立法依据,《事故条例》的内容也需要与这些法律法规相衔接。

值得注意的是,全国人民代表大会常委会 2007 年 8 月通过了《中华人民共和国突发事件应对法》,该法自 2007 年 11 月 1 日起施行。该法规定,应对突发事件的事前(预防与应急准备、监测与预警)、事中(应急处置与救援)、事后(恢复与重建等)的全部活动都纳入该法的调整范围之内。

该法规定,突发事件是指突然发生,造成或者可能造成严重社会危害,需要采取应急处置措施予以应对的自然灾害、事故灾难、公共卫生事件和社会安全事件。其中的事故灾难主要包括工矿商贸等企业的各类安全事故、交通运输事故,公共设施和设备事故,环境污染和生态破坏事件等。由此可见,《突发事件应对法》也是《事故条例》的立法依据。

就铁路交通事故应急救援法律规范的效力位阶等级而言,《宪法》中的紧急权条款处于公共应急法制根本法的地位,《突发事件应对法》是统一的公共应急基本法,《安全生产法》中对生产安全事故应急救援和调查处理的相关规定是调整事故灾难的一般法,而《铁路法》中对铁路交通事故应急救援和调查处理的相关规定是调整事故灾难的特别法。毫无疑问,它们都是《事故条例》的上位法,都是《事故条例》的立法根据。

此外,与铁路运输安全管理、事故应急救援和调查处理相关的其他法律规定,也是《事故条例》的立法依据,该条例的内容也需要与这些法律规定相衔接。

二、《事故条例》的适用范围和事故等级划分

(一)适用范围

《事故条例》的适用范围,即《事故条例》在适用空间、时间、事项和对象四方面的效力范围。

1. 适用的空间范围

《事故条例》适用的空间,限于"中华人民共和国境内",即凡是在我国主权领土内进行的铁路交通事故应急救援和调查处理活动,都要遵守《事故条例》。尽管《事故条例》对此并没有做出明确规定。

2. 适用的事项范围

《事故条例》适用的事项限于铁路交通事故。《事故条例》规定,铁路交通事故主要有以下两类:

(1)铁路路外伤亡事故,即铁路机车车辆在运行过程中与行人、机动车、非机动车、牲畜及其他障碍物相撞导致的事故。

长期以来,路外伤亡事故在铁路交通事故中占有较大比例。铁路轨道运输的特性决定了禁止任何人在轨道上坐卧、行走,禁止擅自穿越道口。对此《铁路法》、《道路交通安全法》以及《安保条例》都有明确规定。这些规定对预防和减少事故发挥了积极作用。

但是由于各种复杂原因,上述行为导致的事故仍然大量存在,因此,《事故条例》将铁路路外伤亡事故纳入铁路交通事故的范畴,对这类事故的应急救援和调查处理统一适用该条例的规定。

(2)铁路行车事故,即铁路机车车辆在运行过程中发生的冲突、脱轨、火灾、爆炸等影响铁路正常行车的事故。

《事故条例》实施前,《暂行规定》只规定了铁路路外伤亡事故的调查处理,而处理铁路行车事故的主要依据是《铁路行车事故处理规则》。该规则强调加强国家铁路管理,其关于行车事故调查处理的规定,具有极强的"内部管理"性质。

随着铁路投融资体制改革的进一步深化,多种投资主体进入铁路投资建设市场并参与铁路经营,出现了大量的合资铁路、地方铁路以及其他投资主体多元化的铁路公司。为了适应铁路改革发展的需要,推进铁路运输安全管理领域依法行政,强化安全监管的行业管理职能,有必要对事故调查处理方式和主体进行调整。

据此,《事故条例》将所有的行车事故与路外伤亡事故统一纳入其调整范围,将事故的调查处理明确为国务院铁路主管部门、铁路管理机构以及国务院其他有关部门和有关人民政府的职责,体现了全行业管理的特点。

3. 适用的对象范围

《事故条例》分别规定了国务院铁路主管部门、铁路管理机构、国务院其他有关部门

和有关地方人民政府在铁路交通事故应急救援和调查处理中的职责,规定了铁路运输企业和其他有关单位、个人在铁路交通事故应急救援和调查处理中的义务。强调:“任何单位和个人不得干扰、阻碍事故应急救援、铁路线路开通、列车运行和事故调查处理。”由此可见,铁路交通事故应急救援和调查处理活动相关的单位和个人,均受《事故条例》的规范和约束。

4. 适用的时间范围

《事故条例》的生效时间是 2007 年 9 月 1 日,即自该日起,《事故条例》在全国范围内产生法律效力。根据《立法法》规定,《事故条例》没有溯及既往的效力。

(二)铁路交通事故等级划分

1. 一般标准

事故等级的划分是一项十分重要的基础性工作,直接关系到事故报告、应急预案启动的响应级别、事故调查组的组成以及事故责任的追究。

我国在《生产安全事故报告和调查处理条例》和《国家突发公共事件总体应急预案》中,对事故等级的划分依据主要是事故造成的人员伤亡和直接经济损失数额,并划分为特别重大事故、重大事故、较大事故、一般事故四个等级。《事故条例》将铁路交通事故划分为同样的四个等级,但增加了列车脱轨辆数和中断铁路行车时间两个划分标准。

因此,《事故条例》在划分铁路交通事故等级时,其所采取的一般标准共有四个,即:(1)人员伤亡;(2)直接经济损失;(3)列车脱轨辆数;(4)中断铁路行车时间。这样规定既保持了国家在事故等级划分标准上的统一和协调,又兼顾了铁路交通事故应急救援和调查处理工作的实际需要。

2. 具体标准

为了保持与《国家突发公共事件总体应急预案》和《生产安全事故报告和调查处理条例》中关于事故分类的规定相统一,便于事故报告、启动应急预案、事故调查以及事故统计,结合铁路交通事故的特殊性,根据事故造成的人员伤亡、直接经济损失、列车脱轨辆数和中断铁路行车时间,《事故条例》将铁路交通事故划分为四类,并分别对特别重大事故、重大事故、较大事故、一般事故的具体划分标准作出了规定。

自 2007 年 9 月 1 日起施行的《铁路交通事故调查处理规则》中分别对特别重大事故、重大事故、较大事故、一般事故的具体划分标准作出了更加明细的规定。

(1)特别重大铁路交通事故的构成标准

有下列情形之一的,为特别重大事故:

①造成 30 人以上死亡(这里所说的“以上”包括本数,下同)。

②造成 100 人以上重伤(包括急性工业中毒,下同)。

③造成 1 亿元以上直接经济损失。

④繁忙干线客运列车脱轨 18 辆以上并中断铁路行车 48 h 以上。

⑤繁忙干线货运列车脱轨 60 辆以上并中断铁路行车 48 h 以上。

(2)重大铁路交通事故的构成标准

有下列情形之一的,为重大事故:

①造成 10 人以上 30 人以下死亡(这里所说的“以下”不包括本数,下同)。

②造成 50 人以上 100 人以下重伤。

③造成 5 000 万元以上 1 亿元以下直接经济损失。

④客运列车脱轨 18 辆以上。

⑤货运列车脱轨 60 辆以上。

⑥客运列车脱轨 2 辆以上 18 辆以下，并中断繁忙干线铁路行车 24 h 以上或者中断其他线路铁路行车 48 h 以上。

⑦货运列车脱轨 6 辆以上 60 辆以下，并中断繁忙干线铁路行车 24 h 以上或者中断其他线路铁路行车 48 h 以上。

(3)较大、一般铁路交通事故的构成标准

造成 3 人以下死亡，或者 10 人以下重伤，或者 1 000 万元以下直接经济损失的，为一般事故。这是构成一般铁路交通事故的基本标准，其主要依据人员伤亡和直接经济损失两项标准认定。

《铁路交通事故调查处理规则》又将一般事故细分为一般 A 类事故、一般 B 类事故、一般 C 类事故、一般 D 类事故四种具体情形。

人员伤亡和经济损失介于一般事故与重大事故之间的铁路交通事故为较大事故。

三、铁路交通事故应急救援和调查处理的责任主体及其职责

1. 国务院铁路主管部门

按照《铁路法》规定，国务院铁路主管部门主管全国铁路工作，对国家铁路实行高度集中、统一指挥的管理体制，对地方铁路、专用铁路和铁路专用线进行指导、协调、监督和帮助。按照《铁路安全管理条例》规定，国务院铁路行业监督管理部门负责全国的铁路运输安全监管管理工作。《事故条例》重申了国务院铁路主管部门“应当加强铁路运输安全监督管理”，并就其在铁路交通事故应急救援和调查处理中的职责作了如下具体规定：

(1)建立健全铁路交通事故应急救援和调查处理的各项制度；

(2)按照国家规定的权限和程序，负责组织、指挥、协调铁路交通事故的应急救援和调查处理工作。

2. 铁路管理机构

铁路管理机构是国务院铁路主管部门依据《铁路法》规定设立的区域性铁路运输安全监管机构。《事故条例》规定了铁路管理机构在铁路交通事故应急救援和调查处理中的如下职责：

(1)加强日常铁路运输安全监督检查；

(2)指导、督促铁路运输企业落实应急救援的各项规定；

(3)按照规定的权限和程序，组织、参与、协调本辖区内事故的应急救援和调查处理工作。

3. 国务院其他有关部门

铁路交通事故的应急救援和调查处理是一项时间要求紧、处理难度大、涉及面较广的工作，做好这项工作不仅需要国务院铁路主管部门、铁路管理机构的精心组织，也离不开国务院其他有关部门的支持配合。

为了充分发挥国务院其他有关部门的积极作用，《事故条例》第 5 条对它们在铁路交通事故应急救援和调查处理中的职责作出了原则性规定：“国务院其他有关部门应当按照各自的职责和分工，组织、参与事故的应急救援和调查处理工作。”《事故条例》也对有关部门在铁路交通事故调查处理中的职责做出了明确要求。

4. 有关地方人民政府

《国家突发公共事件总体应急预案》规定,对突发公共事件实行“分类管理、分级负责、条块结合、属地管理为主”的工作原则;《突发事件应对法》规定,国家建立“统一领导、综合协调、分类管理、分级负责、属地管理为主”的应急管理体制。

根据这些规定,铁路交通事故的应急救援和调查处理,也是地方人民政府,特别是铁路沿线地方各级人民政府的一项重要职责。为此,《事故条例》规定:“有关地方人民政府应当按照各自的职责和分工,组织、参与事故的应急救援和调查处理工作。”

5. 铁路运输企业、有关单位、个人

《事故条例》规定:铁路运输企业和其他有关单位、个人应当遵守铁路运输安全管理的各项规定,防止和避免事故的发生。事故发生后,铁路运输企业和其他有关单位应当及时、准确地报告事故情况,积极开展应急救援工作,减少人员伤亡和财产损失,尽快恢复铁路正常行车。

《事故条例》又规定:任何单位和个人不得干扰、阻碍事故应急救援、铁路线路开通、列车运行和事故调查处理。

以上两条,从正反两个方面规定了铁路运输企业、有关单位、个人在铁路交通事故应急救援和调查处理中的义务。

四、事故报告

事故报告是铁路交通事故发生后的一项重要的信息传输工作,是减少人员伤亡、财产损失和恢复铁路行车秩序,保证事故调查正常进行的一个重要程序。

为了加强铁路交通事故应急救援,保障铁路运输安全和畅通,《事故条例》在对有关单位和个人应当及时、准确地报告事故情况做出原则性要求的同时,还从以下三个方面做出了具体规定。

1. 事故报告的程序和时限

事故发生后,事故现场的铁路运输企业工作人员或者其他人员应当立即报告邻近铁路车站、列车调度员或者公安机关。有关单位和人员接到报告后,应当立即将事故情况报告事故发生地铁路管理机构。

铁路管理机构接到事故报告,应当尽快核实有关情况,并立即报告国务院铁路主管部门;对特别重大事故、重大事故,国务院铁路主管部门应当立即报告国务院并通报国家安全生产监督管理等有关部门。

发生特别重大事故、重大事故、较大事故或者有人员伤亡的一般事故,铁路管理机构还应当通报事故发生地县级以上地方人民政府及其安全生产监督管理部门。

2. 事故报告的内容

《事故条例》参照《生产安全事故报告和调查处理条例》第12条关于事故报告内容的规定,结合铁路部门对于事故报告的实际需要和有效做法,明确铁路交通事故报告应当包括七个方面内容:

(1)事故发生的时间、地点、区间(线名、公里、米)、事故相关单位和人员。

(2)发生事故的列车种类、车次、部位计长、机车型号、牵引辆数、吨数。

(3)承运旅客人数或者货物品名、装载情况。

(4)人员伤亡情况,机车车辆、线路设施、道路车辆的损坏情况,对铁路行车的影响情况。

(5)事故原因的初步判断。

(6)事故发生后采取的措施及事故控制情况。

(7)具体救援请求。

事故报告后出现新情况的,应当及时补报。

3. 受理铁路交通事故报告和举报的值班制度

为了方便人民群众报告和举报铁路交通事故,强化社会监督,《事故条例》规定国务院铁路主管部门、铁路管理机构、铁路运输企业应当向社会公布事故报告值班电话,受理事故报告和举报。这一规定,确立了我国的铁路交通事故值班制度。据此规定,向社会公布事故报告值班电话,受理事故报告和举报,既是国务院铁路主管部门、铁路管理机构的行政职责,也是铁路运输企业的法定义务。实践中,铁路主管部门和铁路运输企业,应利用报纸、电视、网络等新闻媒体,向社会公布事故举报电话,受理事故报告和举报。公示的电话号码应该是24 h有人值守的电话,一般应为铁路主管部门总值班室的值班电话或者安全监察部门的值班电话,也可单独设立公布。

五、事故应急救援

铁路运输具有轨道性、网络性,一旦发生铁路交通事故,就会对区域性或者全国性运输网络产生影响。为了加强铁路交通事故的应急救援工作,减少人员伤亡和财产损失,保障铁路运输安全和畅通,《事故条例》从七个方面对铁路交通事故发生后有关单位和个人进行的应急救援工作了原则性的规定。

需要说明的是,为了规范和加强铁路交通事故的应急救援工作,最大限度地减少人员伤亡和财产损失,尽快恢复铁路运输秩序,自2007年9月1日起施行的《铁路交通事故应急救援规则》中,对铁路交通事故应急救援的工作原则、救援主体、工作程序和工作内容作了详细规定。其中,应急救援的工作程序和工作内容主要包括救援报告、紧急处置、救援响应、现场救援、善后处理等。

1. 列车司机或运转车长的应急处置职责

列车司机或运转车长是列车的直接操作人员,是列车运行或者停止的具体操作者。铁路交通事故发生后,他们的现场应急处置是否妥当,直接影响到后续的列车救援、伤员抢救、现场保护和事故调查处理工作。

事故发生后,列车司机或运转车长应当立即停车,采取紧急处置措施;对无法处置的,应当立即报告邻近铁路车站、列车调度员进行处置。这是事故应急救援的一项基本原则。

为保障铁路旅客安全或者因特殊运输需要不宜停车的,可以不停车。这里的特殊运输,主要是指军事运输、抢险救灾运输、危险品运输以及其他需要特殊保护或者列车停留会对列车本身及其周边地区造成严重危险的运输。这是基于列车运行的特点和运输任务的性质而做的变通举措。在上述两种情形下,列车司机或运转车长虽然可以不停车,但仍然应当立即将事故情况报告邻近铁路车站、列车调度员,接到报告的邻近铁路车站、列车调度员应当立即进行处置,包括迅速报告有关部门,联系医疗救治,指挥其他避让,提前做好各项救援措施等。

2. 铁路运输企业的抢修和调整运输径路职责

事故造成中断铁路行车的,铁路运输企业应当立即组织抢修,尽快恢复铁路正常行车。必要时,铁路运输调度指挥部门应当调整运输径路,以减少事故影响。

3. 有关单位启动应急预案及成立现场应急救援机构的程序

事故发生后,国务院铁路主管部门、铁路管理机构、事故发生地县级以上地方人民政府或者铁路运输企业应当根据事故等级启动相应的应急预案;必要时,应成立现场应急救援机构。

4. 事故发生地县级以上地方人民政府的应急救援职责

事故造成重大人员伤亡或者需要紧急转移、安置铁路旅客和沿线居民的,事故发生地县级以上地方人民政府应当及时组织开展救治和转移、安置工作。

5. 当地驻军、武装警察部队参与事故救援的义务

《中华人民共和国国防法》和《军队参加抢险救灾条例》规定,中国人民解放军和中国人民武装警察部队根据国务院或者地方人民政府的要求,有义务参加抢险救灾工作。据此规定,国务院铁路主管部门、铁路管理机构或者事故发生地县级以上地方人民政府根据事故救援的实际需要,可以请求当地驻军、武装警察部队参与事故救援。

6. 铁路交通事故现场及证据的保护

妥善保护事故现场以及相关证据,对于顺利开展事故调查工作,判明事故原因,查清事故责任具有十分重要的意义。为此,《事故条例》规定:“有关单位和个人应当妥善保护事故现场以及相关证据,并在事故调查组成立后将相关证据移交事故调查组。

因事故救援、尽快恢复铁路正常行车需要改变事故现场的,应当做出标记、绘制现场示意图、制作现场视听资料,并做出书面记录。任何单位和个人不得破坏事故现场,不得伪造、隐匿或者毁灭相关证据。”

7. 铁路交通事故中死亡人员尸体的处置

对铁路交通事故中的死亡人员的尸体进行处理前,应当经司法鉴定机构、医疗机构等法定机构对检验或鉴定结果作出书面结论后,要通知死者家属认领。对于无法查找死者家属的,按照国家有关规定办理。

目前,对尸体的处理依据主要是《殡葬管理条例》、《尸体解剖规则》(卫生部发布)和《交通事故处理程序规定》(公安部发布)的相关规定。根据这些规定,无论是何种情况下的尸体处理,都必须要有公安机关或者有关机构的介入。

对铁路交通事故中的无法查找死者家属的尸体,应由公安机关或者医疗机构出具死亡证明后且认定为“无法查找死者家属”后方可处理。

六、事故调查处理

《事故条例》充分考虑铁路交通事故调查处理的特点和现阶段国务院有关部门职责分工的情况,对铁路交通事故的调查处理作了六个方面的原则性规定。

需要说明的是,为及时准确调查处理铁路交通事故,严肃追究事故责任,防止和减少铁路交通事故的发生,自 2007 年 9 月 1 日起施行的《铁路交通事故调查处理规则》中,对铁路交通事故调查处理的工作原则、调查主体、工作程序和工作内容作了详细规定。其中,调查处理的工作程序和工作内容主要包括事故报告、事故调查、事故责任判定和事故损失认定、事故统计与分析等。

1. 组织事故调查组的主体

根据铁路交通事故的不同等级,《事故条例》分别对组织事故调查组的主体作了如下规定:

①特别重大事故，由国务院或者国务院授权的部门组织事故调查组进行调查。这里的被授权部门，可以是国务院铁路主管部门，还可以是国务院授权的其他部门。

②重大事故，由国务院铁路主管部门组织事故调查组进行调查。

③较大事故和一般事故，由事故发生地铁路管理机构组织事故调查组进行调查；国务院铁路主管部门认为必要时，可以组织事故调查组对较大事故和一般事故进行调查。

2. 事故调查组的组成

铁路交通事故的调查处理实行的是由多部门组成的联合事故调查组进行调查的体制，组织事故调查组的机关或者铁路管理机构在其中发挥组织作用，直接领导事故调查组开展事故调查工作。

为此，《事故条例》对事故调查组的成员单位和组成人员做了原则规定，即根据事故的具体情况，事故调查组由有关人民政府、公安机关、安全生产监督管理部门、监察机关等单位派人组成，并应当邀请人民检察院派人参加。《事故条例》还规定，事故调查组认为必要时，可以聘请有关专家参与事故调查。

3. 事故调查的期限

规定事故调查期限的目的，就是为了在保证充足的事故调查时间的基础上，提高事故调查组的工作效率。一般来说，事故等级越高，调查的难度就越大，所要求的调查期限也就越长。

为此，《事故条例》根据事故等级的不同，确定了不同的调查期限：

(1)特别重大事故的调查期限为 60 d。

(2)重大事故的调查期限为 30 d。

(3)较大事故的调查期限为 20 d。

(4)一般事故的调查期限为 10 d。

事故调查期限自事故发生之日起计算。事故调查组应当按照国家有关规定开展事故调查，并在上述规定的调查期限内向组织事故调查组的机关或者铁路管理机构提交事故调查报告。

4. 事故调查处理过程中的技术鉴定或者损失评估

在事故调查处理过程中进行技术鉴定和损失评估，是确定事故原因和事故损失的有效途径和技术支持，也是判定事故等级，开展事故调查的一个重要依据。

为保证对事故原因及其损失分析判断的准确性、权威性，《事故条例》对事故调查处理过程中的技术鉴定或者损失评估做出明确规定："事故调查处理，需要委托有关机构进行技术鉴定或者对铁路设备、设施及其他财产损失状况以及中断铁路行车造成的直接经济损失进行评估的，事故调查组应当委托具有国家规定资质的机构进行技术鉴定或者评估。技术鉴定或者评估所需时间不计入事故调查期限"。

5. 事故认定书的制作期限和效力

事故调查报告形成后，报经组织事故调查组的机关或者铁路管理机构同意，事故调查组工作即告结束。组织事故调查组的机关或者铁路管理机构应当自事故调查组工作结束之日起 15 d 内，根据事故调查报告，制作事故认定书。

铁路交通事故认定书是事故赔偿、事故处理以及追究事故责任的依据，有关机关或者人民法院在处理铁路交通事故损害赔偿案件、确定当事人的民事责任时，在没有相反证据证明的情况下，应当以此作为认定事故责任和审理案件的依据。

6. 对事故防范和整改措施的落实及其监督

事故调查组查清事故原因的目的,不仅是为了分清事故责任,追究责任者的责任,更重要的是为了更好地吸取教训,防止同类事故的再次发生。因此,事故责任单位和有关人员应当认真吸取事故教训,落实防范和整改措施,防止事故再次发生。

在进一步规范事故应急救援和调查处理工作的同时,还必须加大对事故责任单位和个人落实整改措施的监督检查。因此,国务院铁路主管部门、铁路管理机构以及其他有关行政机关应当对事故责任单位和有关人员落实防范和整改措施的情况进行监督检查。

7. 事故处理情况的公布制度

铁路交通事故处理情况是指铁路交通事故发生后,经过事故调查后提出的对事故责任单位及有关人员的处理意见以及落实的情况和信息。

事故的处理情况,除依法应当保密的外,应当由组织事故调查组的机关或者铁路管理机构向社会公布。建立铁路交通事故处理情况公布制度,既可以警示铁路运输安全管理单位及其管理人员,教育社会公众,有利于形成人人保护铁路运输安全的良好社会氛围,又有利于社会监督,还有利于建设更加公开透明的政府。

七、事故赔偿

铁路交通事故发生后,妥善进行事故赔偿,对于维护铁路运输安全,保证铁路运输生产秩序,依法维护铁路交通事故当事人的合法权益,具有重要意义。随着国民经济和社会的发展,现行铁路交通事故的赔偿原则和标准已不适应现实需要,有关民事法律也对我国民事赔偿制度做出了规定。

为此,《事故条例》根据《民法典》《铁路法》确立的赔偿原则,对铁路交通事故赔偿制度做了四个方面的规定。

1. 铁路交通事故造成人身伤亡的赔偿原则

铁路交通事故造成人身伤亡的,铁路运输企业应当承担赔偿责任。这是铁路交通事故赔偿的一条基本原则。这里适用的是严格责任原则,即只要发生了损害后果,行为与后果之间有因果关系,不论行为人是否有过错,均要承担赔偿责任,除非侵害人有法定的免责事由。

《事故条例》对铁路运输企业的免责情形也作了明确规定,即人身伤亡是不可抗力或者受害人自身原因造成的,运输企业不承担赔偿责任。这一规定基本上是对《铁路法》相关规定的直接援引。这里的“不可抗力”,是指不能预见、不能避免并不能克服的客观情况。至于“受害人自身的原因造成的”人身伤亡,主要是指违章通过平交道口或者人行过道,或者在铁路线路上行走、坐卧造成的人身伤亡,属于受害人自身的原因造成的人身伤亡。

2. 铁路运输企业对其承运的货物、行包损失的赔偿责任

《事故条例》规定,事故造成铁路运输企业承运的货物(包括承运的包裹、行李,下同)损失的,铁路运输企业应当依照《铁路法》的规定承担赔偿责任。

《铁路法》规定,铁路运输企业应当对承运的货物、包裹、行李自接受承运时起到交付时止发生的灭失、短少、变质、污染或者损坏,承担赔偿责任:

(1)托运人或者旅客根据自愿申请办理保价运输的,按照实际损失赔偿,但最高不超过保价额。

(2)未按保价运输承运的,按照实际损失赔偿,但最高不超过国务院铁路主管部门规定的赔偿限额;如果损失是由于铁路运输企业的故意或者重大过失造成的,不适用赔偿限额的

规定，按照实际损失赔偿。

托运人或者旅客根据自愿可以向保险公司办理货物运输保险，保险公司按照保险合同的约定承担赔偿责任。

根据上述规定，在铁路货物运输中，作为承运人的铁路运输企业应当保证货物运输的安全，在运送期间，如果发生了铁路交通事故，造成托运人的货物灭失、短少、变质、污染或者损坏的，铁路运输企业应当承担赔偿责任，包括保价赔偿和限额赔偿两种。这也是货物运输赔偿的一项基本原则。

需要注意的是，《铁路法》规定，由于下列原因造成的货物、包裹、行李损失的，铁路运输企业不承担赔偿责任：

(1)不可抗力；

(2)货物或者包裹、行李中的物品本身的自然属性，或者合理损耗；

(3)托运人、收货人或者旅客的过错。

在上述三种法定情况下，铁路运输企业是不承担货物运输赔偿责任的。其中，托运人、收货人或者押运人的过错，主要包括以下四个方面：

(1)货物包装上存在问题，且无法从外部发现的；

(2)托运人自装车的货物，加固材料不符合规定的条件，交货时铁路运输企业无法从外部发现的；

(3)押运人应当采取而未采取保证货物安全的措施；

(4)收货人负责卸货造成的损失。

综上所述，事故造成铁路运输企业承运的货物损失的，铁路运输企业作为货物的承运人，对承运货物的损失应当承担赔偿责任的条件共有四个：

(1)承运的货物发生损害后果，即发生货物的灭失、短少、变质、污染和损坏；

(2)损害发生在法定期间内，即从铁路运输企业承运货物时起，至货物交付收货人或者依照有关规定处理完毕时止；

(3)铁路运输企业有过错，包括一般过失、重大过失和故意三种；

(4)铁路运输企业对其过错不具有法定免责情形。

3. 对铁路交通事故造成的其他人身伤亡或者财产损失的赔偿

因铁路交通事故造成的人身伤亡，除铁路旅客之外，还可能有铁路作业人员以及铁路沿线的行人、居民等。《事故条例》规定，对事故造成其他人身伤亡或者财产损失，依照国家有关法律、行政法规的规定赔偿。

(1)对铁路从业人员的损害赔偿

铁路从业人员，分在岗的和不在岗的两种情况。

①对铁路在岗的作业人员的损害赔偿，应当依照《劳动法》《工伤保险条例》等相关法律、行政法规的规定进行赔偿。

②对于不在岗作业的铁路从业人员在工休时外出，遭遇铁路交通事故，导致人身伤亡的，应视同一般路外人员伤亡，如果符合《铁路法》和《事故条例》规定的免责情形，按照此规定处理，铁路运输企业不承担赔偿责任。不适用免责事由的，根据《民法典》规定，按侵权责任赔偿。《民法典》规定："从事高空、高压、易燃、易爆、剧毒、放射性、高速运输工具等对周围环境有高度危险的作业造成他人损害的，应当承担民事责任。"

(2)对路外人员的损害赔偿

“路外人员”是指除从事铁路作业、铁路工作以外的其他人员。

铁路交通事故造成的路外人员伤亡赔偿有四种情形。其中,对因不可抗力导致铁路交通事故造成人身伤亡,对于违章等属于受害人自身的原因造成的人身伤亡,对于因受害人有意卧轨、自杀等造成的伤亡,铁路运输企业不承担赔偿责任。

对于侵权行为造成的路外人员伤亡的事故,事故责任较为复杂,有铁路承担全部责任的,也有铁路和伤亡人员均存在过错需要分担责任的。无论是一方承担全部责任,还是双方承担混合责任,在赔偿方面均可以适用《民法典》或有关司法解释。当事人可以根据这些规定,参照当地的有关标准,协商确定具体的赔偿数额,协商不成的,可以通过民事诉讼解决。

(3)对其他财产损失的赔偿

其他财产损失主要是指铁路交通事故造成的铁路沿线居民住宅、厂房等建筑物,车辆、牲畜等财产以及铁路设施设备等的损失。这类财产损失的赔偿,既可能是铁路运输企业对受害人财产损失的赔偿,也可能是自然人对铁路运输企业财产损失的赔偿,主要依据《民法通则》的规定,按责任比例分担赔偿。

4. 铁路交通事故当事人对事故损害赔偿有争议时的救济途径

在善后处理铁路交通事故的过程中,时常会出现事故当事人各方对铁路交通事故损害赔偿的方式、数额等产生争议的情况,在这种情况下,有必要为事故当事人提供有效的争议解决途径。

为此,《事故条例》设置了三种救济途径供事故当事人任意选择,即铁路交通事故当事人对事故损害赔偿有争议的,可以通过协商解决,或者请求组织事故调查组的机关或者铁路管理机构组织调解,也可以直接向人民法院提起民事诉讼。这样规定,既可以较大程度地化解事故当事人各方之间的矛盾,也能够保障事故当事人认为自身合法权益受到侵犯时可以通过法定的途径维护自身合法权益,从而可以有效化解社会矛盾,切实保障事故当事人各方的合法权益,充分维护正常的铁路运输秩序,最终促进整个社会经济生活和谐发展。

在确定铁路交通事故损害赔偿民事诉讼地域管辖时,要注意以下两点:

(1)若铁路交通事故一方当事人选择要求对方当事人承担违约责任,则适用《民事诉讼法》的以下规定,即:“因铁路、公路、水上、航空运输和联合运输合同纠纷提起的诉讼,由运输始发地、目的地或者被告住所地人民法院管辖”。

(2)若铁路交通事故一方当事人选择要求对方当事人承担侵权责任,则适用《民事诉讼法》的以下规定,即:“因铁路、公路、水上和航空事故请求损害赔偿提起的诉讼,由事故发生地或者车辆、船舶最先到达地、航空器最先降落地或者被告住所地人民法院管辖”。

在司法实践中,最高人民法院对有管辖权的人民法院作了进一步明确;铁路运输合同纠纷及与铁路运输有关的侵权纠纷,由运输始发地、目的地或被告住所地法院管辖。

八、法律责任

法律责任是法律规范的重要构成部分。设定法律责任的根本目的之一就是促使人们遵守法律规范。

《事故条例》对铁路运输企业及其职工、国务院铁路主管部门、铁路管理机构以及其他行政机关在铁路交通事故应急救援、事故报告和调查处理中的违法行为以及违反法律、行政法规的规定导致事故发生等行为,都规定了较为严厉的处罚措施,包括行政处罚、处分和追究刑事责任等。

(一)行政责任

1. 违反《事故条例》的行政处罚

铁路运输企业及其职工不立即组织救援，或者迟报、漏报、瞒报、谎报事故的；违反《事故条例》的规定，干扰、阻碍事故救援、铁路线路开通、列车运行和事故调查处理的，对单位由国务院铁路主管部门或者铁路管理机构处一定数额的罚款，对个人由国务院铁路主管部门或者铁路管理机构处一定数额的罚款，构成违反治安管理行为的，由公安机关依法给予治安管理处罚。

2. 违反《事故条例》的行政处分

(1)铁路运输企业及其职工不立即组织救援，或者迟报、漏报、瞒报、谎报事故的，对个人，属于国家工作人员的，依法给予处分。处分权主要由国务院铁路主管部门、铁路管理机构以及监察机关行使。

(2)国务院铁路主管部门、铁路管理机构以及其他行政机关未立即启动应急预案，或者迟报、漏报、瞒报、谎报事故的，对直接负责的主管人员和其他直接责任人员依法给予处分。

(3)干扰、阻碍事故救援、铁路线路开通、列车运行和事故调查处理的，对个人，属于国家工作人员的，依法给予处分。处分权主要由国务院铁路主管部门、铁路管理机构以及监察机关行使。

关于行政责任，《事故条例》还规定，铁路运输企业及其职工违反法律、行政法规的规定，造成事故的，由国务院铁路主管部门或者铁路管理机构依法追究行政责任。该规定是为了从源头上避免和减少铁路交通事故的发生，保障铁路运输安全和畅通。规定的责任追究形式是行政责任，主要包括对单位、个人的行政处罚以及对个人的行政处分。适用何种具体的处罚或者处分形式，要根据铁路运输企业及其职工所违反的法律、行政法规的规定来确定。

(二)刑事责任

(1)违反《事故条例》的规定，铁路运输企业及其职工不立即组织救援，或者迟报、漏报、瞒报、谎报事故，构成犯罪的，依法追究刑事责任。国有公司、企业单位人员构成犯罪，致使国家利益遭受特别重大损失，情节特别严重的，处 3 年以上 7 年以下有期徒刑。

(2)违反《事故条例》的规定，国务院铁路主管部门、铁路管理机构以及其他行政机关未立即启动应急预案，或者迟报、漏报、瞒报、谎报事故的，构成犯罪的，依法追究刑事责任。这里规定的刑事责任，主要有以下情形：构成滥用职权罪或者玩忽职守罪，处 3 年以下有期徒刑或者拘役；情节特别严重的，处 3 年以上 7 年以下有期徒刑；犯前款罪的，处 5 年以下有期徒刑或者拘役；情节特别严重的，处 5 年以上 10 年以下有期徒刑。

(3)违反《事故条例》的规定，干扰、阻碍事故救援、铁路线路开通、列车运行和事故调查处理的，构成犯罪的，依法追究刑事责任。根据《刑法》《刑事诉讼法》等法律的规定，追究刑事责任的主体应当是人民法院、人民检察院等司法机关。

复习思考题

1. 铁路监督管理部门在保护铁路安全方面负有哪些职责？

2.《铁路安全管理条例》对铁路线路安全保护、运营安全保护作了哪些规定？

3.《铁路安全管理条例》对保障高速铁路安全做了哪些规定？

4.《铁路交通事故应急救援和调查处理条例》适用于哪些铁路交通事故?

5.《铁路交通事故应急救援和调查处理条例》是如何划分铁路交通事故等级的?

6.《铁路交通事故应急救援和调查处理条例》对铁路交通事故应急救援的规定有哪些?

7.《铁路交通事故应急救援和调查处理条例》对铁路交通事故调查处理作了哪些规定?这样规定的出发点是什么?

第十章 《铁路技术管理规程》及其引申

《铁路技术管理规程》(以下简称《技规》)是我国铁路技术管理的基本规章。《技规》的编制对铁路的基本建设、运输生产和安全管理都起着重要的作用,它是铁路各部门、各单位制定各种规程、规范、规则、细则、标准和办法的基本依据。

《技规》包括技术设备、行车组织、信号显示、对工作人员的要求等四个方面的内容。其中技术设备方面的内容包括线路桥隧、信联闭、调度指挥设备、信息系统、站场、机车车辆以及供电、供水设备等;行车组织方面的内容包括行车组织的基本要求、编组列车、调车工作、行车闭塞法、列车运行等。

《技规》制定以后,铁路车、机、工、电、辆等生产部门根据本部门安全生产要求,以《技规》为基础,制订一系列的引申规章、制度。《技规》及其引申规章为铁路运输的安全生产起了基础性的技术保障作用。

本章在介绍《技规》制定的依据和原则基础上,详细阐述《技规》的主要内容,简要介绍《行车组织规则》(以下简称《行规》)、《车站行车工作细则》(以下简称《站细》)等引申规章。

第一节 《铁路技术管理规程》概述

《技规》是我国铁路技术管理的基本规章,是铁路各部门、各单位制定各种规程、规范、规则、细则、标准和办法的基本依据。其编制对铁路的基本建设、运输生产和安全管理都起着重要的作用。

我国铁路《技规》的编制工作始于新中国成立后,第一版《技规》于1950年1月出版,以后随着中国铁路的不断发展,分别于1954年、1956年、1960年、1964年、1972年、1983年、1992年、1999年、2006年和2014年历经十次修订。《技规》的每一次修订都是一次针对铁路运输生产实践和科学研究的总结。因此,《技规》的编制和修订是铁路技术管理的一项非常重要的工作,涉及铁路的方方面面。随着铁路运输科技水平和管理水平的不断发展,《技规》的内容也将进一步得到充实和完善。

一、《技规》制定的主要依据

1.《铁路法》

《铁路法》是为了保障铁路运输和铁路建设的顺利进行而制定的由全国人民代表大会及其常务委员会审议通过并以国家主席令颁发的国家法律。《铁路法》是国家依法管理铁路的根本大法,它为相关铁路法规、规章、规范、规则、办法的制定提供了法律依据。

《铁路法》明确规定:国家铁路的技术管理规程,由国务院铁路主管部门制定,地方铁路、专用铁路的技术管理办法,参照国家铁路的技术管理规程制定。

2.《铁路安全管理条例》

《铁路安全管理条例》是为了加强铁路运输安全管理,保障铁路运输安全和畅通,保护人身安全、财产安全及其他合法权益,根据《铁路法》和《安全生产法》制定的行业安全生产条例,是由国务院通过以国务院总理令颁发的法律文件。《技规》的内容必须符合《铁路安全管理条例》的规定。

3.《铁路交通事故应急救援和调查处理条例》

《铁路交通事故应急救援和调查处理条例》(简称《事故条例》)从事故救援、事故报告、事故调查、事故处理等方面对铁路交通事故处理的基本程序;国务院铁路主管部门、铁路管理机构、地方政府等组织事故调查组进行调查处理的程序和权限等环节做出了明确的规定。为铁路行车事故的分类,事故应急救援和调查处理提供了依据。

4.《铁路主要技术政策》

《铁路主要技术政策》是铁路技术发展的纲要文件,是铁路有关规划、规章、规程、规范、标准等编制与修订的技术指南。《技规》的内容应符合《铁路主要技术政策》的原则和规定。

我国当前的铁路技术政策指出,铁路技术发展的总目标是:依靠科技进步与创新,构建完善客运高速、便捷,货运重载、快捷,速度、密度、重量合理匹配,高新技术与适用技术并举,不同等级技术装备协调发展,具有中国铁路特点的技术体系,建设安全、高效、节能、环保、高度信息化的现代化铁路。

二、《技规》制定的基本原则

1. 适应铁路改革发展的要求

随着生产力的不断发展,世界各国铁路发生了巨大的变化,我国铁路也正在发生着巨大的变化,具体表现在现代化技术设备的广泛使用和运输组织管理水平向着更加科学和高效的方向发展。同时,随着我国经济体制改革的不断深入,铁路部门的行政管理体制改革也在不断深入。这些都要求《技规》的编制既要体现宏观经济发展和国务院铁路主管部门管理职能转变的要求,又要体现强化规划、监督、指导、协调和服务的功能,满足铁路运输生产组织和管理的需要。

2. 保持《技规》的延续性

我国《技规》自1950年第一版正式发布实施以来,虽历经多次修改,但基本结构、主要内容一直保持相对稳定,只是为了适应不同时期管理水平、技术设备水平的发展变化,在内容上不断进行了补充和完善。例如,2014年颁布的中国铁路总公司第一版《技规(普速铁路部分)》仍然采用了前版《技规》的结构形式,并在其基础上进行了完善和补充,使之更加符合铁路建设和生产实际。保持《技规》内容和结构的延续性,将有利于《技规》的学习和贯彻执行。

3. 适应铁路大提速的需要

经过六次大提速,中国走入了高铁时代并正在积极探索一条具有中国特色的高速铁路技术发展路径。当前既有线路列车最高运行速度已接近200 km/h。客运专线部分区段列车最高运行速度更达350 km/h。因此,《技规》的修订要适应铁路提速的需要,以先进的技术设备及管理水平来确保提速后的运输安全。

2014年版《技规》,第一次将普速铁路和高速铁路分别编写,分别颁布了《铁路技术管理规程》(普速铁路部分)和《铁路技术管理规程》(高速铁路部分)。

4. 适应新技术、新设备发展的要求

近年来，铁路技术进步的集中体现是列车运行速度的大幅提高和信息技术的迅速发展。2014 年版《技规》已将提速以来的一系列新技术、新设备纳入其中，并根据铁路技术进步和发展状况，删除了一些不再使用的技术和设备。可以预见，随着科学技术的不断发展，铁路的技术装备水平也将不断提高，作为铁路技术管理的基本规章，《技规》的内容还要不断修订，以适应铁路新技术和新设备的发展要求。

5. 规范管理、协调一致

《技规》的编制应充分考虑现行的铁路规章、规范（如《既有线提速技术条件》《铁路路基大维修规则》等）、文件（如《关于重申严格贯彻〈防止列车追尾有关规定〉的通知》《铁路运输管理信息系统调整方案总体设计》等）、标准（如《铁路信号站内联锁设计规范》《铁路信号设计规范》《自动站间闭塞技术条件》《标准轨距铁路限界》等）的规定，使《技规》与有关规章、办法、标准等在基本技术要求方面取得协调一致，使铁路技术管理工作更加规范。

6. 内容的全面性、科学性、简明性

《技规》对铁路运输生产活动的基本环节，从技术设备的基建、制造、验收到管理及维修；从运输生产的基本要求到具体的组织方法；从行车指挥到有关人员作业，都做了全面的规定，因此《技规》是铁路部门最全面的一部规章。

在《技规》中，无论是对设备的技术标准，还是对行车组织方法，都必须规定得十分严密、准确，且符合我国铁路的实际状况，这是铁路运输现代化生产活动的基本保障。

《技规》具有强制执行的约束力，是衡量生产行为正确与否的基本依据。编制时要求结构严谨、条理清晰、语言精练、文字准确、便于掌握。

三、《技规》与安全生产的关系

铁路系统大生产的特点，要求各个组成部门紧密联系、协同工作，因此安全生产问题显得愈加重要。《技规》编制的主要目的之一就是为了确保铁路日常运输生产活动安全、高效的组织开展，保证全路上万个生产单位和上百万职工的协同动作。因此《技规》是铁路安全生产的重要技术保证。

《技规》是广大铁路职工长期以来在运输安全生产实践中经验和教训的科学总结，一方面它将随着运输安全生产实践和科学技术的不断发展，逐步得到充实、提高和完善，同时安全运输生产的实践活动也将进一步丰富现有《技规》的理论。因此可以认为，搞好安全管理工作，首要的任务就是要组织广大职工认真学习、贯彻和执行好《技规》。

四、《技规》同铁路现有规章制度的关系

《技规》是制定各种铁路运输生产规章制度的基本依据和准则。各部门、各单位制定的规程、规范、规则、细则和办法都必须符合《技规》的规定。一切违反《技规》的规章制度都是不合法的，必须纠正或禁止。各种运输生产规章制度都是《技规》的明晰化和具体化。

《技规》作为一部基础的规章制度，其内容只能就运输生产环节做出一些基本的规定，不可能包含和规定铁路运输生产全部作业的细节，各部门、各单位就需要对没有详细规定或规定不具体的部分，本着《技规》总的原则加以具体化、明晰化，形成更为详尽的各种层次的管理规则和作业细则。

铁路现有的各种规章制度是执行和落实《技规》要求的保证。《技规》对运输生产活动的

基本要求,要通过各部门、各单位从实际的生产作业出发,制定有关的实施措施,并通过规章制度体现出来。没有各部门、各单位制定的运输生产规章制度,《技规》的精神和要求就无从实现。

第二节 《铁路技术管理规程》的主要内容

《技规》包括技术设备、行车组织、信号显示的要求等三个方面的内容。

一、技术设备

(一)基本要求

1. 基建、制造及其验收交接的要求

铁路的基本建设、产品制造应采用系统集成、设备安全技术,加快实现铁路各子系统顶层的协调统一,技术设备的标准化、系列化、模块化、信息化建设。在铁路的基本建设中从前期设计、施工到工程竣工验收,要严格遵循相关的程序和符合国家法律法规,执行相关标准和规范。要系统规划,安全生产,既要保证工程的质量,又要保护环境,符合可持续发展的战略要求。

铁路使用的产品必须符合国家和铁路行业的技术标准,重要产品实行行政许可管理或产品认证制度。建立必要的检验、问题追究制度,严格控制产品质量。新设备在投入使用前需制定操作规程,并对相关人员进行培训。保证资料的完整正确、妥善保管,并根据变化情况及时记载修订。相关技术设备须设有铁路总公司统一规定的标记。主要设备的报废、调拨及其重大改变须经铁路总公司批准。高原铁路应提供必要的救助设施,采用高可靠、少维修、远程监控的运输设备。200 km/h 及以上铁路应建立精密测量控制网。不符合规程规定标准的技术设备,应有计划地逐步改造或更换。

2. 限界和安全保护区的要求

一切建筑物、设备,在任何情况下均不得侵入铁路建筑限界。与机车车辆有直接相互作用的设备,不得侵入规定范围。设计建筑物或设备时,其距离钢轨顶面的距离应符合规定。机车车辆不得超过规定的界限,相邻线路中心线的最小距离标准应符合不同情况下的规定标准,线路两侧须设置必要的安全防护设施。线路安全保护区内、外施工影响铁路运输安全时,需征得铁路部门的同意,并按国家规定标准设置相应的安全保护设施和警示标志。

3. 养护维修检查的要求

为保证设备的良好状态,设备应定期维护。坚持以预防为主、检修和保养并重、预防和整治相结合的原则。合理确定检修项目和检修周期。建立检修基地,设置相关的辅助设施。设立和完善检查制度,对铁路技术设备按规定进行定期检查。铁路局专业管理部门应按规定组织专项检查,根据需要进行加密检查或随时检查。铁路总公司专业技术机构根据线路的年通过总重、线路允许速度,使用专用设备定期对主要线路进行轨道、通信信号、接触网检查和钢轨探伤。

4. 救援设备的要求

在指定地点设事故救援列车等应急救援设备,并保证救援设备的完好。在无救援列车的技术站和规定车站成立事故救援队,配备简易起复设备和工具。铁路总公司、铁路局应急救援指挥中心配备相应的应急指挥通信设备,并且保证数据、图像的传输质量。机车、自轮运转特种设备上均应备有复轨器和铁鞋。动车组应配备应急梯等设施。救援列车应停留在两端接通便于出动的段管线上。救援列车基地应配备救援相关的设施设备。

5. 自然灾害的预防

各铁路局应根据管辖区域内的历史气候资料，编制自然灾害的预案，提前准备物资和工具。加强检查，对于易发生灾害的地段，要建立观测制度。危险地段派人值守，加强相邻路局的联系。注重防寒、防暑工作，健全消防组织，实行定期检查。损坏设备修复后，须达到规定标准。加强电子电气设备的雷电防护及电磁兼容防护工作，建立雷电预警系统。

6. 对行车安全监测设备的要求

铁路行车安全监测设备应具备应有的功能，并通过通信网络连接，实现信息共享。保持设备的良好功能，定期进行计量校准。

（二）线路、桥梁及隧道设备

1. 铁路线路

铁路线路分为正线、站线、段管线、岔线和特别用途线。车站应设在线路平道、直线的宽阔处。《技规》规定了在地形困难条件下，车站设在坡道、曲线上的具体要求。

2. 线路平面及纵断面

线路平面及纵断面的变动须上报有关单位批准，且满足界限标准和原有的标准状态。竣工后应立即检查，并保证资料完整移交相关单位。区间线路的变动，须经铁路局批准，并按规定标准实施。

3. 路基和桥隧建筑物

《技规》对路基的设计和日常防护做了明确的规定。铁路桥梁、涵洞、隧道均应修建为永久性结构，其各项建设指标应符合铁路总公司规定要求和国家防洪标准。

4. 轨道

为了满足铁路高速、重载的发展需要，新建、改建铁路正线应采用重型、特重型钢轨的跨区间无缝线路。直线轨距为 1 435 mm，曲线轨距按照相关规定加宽。曲线地段的外轨超高，按照铁路总公司规定的办法和标准确定。钢轨接头预留轨缝应根据轨温要求计算确定。

道岔应铺设在直线上，正线道岔不得与竖曲线道岔重叠。道岔辙叉号应根据用途以及列车通行速度确定。道岔应保持状态良好，若出现缺陷应及时更换方可使用。联锁道岔应配备紧固、加锁装置，以备联锁失效时使用。

5. 道口和交叉

列车运行速度 120 km/h 及以上线路和重载运煤专线应全封闭、全立交，线路两侧按标准进行栅栏封闭并设警示标记。铁路道口和人行过道均应设置标志或者相关安全防护设施。站内铺设及拆除道岔、线路须经铁路局批准。施工跨越铁路，横穿路基或桥梁上下、涵洞内时须向铁路局提供相关文件获批后方可在安全监督下按规定施工。

6. 安全线和避难线

岔线、段管线与正线、到发线接轨时，均应铺设安全线。安全线向车挡方向不应采用下坡道，其有效长度一般不小于 50 m。为了防止在长大下坡道上列车失控发生冲突或颠覆，应根据线路情况计算确定在区间或者站内设置避难线。

7. 防护栅栏和声屏障

防护栅栏须符合铁路有关标准规定。建立完善的责任分工制。相关通道须加锁设置警示标识。声屏障应满足国家和行业相关标准与规范。安装须符合铁路建筑限界的规定，并定期检查和维护。路基、桥梁声屏障应满足救援、检修的条件。

(三)信号、通信设备

1. 信号装置

(1)信号装置的分类

信号装置一般分为信号机和信号表示器两类。信号机按类型分为色灯信号机、臂板信号机、机车信号机。按用途分为进站、出站、通过、进路、预告、接近、遮断、驼峰、驼峰辅助、复示、调车信号机。信号表示器分为道岔、脱轨、进路、发车、发车线路、调车及车挡表示器。色灯信号机分为高柱信号机和矮型信号机。

(2)信号机的设置和显示距离

信号机一般采用高柱信号机,特殊情况下设矮柱信号机并须上报铁路局批准。为了便于司机瞭望,所有地面固定信号设置于列车运行方向的左侧。特殊情况下可设置在信号桥或信号托架上,位于线路左侧或线路中心线上方。设置于右侧时,须经铁路局批准。为保证行车安全及运输效率,信号的显示距离必须满足列车司机连续确认信号的距离。《技规》对正常情况下和特殊情况下不同位置信号显示形式和距离均有明确的规定。

(3)信号表示器的设置

非集中操纵的接发车进路的道岔,应装设道岔表示器。集中操纵的道岔、调车场及峰下咽喉的道岔,不装设道岔表示器。其他道岔根据需要装设道岔表示器。

2. 联锁

正线、站线的道岔均需和有关信号机或闭塞设备联锁,各种联锁设备应保证正常使用。在作业繁忙的调车区域,根据需要可以采用调车区集中联锁。集中联锁应实现设备的独立控制,非集中联锁应实现设备的集中控制。联锁关系的变动和停用须上报铁路局批准。站内最小轨道区段长度应保证列车设备运行的可靠。道岔及联动道岔上的融雪装置不能影响道岔和轨道电路的正常使用并能够实现手动和自动控制功能。

3. 闭塞

《技规》规定了自动闭塞、自动站间闭塞和半自动闭塞的适用范围,并指出,列车运行速度超过 120 km/h 的双线区段,应采用速差式自动闭塞,列车紧急制动距离由两个及以上闭塞分区长度保证。

4. 列车调度指挥系统、调度集中

铁路运输指挥系统应采用 TDCS 或 CTC。TDCS 由铁路总公司、铁路局、车站三级构成,能实现列车全程信息的自动采集、监控、传输,实现各级运输调度的集中管理和监督。还须配置独立的处理平台,关键设备采用冗余配置,且满足高安全、高可靠、高实时性的要求。

CTC 由铁路局、车站两级构成,不仅能够实现 TDCS 的全部功能,还增加了相应功能。调度集中区段,车站应设集中联锁,区间应设自动闭塞或自动站间闭塞。调度集中原则上将同一调度区段内的信号、联锁、闭塞设备统一控制。调度集中区段的两端车站、编组站、区段站,以及调车作业较多、有去往区间岔线列车或中途返回补机的中间站,可不列入调度集中操纵,但出站信号机必须受调度集中控制,经列车调度员准许并办理一定手续后,才能由车站值班员进行操纵。

5. 机车信号、列车运行监控装置、轨道车运行控制设备

自动闭塞区段应装设连续式机车信号,半自动闭塞和自动站间闭塞区段应装设接近连续式机车信号。

车站正线、到发线应实现电码化或采用与区间同制式轨道电路。机车信号的显示应和相应地面信号机的显示含义相符。最高时速超过 160 km 的机车信号应与列车监控设备结合使用,特种设备应采用轨道车运行控制设备。

列车运行监控装置(LKJ)应具有监控、显示及报警等功能,设备的管理和使用应符合铁路总公司、铁路局的相关规定,且重要数据任何单位和个人不得更改,应由电务维修机构妥善保管。轨道车运行控制设备(GYK)应具有轨道电路信息接收、语音记录等功能和相应的控制模式。

6. 列车运行控制系统

CTCS-2 级列控系统基于轨道电路和点式应答器传输行车许可信息,采用目标距离连续速度控制模式监控列车运行,并根据高于线路的允许速度设置模式曲线。其设备由列控车载设备和地面设备组成。区段临时限速服务器和应答器应具有相应功能,且满足车控的要求。列控车载设备七种模式之间能够相互转换,并对不同模式的车控做出相应的规定。动车组应装设 LKJ 设备。信号安全数据网应保证信号传输的安全可靠。

CTCS-3 级列控系统基于 GSM-R 无线通信实现车地信息双向传输,无线闭塞中心生成行车许可,能够实现列车占用检查和定位,并具备 CTCS-2 级的功能。CTCS-3 级模式曲线、设备的组成、区段临时限速服务器和应答器应具有的功能与 CTCS-2 级相同。列控车载设备按 CTCS-3 级和 CTCS-2 级控车分别有七种和九种模式能够相互转换,并对不同模式下的车控做出相应的规定。

7. 信号集中监测系统

信号集中监测系统应全程联网,实现远程诊断和故障报警。监测范围应包括相关信号系统设备,还应具有防灾、环境监测等系统的接口。

8. 驼峰信号

驼峰调车场按需求采用道岔自动集中。半自动化、自动化驼峰由控制系统、基础设备和监测设备构成。装设集中联锁设备的驼峰头部调车进路应符合联锁的相关规定。装设车辆减速器的限界器能够对超限车辆做出相应的反应。驼峰溜放车组速度控制调速制式可采用点式、点连式、连续式。设置能够不间断向全场提供动力的动力站,并设监测设备。驼峰监控设备能够对调车场实施全面监控。驼峰信号的开关应以音响信号通知峰顶调车人员。

9. 承载网、业务网、支撑网

传输网应提供多种速率、类型的通信通道,并对重要业务通道、节点采取冗余配置加以保护。数据通信网能够为相关业务提供承载平台。

铁路各调车区段应设置专用电话业务和独立专用的通信网络。对列车有线、无线调度电话准许相关人员加入通话、临时加入通话、禁止加入通话、加入组呼通话、语音记录进行了相关规定,并规定了相关人员对无线电对讲机的使用。无线通信设备应符合铁路相关技术标准和规范,使用遵守国家和铁路无线电的规定,并对专用无线电频率进行检测和保护。综合视频监测系统设备应符合铁路相关技术标准和规范。铁路应急通信由铁路总公司、铁路局应急通信中心设备和现场设备组成,并能够提供突发事件现场与指挥中心的话音、数据、图像通信。区间通信柱的设置由铁路局确定,并对其设置进行了相关规定。

为铁路总公司调度指挥中心、铁路局调度所、车站等节点的系统设备提供统一时钟、时间同步基准信号源。在通信机房,设置电源及机房环境监控系统对相关状况进行统一监控。铁路通信网应设置网元管理、综合网管系统等相关系统。

10. 通信、信号及通信线路

铁路通信是铁路信息传输的重要设备,在建设过程中要符合国家、铁路总公司的相关标准。确保全程全网安全、可靠、迅捷、畅通。

信号传输线路,可采用电缆、光缆等传输手段。通信传输线路以光缆为主。线路的铺设要符合规定的要求。通信线路或设备损坏时,应按照列车调度电话、站间行车电话和扳道电话、调度指挥系统和调度集中系统的顺序恢复。邻近线路应采用防护措施避免杆、塔倾斜侵入铁路界限。

(四)铁路信息系统

铁路信息技术设备按用途和性质分为一类设备和二类设备两类。其建设遵循统一领导、统一规划、统一标准、统一管理的原则。运用中要保证数据的真实有效性和系统的安全性。

(五)车站及枢纽

1. 站场设备

车站应根据业务性质、运量的大小和技术作业性质,本着安全、有效、方便作业的原则设置相关的设备。

2. 客运设备

客运站房应根据客运量和规定设置相关设备。根据客运站的大小和办理业务的不同对车站设施进行了相关规定。对高站台、非高站台安全标线与站台边缘距离进行了相关规定。对铁路总公司指定的相应车站设置走行通道。

3. 货运设备

办理货运的车站,应设有办理托运、检斤、制票、收款、问询、交付等必要设备。根据装卸作业量和货物的性质可设综合性货场、专业性货场、专用货场和仓库及相关设备。集装箱车站应按规定配套设施,并设置专用装卸设备、超偏载检测设备等相关设备。货车洗刷除污地点,应设有处理污染及排泄设备。在尽头站台处应设有车钩缓冲装置。货物装卸作业应采用机械化设备。重载铁路编组站应设置列车组合车场和空车分解车场及相关设施。

(六)机车车辆

1. 机车设备、机车

机车修理厂、机务段是对机车检修、整备的作业基地。机车车辆渡轮应具有船舶、栈桥、墩架、船舶整备和检修设备,并保持良好的状态。

机车包括电力机车、内燃机车。机车应具有识别标记,机车上应装备安全行车的设备,机车应定期检修,保证机车处于良好的工作状态。机车实行年度鉴定,机车乘务制度由铁路局确定。牵引列车的机车出段前应符合铁路总公司机车运用、维修的规定及相关要求。机务段对入段机车按规定进行整备、检测、维修。

2. 车辆设备、车辆

车辆修理工厂、车辆段是车辆检修和整备作业的基地,应建设、配备相关的设备。车辆应具有识别标记,实行定期检修制度。车辆应具有自动制动机和人力制动机。车辆轮对在装配前,应对车轴各部分进行探伤检查。客车轮对内侧距离偏差不能超过规定值。旅客列车应实行包乘制,检修应实行包修制和专修制。

3. 自轮运转特种设备

自轮运转特种设备是指在铁路营业线上运行的轨道车及铁路施工、维护专用车辆。其设备的设计、制造、审查、验收等按规定执行,并符合国家和铁道行业有关标准。

(七)动车组、动车设备

(1)动车组列车应有识别标记和电气化区段严禁攀登的标识。

(2)动车组列车应具有列车运行安全监控功能,对重要的运行部件和功能系统进行实时监控、报警、记录,并能提前向动车段、动车所传输。

(3)动车组列车应具备机车综合无线通信设备、列控车载设备和车载自动过电分相装置等。

(4)动车组列车制动初速度应与列车紧急制动距离限值相匹配。

(5)动车组重联或长编组时,工作受电弓间距不满足 200～215 m,须校核分相布置和工作受电弓间距匹配情况 ,并通过上线运行试验确认。

(6)动车组实行计划预防修,以换件修为主,主要零部件采用专业化集中修,分为五级修程,检修周期及技术标准按照铁路总公司的检修规程执行。

动车维修机构应具备检修、整备、存车等功能。承担动车组三、四、五级修程的动车段还应具备动车组相应修程的能力。动车所应设置存车线、检查库、洗车线等设施,配备相关设备,满足动车组一、二级检修需求。动车段应根据需要设置相关线路和设施,配备满足动车组相应级别检修的设备。

(八)其他设备

1. 供电供水设备

牵引供电设备应保证不间断行车和可靠供电。牵引供电能力必须与线路的运输能力相适应,满足规定的列车重量、密度和速度的要求。铁路供电设备应满足相应的要求。给水设备应满足运输生产生活的要求。用电和水质要达到相关标准,保证人身安全。

2. 房屋建筑和铁路用地

为保证房建设备的良好应设房建维修机构,并配备相应的维修工具和备件。房建设备包括为铁路运输服务的房屋、构筑物及附属设备。铁路局应定期对房建设备进行检查修缮、拆除,及时消除隐患。房建设备使用环境和用途改变时须征得房建部门的同意,报铁路局相关部门批准;拆除或报废时须经房建部门审核,按规定办理固定资产报废手续。

铁路用地分为运输生产用地、辅助生产用地、生活设施用地和其他用地,应保证用地的安全、保值增值。铁路用地规划应依据铁路发展规划以及当地土地利用总体规划、城乡总体规划进行编制。铁路用地应按规定申请、批准、使用,并符合相关标准。铁路建设应保证相关资料的及时整理,竣工后进行验收。

二、行车组织

(一)基本要求

1. 行车组织的原则

(1)铁路行车组织规则应由铁路局根据本规程的原则制定。高速铁路开行货物列车的行车组织办法由铁路局根据具体设备情况规定。

(2)铁路行车组织工作,必须贯彻安全生产的方针和统一领导的原则,多部门协调合作,共同完成运输任务。

(3)列车编组计划是全路的车流组织计划。

(4)列车运行图是铁路行车组织工作的基础。机车周转图是机车的工作计划,与列车运行图同时编制。

(5)运输方案是保证完成月、旬运输工作的综合部署。按照月度货物运输计划、技术计划的要求和列车编组计划、列车运行图、机车周转图的规定,按级编制相关方案。

(6)行车工作坚持集中领导、统一指挥、逐级负责的原则。

(7)全国铁路的行车时刻,均以北京时间为标准,从零时起计算,实行 24 h 制。

(8)列车运行,原则上以开往北京方向为上行,反之为下行。

(9)调度集中分散自律控制模式应能够分别进行中心操作、车站调车操作、车站操作。

(10)高速铁路站应分为集控站和非集控站。

(11)行车过程中遇到特殊情况(调度集中设备故障、行车设备施工维修、发生危及行车安全的情况)时能够转为非常站控模式。

(12)列车应是完成编组并挂有机车和规定的列车标志。

(13)遇发生影响行车的设备故障时,坚持先处理故障,后组织行车的原则。

(14)遇自然灾害时,设备管理单位应加强对重点地段和设备的检查。

2. 行车指挥的基本原则

(1)列车调度员负责日常的行车指挥工作,相关行车人员执行列车调度员的命令。

(2)列车调度员在日常工作中要做到及时检查各站执行列车运行图和编组计划的情况,及时发布有关行车命令和口头指示;严格按列车运行图指挥行车,遇列车发生晚点时,应积极采取措施,组织有关人员恢复正点。注意列车在车站到发及区间内的运行情况,正确、及时地处理临时发生的问题,防止列车运行事故。

(3)列车指挥调度命令和口头指示只能由列车调度员发布,且在发布前应详细了解现场并听取相关人员意见。

(4)发布运行揭示调度命令时,司机应按该命令执行。若该命令与实际限速、行车方式或设备不符时,列车调度员应取消前发运行揭示调度命令,并向相关人员重新发布全部内容的调度命令。

(5)列车应按运输性质的分类和运行等级顺序进行运输。开往事故现场救援、抢修、抢救的列车,应优先办理。特殊指定的列车的等级,应在指定时确定。

(6)在双线区间,列车应按左侧单方向运行。整理列车运行可使列车反方向运行。旅客列车在正方向区间,只有在特殊情况下才可反方向运行且需由铁路局调度所值班主任批准。

3. 车站技术管理

车站应设有配线,并办理列车接发、会让和客货运业务。车站技术管理和作业组织应在《站细》中规定。集控站不编制《站细》,非集控站是否编制由铁路局根据具体情况规定确定。站内线路的道岔及车站与其他单位所管线路相衔接的道岔,由车站负责管理。道岔除使用、清扫、检查或修理时外,均须保持定位。车站道岔及股道应按相关规定进行编号。

4. 列车乘务

列车应设有列车乘务组,并按相关规定组成。动车组列车司机及以外的列车司机在运行时应按相关规定操作。随车机械师应按技术作业过程的规定检查、监控动车组,保证列车正常安全的运行,配备相关设备和防护用品,协助司机安全行车。车辆乘务人员应按规定检查车辆,并参加制动试验;列车运行中能够进行监控,处理故障,向前方站列预报检修;配备相关设备和防护用品,协助司机安全行车。列车乘务人员发现危及行车和人身安全情形应使用紧急制动阀停车。除《铁路机车运用管理规则》指定的人员外,在不影响乘务人员工作的前提下,登乘机车、动车组司机室需经检验准许后方可登乘。

5. 车站值守

集控站设车务应急值守人员,由车务具有车站值班员职名的人员担任,具体值守工作制度由铁路局规定。在正常情况下,车务应急值守人员不参与行车工作。在设备故障、施工维修、非正常行车等情况下,根据列车调度员指示,车务应急值守人员负责办理相关行车作业。

6. 对行车有关人员的要求

严格执行主要行车工种岗位准入制度及岗位选拔要求和相关程序。对主要行车工种岗位人员定期考核鉴定制度。要保证行车有关人员任职前后身体符合岗位的要求,并取得相关资格证书和合格证,方可任职。对行车有关人员应进行安全、纪律考核,并有计划地进行政治、技术学习。驾驶机车、动车组、自轮运转特种设备的人员,必须持有国家铁路局颁发的驾驶证。变更驾驶机型前,必须经过相应的技术培训并考试合格。行车有关人员在执行职务中及交接班前应严格按相关规定标准执行。行车公寓应实行标准化管理,铁路局长每半年至少检查一次公寓。

(二)编组列车

1. 一般要求

编组列车就是按照列车种类、用途和运输性质,根据《技规》、列车编组计划和列车运行图规定的编挂条件、车组、重量或长度标准,将车辆和车组选编成车列的作业过程。

编成的列车须符合以下要求:

(1)列车重量应根据机车牵引力、区段内线路状况及其设备条件确定。编组超重列车时,编组站、区段站应商得机务段调度员同意,在中间站应得到司机的同意,并均须经列车调度员准许。

(2)列车长度应根据运行区段内各站到发线的有效长,并须预留 30 m 的附加制动距离确定。超长列车运行办法,由铁路局规定。

(3)动车组以外的旅客列车按列车编组表编组,机车后第一位编挂一辆未搭乘旅客的车辆作为隔离车。行李车、邮政车、发电车等非乘坐旅客的车辆应分别挂于机车后第一位和列车尾部,起隔离作用;在装设集中联锁的区段,并设有列车运行监控装置时,旅客列车可不挂隔离车。如隔离车在途中发生故障摘下时,可无隔离车继续运行。局管内旅客列车经铁路局长批准,可不隔离。军用列车的编组,按有关规定办理。

(4)动车组为固定编组。单组动车组运用状态下不得解编,两组短编组同型动车组可重联运行。救援等特殊情况下,两组不同型号的动车组可重联运行。

(5)动车组禁止加挂各型机车车辆(无动力调车时的调车机、救援机车、无动力回送时的本务机车及回送过渡车除外);动车组禁止编入其他列车。

(6)超过检修期限的动车组禁止上线运行(经车辆部门鉴定的回送动车组除外)。

2. 禁止编入列车的车辆

属于车辆原因:

(1)插有扣修、倒装色票的车辆及车体倾斜超过规定限度的车辆。

(2)曾经发生冲突、脱轨或曾编入发生大事故等的列车内,未经检查确认可以运行的车辆。

(3)未关闭侧开门、底开门以及底开门的扣铁未全部扣上的车辆;未关闭端、侧板的平车。

(4)由于装载的货物需停止自动制动机的作用,而未停止的车辆。

(5)厂矿企业自备机车、车辆、自轮运转特种设备过轨时,未经铁路机车车辆人员检查确认的车辆。

(6)缺少车门的车辆,不能保证安全,禁止编入列车。

(7)超过定期检修期限的客车车辆禁止编入旅客列车。

属于货物原因:

(1)装载货物超出机车车辆限界,无挂运命令的车辆。

(2)装载跨装货物(跨及两平车的汽车除外)的,无跨装特殊装置的平车。

(3)平车、砂石车及敞车装载货物违反装载和加固技术条件的车辆。

3. 列车中车辆的编挂

(1)装载危险、易燃等货物的车辆编入列车的隔离限制,按"铁路车辆编组隔离表"执行。编挂超限货物车辆或特种车辆时,按国家及铁路总公司规定或临时指示办理。

(2)旅客列车、回送客车底不准编挂货车,编入的客车车辆最高运行速度等级必须符合该列车规定的速度要求。旅客列车中,与机车相连接的客车端门及编挂在列车尾部的客车后端门须加锁。动车组列车驾驶室与旅客乘坐席间的门须锁闭。

(3)客车编入货物列车回送时,客车编挂辆数不得超过 20 辆,应挂于列车中部或后部。装有密接式车钩的客车原则上应附挂旅客列车回送。需附挂货物列车回送时,不得超过 10 辆,其后编挂的其他车辆不得超过 1 辆。

(4)客车与平车、平集共用车以外的货车连挂时,不得与货车有人力制动机端连挂;客车与平车、平集共用车人力制动机端连挂时,平车、平集共用车的人力制动机不得使用,处于非工作状态。

(5)机械冷藏车组应尽量挂于货物列车中部或后部。

(6)军用及其他对编挂位置有特殊要求的客车按有关规定办理。

4. 列车中机车的编挂

(1)工作机车的编挂

工作机车应挂于列车头部,正向运行(牵引小运转、路用、救援列车的机车除外);无转向设备的,可逆向运行。双机牵引时,本务机车的职务由第一位机车担当。补机原则上应挂于本务机车的前位或次位。

(2)回送机车的编挂

铁路局所属的机车跨牵引区段回送时,原则上应有动力附挂货物列车。在所担当的区段外单机运行时,应派线路指导人员添乘。旅客列车遇特殊情况须附挂跨铁路局的回送机车时,按铁路总公司命令办理。回送机车,应挂于本务机车次位。

(3)单机挂车

《技规》对单机挂车的基本要求做了规定。单机挂车的辆数,线路坡度一般不超过 12‰ 的区段,并以 10 辆为限。

5. 列尾装置的摘挂及运用

(1)动车组以外的旅客列车应安装列尾装置。特殊情况下,无法安装或使用列尾装置时,应制定具体办法。

(2)半自动闭塞区段货物列车尾部须挂列尾装置,其他区段货物列车尾部宜挂列尾装置。货物列车尾部未挂列尾装置时应以吊起尾部车辆软管代替尾部标志。尾部车辆软管的吊起，有列检作业的列车由列检人员负责，无列检作业的列车由车务人员负责。

(3) 旅客列车列尾装置尾部主机的安装与摘解、风管及电源的连结与摘解，由车辆部门负责。

(4)货物列车列尾装置尾部主机的安装与摘解，由车务人员负责。软管连结，有列检作业的列车，由列检人员负责；无列检作业的列车，由车务人员负责。特殊情况，由铁路局规定。

(5)路用列车尾部可不挂列尾装置。

(6)列尾装置在使用前，必须按规定进行检测，合格后方可投入运用。

6. 列车中车辆的连挂

(1)动车组以外的列车中相互连挂的车钩中心水平线的高度差，不得超过 75 mm。

(2)列车中车辆的连挂，由调车作业人员负责。软管的连结，有列检作业的始发列车由列检人员负责；无列检作业的，由调车作业人员负责。

(3)列车机车与第一辆车的连挂，由机车乘务员负责。单班单司机值乘的由列检人员负责；无列检作业的列车，由车辆乘务员负责；无车辆乘务员的列车，由车站人员负责。

(4)两列动车组重联或解编时，由动车组机械师负责引导，司机确认。动车组重联时，被控动车组应退出占用，主控动车组使用调车模式与被控动车组连接。解编操作时，主控动车组转换为调车模式后，必须一次移动 5 m 以上方可停车。

7. 列车中的车辆检查及修理

列检作业应按规定范围和技术作业过程进行。动车组运行途中不进行客列检作业。车辆编入列车须达到运用状态，主要部件必须作用良好，并符合质量要求。上线运营的动车组须符合出所质量标准，遭遇相关情况须安排动车组试运行。列车中技术不良的车辆应及时修理或摘下，确保行车安全。编入列车的国际铁路联运车辆，应符合国际铁路联运有关车辆交接技术条件。运用中的车辆应按规定的周期检修。扣修和出入厂、段的车辆应建立定时取送制度，并纳入车站日班计划。动车组以外的列车自动制动机应按相关规定进行试验。动车组制动试验应按相关规定进行。

车辆上翻车机前和翻卸后，以及进入解冻库前和解冻后，必须由所在地车辆段派列检人员对车辆进行技术检查，对解冻后车辆进行制动机性能试验。具体技术检查作业地点由铁路局规定。货物列车在编组站、区段站发车前，相关人员应认真执行区段负责制。动车组不办理编组顺序表交接。动车组以外的旅客列车编组顺序表按相关规定办理交接。动车组以外的旅客列车编组顺序表按相关规定办理交接。

8. 机车车辆重量及长度

机车、车辆、铁路救援起重机编入列车时，重量及长度应按《技规》规定确定。动车组的长度、重量及最高运行速度应按《技规》规定确定。

9. 列车制动限速及其编组要求

动车组以外的列车的换算闸瓦压力，应按《技规》规定计算。列车中的机车和车辆的自动制动机，均应加入全列车的制动系统。列车在任何线路上的紧急制动距离限值应按《技规》规定确定。

(三)调度指挥

1. 调度日计划

调度日计划是一日内的运输工作计划，包括列车开行计划和施工、维修计划。

(1)列车开行计划主要内容

列车开行车次;临时定点列车始发站、终到站、沿途客运业务办理站及其到、发时分、动车组股道运用计划;开行动车组列车所对应的车组、动车组车底运用方案及路用列车开行计划;重点事项。

(2)施工计划主要内容

施工编号、等级、项目;施工日期、作业内容、地点(含线别、区间、车站、股道、道岔、行别、里程)和时间;施工限速、影响范围、行车方式变化及设备变化;施工单位、施工负责人;路用列车进出区间方案。区间及站内装卸路料计划。

(3)维修计划主要内容

维修计划主要包括作业项目、地点、时间、作业单位、配合作业单位、作业负责人、影响范围、路用列车进出区间方案等。

(4)调度日计划编制的主要依据

基本列车运行图;有关文件、电报、调度命令;动车组运用、检修计划及回送申请;月度施工计划及主管业务处提报的施工计划、路用列车开行、设备维修作业计划申请。

2. 日常运输组织

有关行车人员必须执行列车调度员命令、口头指示,服从调度指挥。列车调度员应按相关规定负责组织实现列车运行图、调度日计划。列车应按运输性质的分类和运行等级顺序进行。开往事故现场救援、抢修、抢救的列车,应优先办理。

特殊指定的列车的等级,应在指定时确定。

3. 调度命令

铁路总公司、铁路局调度在组织指挥日常运输工作中,应及时正确发布与运输有关的调度命令,下级调度以及行车有关单位、人员必须执行。指挥列车运行的命令和口头指示,只能由列车调度员发布。发布调度命令及行车调度命令、施工调度命令、维修作业调度命令、运行揭示调度命令应按《技规》相关规定严格执行。

(四)调车工作

1. 一般要求

(1)车站的调车工作,应按车站的技术作业过程及调车作业计划进行。参加调车作业的人员应按相关规定和标准严格执行。

(2)调车工作应将相关设备、人员、场所等进行固定。作固定替换用的调车机车及小运转机车,应符合调车机车的条件。

(3)调车工作繁忙、配线较多的车站,可划分为几个调车区。调车机车越区和转场作业应按《站细》中对越区作业的联系和防护规定实施。

(4)使用机车进行调车作业时,应采用无线调车灯显设备。无线调车灯显设备、无线调车机车信号和监控系统的使用、维修及管理办法由铁路局规定。

(5)动车段(所)设动车组地勤司机,负责动车组在动车段(所)内调车、试运行等调移动车组作业。

2. 领导和指挥

(1)统一领导

车站在同一时间内,只能由车站调度员统一领导全站调车工作;车站的有关调车区长,根据站调布置的任务,组织本区的调车工作。动车段(所)调车工作的领导及指挥由铁路局规定。

(2)单一指挥

车站的调车作业由调车长单一指挥,未配有调车长的车站,由车站值班员、助理值班员担任指挥工作。调车长在调车作业前,必须亲自并督促组内人员充分做好准备,认真进行检查,及时安全地完成调车工作。司机在调车作业中应负责机车的良好,认真执行相关规定,有效地组织机车乘务人员安全完成调车作业。

3. 计划及准备

调车作业前须对必要的设备进行检查。通过调车作业通知单及时、正确地编制和传达调车作业计划。一批作业(指一张调车作业通知单)不超过三钩或变更计划不超过三钩时,可用口头方式布置,有关人员必须复诵。变更股道时,必须停车传达。

驼峰解散车辆,只变更钩数、辆数、股道时,可不通知司机,但调车机车变更为下峰作业或向禁溜线送车前,须通知司机。

为正确及时地完成调车作业计划规定的任务和要求,调车指挥人每次接受调车作业计划后,应根据调车作业计划制定具体作业方法,连同注意事项,亲自向司机交递和传达;对其他有关人员,应亲自或指派联结员进行传达。具体传达办法,在《站细》内规定。

4. 调车作业

(1)信号的显示和确认

调车作业时,调车人员必须正确及时地显示信号;机车乘务人员要认真确认信号,并回示。推进车辆连挂时,要显示十、五、三车的距离信号,没有显示十、五、三车的距离信号,不准挂车,没有司机回示,应立即显示停车信号。

推送车辆时,要先试拉。车列前部应有人瞭望,及时显示信号。当调车指挥人确认停留车位置有困难时,应派人显示停留车位置信号。调车人员不足 2 人,不准进行调车作业。

(2)调车进路的确认

非集中区调车作业时,要认真执行要道还道制度。扳道员之间的要道还道办法及集中区与非集中区间的作业办法,在《站细》内规定。连续溜放和驼峰解散车辆时,第一钩应实行要道还道制度,从第二钩起,按调车作业通知单的要求扳动道岔。单机运行或者牵引车辆运行时,前方进路的确认由司机负责;推进车辆运行时,前方进路的确认由调车指挥人员负责。如调车指挥人所在位置确认前方进路有困难时,可指派调车组其他人员确认。

没有看到调车指挥人的起动信号,不准动车。无扳道员和调车信号机时,调车指挥人确认道岔开通正确后,向司机显示起动信号。

(3)调车速度与安全

调车速度是根据调车作业的特点,调车时所经过线路、道岔的允许速度,调动特殊构造的车辆或装载特殊货物车辆的要求,以及保证调动车列运行中的安全规定的。作业中还应根据带车多少,制动力大小,以及距离远近等决定调车速度。遇特殊或非正常情况,须严格控制速度。旅客未上下车完毕,除本务机车、补机摘挂作业外,不得进行旅客列车(车底)的连挂作业。

(4)溜放调车的限制

禁止溜放的车辆,是根据装载货物的特征和车辆的其他要求确定的。因装载货物的要求禁止溜放的车辆,根据铁路总公司颁发的《铁路危险货物运输管理暂行规定》确定。

由于线路坡度、线路上停放车辆及线路上进行技术作业等方面的原因,《技规》对禁止溜放的线路做了具体规定。

(5)车辆通过驼峰的限制

对涂有禁止上驼峰标记的车辆禁止通过驼峰。装载活鱼、跨装货物的车辆等,是否可以通过驼峰,由车站会同车辆段等有关单位做出具体规定,并纳入《站细》。

如因迂回线故障等原因,机械冷藏车必须通过设有车辆减速器(顶)的驼峰时,以不超过7 km/h的速度推送过峰。不得附挂机械冷藏车溜放其他车辆(推峰除外)。曲线外轨、调车场以外的线路和外闸瓦车、直径950 mm及以上的大轮车,严禁使用铁鞋制动。

(6)其他

线路两旁堆放货物,距钢轨头部外侧不得小于1.5 m;站台上堆放货物,距站台边缘不得小于1 m;货物应堆放稳固,防止倒塌;否则不得进行调车作业。

手推调车,须取得调车领导人的同意,人力制动机作用必须良好,有胜任人员负责制动。手推调车速度不得超过3 km/h。相关情况下禁止手推调车。动车组调车作业时原则上采用自走行方式,并应执行相关规定。

5. 在正线、到发线上的作业

在正线、到发线上调车时,要经过车站值班员的准许。在接发列车时,应按《站细》规定的时间,停止影响列车进路的调车作业。接发旅客列车时,与接发列车进路没有隔开设备或脱轨器的线路,不准向能进入接发列车进路的方向调车。本务机车在停留线路内摘挂、列车拉道口时除外。有特殊困难的车站,确需调车时,制定安全措施,由铁路局批准。

越出站界在区间上调车须符合相关规定和程序,发给司机出站调车通知书方可出站调车。跟踪出站调车应符合相关程序和规定,否则禁止跟踪出站调车。车站值班员要认真掌握机车出入段的径路,并按规定执行。

6. 机车车辆的停留

列车及机车车辆必须停在警冲标内方。调车作业中,车辆临时停在警冲标外方时,一批作业完了后,应立即送入警冲标内方。因特殊情况需在警冲标外方进行装卸作业时,须经车站值班员、调车区长准许,在不影响列车到发及调车作业的情况下方可进行,装卸完了后,应立即送入警冲标内方。

由于货物的性质、车辆的特点或者线路坡度方面的因素,停留车辆不进行调车作业时,应采取防溜措施或其他安全措施,以保证行车和货物安全。动车组停留须固定牢靠防溜。动车段(所)内动车组防溜办法由铁路局规定。

(五)行车闭塞法

1. 一般要求

列车运行是以车站、线路所所划分的区间及自动闭塞区间的通过信号机所划分的闭塞分区作间隔。

我国铁路采用的行车基本闭塞法包括自动闭塞、自动站间闭塞、半自动闭塞三种。若基本闭塞设备不能使用时可以采用电话闭塞代用。原则上不使用隔时续行办法,若必须使用,由铁路局规定。遇特殊情况时,应停止基本闭塞法,改用电话闭塞法行车。自动站间闭塞设备故障,半自动闭塞设备良好时,可根据调度命令改按半自动闭塞法行车。线路所和区间内设有辅助所的行车闭塞办法,由铁路局规定。

设有双向闭塞设备的自动闭塞区间,遇轨道电路发生故障等情况,需使用总辅助按钮改变闭塞方向时,车站值班员必须确认区间空闲后,根据列车调度员命令,使用总辅助按钮改变闭塞方向，并在行车设备检查登记簿内登记。

在半自动闭塞区间，遇接车站轨道电路发生故障，闭塞设备停电后恢复供电，列车因故退回原发车站等情况时，车站值班员确认列车整列到达后，根据列车调度员命令，使用故障按钮，办理人工复原，并在行车设备检查登记簿内登记。

2. 自动闭塞

双线自动闭塞区段的车站，办理发车前应向接车站预告；单线自动闭塞区段的车站，在办理闭塞手续前须得到列车调度员的同意。已办理预告或闭塞，列车不能出发时，发车站须通知接车站取消。

自动闭塞区段，正方向行车，列车按自动闭塞运行；反方向行车，列车按自动站间闭塞运行。使用自动闭塞法行车，动车组列车在完全监控、引导或部分监控模式下运行时，行车凭证为列控车载设备显示的允许运行的速度值。动车组列车按 LKJ 方式运行及动车组以外的列车，在信号机常态点灯的区段，进入闭塞分区的行车凭证为出站；在信号机常态灭灯的区段，进入区间的行车凭证为出站信号机，信号机应点灯。

调度集中区段，一个调度区段内可不办理发车预告手续。两相邻调度集中的调度区段间或调度集中区段车站与非调度集中区段车站相互发车时，可根据情况采用系统自动办理或人工办理发车预告。

自动闭塞区间通过信号机显示正常或故障信号时，列车须按相关规定停车和运行。在信号机常态点灯的 CTCS-2 级自动闭塞区段和 CTCS-3 级以及信号机常态灭灯的 CTCS-2 级自动闭塞区段，特殊情况下办理发车的行车凭证按《技规》规定办理。《技规》还规定了自动闭塞区段在特殊情况下采用的行车凭证。

3. 自动站间闭塞

使用自动站间闭塞行车法时，列车凭出站信号显示的进行信号进入区间。自动站间闭塞和集中联锁设备结合使用，采用轨道检查装置自动检查区间空闲，发车站办理发车进路后即自动构成站间闭塞。列车到达接车站或返回发车站并出清区间后，自动解除闭塞。自动站间闭塞的行车办法，由铁路局规定。

4. 半自动闭塞

使用半自动闭塞法行车时，列车凭出站信号机或线路所通过信号机显示的进行信号进入区间。半自动闭塞区段，遇超长列车头部越过出站信号机而未压上出站方面的轨道电路发车时，行车凭证为出站信号机显示的进行信号，并发给司机调度命令。发车进路信号机故障时的行车办法由铁路局规定。

5. 电话闭塞

使用电话闭塞法行车时，列车占用区间的行车凭证为路票或调度命令。单线或双线反方向发车时，根据行车日志查明区间已空闲，并取得接车站承认，在发车进路准备妥当后，方可填发路票。双线正方向发车时，根据收到的前次发出的列车到达的电话记录，在发车进路准备妥当后，即可填发路票。

办理电话闭塞时，应发出电话记录号码，并记入行车日志。电话记录号码自每日 0:00 起至 24:00 止，按日循环编号，编号办法由铁路局规定。路票应由车站值班员或指定的助理值班员填写。

6. 电话中断时的行车

车站行车室内一切电话中断时，单线行车按书面联络法，相关车站可以优先发车。双线行车按时间间隔法只准发出正方向的列车。非自动闭塞区间发出第一个列车时,在发车前应查明区间已空闲。列车进入区间的行车凭证均为红色许可证。在双线自动闭塞区间,如闭塞设备作用良好时,列车运行仍按自动闭塞法行车,列车必须在车站停车联系后再开车。列车无线调度电话作用良好时,车站可与列车司机直接联系。

一切电话中断后,连续发出同一方向的列车时,两列车的间隔时间,应按区间规定的运行时间另加 3 min,但不得少于 13 min。一切电话中断时,相关列车禁止发出。在一切电话中断时间内,如有封锁区间抢修施工或开通封锁区间时,由接到请求的车站值班员以书面形式通知封锁区间的相邻车站。

单线区间的车站,经以闭塞电话、列车调度电话或其他电话呼唤 5 min 无人应答时,由列车调度员查明该站及其相邻区间确无列车后,可发布调度命令,封锁相邻区间,按封锁区间办法向不应答站发出列车。该列车应在不应答站的进站信号机外停车,判明不应答原因及准备好进路后,再行进站。司机或车站值班员应将经过情况报告列车调度员。

(六)列车运行

1. 一般要求

一般要求中规定了列车运行中遵循的基本准则,主要内容包括:车机联控;列车乘务组的构成;列车运行中司机的基本工作职能;列车遇天气恶劣,信号机显示距离不足 200 m 时的行车办理办法;车辆乘务人员的基本工作职责;登乘机车人员应符合的规定和要求;列车在不同环境下运行限制速度的规定等。

2. 接车和发车

车站应不间断地接发列车,严格按列车运行图行车。接发列车应由相关人员办理。车站值班员接到邻站列车预告后,按《站细》规定及时通知有关人员到岗接车,站内平过道应加强监护。

接发列车应在正线或到发线上办理,并遵守相关规则。车站值班员在办理闭塞时,应确认区间空闲。办理进路时车站值班员应亲自布置和听取进路准备妥当的报告。在布置时车站值班员应讲清车次、占用线路和方向并要求受令人复诵。

扳道、信号人员应严格按照车站值班员布置的接发列车命令,正确及时的准备进路。

对于规定的情况,车站禁止办理相对方向同时接车和同方向同时发接列车,并记入《站细》。车站值班员应严格按《站细》规定时机开闭信号机。车站值班员应保证有不间断接车的空闲线路。在站内无空闲线路的特殊情况下,只准许接入规定的列车,且列车均应在进站信号机外停车,由接车人员向司机通知事由后,以调车手信号旗(灯)将列车领入站内。

列车进站后,应停于接车线警冲标内方。在设有出站(进路)信号机的线路,列车头部不得越过出站(进路)信号机。进站、接车进路信号机不能使用时,应开放引导信号。引导信号不能开放或无进站信号机时,应派引导人员接车。接发列车时,接发人员应携带相关设备,检查、处理列车存在的隐患。货物列车在站停车时,司机必须使列车保持制动状态。发车前,司机施行缓解,确认发车条件具备后,方可起动列车。

动车组列车车门的开启与关闭由列车长或司机通知相关人员进行。列车在车站发车须由司机确认行车凭证符合行车要求,并按规定启动列车。办理客运业务时,车站客运人员确认旅客乘降、上水、行包装卸完毕后,通过无线对讲设备通知司机,司机须得到车站客运人员的报告后,方可起动列车。

列车在站内临时停车,待停车原因消除且继续运行时,应按规定办理。进站、出站、进路及线路所通过信号机发生故障时，应按相关规定显示信号灯。人工准备或办理进路接发车须严格按程序执行接发列车命令和调车作业计划规定。

出站信号机发生故障时，除按规定交递行车凭证外，对通过列车应预告司机，并显示通过手信号。装有进路表示器或发车线路表示器的出站信号机，当该表示器不良时，由办理发车人员通知司机后，列车凭出站信号机的显示出发。

列车在站内临时停车，待停车原因消除且继续运行时，应按规定办理。在非正常情况下，集控站转为车站控制时，车务应急值守人员应报告站段指派胜任人员赶赴现场，协助做好非正常行车工作。动车组列车按隔离模式由车站开往区间时，须按站间组织行车，列车按地面信号显示运行，待该列车到达前方站后方可放行后续列车。

高速铁路列车区间停车须按相关规定办理保证安全。列车运行不得超过限制速度。动车组列车在 CTCS-2 级区段与 CTCS-0/1 级区段级间自动转换失败和 CTCS-3 级区段与 CTCS-2 级区段级间自动转换失败时，司机应立即报告列车调度员，并按相关规定办理。

高速铁路车站（线路所）向衔接的其他线路车站（线路所）发出列车时，有关行车凭证按高速铁路规定执行；高速铁路衔接的其他线路车站（线路所）向高速铁路车站（线路所）发出列车时，有关行车凭证按其他线路规定执行。动车组回送须按《技规》规定的要求执行。

3. 列车被迫停车后的处理

列车在区间被迫停车后，不能继续运行时，应根据规定放置响墩防护。司机应立即使用列车无线调度电话通知两端站、追踪列车、列车调度员及运转车长（无运转车长为车辆乘务员），报告停车原因和停车位置，或根据需要迅速请求救援。机车车辆停留，铁路局需制定安全措施，防止溜车，且对放溜器具的管理应符合相关规定。

4. 救援列车的开行

当区间发生冲突、脱轨、颠覆等行车事故，或者发生自然灾害危及行车安全时，为了减少灾害损失，尽快恢复正常行车秩序。运转车长、司机或工务、电务、供电等人员应立即报告车站值班员或列车调度员。列车调度员接到救援请求后，应立即发布调度命令，向有关车站指示封锁区间，并派出救援列车。救援列车进入封锁区间时，不办理行车闭塞手续，不开放出站信号机，以列车调度员发布的调度命令作为进入封锁区间的许可。

5. 施工及路用列车的开行

所有影响行车的施工、检修作业应纳入天窗范围。施工可以分为需发布调度命令的施工和由施工领导人掌握的施工。

需发布调度命令的施工分为：①封锁区间施工。一般指由于工作量巨大，条件复杂，必须封锁区间进行的施工。②利用列车间隔施工。属于临时性施工，可以利用相邻列车到达施工地点的时间间隔施工，不需封锁区间。③要求限速的施工。

由施工领导人掌握的施工通常时间短、影响小，可以利用列车间隔完成。施工前施工领导人必须和车站值班员联系，切实掌握列车运行情况。施工地点用停车手信号进行防护，确保安全。

6. 轻型车辆及小车的使用

轻型车辆是指随乘人员可以随时撤出线路外的轻型轨道车及其他非机动轻型车辆。小车是指轨道检查仪、钢轨探伤仪、单轨小车、吊轨小车等。《技规》规定了轻型车辆的使用办法。轻型车辆及小车应满足铁路部门的相关要求。利用列车间隔在区间使用轻型车辆及小车时，应在车站登记，并设置驻站联络员，按规定进行防护。

影响设备使用的检修均纳入天窗进行。相关工作人员发现或接到行车设备故障的报告后，应立即通知设备管理单位相关人员，并在“行车设备检查登记簿”内登记，采取防护措施确保行车安全。

三、信号显示

铁路信号是保证铁路运输安全、畅通的重要技术手段，是指示列车运行和调车工作的命令，有关行车人员必须严格认真执行。

铁路信号主要是通过颜色、形状、灯光以及声响等方式表示的。为了统一指挥行车工作，信号必须有统一的显示方式及使用方法，以保证行车工作正常进行。全路的信号显示方式及使用方法均应按照《技规》的规定执行。

四、对铁路工作人员的要求

《技规》规定了从事铁路工作的人员，在任职、提职、改职前必须经过相关资格的培训，经考试取得职业资格、体检符合岗位要求后方可上岗工作。任职期间，应按照规定参加在职岗位培训和考试，并应加强日常安全生产知识和劳动纪律的学习和考核。驾驶机车、动车组、动车、自轮运转特种设备的人员，必须持有铁路总公司颁发的驾驶证。

第三节 《铁路技术管理规程》的引申规章

《技规》制定以后，铁路车务、机务、工务、电务、车辆等运输生产部门根据本部门安全生产的特点和基本要求，以《技规》为基础，制定了一系列的规章、制度，称之为引申规章。这些引申规章的制定和使用为铁路运输的安全生产起了基础性的技术保障作用。本节主要介绍《行规》和《站细》。

一、《行规》

1.《行规》的作用

《行规》是各铁路局为实施《技规》规定的行车组织原则和办法，针对本局技术设备、运输特点、生产力布局调整及工作水平的具体条件制定的行车组织办法。由各个铁路局结合本局的安全生产实践编制，一般仅限于局管内发行。《行规》不但是《技规》的延伸和细化，而且可为《站细》的编制提供原则性和指导性的意见。

2.《行规》编制的依据

《行规》作为主要的铁路行车规章，编制时根据《技规》《接发列车作业标准》《铁路调车作业标准》《铁路车站行车作业人身安全标准》和铁路总公司颁布的规程、规则、标准，结合相关铁路局的设备和具体条件，在总结职工长期运输生产实践经验的基础上制定。

3.《行规》的主要内容

由于各铁路局所处的地理环境、自然气候、运输条件及行车设备存在诸多差异，全路各局的《行规》内容也不尽相同，但其主题与结构却差别不大。例如，主要内容都涉及行车设备、编组列车、调车工作、行车闭塞、列车运行、信号显示及应急处理等。编制《行规》，一般需要考虑如下内容：

(1)《技规》明文指定由《行规》明确的补充事项。如枢纽列车运行方向，超长列车运行办法，市郊列车加挂货车办法，小运转列车是否挂守车，超过坡道区段单机挂车辆数，未设基本闭塞设备的区间行车闭塞办法，隔时续行办法，线路所和辅助所的闭塞法等。

(2)《技规》中未做统一规定，又不宜由站、段等基层单位自行补充规定的行车办法。

(3)根据铁路局管辖特殊地段的平、纵断面情况，信号、联锁、闭塞设备和机车类型等特点，对行车应规定的特殊要求和注意事项。

(4)铁路局在长期的安全生产实践中广大员工创造的经广泛推广且行之有效的先进经验和安全生产措施。

(5)源于铁路总公司、铁路局发布的有关文、电，必须纳入《行规》以符合运输安全的实际需要。

(6)相关的对路局管内车站《站细》编制工作的原则性或指导性的意见。

4.《行规》的发布、管理与实施

铁路局对行车规章实行统一管理，局内有关处、室，各站段通常由总工程师负责，指定归口管理部门和派专人做好本系统、部门、单位内行车规章管理工作，并按照《行规》的要求，及时修改《站细》及相应行车规章制度。

铁路局指定由局综合行车规章编制组代表路局负责对《行规》进行统一发布、统一修改和统一解释。各业务系统制定的涉及行车方面的细则、办法、标准等，凡涉及需要修改《行规》内容的，均须经局综合行车规章编制组同意后会签。

因对《行规》条文的理解不同，在执行中发生争执时，本着不影响正常行车的原则，可先按列车调度员指示办理，同时报铁路局综合行车规章编制组办公室(局总工程师室)。

二、《站细》

1.《站细》的作用

《站细》是车站贯彻执行《技规》和《行规》，加强车站技术管理、保证安全生产的重要技术性文件；是组织路内外各有关部门协同配合作业的基础；是车站编制、执行日常作业计划，组织列车接发、各项技术作业以及技术设备使用的基本规则；是组织查定车站各项技术作业过程、时间标准，计算车站通过能力和改编能力以及对日常运输生产进行分析、总结的依据；也是铁路局下达年、月度运输任务和技术指标的重要依据。

《站细》的内容包括车站行车管理和车站行车技术作业管理两部分。

2.《站细》编制的依据

《站细》应根据《技规》《铁路运输调度规则》《接发列车作业标准》《车站行车作业人身安全标准》《行规》《车站行车工作细则编制规则》、列车编组计划、列车运行图以及工务、电务、供电部门有关检修作业时间标准和上级有关的命令及文件等，并结合本站设备条件、车流性质、作业组织方法和工作人员素质等具体情况进行编制。

3.《站细》的编制原则

编制《站细》要贯彻“集中统一指挥”和“逐级负责”的原则。编制时以安全生产为前提，以运输生产为中心，从全局出发，统筹兼顾，组织好路内联劳和与路外有关单位的协作。《站细》应保证：

(1)树立“安全第一”的方针，建立健全安全管理体系和各项安全作业制度，保证行车和人身安全。

(2)充分发挥现有设备的运用效能,从实际出发,更新改造限制能力的薄弱环节,不断提高作业效率,提高车站通过能力和改编能力。

(3)重视新技术、新设备的使用、管理、维修工作,不断推进车站的现代化进程。

(4)合理组织车站作业,推行作业标准化,做到各项作业的连续性、均衡性,最大限度地平行作业,减少各种等待、干扰时间,加速机车车辆周转,实现安全、正点、高效、畅通。

4.《站细》的编制

《站细》由站长主持编制,对车务段管辖的中间站,必要时可由车务段指导编制,但不能代编。《站细》编制前,由车站站长与参与车站作业有关单位商定有关作业方法,查定有关作业时间标准。对站车交接、机车出入岔线或段管线取送车作业等,均需与有关单位签订协议。上述内容除了纳入《站细》外,有关单位应将其中与之有关部分,分别纳入《段细》《厂细》《室细》等以便共同遵守。

对《站细》中的主要技术指标要认真查定、分析、定标。若定标低于完成的实际时,应认真加以分析说明。车站通过能力利用率达到85%,改编能力利用率达到90%时,应按阶段或小时计算能力并进行图解分析,制定加强能力的措施。

5.《站细》的主要内容

《站细》的主要内容涉及设备、组织、标准、能力等诸多方面,主要有:

(1)车站的位置、性质、等级和任务。

(2)车站线路、道岔、调度设备、信号、联锁、闭塞设备、通信、照明、供电、给水设备、客运及货运等设备的设置数量、使用条件和管理办法。

(3)车站日常作业计划及生产管理制度。

(4)车站接发列车工作组织及调车工作组织。

(5)与车站行车工作有关的客运、货运工作组织。

(6)各项技术作业程序和时间标准。

(7)车站通过能力和改编能力。

(8)车站军事运输工作组织。

6.《站细》的审批、管理与实施

《站细》编制完毕后,由车站报铁路局主管部门审批。批准后的《站细》,审批单位应指定施行日期,由车站在开始施行前20 d内,按规定所需份数复制后报上级备查。《站细》复制本应有“复制”字样标识,《站细》编制的份数,应按车站的等级确定,分别在铁路局、车务段或车站各存一份,特、一等站还须报铁路总公司一份备查。

批准后的《站细》应保管于站长办公室,设有技术室时可保管于技术室。车站要根据各行车岗位的设备、作业等特点,分别摘录《站细》中与其有关的内容,张贴在各行车岗位明显处,车站调度室应设置摘抄本或复制本。

为保证机务、工务、电务、车辆、列车段(或乘务室)等部门了解和执行《站细》中的有关规定,车站应将《站细》中与其有关的部分进行摘抄,分别送交各单位,收件单位应组织有关人员认真学习,严格执行。当车站技术设备、作业组织方法、列车编组计划、列车运行图等有较大变动时,应及时修订《站细》的有关内容。《站细》是规范车站行车工作人员从事日常工作的重要文件,因此,车站应加强《站细》的日常管理和修改工作,要组织职工认真学习,严格执行。车站各级负责人应经常检查《站细》执行情况,发现问题要及时纠正。

三、《技规》的其他引申规章

1. 工务方面的规章

为了确保行车安全和工务设备维修工作有序进行，铁路总公司统一制定了一整套工务管理规章制度，主要有《铁路线路维修规则》《铁路线路设备大修规则》《铁路路基大修维修规则》《桥隧建筑物大修维修规则》《普速铁路工务安全规则》《大型养路机械使用管理规则》《轨道车管理规则》《铁路林业技术管理规则》和《铁路采石管理规则》等。

2. 机车车辆方面的规章

主要有《铁路机车运用规程》《机车操作规程》《内燃、电力机车段修管理规程》《铁路机务部门机械动力设备鉴定办法》《铁路机车和自轮运转车辆驾驶员资格许可办法》《内燃机车司机国家职业标准》《电力机车司机国家职业标准》《大型线路机械司机国家职业标准》《轨道车辆和大型养路机械产品维修许可实施细则》《铁路机车车辆产品设计许可实施细则》等。

复习思考题

1. 简述2014年版《技规》的主要内容。
2.《技规》中对于列车编组的质量提出了哪些要求?
3. 目前我国铁路使用的信号装置有哪些,各有什么作用?
4. 简述《技规》《行规》《站细》间的关系。
5. 简述《行规》编制的原则和内容。
6. 简述《站细》的主要内容。

第十一章 《铁路旅客运输规程》及其引申

《铁路旅客运输规程》是调整铁路旅客运输承运人与旅客之间的法律关系的重要规章，是对铁路旅客运输行为进行规范的行政规章。

制定《铁路旅客运输规程》的意义在于通过承运人和旅客在客运过程中紧密配合，保障旅客能够安全、迅速、准确、舒适、便利地到达旅行目的地。

《铁路旅客运输规程》是以《铁路法》以及国家制定的有关方针、政策、法令为依据，由铁路主管部门制定并颁发、实施的。

《铁路旅客运输规程》包括旅客运输、行李运输以及特殊情况的处理等方面的内容，其延伸规章包括《铁路客运运价规则》以及关于安全检查、站车卫生管理的管理办法等。

本章将在详细介绍《铁路旅客运输规程》中关于旅客运输合同、车票行包运输等有关内容的基础上，简要阐述《铁路旅客运输规程》的引申规章。

第一节 《铁路旅客运输规程》概述

一、《铁路旅客运输规程》及其意义

1.《铁路旅客运输规程》的概念

《铁路旅客运输规程》的制定依据国家有关法律、法规，它对铁路旅客运输的行为进行规范，安全、迅速、准确、舒适、便利地运送旅客。《铁路旅客运输规程》有狭义与广义之分。

狭义的《铁路旅客运输规程》，是指 2023 年 1 月 1 日起施行的《铁路旅客运输规程》。

广义上的《铁路旅客运输规程》，不仅包括交通运输部公布的《铁路旅客运输规程》，还包括该规程的若干引申规章，包括：《铁路客运运价规则》《铁路旅客运输安全检查管理办法》《铁路车站、旅客列车卫生监督管理办法》，以及根据该规程精神制定的相应细则和办法。

2. 制定《铁路旅客运输规程》的意义

《铁路旅客运输规程》是铁路旅客运输的基本规章，它具体规定了铁路旅客运输，铁路行李运输，铁路旅客运输事故的处理等内容，它是规范、调整承运人与旅客，以及承运人与托运人、收货人间因旅客运输及其相关活动所发生的各种关系的主要依据，是铁路运输企业组织铁路旅客运输最为直接的依据，承运人、旅客等各方均应当遵照执行。

制定《铁路旅客运输规程》的意义在于：

①保证承运人和旅客在客运过程中紧密配合，积极协作，维护铁路旅客运输的正常秩序；

②保护铁路旅客运输合同各方当事人的合法权益，严格履行运输合同；

③保障旅客能安全、迅速、准确、舒适、便利地到达目的地。

二、《铁路旅客运输规程》的制定依据与实施

(一)《铁路旅客运输规程》的制定依据

《铁路旅客运输规程》是以《铁路法》以及国家制定的有关方针、政策、法令为依据,由国家铁路主管部门制定并颁发、实施的。

1.《铁路法》

《铁路法》明确规定了承运人与旅客在铁路运输中的权利、义务和责任,对旅客运输合同履行及发生争议时的处理办法做了专门规定,对旅客运输的运价以及安全与卫生、舒适保障作了原则规定,它是保障铁路旅客运输和铁路建设顺利进行的基本法律。

铁路旅客运输以其列车运距长、连续性强、规模集约化等特点,能够突破地域辽阔对国家社会经济整体性和联系性的空间阻隔,为资源在更广阔的空间范围内优化配置提供最为有效的载体,促进了市场广度和深度的开发,为经济主体的市场活动提供较低的社会成本基础。

铁路旅客运输对我国国民经济的发展、我国内地与沿海、边疆地区之间正常的人员交往与文化交流,对于增进全国各族人民的团结、国家的统一,对加强国际交往等方面具有骨干作用。这种骨干作用今后不但无法替代,还会持续增强。可见,铁路旅客运输具有极强的政策性,尤其体现在每年的春运、暑运等期间。因此,《铁路旅客运输规程》除依据《铁路法》外,还必须依据国家制定的有关方针、政策、法令等。

2.《民法典》

现行《铁路旅客运输规程》是依据《民法典》制定的。

1999 年全国人大通过的《合同法》,将原有的《经济合同法》《涉外经济合同法》和《技术合同法》进行了统一,2021 年,《合同法》等 9 部法律的内容纳入《民法典》,其中第三编合同编,其宗旨仍是为了保护合同当事人的合法权益,维护社会经济秩序,促进社会主义现代化建设,并对"客运合同"进行了专门规定。可见,《铁路旅客运输规程》要符合《民法典》的原则规定。

随着铁路建设与铁路旅客运输的进一步发展,《铁路旅客运输规程》需要根据铁路旅客运输的实际及我国相关法律制度的发展进行必要的修正。

(二)《铁路旅客运输规程》的实施

《铁路旅客运输规程》的效力范围:时间上,自 2023 年 1 月 1 日起施行,这是现行《铁路旅客运输规程》开始发生法律效力的时间;空间上,除另有规定者外,适用于我国境内的铁路旅客和行李运输。

《铁路旅客运输规程》规定了国家铁路营业站的营业范围,与国家铁路办理直通运输业务的其他铁路营业站的营业范围均以《铁路客运运价里程表》为准;规定了其启用、封闭和营业范围的变更由国务院铁路主管部门批准,在《铁路客货运输专刊》上公布;铁路车站有关营业处所应有相应的票价表、运价表、杂费表、时刻表和旅客须知等内容。遇有变动,须于实施前通告。未经通告不得实施。

为了保障《铁路旅客运输规程》的实施,该规程另外规定,在不违反该规程原则的前提下,铁路运输企业可根据具体情况制订补充规定,在本企业管辖范围内实行并报国务院铁路主管部门备案,以便保证铁路旅客运输更能符合当地的实际需要与铁路运输企业的客观情况;为保障该规程在全国实施,该规程统一由国务院铁路主管部门负责修改、解释。

第二节 《铁路旅客运输规程》的主要内容

一、铁路旅客运输

(一)铁路旅客运输合同

1. 铁路旅客运输合同的概念

铁路旅客运输合同是铁路旅客运输法律关系的主要形式。铁路旅客运输合同是明确承运人与旅客之间权利义务关系的协议。

起运地承运人依据《铁路旅客运输规程》订立的旅客运输合同对所涉及的承运人都具有同等约束力。铁路旅客运输合同的基本凭证是车票。铁路旅客运输合同从售出车票时起成立,至按票面规定运输结束旅客出站时止,为合同履行完毕。

旅客运输的运送期间自检票进站起至出站时止计算。铁路旅客运输法律关系则自旅客运输合同成立之日起形成。

铁路旅客运输合同成立便意味着在铁路运输企业和旅客之间产生了权利、义务关系。铁路旅客运输合同各方当事人作为民事主体其法律地位是平等的,铁路运输企业与旅客之间具有对等的权利义务关系。

2. 旅客的权利和义务

(1)旅客的权利

旅客的权利主要有:依据车票票面记载的内容乘车;要求承运人提供与车票等级相适应的服务并保障其旅行安全;对运送期间发生的身体损害有权要求承运人赔偿;对运送期间因承运人过错造成的随身携带物品损失有权要求承运人赔偿。

另外,在因铁路运输企业的责任,造成旅客不能按车票载明的日期、车次乘车时,有权要求铁路运输企业退还全部票款或安排改乘到达相同目的站的其他列车;对由于铁路运输企业的责任造成的行李逾期到达、灭失或损毁的,旅客有权要求铁路运输企业承担违约责任。

(2)旅客的义务

旅客的义务主要有:支付运输费用,当场核对票、款,妥善保管车票,保持票面信息完整可识别;遵守国家法令和铁路运输规章制度,听从铁路车站、列车工作人员的引导,按照车站的引导标志进、出站;爱护铁路设备、设施,维护公共秩序和运输安全;对所造成铁路或其他旅客的损失予以赔偿。

3. 运输企业的权利和义务

(1)运输企业的权利

具体包括:①依照规定收取运输费用;②要求旅客遵守国家法令和铁路规章制度,保证安全;③对损害他人的利益和铁路设备、设施的行为有权制止、消除危险和要求赔偿。

(2)运输企业的义务

主要是:①确保旅客运输安全正点;②为旅客提供良好的旅行环境和服务设施,不断提高服务质量,文明礼貌地为旅客服务;③对运送期间发生的旅客身体损害予以赔偿;④对运送期间因承运人过错造成的旅客随身携带物品损失予以赔偿。

(二)铁路旅客运输车票

1. 车票的概念

铁路旅客运输车票,是指由铁路运输企业及其代理人发售的,旅客得以搭乘列车的有效凭证。

车票是铁路旅客乘车的凭证,是旅客和铁路运输企业之间缔结旅客运输合同的证据或书面形式,也是旅客支付票款的根据。

2. 车票的内容

铁路旅客运输车票是铁路旅客乘车票据的总称,车票票面应当载明发站、到站站名,径路,座别、卧别,票价,车次,乘车日期,有效期等内容。

除了市郊列车和混合列车外,全国旅客列车大都采用对号入座的办法发售车票并组织乘车。

3. 车票的种类与票价

(1)按车票形式分类

我国铁路旅客在乘车中所使用的车票主要有卡片式车票和薄纸式车票两种。

卡片式车票包括硬纸卡片票及磁卡储值票。尚未配置电子计算机售票设施的车站,采用硬纸卡片票发售客票。为了方便经常外出旅行旅客的购票,一些大的客运站通过电子计算机等设备发售磁卡储值票。

薄纸式车票包括电子售票机打印的软纸票,需要临时填发的区段票、代用票等。

此外,车站在未备有卡片式常备票的情况下还有区段票和代用票,区段票是车站未备有卡片式常备票的情况下和列车在补收票价时使用的一种票据。区段票又分为硬座区段票、普通加快区段票和硬座普快联合区段票三种,根据票价里程分组印刷,都为厚纸单页式。车站在发售区段票时应根据查出的运价里程,在里程栏相应里程下部沿横线剪断,将上部交给旅客,其余部分报缴铁路局。

代用票是车站在未备有卡片式常备票的情况下的代用车票和办理团体旅客乘车、包车、旅行变更、旅客丢失车票补票,以及在列车内补收票价、杂费时使用的一种票据。

(2)按车票性质的分类

根据车票的性质,车票可分为客票和附加票两种。

客票分为软座票、硬座票。

附加票包括加快票、卧铺票和空调票。附加票是客票的补充部分,除免费儿童外,不能单独使用。加快票包括直达特别加快票、特别加快票、普通加快票。卧铺票包括软卧票、硬卧票。旅客乘坐提供空调的列车时,应购买相应等级的车票或空调票。

此外,还有为便利旅客乘坐快车、卧铺车、空调车和简化售票手续,提高发售速度而使用的各种联合票,以及为某些旅客发售的专用半价票、国际联运票等。

(3)特种乘车证

特种乘车证包括:全国铁路通用乘车证;中央和各省(市)、自治区机要部门使用的软席乘车证;邮政部门使用的机要通信人员免费乘车证;邮局押运人员免费乘车证;邮局视导员免费乘车证;口岸站的海关、边防军、银行使用的往返免费乘车书面证明;应邀访华的外国铁路代表团使用的中华人民共和国铁路免费乘车证等。

另外,为了加强对铁路运输企业执行国家政策法令的监督,使用国务院铁路主管部门邀请的其他政府部门和新闻单位检查铁路工作乘车时所使用的“全国铁路免费乘车证”可乘坐除国际列车以外各种等级、席别的列车。“全国铁路免费乘车证”由国务院铁路主管部门制发和管理。

(4)票价

票价是以每人每公里的票价率为基础,按照规定的旅客票价里程区段,采取“递远递减”的办法确定的。

(三)铁路客运的售票与购票

购票应在承运人或销售代理人的售票处购买。在有运输能力的情况下,承运人或销售代理人应按购票人的要求发售车票。

承运人可以开办往返票、联程票、定期、不定期、储值、定额等多种售票业务,以便于购票人购票和使用。

在无人售票的乘降所上车的人员,可在列车内购票,不收手续费。

1. 车票的发售

各种车票的发售条件包括:

(1)软座客票

发售软座客票时最远至本次列车终点站。旅客在乘车区间中,要求一段乘坐硬座车,一段乘坐软座车时,全程发售硬座客票。乘坐软座时,另收软座区间的软、硬座票价差额。动车组列车车票最远只发售至本次列车终点站。

(2)加快票

旅客购买加快票必须有软座或硬座客票。发售加快票的到站,必须是所乘快车或特别快车的停车站。发售需要中转换车的加快票的中转站还必须是有同等级快车始发的车站。

(3)卧铺票

旅客购买卧铺票时,卧铺票的到站、座别必须与客票的到站、座别相同,但对持通票的旅客,卧铺票只发售到中转站。

(4)空调票

旅客乘坐提供空调的列车时,应购买相应等级的车票或空调票。旅客在全部旅途中分别乘坐空调车和普通车时,可发售全程普通硬座车票,对乘坐空调车区段另行核收空调车与普通车的票价差额。

(5)团体票

20 人以上乘车日期、车次、到站、座别相同的旅客可作为团体旅客,承运人应优先安排;如填发代用票时,除代用票持票本人外,每人另发一张团体旅客证。

2. 特殊车票的发售

特殊车票的发售与条件有:

(1)儿童票

除需要乘坐火车通勤上学的学生和铁路运输企业同意在旅途中监护的儿童外,实行车票实名制情况下未满 14 周岁或者未实行车票实名制情况下身高不足 1.5 m 的儿童,应当随同成年人旅客旅行。

实行车票实名制的,年满 6 周岁且未满 14 周岁的儿童应当购买儿童优惠票;年满 14 周岁的儿童,应当购买全价票。每一名持票成年人旅客可以免费携带一名未满 6 周岁且不单独占用席位的儿童乘车;超过一名时,超过人数应当购买儿童优惠票。

未实行车票实名制的,身高 1.2 m 且不足 1.5 m 的儿童应当购买儿童优惠票;身高达到1.5 m的儿童，应当购买全价票。每一名持票成年人旅客可以免费携带一名身高未达到1.2 m且不单独占用席位的儿童乘车；超过一名时，超过人数应当购买儿童优惠票。

儿童优惠票的车次、席别应当与同行成年人所持车票相同，到站不得远于成年人车票的到站。按上述规定享受免费乘车的儿童单独占用席位时，应当购买儿童优惠票。

(2)学生票

在全日制高等学校(含国务院教育行政部门、省级人民政府审批设置的实施高等学历教育的民办学校)，承担研究生教育任务的科学研究机构，军事院校，普通中、小学和中等职业学校(含有实施学历教育资格的公办、民办中等专业学校、职业高中、技工学校)就读的学生、研究生，凭学生证(中、小学生凭盖有学校公章的书面证明)每学年可享受四次家庭居住地至院校(实习地点)之间的半价硬座客票、加快票和空调票(以下简称学生票)。动车组列车只发售二等座车学生票，学生票票价为全价票的75%。

新生凭录取通知书、毕业生凭学校书面证明可买一次学生票。华侨学生和港澳台学生按照上述规定同样办理。

发售学生票时应以近径路或换乘次数少的列车发售。

下列情况不能发售学生票：①学校所在地有学生父或母其中一方时；②学生因休学、复学、转学、退学时；③学生往返于学校与实习地点时；④学生证未按时办理学校注册的；⑤学生证优惠乘车区间更改但未加盖学校公章的；⑥没有“学生火车票优惠卡”、“学生火车票优惠卡”不能识别或者与学生证记载不一致的。

(3)残疾军人优待票

中国人民解放军和中国人民武装警察部队因伤致残的军人，凭“残疾军人证”，因公致残的人民警察凭“伤残人民警察证”享受半价的软座、硬座客票和附加票。

(四)铁路车票的有效期

车票的有效期既是旅客与铁路承运人间合同关系效力的期限，也是旅客享有乘车权利的期限。

1. 有效期的计算

直达票当日当次有效，但下列情形除外：

(1)全程在铁路运输企业管内运行的动车组列车车票有效期由企业自定。

(2)有效期有不同规定的其他票种。

通票的有效期按乘车里程计算：1 000 km为2 d，超过1 000 km的，每增加1 000 km增加1 d，不足1 000 km的尾数按1 d计算；自指定乘车日起至有效期最后一日的24:00止。

2. 有效期的延长

遇有下列情况车票的有效期可延长：

①因列车满员、晚点、停运等原因，使旅客在规定的有效期内不能到达到站时，车站可视实际需要延长车票的有效期。延长日数从客票有效期终了的次日起计算。

②旅客因病中途下车、恢复旅行时，在通票有效期内，出具医疗单位证明或经车站证实时，可按医疗日数延长有效期，但最多不超过10 d；卧铺票不办理延长，可办理退票手续；同行人同样办理。

(五)检票、验票和收票

检票是指车站管理人员依据《铁路旅客运输规程》，对进出站旅客和人员所应当持有的车票进行检查并做标记的活动。

验票是指列车管理人员(包括铁路稽查人员、铁路乘警)依据《铁路旅客运输规程》,对乘车旅客所应当持有的车票进行的查验。

车站应对进出站的旅客和人员检票,列车应对乘车旅客验票。对持减价票和各种乘车证的旅客须核对相应的证件,经确认无误后打查验标记。铁路稽查人员凭稽查证件、佩带稽查臂章可以在车内验票。

(六)乘车条件与乘车特殊情况的处理

1. 乘车条件

旅客乘车应当符合一定的乘车条件。乘车条件包括按票面载明的日期、车次、席别乘车,并在票面规定有效期内到达到站。

持通票的旅客中转换乘时,应当办理中转签证手续。

持通票的旅客在乘车途中有效期终了、要求继续乘车时,应自有效期终了站或最近前方停车站起,另行补票,核收手续费。定期票可按有效使用至到站。

除特殊情况并经列车长同意的外,持低票价席别车票的旅客不能在高票价席别的车厢停留。

烈性传染病患者、精神病患者或健康状况危及他人安全的旅客,站、车可以不予运送;已购车票按旅客退票的有关规定处理。

2. 乘车变更

旅客或承运人在乘车中途发生情况需要变更的,按照下列规定办理:

①旅客不能按票面指定的日期、车次乘车时,应当在票面指定的日期、车次开车前办理一次提前或推迟乘车签证手续,特殊情况经站长同意可在开车后 2 h 内办理。持动车组列车车票的旅客改乘当日其他动车组列车时不受开车后 2 h 内限制。团体旅客不应晚于开车前 48 h。

②旅客在发站办理改签时,改签后的车次票价高于原票价时,核收票价差额;改签后的车次票价低于原票价时,退还票价差额。旅客办理中转签证或在列车上办理补签、变更席(铺)位时,签证或变更后的车次、席(铺)位票价高于原票价时,核收票价差额;签证或变更后的车次、席(铺)位票价低于原票价时,票价差额部分不予退还。

③因承运人责任使旅客不能按票面记载的日期、车次、座别、铺别乘车时,站、车应重新妥善安排。重新安排的列车、座席、铺位高于原票等级时,超过部分票价不予补收;低于原票等级时,应退还票价差额,不收退票费。

④持通票的旅客在中转站和列车上要求变更径路时,必须在通票有效期能够到达到站时方可办理。办理时,原票价低于变径后的票价时,应补收新旧径路里程票价差额,核收手续费;原票价高于或相等于变更后的径路票价时,持原票乘车有效,差额部分(包括列车等级不符的差额)不予退还。

3. 误售、误购、误乘的处理

发生车票误售、误购时,在发站应换发新票。在中途站、原票到站或列车内应补收票价时,换发代用票,补收票价差额。应退还票价时,站、车应编制客运记录交旅客,作为乘车至正当到站要求退还票价差额的凭证,并应以最方便的列车将旅客运送至正当到站,均不收取手续费或退票费。

因误售、误购或误乘需送回时,承运人应免费将旅客送回。在免费送回区间,旅客不得中途下车。如中途下车,对往返乘车区间补收票价,核收手续费。

由于误售、误购、误乘或坐过了站在原通票有效期不能到达到站时，应根据折返站至正当到站间的里程，重新计算通票有效期。

4. 丢失车票的处理

旅客丢失车票应另行购票。在列车上应自丢失站起(不能判明时从列车始发站起)补收票价，核收手续费。旅客补票后又找到原票时，列车长应编制客运记录交旅客，作为在到站出站前向到站要求退还后补票价的依据。退票核收退票费。

5. 不符合乘车条件的处理

(1)补票并核收手续费的情况

①应买票而未买票的儿童只补收儿童票。实行车票实名制情况下已满 14 周岁或者未实行车票实名制情况下身高超过 1.5 m 的儿童使用儿童票乘车时，应补收儿童票价与全价票价的差额。

②持站台票上车送客未下车但及时声明时，只补收至前方停车站的车票。

③经站、车同意上车补票的。

(2)只核收手续费的情况

下列情况，只核收手续费，但已经使用至到站的除外：

①旅客在票面指定的日期、车次开车前乘车的，应补签。

②旅客所持车票日期、车次相符但未经车站剪口的，应补剪。

③持通票的旅客中转换乘应签证而未签证的，应补签。

(3)补票、核收手续费并加收补票价 50%票款的情况

①无票乘车时，补收自乘车站(不能判明时自始发站)起至到站止车票票价。持失效车票乘车按无票处理。

②持用伪造或涂改的车票乘车时，除按无票处理外并送交公安部门处理。

③持站台票上车并在开车 20 min 后仍不声明时，按无票处理。

④持用低等级的车票乘坐高等级列车、铺位、座席时，补收所乘区间的票价差额。

⑤旅客持减价票没有规定的减价凭证或不符合减价条件时，按照全价票价补收票价差额。

(七)运输合同的终止

1. 拒绝运送

对无票乘车而又拒绝补票的人，列车长可责令其下车并应编制客运记录交县、市所在地车站或三等以上车站处理。车站对列车移交或本站发现的上述人员应追补应收和加收的票价，核收手续费。

对违反国家法律、法规，在站内、列车内寻衅滋事、扰乱公共秩序的人，站、车均可拒绝其上车或责令其下车；情节严重的送交公安部门处理；对未使用至到站的票价不予退还，并在票背面做相应的记载，运输合同即行终止。

2. 退票

(1)因旅客原因的退票

旅客退票必须在购票地车站或票面发站办理。在发站开车前，特殊情况也可在开车后 2 h 内，退还全部票价。团体旅客必须在开车 48 h 以前办理。

旅客开始旅行后不能退票。但如因伤、病不能继续旅行时，经站、车证实，可退还已收票价与已乘区间票价差额。已乘区间不足起码里程时，按起码里程计算；同行人同样办理。

退还带有“行”字戳迹的车票时,应先办理行李变更手续。

因特殊情况经站长同意在开车后 2 h 内改签的车票不退。站台票售出不退。

(2)因承运人责任致使旅客退票

因承运人责任致使旅客退票时按下列规定办理,不收退票费:在发站,退还全部票价;在中途站,退还已收票价与已乘区间票价差额,已乘区间不足起码里程时,退还全部票价;在到站,退还已收票价与已使用部分票价差额。未使用部分不足起码里程按起码里程计算;空调列车因空调设备故障在运行过程中不能修复时,应退还未使用区间的空调票价。

(八)携带品与旅客遗失物品的处理

1. 携带品的处理

旅客携带品由自己负责看管。每人免费携带品的重量和体积是:儿童(含免费儿童)10 kg,外交人员 35 kg,其他旅客 20 kg。每件物品外部尺寸长、宽、高之和不超过 160 cm,杆状物品不超过 200 cm,但乘坐动车组列车不超过 130 cm;重量不超过 20 kg。残疾人旅行时代步的折叠式轮椅,可免费携带并不计入该范围。

另外,《铁路旅客运输规程》还规定了不得带入车内的物品以及限量携带的物品。

(1)不得带入车内的物品

包括:①国家禁止或限制运输的物品;②危险品、承运人不能判明性质的化工产品;③动物及妨碍公共卫生的物品;④能损坏或污染车辆的物品等。

(2)限量携带的物品

如气体打火机、安全火柴、染发剂、酒精等。

(3)旅客违章携带物品的处理

①在发站,禁止进站上车。

②在车内或下车站,对超过免费重量的物品,其超重部分应补收四类包裹运费。对不可分拆的整件超重、超大物品、动物,按该件全部重量补收上车站至下车站四类包裹运费。

③发现危险品或国家禁止、限制运输的物品,妨碍公共卫生的物品,损坏或污染车辆的物品,按该件全部重量加倍补收乘车站至下车站四类包裹运费。危险物品交前方停车站处理;必要时移交公安部门处理。对有必要就地销毁的危险品应就地销毁,使之不能为害并不承担任何赔偿责任。

④如超重、超大的物品价值低于运费时,可按物品价值的 50%核收运费。

2. 旅客遗失物品的处理

对旅客的遗失物品应设法归还原主。如旅客已经下车,应编制客运记录,注明品名、件数等移交下车站。不能判明时,移交列车终点站。

客流量较大的车站应设失物招领处。失物招领处对旅客遗失物品应妥善保管,正确交付。遗失物品需通过铁路向失主所在站转送时,物品在 5 kg 以内的免费转送;超过 5 kg 时,到站按品类补收运费。

二、行李包裹运输

(一)行李与包裹的范围

1. 行李的范围

行李是指旅客由于旅行而导致的生活上一定限度的必需品,并且凭车票办理托运。行李运输是随同旅客运输而产生的，与旅客运输不可分割，旅客不购票乘车就不可能产生行李运输。

行李包括旅客自用的被褥、衣服、个人阅读的书籍、残疾人车和其他旅行必需品。持有搬家、调转证明的家庭用具、生活用粮和自行车以及残疾人车和小孩车，也可以凭客票，按行李托运。

行李中不得夹带货币、证券、文物、珠宝、档案材料等贵重物品和国家禁限运输的物品。对其性质有怀疑的物品也按危险品来处理。

每件行李的最大重量为 50 kg；体积以适于装入行李车为限，但最小不得小于 0.01 m^3。行李应随旅客所乘列车运送或提前运送。

2. 包裹的范围

包裹是指适合在旅客列车行李车内运输的小件货物，是工农业生产和人民物质文化生活所急需的，由旅客列车运送的零星急运物资，俗称“快件”。

(1)包裹种类

包裹分为四类：

一类包裹是自发刊日起 5 d 以内的报纸；中央、省级政府宣传用非卖品；新闻图片和中、小学生课本。

二类包裹是抢险救灾物资，书刊，鲜、冻鱼类、肉、蛋、奶类、果蔬类。

三类包裹是不属于一、二、四类包裹的物品。

四类包裹包括：①一级运输包装的放射性同位素，油样箱，摩托车；②泡沫塑料及其制品；③需要特殊运输条件的物品。

托运包裹的每件体积、重量规格与行李相同。铁路运输企业可制定管内包裹运输的范围。

(2)不能按包裹运输的物品

不能按包裹运输的物品有：易于污损坏车辆的物品；蛇、猛兽和每头超过 20 kg 的活动物(警犬等除外)；危险品及不明性质的化工产品；国家禁止运输和不适于装入行李车的物品等。

(3)快运包裹

中铁快运(注册商标为“CRE 中铁快运”)经营“小件货物特快专递运输服务”，即快运包裹服务。快运包裹以铁路行李车为主要运输工具，配合航空、公路、海运开展综合运输，辅以汽车运输实行门到门服务，同时根据国家主管部门批准的国际货物运输代理经营权，开展国际运输，以满足顾客的不同需求。

(二)行李票与包裹票

1. 行李票与包裹票的概念

行李票与包裹票是行李、包裹运输合同的基本凭证。办理行包运输时托运人与承运人必须签订运输合同。铁路行李、包裹运输合同是指承运人与托运人、收货人之间明确行李、包裹运输权利义务关系的协议。

托运人即委托铁路承运人运输行李或包裹并与其签有行李、包裹运输合同的人；收货人即凭有效领取凭证领收行李、包裹的人。

行李、包裹运输合同自承运人接收行李、包裹并填发行李票、包裹票时起成立，到行李、包裹运至到站交付给收货人止履行完毕。

2. 行李票与包裹票的内容

行李票与包裹票应当载明以下主要事项:①发站和到站。②托运人、收货人的姓名、地址、联系电话、邮政编码。③行李和包裹的品名、包装、件数、重量。④运费。⑤声明价格。⑥承运日期、运到期限、承运站站名戳及经办人员名章。

(三)托运人与承运人的基本权利和义务

1. 托运人的权利和义务

(1)托运人的基本权利

托运人的基本权利包括:要求承运人将行李、包裹按期、完好地运送至目的地;当行李、包裹灭失、损坏、变质、污染时要求承运人进行赔偿。

(2)托运人的基本义务

托运人的基本义务主要有:缴纳运输费用,完整、准确地填写托运单,遵守国家有关法令及铁路规章制度,维护铁路运输安全;因自身过错而给承运人或其他托运人、收货人造成损失时应承担赔偿责任。

2. 承运人的权利和义务

(1)承运人的基本权利

承运人的基本权利包括:按规定收取运输费用,要求托运的物品符合国家政策法令和铁路规章制度;对托运的物品进行安全检查,对不符合运输条件的物品可以拒绝承运;因托运人、收货人的责任而给他人或承运人造成损失时向责任人要求赔偿。

(2)承运人的基本义务

承运人的基本义务有:为托运人提供方便、快捷的运输条件,将行李、包裹安全、及时、准确地运送到目的地;行李、包裹从承运后至交付前,发生灭失、损坏、变质、污染时,应承担赔偿责任。

(四)行李、包裹运输的主要环节

行李、包裹运输的主要环节有:托运与承运,包装与货签检查,押运与带运,变更运输,到达保管、通知和查询,以及装卸、交付和转运等六项。

1. 托运与承运

托运是旅客(或托运人)交付行李(或包裹)、委托承运人运输的行为,承运是铁路运输企业作为承运人承担行李、包裹运输任务的活动。托运与承运是铁路运输的开始,是行李、包裹运输合同的确立。铁路作为承运人必须做好承运工作,为保证安全、准确、迅速地进行行李、包裹运输创造良好条件。

承运人在承运行李、包裹时要做好如下工作:查看所托运的行李、包裹内的物品名称、件数是否与托运单记载相符,物品状态是否完好;查看所承运的物品是否适于按照行李、包裹进行运输;查看行李、包裹中是否夹带了危险品及国家禁限运输的物品。

旅客在乘车区间内凭有效客票可托运一次行李。

2. 包装与货签

(1)包装认定

行李、包裹的包装必须完整牢固、适合运输。其包装的材料和方法应符合国家或运输行业规定的包装标准。

(2)标签检查

行李包裹每件的两端应各有一个铁路货签。货签上的内容应清楚、准确并与托运单上相应的内容一致。

承运的工作人员应查看行李、包裹的货签及安全标志是否齐全，填写是否正确以及是否使用规范文字。

3. 包裹的押运

托运金银珠宝、货币证券、文物、枪支、中途需饲养的动物等必须派人押运。押运人应购买车票并对所押物品的安全负责。承运人应为押运人购票提供方便。

4. 变更运输

旅客或托运人交由铁路运输的行李、包裹常常会因为某些原因而出现需要取消托运和变更到站的情况。旅客或托运人在办理托运手续后，可按照如下规定办理一次行李、包裹的运输变更手续，并核收变更手续费：

(1)在发站装运前取消托运

旅客或托运人要求取消托运的，车站应收回行李、包裹票并注销，注明"取消托运"字样。

取消托运时，经收取的运费低于变更手续费和保管费时，运费不退也不补。

(2)在发站装运后变更运输

发站对装运后要求变更到站的行李、包裹，应在行李、包裹票上注明变更事项，交给旅客或托运人，作为在新到站领取行李、包裹和办理变更运输后产生运费差额的核算凭证。

(3)旅客在发站或中途站停止旅行

旅客在发站或中途站停止旅行，要求仍将行李运至到站的，按包裹收费，应补收发站或停止旅行站至到站的行李与包裹运费的差额，并核收变更手续费。

办理变更运输后产生的杂费按实际产生的杂费项目核收。

5. 到达保管、通知和查询

(1)行李从运到日起、包裹从发出通知日起，承运人免费保管 3 d，逾期到达的行李包裹免费保管 10 d。超过免费保管期限时，按日核收保管费。

(2)旅客因病、因铁路方面的责任或因自然灾害而延长了车票有效期间的行李、自行车等，对于延长的天数，车站不收取保管费。

(3)收货人询问行李包裹是否到达时，承运人应及时予以查找。对逾期未到的行李、包裹应及时做查询记录。

6. 装卸、交付和转运

(1)装卸

将行李、包裹从行李房的收货地点至装上行李车，或从行李车卸下至规定的交付地点，各为一次作业。由发站或到站分别收取装费或卸费。

(2)交付

交付是行李、包裹运输过程的最后工序。将行李、包裹交给旅客时，要求有关工作人员严格交付手续，保证行李、包裹安全，防止误领情况的发生。

收货人领取行李、包裹时，如发现有短少或异状应在领货时及时提出。检查发现有损失时，应编制事故记录，交收货人作为要求赔偿的依据。

(3)转运

旅客如继续旅行，要求将行李继续运至新到站时，可凭新车票及原行李票重新办理托运。

(五)行李、包裹的保价运输

行李、包裹的运输分为保价运输和不保价运输,托运人可以选择其中一种运输方式,并在托运单上注明。

办理保价运输时,托运人必须声明价格,可分件声明价格,也可按照一批全部件数声明价格。

按照保价运输的行李、包裹应收保价费。行李保价费按照声明价格的0.5%核收,包裹保价费按声明价格的1%核收。

(六)行李、包裹的运到期限

行李、包裹的运到期限是指在铁路现有技术设备条件和运输组织水平下,行李、包裹运送一定距离所需要的时间。运到期限的长短以及能否按规定的期限运到目的地,反映了铁路运输组织的管理水平和工作质量。

1. 运到期限的计算

行李、包裹的运到期限以运价里程计算。从承运日起,行李600 km以内为3 d,超过600 km时,每增加600 km增加1 d,不足600 km也按1 d计算。包裹400 km以内为3 d,超过400 km时,每增加400 km增加1 d,不足400 km也按1 d计算。

快运包裹按承诺的运到期限计算。

2. 逾期运到的处理

行李、包裹超过规定的运到期限运到时,承运人应按逾期日数及所收运费的百分比向收货人支付违约金。违约金最高不超过运费的30%。

(七)特殊行李、包裹的处理

1. 品名、重量不符与无票运输行李、包裹的处理

发现品名不符时,在发站,应补收已收运费与正当运费的差额;在到站,加收应收运费与已收运费差额两倍的运费。到站发现重量不符应退还时,退还多收部分的运费。

发现无票运输的物品,按实际运送区间加倍补收四类包裹运费。

2. 无法交付行李、包裹的处理

由于旅客、托运人的过失或铁路承运人管理不善、运输质量不高等因素,在行李、包裹运送至到站后会发生无法交付的情形。

(1)对无法交付的行李包裹或旅客的遗失物品、暂存物品,承运人应登记保管。容易变质的物品应及时处理。

(2)车站对无法交付的行李、包裹,账和物应由专人分管,做到账物相符。

(3)车站对无法交付的行李、包裹,遗失物品、暂存物品,90 d以内仍无人领取,应在车站进行通告。通告90 d以后仍无人领取时,应报上一级主管部门批准后予以变卖。

三、特定运输

(一)包　车

包车是指要求单独使用加挂车辆或加开专用列车。凡要求单独使用加挂车辆或加开专用列车时,均按包车办理。

1. 提出包车路程单

包车人应先向承运人提出全程路程单。包车人要求包车或单独使用加挂车辆、单独使用专用列车时,应提前与乘车站或其上级主管部门联系,并提交全程路程单。

车站接到包车单位提出的全程路程单后报请上级批准，批准命令以调度命令形式下达车站。车站应提前通知包车人办理运费交纳手续。

2. 包车合同

包车合同是包车人与承运人就单独使用加挂车辆或加开专用列车相关事宜达成的协议。签订包车合同的同时，包车人应缴付定金。

包车合同的主要内容包括：包车人、承运人的名称、地址、联系人姓名、电话；包用车辆种类、数量；发站和到站站名；用车时间；包车运输费用；违约责任；双方商定的其他事项。

3. 违约责任

包车人改变或取消用车计划时，应向承运人缴付延期使用费或停止使用费；因包用车辆自其他站向用车站调运车辆产生空驶时，还应缴付空驶费。承运人违约时应双倍返还定金。包车人在中途站、折返站要求停留时，应缴付停留费。

（二）租车及自备车辆的挂运

租车是指租用人租用铁路车辆自用。向承运人租用车辆时，租用单位应与承运人签订租车合同。租车合同主要载明：承租人和承运人名称、地址、联系人姓名、电话；租用车辆种类、数量；租用的时间和区间；租车费用；违约责任；双方商定的其他事项。

企业自备车辆或租用车利用铁路动力、线路运行时，应向承运人提出书面要求，经协商同意并对机车车辆的技术状态检查合格后才能办理，核收挂运费或行驶费。长期挂运或行驶时，承运人应与企业或承租人签订合同。

（三）过轨运输

过轨运输是指国家铁路运输企业与其他铁路运输企业间办理直通旅客运输业务。办理过轨运输应报国务院铁路主管部门批准。

四、铁路旅客运输事故的处理

（一）线路中断时对旅客以及行李、包裹的安排

1. 对旅客的安排

因线路发生中断，列车不能继续运行时，铁路运输企业应妥善安排被阻旅客，车站应将停办营业和恢复营业的信息及时向旅客公告。停止运行站或列车应在旅客车票背面注明原因，加盖站名章或列车长名章，作为旅客免费返回发站、中途站办理退票、换车或延长有效期的凭证。

线路中断，旅客可以要求在原地等候通车、返回发站、中途站退票或按照承运人的安排绕道旅行。旅客持票等候通车后继续旅行时，可凭原票在通车 10 d 内恢复旅行。车站应根据旅客候车日数延长车票有效期。卧铺票应办理退票。

铁路组织原列车绕道运输时，旅客原票不补不退，但中途下车即行失效。

2. 对行李、包裹的安排

对发站已承运的行李、包裹应妥善保管，铁路组织绕道运输时，运费不补不退。滞留中途站的鲜活包裹应及时变卖处理。

（二）现场处理

现场处理，是指车站或列车会同公安人员，在现场所开展的工作和所采取的抢救措施。

发生旅客人身伤害或急病时，车站或列车应会同公安人员勘查现场，收集旁证、物证，调查事故原因，编制客运记录或旅客伤亡事故记录，并积极采取抢救措施，按照旅客人身伤害

或疾病处理的有关规定办理。

(三)赔偿责任和免责范围

1. 旅客人身伤害的赔偿

铁路运输企业与旅客在法律地位上是平等的民事主体,旅客购买车票乘坐火车与铁路旅客运输企业形成了运输合同法律关系,铁路运输企业有义务保障旅客的旅行安全。

铁路运输企业应当对运输过程中造成旅客的伤亡承担赔偿责任。经承运人证明事故是由承运人和旅客或托运人的共同过错所致,应根据各自过错的程度分别承担责任。

《铁路法》规定:因铁路行车事故及其他铁路运营事故造成人员伤亡的,铁路运输企业应当承担赔偿责任。对于旅客人身伤亡的赔偿范围,《铁路法》和铁路客运规章没有做出明确的规定。

目前,铁路运输企业对每名旅客人身伤害的赔偿责任限额为人民币 4 万元。

2. 行李、包裹事故的赔偿

行李、包裹事故赔偿标准为:

①按保价运输办理的物品全部灭失时按实际损失赔偿,但最高不超过声明价格。部分损失时,按损失部分所占的比例赔偿。分件保价的物品按所灭失该件的实际损失赔偿,最高不超过该件的声明价格。

②未按保价运输的物品按实际损失赔偿,但最高连同包装重量每公斤不超过 15 元。

另外,旅客随身携带品赔偿金的最高赔偿限额为人民币 800 元。行李包裹全部或部分灭失时,退还全部或部分运费。

3. 免责范围

因下列原因造成的旅客身体损害,承运人不承担责任:①不可抗力。②旅客自身健康原因造成的或者承运人证明伤亡是旅客故意、重大过失造成的。

因下列原因造成的行李、包裹损失,承运人不承担责任:①不可抗力。②物品本身的自然属性或合理损耗。③包装方法或容器不良,从外部观察不能发现或无规定的安全标志时。④托运人自己押运、带运的包裹(因铁路责任除外)。⑤托运人、收货人违反铁路规章或其他自身的过错。

(四)事故处理

1. 旅客伤害的赔偿

发生旅客伤害事故时,旅客可向事故发生站或处理站请求赔偿。如旅客身体损害属于铁路运输企业承责范围,铁路运输企业应当支付赔偿金。

2. 行李、包裹事故损失的赔偿

发生行李、包裹事故时,车站应会同有关人员编制行李、包裹事故记录交收货人作为请求赔偿的依据。事故赔偿一般应在到站办理,特殊情况也可由发站办理。

发生行李、包裹事故,收货人要求赔偿时,应在规定的期限内提交行李票或包裹票,行李包裹事故记录,证明物品内容和价格的凭证等文字材料。

暂存物品发生丢失、损坏时,应参照行李、包裹事故赔偿的有关规定办理。赔偿款额协商确定。

3. 索赔时效

承运人与旅客、托运人、收货人因合同纠纷产生索赔或互相间要求办理退补费用的有效期为 1 年。

责任方自接到赔偿要求书的次日起，一般应于 30 d 内向赔偿要求人做出答复并尽快办理赔偿。多收或少收运费时应于 30 d 内退补完毕。

第三节 《铁路旅客运输规程》的引申规章

《铁路旅客运输规程》的引申规章主要包括《铁路客运运价规则》《铁路旅客运输安全检查管理办法》《铁路车站、旅客列车卫生监督管理办法》。

一、《铁路客运运价规则》

(一)概　　述

铁道部于 1997 年 12 月 1 日发布的《铁路客运运价规则》共 6 章 41 条。该规章对铁路旅客运价的定义进行了界定，即"本规则所指客运运价包括旅客票价和行李、包裹运价。客运运价与客运杂费构成全部运输费用。"

国家铁路的旅客票价率和行李、包裹运价率由国务院铁路主管部门拟定，报国务院批准。客运杂费由国务院铁路主管部门规定。经国务院铁路主管部门报国家物价主管部门同意，特殊区段可实行特殊运价。

另外，在国务院批准的价格内，经国家物价主管部门同意，国务院铁路主管部门可根据运输市场的需求，实行浮动价格；对在铁路局内运行的旅客列车的票、运价，可根据具体情况，赋予铁路局自行浮动的权力。

国家铁路的客运运价，以元为计算单位，不足一元的尾数按四舍五入处理(但半价票价，棚车票价，市郊单程票价及客运杂费的尾数保留至角)。对浮动票价应分别按票种处理尾数。

(二)运价里程

旅客和行李、包裹的票、运价里程，以国务院铁路主管部门公布的《铁路客运运价里程表》为计算依据。发到站间跨及两条及其以上线路时，应按规定的接算站接算；通过轮渡时，应将规定的轮渡里程加入运价里程内计算。

运价里程具体包括：

①旅客票价里程，按旅客乘车的实际径路计算；

②行李运价里程，按行李实际运送的径路计算，旅客要求行李由近径路运送时，如有直达列车可按近径路计算。超过车票终到站以远的行李计费径路比照包裹计费径路办理。

③包裹运价里程按最短径路计算，有指定径路时，按指定径路计算。

《铁路客运运价规则》还分别规定了计算旅客票价，行李、包裹运价的起码里程。

(三)定价管理

1. 旅客票价

旅客票价包括两部分：①客票票价分为硬座、软座客票票价。②附加票票价分为加快、卧铺、空调票票价。

旅客票价以每人每公里的票价率为基础，按照旅客旅行的距离和不同的列车设备条件，采取递远递减的办法确定。

2. 行李、包裹运价

行李运价率为硬座客票票价率的 1%，即 100 km 的行李运价率等于 1 人 · km 的硬座客票基本票价率。

包裹票价率是以三类包裹运价率为基数,其他各类包裹运价率按三类包裹的运价率加成或减成一定的比例确定。

行李、包裹运价是根据规定的运价区段,以每公斤每公里的运价率乘以通过递远递减后而确定的计价里程,再乘以 5 kg,即得 5 kg 为单位的运价基数。其他重量的运价,则以 5 kg 的运价基数推算。

行李、包裹的运费,根据行李包裹运价表按每张票据计算。旅客可凭客票办理一次行李托运。托运的行李在 50 kg 以内,按行李运价计算,超过 50 kg 时,对超过部分按行李运价加倍计算。运价不同的物品混装为一件时,按其中运价高的计算。

3. 特定运价

特定运价,是对一些特殊运输方式和特殊运价区段而制定的客运运价,包括以下两个方面:包车、租车、挂运、行驶等运价的计算;国家铁路、地方铁路及特殊运价区段间办理直通、过轨运输运价的计算。

包用客车、公务车、专用列车、豪华列车时,应预先支付相当于运费 20%的定金。

(1)包车时按客车和合造车,卧车按种别、定员,公务车、豪华列车按定员,棚车、代用客车、行李车和合造车的行李车部分,按车辆标记载重,娱乐车、餐车、合造车(餐车合造车、软座硬卧合造车、软座行李合造车、硬座行李合造车)按每日每辆收费标准核收票价、运费、使用费。

(2)包用的客车、公务车加挂在普快、特快列车上或加开的专用列车、豪华列车上按上述等级速度运行时,应根据票价人数核收相应的加快票价。

(3)包用车辆使用空调设备时,还应按核收客票票价的人数核收空调费。娱乐车、餐车的空调费按使用费的 25%计算。

(4)包车全部运行途中,里程采取通算。

(5)厂矿、企业等单位租用客车在本单位使用时,按包车停留费标准,按日核收租车费。单独租用发电车时,规定了每日每辆租车费收费标准。

(6)租用客车或企业自备客车在国家铁路的旅客列车或货物列车挂运时,按下列标准核收挂运费:

空车:不分车种,按每轴每公里 0.534 元核收。

重车:客车按标记定员票价的 80%核收;行李车按标记载重运费的 80%核收;餐车、娱乐车、发电车按租车费的 80%核收。

(7)企业自备机车、车辆或租用车,利用国家铁路线路运行时,不论空车或重车,均按每轴(含机车轴数)每公里 0.468 元核收行驶费。

(8)国家铁路、合资铁路、地方铁路及特殊运价区段间相互办理直通过轨运输时,里程采取通算。上述各段由于分段计算,有不足起码里程区段时,按起码里程计算,但卧铺票价按规定计算。客运杂费按实际产生的核收。

4. 客运杂费

指在铁路运输过程中,除去客票票价、行包运价以外,铁路运输企业向旅客、托运人、收货人提供的辅助作业、劳务及物耗等所收的费用。客运杂费的收费项目和收费标准由国务院铁路主管部门制定。

(1)迟交票款、运费、杂费时从应收该项费用之次日起至付款日止,每迟交一日,按迟交总额的1%核收运输费用迟交金。

(2)包裹到达通知费,以市内电话以外的方式通知时,产生的信函、电报等费用,由到站以实际发生的款额向收货人收取。

(3)行包实际运到日数超过规定运到期限时,应按所收运费的百分比,向收货人支付运到逾期的违约金,但最多不超过运费的30%。

(4)包车时,根据包车人提出的全程路程单核收包车停留费,对娱乐车、餐车、餐车合造车、公务车、高级软卧车,软座车、软卧车、软硬卧车、硬卧车、软座硬卧合造车,硬座车、行李车、软硬座合造车、行李邮政车、软座行李合造车、硬座行李合造车、棚车均分别规定了具体的收费标准。

包用的车辆,产生空驶时,对空驶区段不分车种,每车每公里核收3.458元的空驶费,但棚车不核收空驶费。

二、《铁路旅客运输安全检查管理办法》

(一)概　　述

铁路旅客运输安全检查是指铁路运输企业在车站、列车对旅客及其随身携带、托运的行李物品进行危险物品检查的活动。为了保障铁路运输安全和旅客生命财产安全,加强和规范铁路旅客运输安全检查工作,根据《中华人民共和国铁路法》《铁路安全管理条例》等法律、行政法规和国家有关规定,2014年12月8日中华人民共和国交通运输部公布了《铁路旅客运输安全检查管理办法》,共22条,自2015年1月1日起施行。

(二)危险品的检查和处理

1. 危险品范围

危险物品是指易燃易爆物品、危险化学品、放射性物品和传染病病原体及枪支弹药、管制器具等可能危及生命财产安全的器械、物品。

根据国务院颁布的《铁路安全管理条例》等法律法规,2016年铁路部门对《铁路进站乘车禁止和限制携带物品目录》进行了修订,规定禁止携带和办理托运的物品包括:枪支、子弹类(含主要零部件);爆炸物品类;管制器具;易燃易爆物品;剧毒性、腐蚀性、放射性、传染性、危险性物品;危害列车运行安全或公共卫生的物品。限量携带以下物品:不超过20 mL的指甲油、去光剂、染发剂;不超过120 mL的冷烫精、摩丝、发胶、杀虫剂、空气清新剂等自喷压力容器;安全火柴2小盒;普通打火机2个。

2. 组织管理

铁路运输企业应当在车站和列车等服务场所内,通过多种方式公告禁止或者限制携带物品种类及其数量。

铁路运输企业应当按照法律、行政法规、规章和国家铁路局有关规定,组织实施铁路旅客运输安全检查工作,制定安全检查管理制度,完善作业程序,落实作业标准,保障旅客运输安全。

铁路运输企业应当在铁路旅客车站和列车配备满足铁路运输安全检查需要的设备,并根据车站和列车的不同情况,制定并落实安全检查设备的配备标准,使用符合国家标准、行业标准和安全、环保等要求的安全检查设备,并加强设备维护检修,保障其性能稳定,运行安全。

铁路运输企业应当采取有效措施,加强旅客车站安全管理,为安全检查提供必要的场地和作业条件，提供专门处置危险物品的场所。

铁路运输企业应当在铁路旅客车站和列车配备满足铁路运输安全检查需要的人员，并加强识别和处置危险物品等相关专业知识培训。从事安全检查的人员应当统一着装，佩戴安全检查标志。

铁路运输企业应当制定并实施应对客流高峰、恶劣气象及设备故障等突发情况下的安全检查应急措施，保证安全检查通道畅通。

3. 安全检查

旅客应当接受并配合铁路运输企业的安全检查工作。拒绝配合的，铁路运输企业应当拒绝其进站乘车和托运行李物品。

铁路运输企业可以采取多种方式检查旅客及其随身携带或者托运的物品。对旅客进行人身检查时，应当依法保障旅客人身权利不受侵害；对女性旅客进行人身检查，应当由女性安全检查人员进行。安全检查人员发现可疑物品时可以当场开包检查。开包检查时，旅客应当在场。安全检查人员认为不适合当场开包检查或者旅客申明不宜公开检查的，可以根据实际情况，移至适当场合检查。

4. 处理

铁路运输企业在旅客进站或托运人托运前查出的危险物品，或旅客携带禁止携带物品、超过规定数量的限制携带物品的，可由旅客或托运人选择交送行人员带回或自弃交车站处理。对怀疑为危险物品，但受客观条件限制又无法认定其性质的，旅客或托运人又不能提供该物品性质和可以经旅客列车运输的证明时，铁路运输企业有权拒绝其进站乘车或托运。

安全检查中发现携带枪支弹药、管制器具、爆炸物品等危险物品，或者旅客声称本人随身携带枪支弹药、管制器具、爆炸物品等危险物品的，铁路运输企业应当交由公安机关处理，并采取必要的先期处置措施。列车上发现的危险物品应当妥善处置，并移交前方停车站。鞭炮、发令纸、摔炮、拉炮等易爆物品应当立即浸湿处理。

铁路运输企业在安全检查过程中，对扰乱安全检查工作秩序、妨碍安全检查人员正常工作的，应当予以制止；不听劝阻的，交由公安机关处理。旅客违法携带、夹带管制器具或者违法携带、托运烟花爆竹、枪支弹药等危险物品或者其他违禁物品的，由公安机关依法给予治安管理处罚；构成犯罪的，依法追究刑事责任。

三、《铁路站、车卫生监督管理办法》

(一)概　　述

为适应我国铁路运输事业的发展，提高车站、旅客列车卫生水平，维护广大旅客、铁路职工身体健康，防止传染病借铁路站车传播，保证铁路运输生产安全，依据《铁路法》《食品卫生法》《传染病防治法》和《公共场所卫生管理条例》等有关法律、法规，铁道部于 1992 年 2 月颁布了《铁路车站、旅客列车卫生监督管理办法》，共 8 章 34 条，包括总则、车站卫生、旅客列车卫生、客车车辆卫生、站车食品卫生、站车卫生监督，以及罚则与附则。

该办法的适用范围为铁路车站、旅客列车及车站管辖范围内的食品生产经营和公共场所，在上述范围内进行营业活动的路内外单位或个人均须遵守。

该办法的实施体制是：铁道部、铁路局卫生主管部门为行使该办法的监督机构，并委托铁路卫生防疫部门依据国家有关卫生法律、法规和该办法的规定，实施站车卫生监督管理；站车卫生监督管理实行铁路卫生许可证、健康合格证和预防性卫生监督制度。

(二)站车卫生监督管理

1. 车站卫生

车站应有相应的卫生设施,二等和二等以上的车站必须在适当处所设有一定数量的果皮箱、垃圾箱、盥洗、厕所等卫生设施,并做好经常性的保洁工作。车站的客车到发线路、站台要保持清洁卫生。

候车室要提供饮用开水,列车上水站必须按章向旅客列车上水。

候车室、售票厅的空气质量、噪声、照明均要符合国家《公共交通等候室卫生标准》。车站站房、站前广场、天桥、地道、站台、股道以及驻站单位的室内外环境,均要符合有关卫生标准。

2. 旅客列车卫生

旅客列车要有健全的卫生保洁制度和卫生清扫作业程序,坚持列车的卫生鉴定制度。列车驶经市区、大桥、长大隧道和停车 5 min 以上车站时,要锁闭厕所。列车垃圾应在指定的列车垃圾投放站装袋投放。入库列车不得带有垃圾和污水。

旅客列车的座席、铺位、洗面盆、整容镜、便池等公用设施,要保持清洁卫生,供旅客使用的被单、褥单、枕巾,其他卧具、椅套要定期拆洗消毒,保持清洁卫生。

旅客列车的空气质量、噪声、照明等在定员状态时均要符合国家公共交通工具卫生标准,同时应提供饮用开水。

旅客列车应配备急救药箱,专人保管,做好使用登记并及时补充药品器械。

3. 客车车辆卫生

车辆部门对运用的客车要认真进行整备,保证客车的外貌和车内环境整洁,各种卫生设施齐全,性能完好。

检车乘务员所使用的工具、配件要定位存放。保证照明灯具和其他电器设备、餐车电冰箱、冷藏箱正常运用,茶水炉等清洁、性能良好。

加挂及临编客车,有关部门要提前做好各项卫生整备工作,未经卫生整备或达不到卫生要求的车辆不得编组运用。

4. 站车食品卫生

站车食品经营单位,进货时必须向进货单位索取"卫生许可证"及该食品每批检验合格证或检验单,必要时铁路卫生监督机构进行抽样检查,合格后方准销售。

食品包装、食品商品标志必须符合国家规定的卫生标准和通用商品包装要求,并必须执行出厂期和保存期限销售的规定。

旅客列车发生食物中毒时,列车长应及时报告,并保护现场,封存保留样品,以备查验;铁路主管部门接到报告后应按规定逐级上报,并及时前往调查处理。

5. 站车卫生监督

铁道部、铁路局主管部门和铁路卫生防疫部门的站车卫生监察,应在从事站车卫生工作超过二年的医师、三年的医士及从事客车"消、杀、灭"工作三年的医师以上人员中选荐,经各铁路局主管部门审查,报铁道部主管行政机构任命发证。

站车卫生监察在本管内对车站,各次始发、终到和站停 5 min 以上的通过旅客列车实行卫生监督检查。

(三)卫生监督处罚

对违反该办法有关规定的主管单位,视情节轻重给予警告、限期改进。遇有如卫生监督检查符合率不合格者、车站及车辆卫生设施缺乏、经卫生监督记录提出仍不增添、修缮改进等情形,经警告后仍无改进者,可以处以罚款。

复习思考题

1. 简述铁路旅客运输车票的分类。

2. 铁路旅客运输通票的有效期是如何计算的?

3. 行李、包裹运输合同的含义及凭证是什么?包括哪些内容?

4. 铁路旅客运输的免责范围有哪些?

5. 简述铁路旅客运输安全检查的含义。铁路运输企业在铁路旅客运输安全检查管理中都有哪些责任和权利?

第十二章 《铁路货物运输规程》及其引申

《铁路货物运输规程》是调整铁路货物运输当事人之间法律关系，对铁路货物运输行为进行规范的行政规章。制定《铁路货物运输规程》的意义在于在货运管事中维护铁路货物运输的正常秩序，保护铁路货物运输合同各方当事人的合法权益，保障货物能够安全、迅速地到达目的地。

《铁路货物运输规程》是以《铁路法》和国家制定的有关方针、政策、法令为依据，由铁路主管部门制定并颁发、实施的。

《铁路货物运输规程》包括货物运输的基本条件、货物运输合同的订立、履行、变更和解除以及货运事故处理、赔偿和运输费用的退补等内容。

本章将在详细阐述《铁路货物运输规程》主要内容的基础上，简要介绍《铁路货物运输规程》的十多项引申规章。

第一节 《铁路货物运输规程》概述

一、铁路货物运输规程的概念

铁路货物运输规程是调整铁路货物运输当事人之间法律关系，对铁路货物运输行为进行规范的行政规章。

狭义上铁路货物运输规程是指原铁道部于1991年发布的《铁路货物运输规程》。

广义上的铁路货物运输规程，不仅包括原铁道部公布的《铁路货物运输规程》，还包括《铁路货物运价规则》《铁路货物装载加固规则》等引申规章以及根据该规程精神制定的多项引申规章。

二、《铁路货物运输规程》的编制依据和目的

1. 编制依据

《铁路货物运输规程》是根据国家制定的有关方针、政策、法令，以《经济合同法》《铁路法》和《铁路货物运输合同实施细则》的基本原则为依据而编制的。

《铁路法》明确规定了承运人与旅客、托运人、收货人在铁路运输中的权利、义务和责任，对运输合同履行及发生争议时的处理办法进行了规定，它是保障铁路运输和铁路建设顺利进行的法律。

2. 编制目的

《铁路货物运输规程》是铁路货物运输的基本规章，它具体规定了铁路货物运输的基本条件、货物运输合同、货物的搬入搬出、货物的承运和交付、装车和卸车、货运事故的处理和赔偿、承托双方责任的划分，是组织铁路货物运输最为直接的依据，承运人、托运人和收货人

都必须遵照执行。

《铁路货物运输规程》的编制目的在于保证承运人和托运人、收货人在货物运输过程中紧密配合,搞好协作,爱护运输物资和铁路运输设备,严格履行运输合同,安全、迅速、经济、便利地运送货物。

三、铁路货物运输规程的适用范围

1. 空间效力

《铁路货物运输规程》的空间效力范围是指该规章在什么地域内有效。《铁路货物运输规程》的空间效力范围为:全国营业铁路的货物运输,除国际联运、水陆联运、军事运输另有规定外,都适用该规程。

2. 时间效力

《铁路货物运输规程》的时间效力是指该规章从什么时候起开始生效。现行《铁路货物运输规程》是 1991 年 3 月 18 日发布施行的,这是现行《铁路货物运输规程》开始发生法律效力的时间。

3. 对人的效力

《铁路货物运输规程》对人的效力是指该规章对什么人有效。这里所说的"人",既包括承运人、托运人也包括收货人。铁路货物运输中承运人、托运人和收货人都必须遵守《铁路货物运输规程》。

第二节 《铁路货物运输规程》的主要内容

一、货物运输

(一)货物运输的基本条件

1. 铁路货物运输种类

铁路货物运输分为整车、零担和集装箱三种。

(1)一批货物的重量、体积或形状需要以一辆以上货车运输的,应按整车托运。

(2)不够整车运输条件的货物,可按零担托运;按零担托运的货物,一件体积最小不得小于 0.02 m^3(一件重量在 10 kg 以上的除外),每批不得超过 300 件。

《铁路货物运输规程》规定了不能按零担进行托运的货物,如需要冷藏、保温或加温运输的货物,易于污染其他货物的污秽品,不易计算件数的货物等。

(3)符合集装箱运输条件的货物,可以按集装箱托运,按《铁路集装箱运输规则》的规定办理。

《铁路货物运输规程》还具体规定了特定条件的货物运输办法。

2. 货物按一批托运的条件

按一批托运的货物,必须托运人、收货人、发站、到站和装卸地点相同(整车分卸货物除外)。整车货物每车为一批;跨装、爬装及使用游车的货物,每一车组为一批。

准、米轨间直通运输的整车货物,一批的重量或体积应符合下列要求:

(1)重质货物重量为 30、50、60 t。

(2)轻浮货物体积为 60、95、115 m^3。

《铁路货物运输规程》还规定了零担货物和使用集装箱运输的货物、不得按一批托运的货物等托运的条件以及整车分卸、站界内搬运和途中装卸的办理条件。

（二）货物运输合同的签订

托运人以铁路运输货物，可按年度、半年度、季度或月度签订货物运输协议，也可以签订更长期限的运输协议；在协议期内，托运人可与承运人按阶段确定需求。

托运人在托运整车货物时，还必须向承运人按批提出铁路货物运单，作为运输合同的组成部分。零担、集装箱货物运输以货物运单作为运输合同文件。

对于抢险救灾物资、直接用于农业生产的物资、鲜活货物以及其他需要急运的物资，应优先运输。

（三）货物的托运、受理和承运

1. 货物运单

托运人向承运人交运货物，应向车站按批提出货物运单一份。使用机械冷藏车运输的货物，同一到站、同一收货人可以数批合提一份运单。整车分卸货物，除提出基本货物运单一份外，每一分卸站应另增加分卸货物运单两份。

托运易腐货物、"短寿命"放射性货物时，应记明货物的容许运输期限。容许运输期限至少须大于货物运到期限 3 d。

2. 物品清单

托运人按一批托运的货物品名过多，不能在运单内逐一填记或托运搬家货物以及同一包装内有两种以上的货物，须提出物品清单一式三份：一份由发站存查，一份随同运输票据递交到站，一份退还托运人。

3. 保价运输

托运人托运的货物，分为保价运输和不保价运输两种，按哪种方式运输，由托运人在运单中选择确定。

4. 凭证明文件运输

根据中央或省（市）、自治区法令，需凭证明文件运输的货物，托运人应将证明文件与货物运单同时提出，并在货物运单上注明。

对办理海关、检疫手续及其他特殊情况的证明文件以及有关该批货物数量、质量、规格的单据，可委托承运人代递至到站交给收货人。

5. 货物运输包装

托运人托运货物，应根据货物的性质、重量、运输种类、运输距离、气候以及货车装载等条件，使用符合运输要求、便于装卸和保证货物安全的运输包装。

有国家或铁道行业包装标准的，按国家或铁道行业标准进行包装。货物的运输包装不符合规定的要求时，应由托运人改善后承运。

承运人同托运人应积极开展集装化运输，保证货物安全。

6. 按件数和重量承运

铁路运输货物时须按件数和重量进行承运。但对于散堆装货物以及规格相同的成件货物，按整车运输时，只按重量承运，不计算件数。

托运人组织装车，而到站由收货人组织卸车的货物，按托运人在货物运单上填记的件数承运。

铁路运输货物，除标准重量、标记重量或有过秤清单以及一件重量超过车站衡器最大称量的货物外,由承运人确定重量。

7. 货物运输费用的支付

货物运输费用,按照《铁路货物运价规则》的规定计算。

托运人或收货人迟交运输费用时,应向承运人支付规定的运杂费迟交金。

8. 承运

零担和集装箱运输的货物,由发站接收完毕,整车货物装车完毕,发站在货物运单上加盖车站日期戳时起,即为承运。车站在承运货物时,应将领货凭证及货票丙联交给托运人。托运人应将领货凭证及时交给收货人。

实行承运前保管的车站,对托运人已全批搬入车站的整车货物,从接收完了时起,负承运前保管责任。

(四)货物的搬入、装车和卸车

1. 货物的搬入和暂存

凡在车站公共装卸场所内装车的货物,车站应及时组织装车。车站接收货物时,应对品名、件数、运输包装、标记及加固材料等进行检查。

2. 车辆的拨配和检查

承运人应按照运输合同约定的车种拨配适当的车辆。承运人如无适当货车拨配,在征得托运人同意、保证货物安全、货车完整和装卸作业方便的条件下可以代用。

车辆代用必须符合《铁路货物装载加固规则》的有关规定。承运人应拨配状态良好,清扫干净的货车装运货物。

3. 货物的装车和卸车

货物装车和卸车的组织工作,在车站公共装卸场所以内由承运人负责。但罐车运输的货物、冻结易腐货物、未装容器的活动物、蜜蜂、鱼苗、一件重量超过 1 吨的放射性同位素,以及用人力装卸带有动力的机械和车辆,均由托运人或收货人负责组织装车或卸车。

货物装车或卸车,应在保证货物安全的条件下,积极组织快装、快卸,昼夜不间断地作业,以缩短货车停留时间,加速货物运输。由托运人或收货人组织装车或卸车的货车,车站应在货车调到前,将调到时间通知托运人或收货人。托运人或收货人在装卸车作业完了,应将装车完了或卸车完了时间通知车站。托运人或收货人负责组织装卸的货车,超过规定的装卸车时间标准或规定的停留时间标准,承运人应向托运人或收货人核收规定的货车延期使用费。

凡存放在装卸场所内的货物,应距离货物线钢轨外侧 1.5 m 以上,并应堆放整齐、稳固。承运人和托运人装载货物时,应不断改进装载方法,充分利用货车的载重力或容积,一般不超过货车容许载重量。

货物装载的高度和宽度,除超限货物和特定者外,均不得超过机车车辆限界或特定区段装载限界。货物的装载加固应按《铁路货物装载加固规则》的规定办理。

4. 篷布使用和收费

托运人组织装车的货物,使用铁路货车篷布时,对篷布的完整状态应进行检查。托运人使用自备篷布时,应在货物运单托运人记载事项栏内记明,到站应填写特价运输证明书连同篷布一并交给收货人,在 30 d 内托运,不核收运费。

专用线内装车使用的铁路货车篷布或到达专用线的铁路货车篷布,分别由托运人和收货人负责到车站取送。使用铁路货车篷布苫盖货车时,按使用张数向托运人核收货车篷布使用费。到达专用线或专用铁路的铁路货车篷布,收货人应及时送回车站。超过规定期间,要核收篷布延期使用费。

5. 货车装备物品的使用和回送

装载整车货物所需的货车装备物品(如禽畜架、篷布支架、粮谷挡板、饲养用具、防寒棉被、苫垫物品等)和货物加固材料由托运人准备,并应在货物运单托运人记载事项栏内记明其名称和件数,在到站连同货物一并交付收货人。货车装备物品和货物加固材料由承运人代为准备的,核收装载加固材料费。上述货车装备物品和加固材料向指定车站回送的,应在承运人交付货物的次日内填写特价运输证明书经到站签证。

货物在换装站需要的加固材料由换装站备制,其费用应填发垫款通知书,通知到站向收货人核收。托运人自备的集装化用具、爆炸品保险箱符合《铁路货物运价规则》规定的特定运价范围的,收货人需要向指定的车站回送时,按规定办理运输手续,并支付运费。

6. 货车和集装箱施封

使用棚车、冷藏车、罐车、集装箱运输的货物,由组织装车或装箱单位负责在货车或集装箱上施封。

施封的货车或集装箱,应在货物运单、票据封套和货车装载清单上记明施封号码。

7. 货车的清扫和洗刷除污

负责卸车的单位在卸车时,应将货物彻底卸净,卸空后的货车应清扫干净,车门、车窗、端侧板、阀等要关闭妥当。

对装过活动物、鲜鱼类、污秽品等货物的车辆,以及受易腐货物污染的冷藏车和《铁路危险货物运输管理暂行规定》中规定必须洗刷除污的货车,铁路负责洗刷并按规定或依照卫生(兽医)人员的要求进行消毒,费用由收货人负担。如收货人有洗刷、消毒设备时,也可由收货人自行洗刷、消毒。

(五)货物的到达、交付和搬出

1. 领货通知

承运人在车站公共装卸场所内组织卸车的货物,到站应不迟于卸车完了的次日内,用电话、短信或邮件等,向收货人发出领货通知或送货通知,并在货票内记明通知的方法和时间。收货人也可与到站商定其他通知方法。

2. 货物的查询和领取

收货人在到站查询所领取的货物未到时,到站应在领货凭证背面加盖车站日期戳证明货物未到。货物运抵到站,收货人应及时领取。

3. 无法交付货物

从承运人发出领货通知或送货通知次日起(不能实行领货通知或送货通知时,从卸车完了的次日起),经过查找,满 30 d(搬家货物满 60 d)仍无人领取的货物或收货人拒领,托运人又未按规定期限提出处理意见的货物,承运人可按无法交付货物处理。

4. 货物的仓储

承运人在车站公共装卸场所内组织卸车的货物,收货人应于承运人发出领货通知或送货通知的次日(不能实行领货通知及送货通知或会同收货人卸车的货物为卸车的次日)起算,2 d 内将货物搬出或接收货物。超过上述期间未将货物搬出或接收货物,对其超出的期间核收仓储费。根据各地具体情况,铁路局可以缩短货物免费仓储期限一天,也可以提高仓储费费率,但提高部分最高不得超过规定费率的 1 倍;也可以适当延长货物免费仓储期间,并报铁路总公司备案。

货物承运前和交付后在车站仓储,或货物仅在车站仓储时,按实际仓储期间核收仓储费,铁路局可根据各地具体情况,确定免费仓储期限,也可以提高仓储费费率,但提高部分最高不得超过规定费率的1倍,并报铁路总公司备案。

5. 货物的交付

货物在到站应向货物运单内所记载的收货人交付。收货人在到站领取货物时,须提出领货凭证。

到达到站的货物,如已编有记录或发现有事故可疑痕迹,到站必须复查重量或现状。如已构成货运事故,到站应在交付货物时,将货运记录交给收货人。

承运人组织卸车和发站由承运人组织装车到站由收货人组织卸车的货物,在向收货人点交货物或办理交接手续后,即为交付完毕;发站由托运人组织装车,到站由收货人组织卸车的货物,在货车交接地点交接完毕,即为交付完毕。

6. 货物的搬出

货物交付完毕后,如收货人不能在当日将货物全批搬出车站时:对其剩余部分,按重量和件数承运的货物,可按件点交车站负责仓储;只按重量承运的货物,可向车站声明,由车站负责仓储。

(六)货物运到期限

1. 货物运到期限的构成和计算

货物的运到的期限由以下三部分时间构成:

(1)货物发送期间为1 d。

(2)货物运输期间:每250运价公里或其未满为1 d;按快运办理的整车货物每500运价公里或其未满为1 d。

(3)特殊作业时间:①运价里程超过250 km的零担货物,另加2 d;超过1 000 km加3 d。②整车分卸货物,每增加一个分卸站,另加1 d。③准、米轨间直通运输的整车货物,另加1 d。

货物运到期限的起码天数为3 d。

货物实际运到日数的计算:起算时间从承运人承运货物的次日起算。终止时间,到站由承运人组织卸车的货物,到卸车完了时止;由收货人组织卸车的货物,到货车调到卸车地点或货车交接地点时止。

2. 货物逾期运到的责任

货物实际运到日数,超过规定的运到期限时,承运人应按所收运费的百分比,向收货人支付一定数额的违约金。货物运到期现在10 d及以下,发生运到逾期时,按表12-1的规定计算违约金。

表12-1　运到逾期违约金支付比例(一)

逾期总日数 / 违约金 / 运到期限	1 d	2 d	3 d	4 d	5 d	6 d以上
3 d	15%	20%				
4 d	10%	15%	20%			

续上表

运到期限 \ 违约金 \ 逾期总日数	1 d	2 d	3 d	4 d	5 d	6 d以上
5 d	10%	15%	20%			
6 d	10%	15%	15%	20%		
7 d	10%	10%	15%	20%		
8 d	10%	10%	15%	15%	20%	
9 d	10%	10%	15%	15%	20%	
10 d	5%	10%	10%	15%	15%	20%

货物运到期现在11 d以上，发生运到逾期时，按表12-2的规定计算违约金。

表12-2 运到逾期违约金支付比例(二)

逾期总日数占运到期限天数	违约金
不超过1/10时	为运费的5%
超过1/10，但不超过3/10	为运费的10%
超过3/10，但不超过5/10	为运费的15%
超过5/10时	为运费的20%

对于货物在运输过程中，因不可抗力的原因引起的，或因托运人责任致使货物在途中发生换装、整理，托运人或收货人要求运输变更，运输活动物途中的上水等其他非承运人责任造成的滞留时间，应该从实际运到日数中扣除。

(七)货物运输合同的变更和解除

1. 货物运输合同变更和解除的概念

托运人或收货人由于特殊原因，对承运后的货物运输合同，可按批向货物所在的中途站或到站提出变更到站、变更收货人。

承运后发送前托运人可向发站提出取消托运，经承运人同意，货物运输合同即告解除。

2. 货物运输合同变更的限制

承运人不办理以下货物运输变更：(1)违反国家法律、行政法规、物资流向、运输限制和蜜蜂的变更；(2)变更后的货物运到期限大于容许运输期限；(3)变更一批货物中的一部分；(4)第二次变更到站。

3. 货物运输合同变更和解除的办理

托运人或收货人要求变更或解除运输合同时，应提出领货凭证和货物运输变更要求书，或其他有效证明文件，并在货物运输变更要求书内注明。

货物运输变更由车站受理，但整车货物变更到站，受理站应报主管铁路局同意。

车站在处理货物运输变更时，应在货票记事栏内记明变更的根据，改正运输票据、标记(货签)等有关记载事项。变更到站时，并应电知新到站及其主管铁路局收入检查室和发站。

办理货物运输变更或取消托运，托运人或收货人应按规定支付费用。

(八)运输阻碍的处理

因不可抗力的原因致使行车中断，货物运输发生阻碍时，铁路局对已承运的货物，可指示绕路运输，或在必要时先将货物卸下，妥善保管，待恢复运输时再行装车继续运输，所需装卸费用,由装卸作业的铁路局负担。

因货物性质特殊,绕路运输或卸下再装造成货物损失时,车站应联系托运人或收货人请其在要求的时间内提出处理办法。

(九)货车出租和托运人自备机车、车辆的运输

1. 货车出租

铁路在保证完成国家运输任务的前提下,可向企业出租铁路货车。企业需要租用货车时,应向所在地车站或铁路局提出书面要求,经铁路局报铁路总公司批准后,由车站同企业签订租车合同,并核收货车租用费。

企业退租货车,应将货车上由租车单位涂刷的标记抹消,并向原拨车站交还,经出租铁路局同意也可在指定的车站交还。

2. 托运人自备机车、车辆的运输

托运人使用自备货车在铁路区段内运输货物时,应与过轨站签订过轨运输合同,报铁路局批准。对租用铁路的货车,在铁路区段内运输货物时,可在租车合同内商定。过轨的自备货车,在过轨站须经铁路车辆部门进行技术检查,检查办法由铁路局规定。使用自备货车或租用铁路的货车运输货物时,托运人应在货物运单内注明“自备货车”或“租用货车”字样。

托运人对过轨的自备货车或租用铁路的货车,应在车辆两侧中部标明“某某企业自备车”或“某某企业租用车”字样及企业所在站站名。装运危险货物的罐车应按规定涂打有关表明货物性质的标志。

运输需要限速运行的机车、轨道起重机或车辆及以自有动力行驶的机车,须由铁路局承认,并电知有关铁路局。

(十)托运人、收货人组织装卸货物的交接

托运人组织装车或收货人组织卸车的货物,除派有押运人不办理交接外,承运人与托运人或收货人应在交接协议中指定的货车交接地点进行交接。

托运人组织装车或收货人组织卸车的货物,发站与托运人,到站与收货人应使用货车调送单按下列规定办理交接:

(1)施封的货车,凭封印交接。

(2)不施封的货车,棚车、冷藏车凭货车门窗关闭状态交接。

(3)敞车、平车、砂石车不苫盖篷布的,凭货物装载状态或规定标记交接;苫盖篷布的,凭篷布现状交接。

承运人组织装车,到站由收货人组织卸车的货物,除按上述规定办理交接外,到站须派员至卸车地点会同收货人拆封、卸车。

托运人组织装车的货物,发站发现封印、货物、苫盖篷布、车门、车窗有异常时,或装载的货物违反《铁路货物装载加固规则》规定的货物装载要求,或违反铁路规定的货车使用限制或特定区段装载限制时,应由托运人改善后接收。

承运人与托运人或收货人在办理货物交接的同时,应办理货车篷布交接。

二、货物损失处理、赔偿和运输费用的退补

(一)货物损失处理

1. 货运记录和普通记录的编制

货物在铁路运输过程中(包括承运前保管和交付完毕后点回保管)发生货损、货差、有货

无票、有票无货或其他情况需要证明铁路同托运人或收货人间责任时，都应在当日按批编制货运记录。按件数和重量承运的货物，包装完整、件数相符而重量不足或多出时，不编货运记录，只在货物运单内注明。

整车货物途中需要换装或整理，而货物本身未发生损失以及其他情况需要证明责任时，应在当日按批编制普通记录。

货物发生损坏或部分灭失，不能判明发生原因和损坏程度时，承运人应在交付前，主动联系收货人进行检查或邀请鉴定人进行鉴定。鉴定时，按每一货运记录分别编制鉴定书。

货物的运到期限满期后经过 15 d，或鲜活货物超过运到期限仍不能在到站交付货物时，车站应于当日编制货运记录交给收货人。运到期限满期后，经过 30 d，仍不能在到站交付货物时，托运人，收货人可按货物灭失向到站要求赔偿。在赔偿前，如货物运到时，车站应及时向收货人办理交付并收回货运记录。

因承运人责任，将货物误运到站或误交付，承运人应编制货运记录将货物运到正当到站交给收货人。

2. 违反政府法令或危及运输安全情况的处理

货物在运输过程中，发现违反政府法令或危及运输安全的情况，承运人应按规定分别处理。承运人无法处理的意外情况，应即通知托运人或收货人处理。

(1)货物实际品名与货物运单记载不符时，根据政府法令需要有证明文件方能运输的货物，应即报请当地政府的主管机关；危险货物以其他品名托运，应即报请主管铁路局。

(2)货物重量超过使用的货车容许载重量时，应进行换装或将超载部分卸下。

(3)发现货车装载的货物有坠落、倒塌危险或货物偏重、窜出、渗漏，危及运输安全时，除通知有关单位外，应立即进行整理或换装。

(4)托运人自装货车，发站接收时发现货物装载、加固危及运输安全时，应由托运人进行整理、换装。

(二)赔偿和运输费用的退补

1. 要求赔偿和退费时需提交的文件

托运人或收货人向承运人要求赔偿货物损失时，应按批向到站(货物发送前向发站)提出赔偿要求书并附货物运单、货运记录和有关证明文件，按保价运输的个人物品，应同时提出盖有发站日期戳的物品清单。

收货人要求承运人支付运到逾期违约金时，应向到站提出货物运单。

承运人向托运人或收货人提出赔偿要求时，应提出货运记录、损失清单和必要的证明文件。

2. 索赔和要求退费的期限

承运人同托运人或收货人相互间要求赔偿或退补费用的有效期间为 180 d，但要求承运人支付违约金的有效期间为 60 d。

3. 赔偿额的确定

(1)保价运输的货物，赔偿额最多不能超过该批货物的保价金额，只损失一部分时，按损失货物与全批货物的比例乘以保价金额赔偿。

(2)当货物的损失是由承运人的故意行为或重大过失造成时，不适用赔偿限额的规定，按照实际损失赔偿。

(3)投保运输险的货物由承运人与保险公司按规定赔偿。

4. 赔偿的处理

对托运人或收货人提出的赔偿或退还运输费用要求，承运人应自受理该项要求的次日起，30 d内(跨局为60 d)进行处理，答复要求人。审查赔偿要求符合规定后进行登记，向赔偿要求人填发赔偿要求书收据，并迅速按规定调查处理。

因承运人责任使厂矿企业的自备车丢失时，铁路局应先以适当车辆拨给临时使用，超过60 d仍未找到时，应报铁路总公司处理。

因承运人责任使托运人租用的铁路车辆丢失时，由出租铁路局拨给适当车辆使用。租用期满企业退租车辆，或丢失后企业提出不再继续租用时，出租单位应退还丢失期间的租车费用。

(三)无法交付货物的处理

承运人对无法交付货物，应建立台账，在发生或发现无法交付货物的当日，进行登记，编制货运记录，妥善保管。在保管期间要千方百计寻找线索，采取互通情报，交换资料等办法，力使物归原主。

无法交付货物的范围、保管期限、上报和移交手续、价款处理，应按照《关于港口、车站无法交付货物的处理办法》的规定办理。

三、承运人与托运人、收货人责任的划分

承运人从承运货物时起(办理承运前保管的车站，从接收货物时起)，至将货物交付收货人或依照规定移交给其他机关企业时止，对货物发生灭失、损坏负赔偿责任。但下列原因之一所造成的灭失、损坏除外：

(1)不可抗力。

(2)货物本身性质引起的碎裂、生锈、减量、变质或自燃等。

(3)货物的合理损耗。

(4)货物包装的缺陷，承运时无法从外部发现或未按国家规定在货物上标明包装储运图示标志。

(5)托运人自装的货物，加固材料不符合承运人规定条件或违反装载规定，交接时无法发现的。

(6)押运人未采取保证货物安全的措施。

(7)托运人或收货人的其他责任。

因托运人、收货人的责任或押运人的过错使铁路运输工具、设备或第三者的货物造成损失时，托运人或收货人应负赔偿责任。

第三节 《铁路货物运输规程》的引申规章

《铁路货物运输规程》的引申规章包括《铁路货物运价规则》《铁路危险货物运输管理规则》《铁路鲜活货物运输规则》《铁路超限超重货物运输规则》《铁路货物装载加固规则》《铁路货物运输计划编制管理暂行办法》《货运日常工作组织办法》《铁路集装箱运输规则》《铁路保价运输规则》《铁路货物运输杂费管理办法》《铁路货车延期占用费核收暂行办法》，以及根据《铁路货物运输规程》精神制定的其他规则和办法等。

一、《铁路货物运价规则》

现行《铁路货物运价规则》(简称《价规》)是由原铁道部以铁运[2005]46 号文发布的,《价规》共 7 章 68 条,自 2005 年 4 月 1 日开始实施。

1.《价规》的主要内容

(1)货物运输费用的计算,规定了计算货物运输费用的程序和基本条件。

(2)货物运费,规定了整车货物运费、零担货物和集装箱货物运费、托运人自备或租用机车车辆运输货物的运费、货物快运费、冷藏车运费、自备货车装备物品及集装用具的回送费计算的有关规定。

(3)杂费,规定了货运营运杂费,延期使用运输设备、违约及委托服务费用,租用、占用运输设备费用的计算方法。

(4)国际铁路联运货物国内段的运输费用,规定了国际铁路联运进出口货物国内段运费和杂费的计算规定。

(5)铁路非运用车运输费用,规定了非运用车运输费用的计算办法。

2.《价规》的附件

《价规》的附件有:铁路货物运输品名分类与代码表;铁路货物运价率表;铁路货物运输品名检查表;货物运价里程表。

3.《价规》的附录

《价规》的附录有包括铁路电气化附加费核收办法、新路新价均摊运费核收办法、铁路建设基金计算核收办法、超重货物分级表。

二、《铁路危险货物运输管理规则》

《铁路危险货物运输管理规则》(简称《危规》)是铁路危险货物运输组织的依据。《危规》是铁总于 2017 年 6 月 30 日以铁总运[2017]164 号文发布的,《危规》共 18 章 131 条,自 2017 年 8 月 1 日开始实施。

1.《危规》的主要内容

(1)危险货物的概念和类项,危险货物运输的基本要求。

(2)危险货物办理限制管理。

(3)危险货物运输业务办理。

(4)危险货物运输包装。

(5)危险货物试运管理。

(6)运输及签认制度。

(7)危险货物押运管理。

(8)危险货物的保管和交付。

(9)消防、劳动安全及防护。

(10)洗刷除污。

(11)培训与考核。

(12)危险货物货车。

(13)危险货物集装箱。

(14)剧毒品运输。

(15)放射性物品(物质)运输。

(16)危险货物进出口运输。

(17)事故应急救援。

2.《危规》的附件

《危规》的附件包括铁路危险货物配放表、铁路危险货物包装表、铁路危险货物运输包装性能试验规定、铁路危险货物运输包装性能试验要求和合格标准、铁路车辆禁止溜放和限速连挂表、铁路货车洗刷除污方法、易燃普通货物品名表、铁路危险货物运输基础管理信息化档案目录、铁路危险货物运输应急预案框架指南、气体类罐车押运员携带工具备品及证件资料目标。

3.《危规》的附录

《危规》的附录有:危险货物包装标志、包装储运图示标志和铁路危险货物运输安全监督管理规定。

三、《铁路鲜活货物运输规则》

《铁路鲜活货物运输规则》(简称《鲜规》)是铁路易腐货物和活动物运输组织的依据。现行《鲜规》是以铁总货〔2018〕180 号文发布,自 2019 年 1 月 1 日起施行的,共 5 章 66 条。

1.《鲜规》的主要内容

《鲜规》的主要内容有:鲜活货物的定义和种类,鲜活货物运输的基本要求;易腐货物运输的基本条件,装车与卸车,易腐货物车辆运行组织;活动物运输组织。

2.《鲜规》的附件

《鲜规》的附件包括:机械冷藏车基本性能表、BX 型车主要技术参数表、铁路冷藏集装箱主要技术参数表、冷藏箱供电作业单和具备冷藏集装箱接电条件的集装箱办理站站名表。

四、《铁路超限超重货物运输规则》

《铁路超限超重货物运输规则》(简称《超规》)是铁路超限货物和超重货物运输组织的依据。现行《超规》是中国铁总公司于 2014 年 11 月 29 日以铁总运[2016]260 号文颁布,自 2017 年 1 月 1 日起施行的,共 9 章 59 条。

(1)《超规》的主要内容

《超规》的主要内容包括:超限、超重货物运输的基本要求;超限货物的定义、等级和种类,超重货物的定义和等级;超限、超重货物的办理线路和车站;超限、超重货物的受理和承运;超限、超重车运行;超限、超重货物的途中检查和卸车;国际联运超限货物的办理;长大货物车的运用管理。

(2)《超规》的附件

《超规》的附件有:机车车辆限界图;货物计算宽度的计算方法;各级超限限界图;机车车辆限界、各级超限限界与建筑限界距离线路中心线所在垂直平面尺寸表;超重货物分级表;超限超重货物托运说明书;铁路超限超重货物运输电报管理规定;超限超重货物测量及装车作业规定;车站超限超重货物发送作业控制表;超限超重货物运输记录;超限超重货物专列运输管理规定;超限超重车辆挂运通知单;超限货物运量统计表;超重货物运量统计表。

(3)《超规》的附录

《超规》的附录包括长大货物车常用参数表、平车常用参数表。

五、《铁路货物装载加固规则》

《铁路货物装载加固规则》(简称《加规》)是铁路货物装载加固和满载工作的依据。现行《加规》是中国铁路总公司以铁总运[2015]296 号文颁布,自 2016 年 1 月 1 日起施行的,共 8 章 83 条。

1.《加规》的主要内容

(1)基本技术条件,规定了货物重心容许偏移量、重车重心高,货车使用限制、装载重量、避免集重条件及加固方法等货物装载加固的基本技术条件。

(2)特殊规定,规定了超限、超长货物,木材和竹子,轮式、履带式货物和圆柱形、球形货物,金属材料及制品,预应力梁的装载加固技术条件。

(3)方案管理,规定了装载加固定型方案、暂行方案和试运方案的审批方法和掌握使用。

(4)装载加固材料及装置管理,规定了装载加固材料及装置的检测、审查和使用。

(5)应急处置,规定了货物运输途中发现装载加固问题的处置。

(6)满载工作,规定了货车满载工作的要求、方式与考核。

2.《加规》的附件

《加规》的附件包括铁路货物装载加固定型方案、铁路货物装载加固常用计算公式、机车车辆限界基本轮廓、特定区段装载限制、常用装载加固材料及装置、铁路货车增载规定。

3.《加规》的附录

《加规》的附录为敞车、平车、棚车和长大货物车的技术参数表。

六、《铁路货物运输计划编制管理暂行办法》

《铁路货物运输计划编制管理暂行办法》是中国铁路总公司 2013 年 7 月以运营货营通行[2013]195 号文发布的,共 9 章 28 条,自 2013 年 5 月 10 日起实行。

《铁路货物运输计划编制管理暂行办法》的主要内容有:

(1)需求分析及实货核实。

(2)运力分析及掌握。

(3)年计划编制、月计划编制、旬计划编制、日计划编制。

(4)计划指标考核。

七、《货运日常工作组织办法》

《货运日常工作组织办法》是原铁道部于 2005 年 8 月 18 日以铁运[2005]143 号文发布的,自 2005 年 9 月 1 日开始实施,共 6 章 29 条。

《货运日常工作组织办法》的主要内容有:

(1)装车工作组织。

(2)重点物资组织。

(3)卸车工作组织。

(4)货运调度工作。

(5)货运日常工作分析与考核。

八、《铁路集装箱运输规则》

《铁路集装箱运输规则》是铁路集装箱运输组织的依据。现行《铁路集装箱运输规则》是中国铁路总公司于2018年12月25日以铁总货〔2018〕222号文发布,自2019年3月1日起施行的,共8章77条。

《铁路集装箱运输规则》的主要内容包括:运输基本条件、业务办理、运输管理、运输组织、铁路箱管理、信息和统计。

九、《铁路保价运输规则》

《铁路保价运输规则》是中国铁路总公司于2015年9月6日以铁总运〔2015〕246号文发布,2015年10月1日起施行的,共8章34条。

《铁路保价运输规则》规定了保价运输的办理程序、保价费用的计算与核收、运输责任、损失赔偿、国际联运保价运输、保价运输的委托代办等内容。

十、《铁路货物运输杂费管理办法》

现行《铁路货物运输杂费管理办法》是自1991年5月1日起施行的。该管理办法共13条,对铁路运输杂费的收费项目和收费标准进行了规定。

十一、《铁路货车延期占用费核收暂行办法》

《铁路货车延期占用费核收暂行办法》是为了促进铁路运输企业与其他企业合理有效地使用铁路车辆,加速铁路货车周转,提高运输效率,更好地适应国民经济发展需要而制定的,共13条,自2010年1月1日实行。

该暂行办法规定了货车占用时间标准、铁路货车延期占用费计费时间的计算、铁路货车延期占用费的计算、使用货票或运费杂费收据核收货车延期占用费等内容。

十二、根据《铁路货物运输规程》精神制定的其他规则和办法

1.《铁路货物运输管理规则》

该规则适用于铁路内部的货运管理,规定了货物运输基本作业、货物交接检查和换装整理、货场管理、货运监察等内容。

2.《铁路货物损失处理规则》

该规则适用于铁路内部处理货物损失和划分责任。规定了货物损失的种类和等级、货物损失报告与勘查、记录编制、货物损失调查处理、货物损失责任划分、货物损失赔偿、货物损失统计与资料保管、无法交付和无标记货物处理等内容。

3.《铁路货运检查管理规则》

该规则是明确铁路货运检查作业的内部规定。规定了货检站管理、货检作业及整理换装、"货检应用"的运用管理、基本管理制度、应急处置等内容。

4.《铁路货物保价运输管理办法》

该规章是铁路内部对货物保价运输工作的基本规定和要求,规定了保价运输管理、保价货物的受理和安全防范、保价货物赔偿、保价运输财务管理等内容。

5.《货车篷布管理规则》

该规则适用于铁路货车篷布的管理及自备篷布的管理。规定了篷布使用的基本条件、篷布运用管理、铁路篷布回送、篷布调度和统计、篷布质量管理等内容。

复习思考题

1. 简述按一批货物托运的条件。
2. 解释承运和交付完毕的概念。
3. 应如何计算货物的运到期限?
4. 发生货物损失时,应如何确定赔偿额?
5.《铁路货物运输规程》的引申规章主要有哪些?

第十三章　铁路联运法规

联合运输具有代理性、通用性、协同性、全程性和简便性等特点。

铁路联运是指铁路与其他运输工具,或我国铁路与国外铁路共同参加,并以一份运输票据完成全程运输服务的运输组织方法。

铁路联运包括铁路旅客联运和铁路货物联运。其中,铁路货物联运的形式主要有:铁路与水路货物联运,国际铁路货物联运和铁路与公路货物联运。

多式联运合同是处于平等法律地位的多式联运经营人与发货人双方的民事法律行为,其订立过程是双方协商的过程。

集装箱多式联运的发展改变了传统的货物交接界限,根据多式联运公约,多式联运经营人从托运人那里接管货物时起,即表明运输责任也已开始。

本章在介绍联合运输、综合交通运输体系、一体化交通运输的内涵的基础上,阐述关于国际铁路联运和国际多式联运等的法规。

第一节　铁路联合运输概述

一、联合运输概述

(一)联合运输的概念

联合运输,简称为“联运”,它是使用同一运送凭证,由不同运输方式或几个运输企业,衔接运送货物或旅客到达目的地的运输业务,如铁路公路联运、水陆联运、江海联运等。由两个或两个国家的运输企业在国际间衔接运送货物或旅客的运输业务称为国际联运。

实行联运能简化托运手续,加速运输工具周转,节省运输费用,便利乘客旅行。

一个完整的货物联合运输过程的实现,需要把从起运点的托运开始直至到达地点交付为止的托运、搬运、验收、装卸、仓储、交接、换装、接取送达、结算等一系列活动,由联运行业主营或由有关运输企业兼营。因此,联合运输的关键在于组织好产供销企业同运输企业之间、各种运输方式之间以及运输过程中各运输环节之间的衔接、协作工作。联运工作是在货物连续位移、多次中转的全过程中,在“结合部”上发挥纽带、贯通、衔接作用。所以,联合运输中“联合”是核心,“衔接”是关键,“协作”是基础。

(二)联合运输的特点

与非联合运输相比,联合货物运输主要有以下特点:

1. 代理性

联合运输业是交通运输业的一个分支,对运输企业而言它代表货主,对货主而言它代理运输业务。这种“一手托两家”的代办行业具有代理性质。

2. 通用性

联合运输是涉及两种以上的运输方式或一种运输方式两个以上企业的衔接运输，这与按某一运输方式或某一企业的货运规章办理的运输业务不同。其所使用的货运规章、协议、合同等，必须具有两种以上的运输方式或两个以上企业共同遵循的通用性。

3. 协同性

搞好联合运输有赖于产、供、销、收（银行）各部门与集、装、运、卸、散等各环节的协作，这就要求路、矿、港等企业，不论从运输组织上，还是从运输设备上，都要相互配套，以实现协同性。

4. 全程性

联合运输应从货物的托运至交付，不论从使用几种运输方式，也不论具有几个中转环节，均以一票贯穿全程以及运后服务、财务结算等环节。

5. 简便性

联合运输实行“一次托运、一次结算、一票到底、全程负责”的运输代理方式，与单一运输相比，手续简便。

（三）联合运输的分类

1. 按照是否跨越国境，联运可分为国际联运和国内联运。

2. 按照联运线路在整个交通网的地位不同，联运可分为干线联运，干支线联运，支线联运。

3. 按照运输对象，联运可分为货物联运和旅客联运。

4. 按照参加联运的运输方式，联运可分为铁路、水路联运，铁路、公路联运，公路、水路联运，公路、航空联运，铁路、公路、水路联运等。水路联运还可分为江、海联运，江、河联运，江、河、海联运。

二、综合交通运输体系与一体化交通运输

（一）综合交通运输体系的形成与发展

随着世界经济社会的发展，世界交通运输发展的重点已由分方式单独发展，向各方式一体化或综合化运输体系的方向转变，运输方式内外环境间的联系空前紧密。

建设现代化综合运输体系，已经成为各国交通运输发展的总趋势。

1. 计划经济体制下的综合运输体系

以苏联为代表的计划经济体制下的综合运输体系有以下特点：

(1)运网欠发达、运能相对短缺，运输的系统管理带有粗放型管理的色彩，追求运输数量和运能的充分利用。

(2)以计划运输作为配置运输资源的机制，旨在实现运输系统设计、建设、运营和发展的整体优化。

(3)运输模型具有鲜明的技术经济和数量经济特征，主要根据运输方式的合理运距确定方式间的合理分工、方式间的分流运输以及运输过程的相互衔接与配合。

(4)不注重运输需求的多样化、个性化特点以及运输产品与服务的质量要求，追求理想化的系统最优，缺乏可操作性。

(5)片面强调“协作”，运输系统缺乏内在的发展要求。

20 世纪 80 年代以后，苏联对综合交通运输体系的研究和实践基本处于停滞状态，欧美

西方国家成为综合运输体系研究与实践的主流。

2. 市场经济体制下的综合运输体系

20 世纪 60 年代开始,面对铁路、水运、公路、航空和管道运输的竞争和发展,西方发达国家进入建设综合交通运输体系的阶段,积极调整和优化运输结构,整合运输资源,加强对各种交通运输方式的统一规划、建设和管理。其主要标志是 1967 年美国在整合各种运输方式基础上成立了统一的交通运输部,1980 年颁布了放松政府管制的《斯塔格斯法》(Staggers Act),1991 年颁布了《多式地面运输效率法》(Intermodal Surface Transportation Efficiency Act ,ISTEA),即著名的《冰茶法》。

综合运输系统在西方国家得到普遍重视和发展的原因主要有:

(1)运输市场管制政策的放宽。发达国家先后放松了政府对运输市场的管制,创造了更为平等的运输市场竞争环境,加快了经营多方式的综合运输企业的发展。

(2)运输可持续发展的需要。全球能源危机的发生,经济和社会可持续发展理念的提出,促使各国不得不改变传统的交通运输发展战略和政策思路,致力于管理观念和手段的创新,采用节能和环保新技术,充分挖掘和提高现有运输基础设施的潜力,协调发展和综合利用现有运输资源,这就必然要求突破各种运输方式自行规划建设和运营管理而纳入综合的交通运输体系,实现规划的协调,发展的协同,运营的协作。

(3)需求结构的推动。由于卖方市场物流逐步转向买方市场物流,消费者拉动、低库存、准时性、高频次和小批量生产等需求结构的变化,用户提高了对门到门联合运输的要求。此外,经济全球化的发展使各国进出口贸易及运输需求急剧扩张,要求加强过境运输通道、联络通道和综合枢纽建设,以及强化大陆桥运输通道的建设等。

(4)运输设备(固定和移动设备)技术参数的统一化、标准化,信息、通信技术的进步和企业信息管理系统的创新,促进了综合运输的迅速发展。集装箱及托盘国际系列标准的建立和发展;装卸和搬运技术水平的提高;专用运输车辆和船舶的发展;大型集装箱专用码头和泊位及集装箱站场等的发展;集装箱运输、滚装运输和驮背运输的发展;信息、通信技术的进步和企业信息管理系统的创新,使运输方式内和运输方式间的协调和整合变得相对容易,促进了综合运输的迅速发展。

20 世纪 70 年代后,美国运输系统最显著的变化是多式联运(Intermodalism)的产生和发展。美国国际贸易的快速增长,促使与之相关的海运设施、空运设施、陆路跨境通道以及不同运输方式衔接的结合部(即综合性运输枢纽)的结构、功能和运作都发生了深刻的变化,物理设施的衔接共构、运载工具的标准化和规范化、运输信息系统互联和信息共享、政府管理机构的集中统一是其主要特征。

不同运输方式企业走向联合,如联邦快递(FedEx)、联合包裹服务全球物流(UPS Worldwide Logistics)、枢纽集团物流(Hub Group Logistics)等著名物流(货运)企业创造了航空—公路,铁路—公路、海运—公路和海运—铁路等企业联合模式,成为美国国内和全球货运的领头羊。

在传统的大宗货物运输领域,美国、南非、澳大利亚等国发展了以开行万吨单元列车为标志的重载运输技术,极大地提高了铁路运输劳动生产率。

在多式联运领域,发展了海—铁联运的陆桥运输、公—铁联运的驮背运输、公铁两用车等新型的运输组织方式。在城市交通领域,发展多模式的立体的轨道交通已成为解决通勤运输和缓解大城市交通拥挤的重要手段。

以欧美西方国家为代表的市场经济体制下的综合运输体系具有以下特点：

(1)运网比较发达、运能相对富余。

(2)重视运输质量和服务水平、追求运输成本最小化、运输效用最大化和市场占有率的保持和扩展。

(3)以市场作为配置运输资源的手段，旨在实现用户效用的最优化。

(4)在运输方式的竞争和协作的相互作用下，强调需求的多样化、个性化特点以及运输质量、服务水平和用户效用最大化的方式选择、衔接与配合。

(5)系统管理带有更加重视质量和集约化管理的色彩。

在综合交通运输体系建设和发展中，铁路凭借高新技术、现代信息技术的应用，提高了供给能力和服务水平，在被公路和航空不断侵袭的客运领域，发展了以时速 300 km/h 轮轨高速列车为标志的高速化技术，建立了高密度、大运量、中长距离旅客运输的竞争优势。

1964 年日本首先开行了高速列车，最高时速 210 km。到了 20 世纪 80 年代，以法、德为首发展高速铁路，带动了铁路的技术进步，给铁路运输的发展开创了新的局面。

据德国铁路统计，在 ICE 高速列车投入运用的最初 3 年中，增加的新旅客占全部旅客人数的比例约为 18%～22%。在 1993 年新增 22%的客运量中，8%是航空的转移运量，14%是公路的转移运量。

(二)综合交通运输体系的定义

不同的国家和区域对于综合交通运输体系的定义并不相同。欧盟对综合运输体系的定义是：各种运输方式能够整合到门到门的运输链中，并显示出各自合理的内在经济特性和运营特性，以提高系统整体的效率。运输方式间的整合需要出现在以下几个层面上：基础设施、运营和服务、法规条件和其他硬件(如载货装置、运输工具和通信设备等)等。

美国国家综合运输中心认为："综合运输是一种对运输系统进行规划、建设和运营的方法，强调运输资源的有效利用和方式之间的衔接"。美国 1991 年的《多式地面运输效率法》规定：国家综合运输系统(NITS)，由统一标准和相互连接的各种运输方式组成，包括未来的各种运输方式。国家综合运输系统的建设重点是方式间的联络设备、综合枢纽和公共运输通道等。

国际上倾向于将"综合运输"定义为：长途、全程、无缝、连续的运输过程。实现这种过程的经济、技术和组织系统，即所谓的综合运输体系。"长途"，指运距较长，可能是跨区域、跨国家、跨大陆的，一般需要涉及两种以上的运输方式。"全程"，指一次托运或一次售票的"门到门"直达运输。"无缝"，指运输的硬件和软件等实现无缝隙联结或对接等，包括技术装备、网络设施、运营方式、信息通信、组织管理和制度规范等。"连续"，指运输生产作业和其他相关作业实现不间断或不停顿运转或操作等。

(三)交通运输发展的新趋势——一体化交通运输

经济社会可持续发展理念的提出，不但促进了人类社会生产方式和消费方式的转变，而且促进了综合交通运输向一体化交通运输的发展。交通运输被纳入一个范围更大的经济—社会—生态发展体系。

一体化交通运输(Integrated Transportation)，也称整体性交通运输，是 20 世纪 90 年代后出现的交通运输发展的新概念和新模式。其基本内涵包括以下五个方面：

1. 交通运输方式内部和运输方式之间的一体化

运输方式内部和运输方式之间的一体化，是指在促进各种运输方式充分发挥自身优势与潜能的基础上，加强现代化交通枢纽和接驳中转换乘设施，实现旅客"零距离"换乘、货物

“无缝隙”中转；依靠技术进步，如机电一体化技术、智能化(ITS)技术、卫星定位技术(GPS)、地理信息技术(GIS)等以及科学管理和制度革新，实现系统发展重点从运网建设、扩张转向维护、管理，提高系统整体能力和安全；适应经济从批量生产分配向消费导向的即时生产(JIT)和零售方向转化；多式联运从强调设施联合、硬件匹配转向整体、过程和系统合一，运输企业从竞争走向联合；通过管理体制和机构改革，实现各种运输方式的统一管理。

2. 与能源环境的一体化

交通运输与能源环境一体化，是指运输系统的规划建设、运输方式的选择和使用，要充分考虑节约能源和保护环境；要服从国家能源战略，有利于实施能源综合利用和替代利用、有利于节约稀缺能源；要重视运输规划建设可能造成的地表扰动、山体滑坡、地面径流改变、植被破坏、动物迁徙路径改变等生态环境改变和城市景观破坏；实施清洁生产和清洁运输，减少、防治运输过程大气污染、噪声污染、水污染、电磁污染和固体废弃物污染等影响。

3. 与土地使用规划的一体化

交通运输与土地使用规划的一体化，是指从国家、区域和地方三个层面，使运输规划与土地使用规划紧密结合，土地资源合理、适度的开发利用，避免产生过大的人口积聚和交通吸引；维持可持续的出行方式选择，抑制和减少过大、过远等不合理的出行需求。

4. 与国家、社会安全的一体化

交通运输与国家、社会安全的一体化，是运用技术、经济、社会等综合管理措施，不断增强交通运输系统的安全性，减少交通事故；降低交通运输系统的脆弱性，有效防范和监控运输用户的犯罪与恐怖活动；全面管控危险货物运输过程；加强社会化交通事故应急救援体系建设；增强运输能力和机动性，满足国防安全需要等。

5. 与教育、健康和财富创造政策的一体化

交通运输与教育、健康和财富创造政策的一体化，是指大力优先发展公共交通运输，改善需求管理和交通管理，缓解交通拥挤；发展社会化交通运输服务体系，适应经济结构、消费模式、出行需求和货运特征变化，创造新的物流和运输服务方式；充分适应维护妇女、儿童、残疾人等社会弱势群体的无障碍公共运输服务需求；不断满足老龄化社会、移民增加、居住分散化的运输需求，改善生活和居住条件；提供交通信息服务和各种延伸服务；积极扶助不发达地区及乡村、落后地区的交通基础设施建设；放宽运输管制，发展以新技术为依托的交通产业，创造更多就业机会；努力提高国际竞争力、推进国际贸易和经济全球化等。

一体化交通运输系统建设的先进理念，拓展和丰富了铁路运输发展的内涵和外延。能力大、速度快、能源效率高、可替代性强、环境友好的铁路运输以可持续发展的优势与一体化交通运输发展的要求相结合，为铁路运输在新世纪的发展指明了美好的前景。

三、铁路合作组织

国际铁路合作组织主要有三个，即总部设在伯尔尼的由国家作为成员国的国际铁路运输中央事务局、总部设在华沙的铁路合作组织及总部设在巴黎的民间性质的国际铁路联盟。这些组织的主要任务是发展和协调国际铁路营运，共同解决运输中存在的经济、技术、商务及法律等方面的问题，制定和修改有关国际公约。

(一)国际铁路运输中央事务局

《国际铁路货物运输公约》(简称《国际货约》)是1890年欧洲各国在瑞士首都伯尔尼举行的各国铁路代表会议上制定的。1938年修改时改称《国际铁路货物运送公约》，又称《伯

尔尼货运公约》，简称《国际货约》同年10月1日开始实行。在第一次和第二次世界大战期间曾经中断，战后又重新恢复，以后为适应国际形势的不断发展变化又屡经修改。《国际货约》正式成员共有49个，分别为：阿尔巴尼亚、阿尔及利亚、亚美尼亚、奥地利、比利时、波斯尼亚—黑塞哥维那、保加利亚、克罗地亚、捷克、丹麦、爱沙尼亚、芬兰、法国、德国、格鲁吉亚、希腊、匈牙利、伊朗、伊拉克、爱尔兰、意大利、拉脱维亚、黎巴嫩、列支敦士登、立陶宛、卢森堡、马其顿、摩纳哥、黑山、摩洛哥、荷兰、挪威、巴基斯坦、波兰、葡萄牙、罗马尼亚、俄罗斯、塞尔维亚、斯洛伐克、斯洛文尼亚、西班牙、瑞典、瑞士、叙利亚、突尼斯、土耳其、乌克兰、英国、约旦。

为了便利和保证《国际货约》的实施，特设立国际铁路运输中央事务局。国际铁路运输中央事务局是一个旨在为国际铁路运输建立、执行并促进法律统一的政府间组织。

《国际货约》是由关于确立国际铁路中央事务局的公共事业性质的条款和关于中央事务局的权利和豁免的议定书，以及包含客运和货运的统一规则的两款附录构成的。

《国际货约》内容详尽且复杂，仅国际铁路货物运输规则就有66项条款，并且还增补了一系列表明是由部分参与公约的国家或铁路制定的附加条款，还是由全部参与公约的国家或铁路制定的附加条款或意向附加条款，以及4个关于特殊运输形式的附录。《国际货约》中，许多条款都与《国际公路货物运输公约》的条款相类似。

(二)铁路合作组织

铁路合作组织原为政府部门间的组织，现为政府、企业混合型组织，其宗旨是发展亚欧间铁路联运，总部设在华沙，工作语言为俄语和中文。领导机关为部长会议和铁路总局长会议，执行机关为铁组委员会，工作机关为专门会议。

1956年6月在保加利亚召开的第一次部长会议上，决定在原签订的《国际货协》和《国际客协》的基础上，成立“铁路合作组织”(简称“铁组”)。1957年5月在北京召开的第二届部长会议上，通过了铁路合作组织章程，决定设立部长会议的执行机关——铁组委员会，地点设在华沙。从1957年9月1日起铁组委员会开始工作，代表部长会议执行和处理日常事务，并规定中文、俄文、德文为铁组的工作语言。1993年改成中文、俄文为工作语言。

目前，铁组的成员有27个，即阿塞拜疆、阿尔巴尼亚、白俄罗斯、保加利亚、匈牙利、越南、格鲁吉亚、伊朗、哈萨克斯坦、中国、吉尔吉斯、朝鲜、拉脱维亚、立陶宛、摩尔多瓦、蒙古国、波兰、俄罗斯、塔吉克斯坦、乌兹别克斯坦、乌克兰、爱沙尼亚、土库曼斯坦、罗马尼亚、斯洛伐克、捷克、古巴。

铁组的工作原则是：部长会议决议需一致通过，铁路总局长会议决议需提交部长会议最后决定，会费分摊、预算、接收新成员、修改铁组章程等需一致通过，其他问题需多数通过。

铁组下设5个专门委员会，分别为：第一委员会：运输政策、混合运输和生态专门委员会；第二委员会：运输法专门委员会；第三委员会：运营专门委员会；第四委员会：财务、经济—运价问题和市场专门委员会；第五委员会：技术问题委员会。

铁组活动的基本方向是：

(1)发展和完善欧亚联运中的国际铁路运送，包括多式联运。

(2)建立国际铁路运送方面协商一致的运输政策，制订铁路运输活动战略和铁组活动战略。

(3)完善国际运输法，掌管《国际客协》、《国际货协》及有关国际铁路运送的其他法律文件的事务。

(4)就有关铁路运输业的经济、信息、科技和生态方面的问题进行合作。

(5)制订措施,提高铁路同其他运输方式的竞争能力。

(6)在铁路运营方面及就有关进一步发展国际铁路运送的技术问题进行合作。

(7)同从事铁路运输(包括多式联运)问题的其他国际组织进行合作。

(8)根据铁组领导机关决议可能产生的其他活动方向。

铁组的成员在办理国际铁路货物联运时除适用《国际铁路货物联运协定》外,还适用以下规章:《国际铁路货物联运协定办事细则》、《国际铁路货物联运统一过境运价规程》、《国际联运车辆使用规则》、《国际旅客和铁路货物联运清算规则》、《国境铁路协定》及《国境铁路会议议定书》等。在上述国际联运规章中未规定的事项,均适用国内铁路规章的规定。当国际联运和国内铁路都有规定时,适用于国际联运规章。

(三)国际铁路联盟

国际铁路联盟简称铁盟,是欧洲一些国家的铁路机构和部分其他洲的铁路机构及有关组织参加的非政府性铁路联合组织,成立于1922年12月,总部设在巴黎,其宗旨是推动国际铁路运输的发展,改进铁路技术装备和运营方法,实现铁路建筑物和设备的技术标准的统一。领导机构是全体代表大会,每年召开一次。

国际铁路联盟下设计划、运输、财务、运营、机车车辆、路线设备、经济问题、法律等专门委员会。我国已于1976年6月参加了国际铁路联盟。

第二节　国际铁路联运法规

国际铁路联运是指使用一份统一的国际铁路联运票据,由跨国铁路承运人办理两国或两国以上铁路的全程运输,并承担运输责任的一种连贯运输方式。铁路运输可以有规律地、定时、准确地将旅客或货物运送到指定地点,因此在国际运输中占有相当重要的地位,对于内陆国家和地区尤为重要。

目前,铁路线与我国相互衔接的邻国有俄罗斯、哈萨克斯坦、蒙古国、朝鲜和越南。随着我国对外开放程度的不断深入,加上周边国家经济的迅速发展,我国与周边国家之间的商贸往来日趋紧密,我国铁路口岸货物吞吐量也在以每年超过20%的高速度增长。这种已经存在一百多年的运输方式,使欧亚大陆连成一片,有力促进了我国与欧亚各国的贸易往来,同时,铁路运输也是我国对港澳贸易和通过香港转运世界各地货物的一个重要渠道。

在国际上,通过有关国家铁路之间的协商,订立国际铁路旅客、货物联运协定或协议,使得相关国家铁路在货物运输组织上相互衔接,这种利用各国铁路衔接的直通运输即国际铁路联运。国际铁路联运能充分利用铁路成本较低、运输连贯性强、不易受天气和季节变化影响等优势,优化运输路径,缩短运输时间,减少运输费用。

一、国际铁路联运法规的渊源

1. 国际铁路货运的基本公约——《国际货约》与《国际货协》

关于国际铁路货运的公约主要有以下两个:

(1)《国际货约》

欧洲各国于1890年制定了《国际铁路货物运输规则》,1938年修改时改称《国际铁路货物运送公约》后因铁路技术的进步和各国经济发展,分别于1961年2月25日由奥地利、法国、联邦德国、比利时等国在伯尔尼负责对《国际货约》进行修订，1970 年 2 月 7 日又一次于伯尔尼进行修订。1980 年 5 月 9 日再次对该公约进行了较大修订，修订后的公约英文简称 COTIF，中文名称未变。

(2)《国际货协》

苏联、波兰等东欧国家于 1951 年在华沙签订了《国际铁路货物联运协定》，简称《国际货协》。《国际货协》自签订以后，先后经过多次修改和补充，现行版本是 2015 年经铁路合作组织核准，并从 2015 年 7 月 1 日起生效的文本。中国于 1954 年 1 月 1 日正式加入《国际铁路货物联运协定》，现在《国际货协》的正式成员铁路有 25 个。目前，我国通过满洲里、绥芬河、珲春、二连、阿拉山口、霍尔果斯、丹东、图们、集安、凭祥、山腰等 11 个铁路口岸与俄罗斯、蒙古国、哈萨克斯坦、朝鲜、越南等 5 个国家开办两国间直通国际铁路货物联运和过境运输；并通过上述国家与中亚各国和一些欧洲国家实现了国际直通货物联运。

《国际货协》有总则、运输合同、作为运输工具的非承运人所属车辆的使用、附则等内容，共 4 章 60 条。此外，其附件中附有多项规则，如货物运送规则、危险货物运送规则、货物装载和加固的技术条件、作为运输工具的非承运人所属车辆的运送规则等。

《国际货协》有些成员同时也参加了《国际货约》。由于当时的政治形势和东西方之间意识形态分歧的对立，造成《国际货协》与《国际货约》在成立目的、政治趋向、成员组织、运输规则方面的不同，使《国际货协》的运输规则政策并没有遵循当时西方世界的国际惯例。其主要规则(如铁路连带责任、交货条款、铁路清算等)和主要条款，都自成系统，给游戏规则趋于统一的现代国际交往带来了不便。

自 20 世纪 50 年代开始，世界两大铁路联运组织已进行了多次洽商、研究关于“统一各种铁路协定的可能性和制定统一国际铁路联运规章”，但未取得具体成果。本章所介绍的有关国际铁路货物联运的法律规则的内容以《国际货协》为准。

在法律适用上，凡《国际货协》有规定，而国内规章也有规定时，不论两者是否相同，应适用《国际货协》的规定。但在两邻国铁路间有特殊规定时，应按其规定的条件办理。《国际货协》中没有规定的事项，适用国内铁路规章。

2. 规范协调参与国际铁路货物联运的其他规章

(1)《国际铁路货物联运统一过境运价规程》(简称《统一货价》)。它规定了在过境参加《统一货价》国家的铁路时，需要办理的货物运输手续，过境运送费用、杂费和其他费用的计算与核收方法以及过境里程、货物运价等级、计费重量的确定办法等。对参加铁路和发、收货人都有约束力，我国参加了该协约。

(2)《国际铁路货物联运协定办事细则》(简称《货协细则》)。它是《国际货协》各国承运人(铁路运输人员)执行《国际货协》办理货运业务时铁路内部的办事程序、工作方法及调整路内关系的准则，只适用于参加国承运人(铁路运输人员)。

(3)《国际联运车辆使用规则》(简称《车规》)。它主要规定了国际联运协定各参加国的参与联运车辆的技术条件。对各参加、适用铁路车辆部门和国境车站适用，我国参加了该协约。

(4)《国际旅客联运和铁路货物联运清算规则协约和清算规则》(简称《清算规则》)。它规定了其参加国铁路之间的有关费用的互相清算办法及其修改、补充和争执问题的解决办法，主要对铁路财务清算部门和国境站适用。

(5)《国际铁路货物联运办法》，我国铁路根据《国际货协》规章摘编而成，只适用我国铁路部门(包括各铁路局、各发运车站、各边境口岸车站)办理国际铁路货物联运使用,对国外铁路不适用。此办法已颁布十几年,虽然有的规定已有修改,但还未有修订办法公布。

3. 有关国际旅客联运的基本国际公约——《国际客协》

《国际旅客联运协定》(简称《国际客协》)是苏联等八个国家于1951年11月签订的关于铁路旅客、行李和包裹直通联运,以及铁路、海运旅客和行李混合联运的协定,有俄、中、德文三种文本,具有同等效力。

《国际客协》对各参加国的铁路企业、轮船公司、旅客、包裹发送人和领收人都具有约束效力。协定参加国铁路间的旅客、行李和包裹运输,按协定规定的条件和运输票据办理。国际直通铁路、海运混合联运的旅客和行李运输,按协定附件——《国际旅客联运旅客、行李和包裹运送赔偿请求审查规定》规定的条件和运输票据办理。

办理直通联运,旅客无须在国境站重新购买客票和换乘,行包的发送人无须在国境站办理托运和计算核收运输费用的手续。

轨距相同的铁路,客车可直接过轨;轨距不同的铁路,客车可更换轮对过轨。从而消除旅客列车在国境站的接续时间,加速客车周转和旅客、行李、包裹的送达。

二、国际铁路货物联运法规的主要内容

(一)《国际货协》适用的范围

《国际货协》规定了在国际铁路直通联运和国际铁路-轮渡直通联运中货物运输合同的统一法律标准。各成员间铁路均按该协定所规定的条件办理,对铁路、发货人和收货人都有约束力。

国际铁路直通联运中的货物运送在本协定各方根据国内法律开办货运业务的车站之间办理,而国际铁路-轮渡直通联运中的货物运送还需经过协定各方公布的办理此类运送的线路水运区段办理。如协定各方同时是规定铁路货物运输合同法律标准的其他国际协定的参加方,则上述各方铁路车站之间的运送可按这些协定的条件办理。

参加《国际货协》各铁路间的货物运送,是从发站以一份运送票据(国际货协运单),由铁路负责直接或通过第三国铁路运往最终到站交付收货人。在相同轨距各国铁路之间,一般情况下可用发送国车辆直接过轨,不必换装而直通运送。在不同轨距铁路之间,可根据技术条件,按下列方法办理运送:将货物从一种轨距车辆换装到另一轨距车辆,或为车辆更换另一轨距的转向架,或使用变距轮对。从参加《国际货协》的国家,通过参加《国际货协》的国家,向未参加《国际货协》的国家及相反方向的货物运送,可使用国际货约/国际货协运单。

(二)国际铁路货物运输合同

国际铁路运输合同是发货人与铁路之间缔结的运输契约,其形式上表现为国际铁路联运运单。它规定了铁路与发、收货人在货物运送中的权利、义务和责任,对铁路和发、收货人都具有法律效力。

运单是铁路收到承运人运输货物的表面证据,该运单从始发站随同货物附送至终点站并交给收货人。它不仅是铁路承运货物出具的凭证,也是铁路同货主交接货物、核收运杂费用和处理索赔与理赔的依据。但是,运单不具有所有权凭证的法律效力。国际铁路联运运单副本,在铁路加盖承运日期戳记后,是卖方凭以向银行结算货款的主要证件之一。运单可以办理成电子运单形式,电子运单履行纸质运单的功能,是与整套纸质运单数据相同的整套电子数据。

国际铁路联运出口货物的运输单证是一整套的票据，由带编号的 6 张和必要份数的补充运行报单组成，具体见表 13-1。

表 13-1　国际铁路联运运单内容

第…张	名称	领收人	用　途
1	运单正本	收货人	随同货物至到站
2	运行报单	将货物交付收货人的承运人	随同货物至到站
3	货物交付单	将货物交付收货人的承运人	随同货物至到站
4	运单副本	发货人	运输合同缔结后，交给发货人
5	货物接收单	缔约承运人	缔约承运人留存
6	货物到达通知单	收货人	随同货物至到站
无号码	补充运行报单	承运人	给货物运送途中的承运人（将货物交付收货人的承运人除外）

补充运行报单的份数应同参加运送的承运人数量一致（但将货物交付收货人的承运人除外）。是否需要为缔约承运人编制补充运行报单，由缔约承运人确定。

（三）铁路、发货人、收货人的权利与义务

1. 铁路（承运人）的权利与义务

各成员铁路开办境内货运业务的所有车站间，均办理货物运送：在相同轨距铁路的边境站，不进行换装；在不同轨距铁路的相邻边境站，进行货物换装，或更换另一轨距的车辆轮对，或使用变距轮对。关于换装或更换另一轨距车辆轮对或使用变距轮对运送货物的办法，根据不同轨距的成员铁路间的协定确定。

根据有关政府的指示，以及发生自然灾害时，主管铁路机关可暂时全部或局部停止运行，或者暂时停止某些货物的承运，或准许其按一定的条件承运。

2. 发货人（托运人）的权利与义务

（1）正确填写运单并对所填记事项的真实性负责，向承运人交运货物，向车站按批提出货物运单一份。

（2）合理包装的义务。托运货物应根据货物的性质、重量、运输种类、运输距离、气候及货车装载等条件，使用符合运输要求、便于装卸和保证货物安全的运输包装。有国家标准或部包装标准（行业包装标准）的，按标准执行。

（3）做好包装储运标志的义务。根据货物性质、按照国家标准，在货物包装上做好包装储运标志。撤除和抹消货件上与本批货物无关的运输标记。

（4）做好货签的义务。在每件货物的两端各粘贴或钉固一个清晰的货签。

（5）按时将货物送发货站验收的义务。根据车站承运日期表，将货物送到指定的仓库货位或集装箱场地，交货运人员进行验收。经验收后，由货运人员在货物运单或收货凭证上签收即为货物交接完毕。

（6）缴付运杂费。运杂费通常按“付现”办理，付现方式包括现金和支票两种，延期缴付者应缴付迟交金。

（7）保价运输。根据自愿的原则可向发站要求办理保价运输，按规定支付货物保价费。

到达铁路车站的货物，可以在铁路车站免费存放 24 h。免费存放期限自铁路车站发出到货催领通知的次日(或卸车的次日)零点起计算。超过免费暂存期限时,应按规定支付货物暂存费。

3. 收货人的权利与义务

托运人应及时将“领货凭证”寄交收货人,收货人在到站,获悉货物未到时,应要求到站出具货物未到证明书。

凡在铁路货场领取货物须凭“领货凭证”。收货人领取货物已超过免费暂存期限时,应按规定支付货物暂存费。

从承运人发出催领通知次日起,满30日(搬家货物满60日)仍无人领取的货物,托运人又未按规定期限提出处理意见的货物,承运人可按无法交付货物处理。

(四)承运人的责任

作为承运货物的铁路部门。按本《铁路货协》规定的办法和范围,对发货人或收货人承担仅由运输合同产生的责任。自承运货物时起,至交付货物时为止,对货物灭失、短少、毁损(腐坏)以及货物运到逾期负责。对于承运人负有责任的货物灭失、短少、毁损(腐坏)情况,应以商务记录作为证明。《国际货协》采用足额赔偿的方法,货物损失方可以得到100%的赔偿。对货物损失的赔偿金额,在任何情况下,都不得超过货物全部灭失时的款项。

同时,《国际货协》还规定了承运人的责任范围,具体包括:当货物发生灭失、短少、毁损(腐坏),在何种情况下承运人可以免责;当货物短少,在何种情况下承运人可以免责;当货物逾期,在何种情况下承运人可以免责。

《国际货协》规定,铁路运输合同一方当事人向铁路提出赔偿请求或诉讼,或铁路就运费、罚款和赔偿,向发货人和收货人提出诉讼,有关货物逾期的赔偿或诉讼,都应至少提前2个月以上提出。

(五)联运货物种类

国际铁路货物联运的种类有整车、零担和集装箱运输三种。

(1)整车运输,是指按一份运单托运的按其体积或种类需要单独车辆运送的货物。

(2)零担运输,是指按一份运单托运的一批货物,按其体积或种类不需要单独车辆运送的货物,其重量不超过5 000 kg,一件货物的体积最小不得小于0.02 m^3(一件重量在10 kg以上的除外),每批不得超过300件。但如与铁路间另有商定条件,也可不适用《国际货协》的规定。

整车和零担货物的承运和发送,均按发送路国内规章办理。

(3)集装箱运输,是指使用集装箱运输的货物,每箱不得超过集装箱最大载重量。承运后发现超载,对超过部分按规定核收违约金。每批必须是同一箱型,至少一箱,最多不得超过铁路一辆货车能装运的箱数。

易于污染和腐蚀箱体的货物、鲜活货物、危险货物等不能使用集装箱装运。

在国际铁路直通货物联运中,有一些货物不准运送,如参加运送的铁路的任一国家禁止运送的物品等。

(六)运送费用计算核收办法

运送费用计算核收的主要依据是《统一货价》和我国颁布的《铁路货物运价规则》。

1. 运费计算的原则

(1)发送国和到达国铁路的运费,均按铁路所在国家的国内规章办理;

(2)过境国铁路的运费，均按承运当日《统一货价》规定计算，由发货人或收货人支付。

如由参加《国际货协》铁路的国家向未参加《国际货协》铁路的国家之间运送货物，则有关未参加《国际货协》国家铁路的运费，可按其所参加的另一种联运协定计算。

我国出口的联运货物，交货共同条件一般均规定在卖方车辆上交货，因此我方仅负责至出口国境站一段的运送费用。但联运进口货物，则要负担过境运送费用和我国铁路段的费用。

2. 按《统一货价》计算过境运费的程序

根据运单上载明的运输路线，在过境里程表中，查出各通过国的过境里程；根据货物品名，在货物品名分等表中查出其适用的运价等级和计费重量标准；在慢运货物运费计算表中，根据货物运价等级和总的过境里程查出适用的运费率。其计算公式为：

运费总额＝基本运费额×(1＋加成率)

基本运费额＝货物运费率×计费重量

加成率系指运费总额应按托运类别在基本运费额基础上所增加的百分比。快运整车货物运费按慢运运费加100%；快运零担货物加50%后再加100%；随旅客列车挂运的整车货物运费，另加200%。

3. 按《国内价规》计算国内运费的程序

根据货物运价里程表确定发到站间的运价里程，一般应根据最短路径确定，并需将国境站至国境线的里程计算在内；根据运单上所列货物品名，查找货物运价分号表，确定适用的运价号；根据运价里程与运价号，在货物运价表中查出适用的运价率，其计算公式为：

运费＝运价率×计费重量

第三节　国际多式联运法规

国际多式联运是指按照多式联运合同，以至少两种不同的运输方式，由多式联运人将货物从一国境内接管货物的地点运至另一国境内指定地点交付的货物运输。

一、国际多式联运的定义与基本条件

1. 定义

根据1998年《联合国国际货物多式联运公约》(简称《多式联运公约》)，国际多式联运是指按照多式联运合同，以至少两种不同的运输方式，由多式联运经营人将货物从一国境内接管货物的地点运至另一国境内指定地点交付的货物运输。

国际多式联运是一种以实现货物整体运输的最优化效益为目标的国际间的运输组织形式。它将不同的运输方式有机地组合在一起，构成连续的、综合性的一体化货物运输。通过一次托运，一次计费，一份单证，一次保险，由各运输区段的承运人共同完成货物的全程运输，即将货物的全程运输作为一个完整的单一运输过程来安排。

国际多式联运是一种利用集装箱进行联运的新的运输组织方式，它与传统的单一运输方式有很大的不同。

2. 优越性

国际多式联运是国际运输的发展方向，开展国际多式联运的优越性主要表现在以下几

个方面:

(1)简化托运、结算及理赔手续,节省人力、物力和有关费用

在国际多式联运方式下无论货物运输距离有多远,由几种运输方式共同完成,也不论运输途中货物经过多少次转换,所有一切运输事项均由多式联运经营人负责办理。而托运人只需面向多式联运经营人一次性办理托运、订立运输合同、支付费用以及办理保险等业务,从而省去托运人办理托运手续的许多不便。

同时,由于多式联运采用一份货运单证,统一计费,因而也可以简化制单和结算手续,节省人力和物力。此外,一旦运输过程发生货损货差,由多式联运经营人对全程运输负责,也可以简化理赔手续,减少理赔费用。

对货主来说,在将货物交由多式联运经营人后即可取得货运单证,并据以结汇,从而提前了结汇时间。这不仅有利于加速货物占用资金的周转,而且可以减少利息的支出。

(2)缩短货物运输时间,减少库存,降低货损货差事故,提高货运质量

在国际多式联运方式下,各个运输环节和各种运输工具之间配合密切,衔接紧凑,货物所到之处中转及时,大大减少了货物的在途停留时间,从而从根本上保证了货物安全、迅速、准确、及时地运抵目的地,也相应地降低了货物的库存量和库存成本。

同时,多式联运一般以集装箱为运输单元进行直达运输,尽管货运途中须经过多次转换,但由于使用专业机械装卸,且不涉及箱内货物的搬倒,因而货损货差事故大为减少,从而在很大程度上提高了货物的运输质量。

(3)提高运输管理水平,实现运输合理化

对于区段运输而言,由于各种运输方式的经营人各自为政,自成体系,因而其经营业务范围受到限制,货运量相应也有限。而一旦由不同的运输经营人共同参与多式联运,经营的范围可以大大扩展,同时可以最大限度地发挥其现有设备的作用,选择最佳运输线路组织合理化运输,实现运输资源的优化配置。

(4)其他优越性

从政府角度来看,发展国际多式联运有利于加强政府部门对整个货物运输链的监督与管理;能保证本国在整个货物运输过程中获得较大的运费收入分配比例;有助于引进新的先进运输技术;能减少外汇支出;能改善本国基础设施的利用状况;能通过国家宏观调控与指导职能,保证使用对环境破坏最小的运输方式,达到保护本国生态环境和促进交通运输可持续发展的目的。

3. 基本条件

根据国际多式联运的定义,国际多式联运必须具备以下基本条件:

(1)具有一份多式联运合同

国际多式联运中,由多式联运经营人与托运人订立多式联运合同。该合同是多式联运经营人与托运人之间权利、义务、责任与豁免的合同关系和运输性质的确定,它是区别多式联运与一般货物运输方式的依据。该合同的成立须具备以下条件:

①至少使用两种以上不同的运输方式;

②承担国际货物运输;

③接受货物运输,对合同中的货物负有运输、保管之责任;

④属于一种承揽、有偿的合同。

(2)使用一份包括全程的多式联运单据

国际多式联运虽然由多种运输方式共同完成一票货物的全程运输，但由多式联运经营人签发的多式联运单证应满足不同运输方式需要，该单据是证明多式联运合同成立，以及证明多式联运经营人接管货物并负责按照合同条款交付货物的凭证，并按单一运费率计收全程运费。

(3)是至少两种不同运输方式的连续运输

包括铁路、公路、航空、海运等任何两种或两种以上运输方式的联运。

(4)是国际间的货物运输

这是区别于国内货物运输的条件之一，主要涉及国际运输法规的适用问题。

(5)由一个多式联运经营人对货物的全程运输负责

在国际多式联运中，凡是有权签发多式联运单据，并对运输负有责任的人均可视为多式联运经营人。该多式联运经营人不仅是订立多式联运合同的当事人，也是多式联运单证的签发人。

在多式联运经营人履行多式联运合同所规定的运输责任的同时，可将全部或部分运输委托他人(分承运人)完成，并订立分运合同。但分运合同的承运人与托运人之间不存在任何合同关系。

可见，国际多式联运的主要特点是：由多式联运经营人对托运人签订一个运输合同，统一组织全程运输，实行运输全程一次托运，一单到底，一次收费，统一理赔和全程负责。它是一种以方便托运人和收货人为目的的先进的货物运输组织形式。

(6)是全程单一的运费费率

在国际多式联运中，全程运费率统一，一次收费，流程简单。

二、国际多式联运法规的主要渊源

1.《联合国国际货物多式联运公约》

《联合国国际货物多式联运公约》简称《多式联运公约》，包括 40 条和一个附件，是 1980 年 5 月 24 日在日内瓦举行的联合国国际联运会议第二次会议上，经与会的 84 个贸发会议成员一致通过的。

《多式联运公约》在结构上分为总则、单据、联运人的赔偿责任、发货人的赔偿责任、索赔和诉讼、补充规定、海关事项和最后条款等 8 个部分。公约要求照顾发展中国家的特殊利益，保证多式联运的提供者和使用者之间的利益均衡以及有必要考虑联运过境国家的特殊问题。

2. 相关的国际海洋运输公约

国际多式联运通常会涉及国际海洋运输，因此，《多式联运公约》中直接采纳了相关的国际海洋运输方面的国际公约，如《海牙规则》《维斯比规则》《汉堡规则》《鹿特丹规则》等。

(1)《海牙规则》

《海牙规则》是《统一提单的若干法律规定的国际公约》(International Convention for the Unification of Certain Rules of Law Relating to Bills of Lading)的简称。它是 1924 年 8 月 25 日在比利时布鲁塞尔由 26 个国家代表出席的外交会议签署的，共 16 条。截至 1997 年 2 月，加入该规则的国家和地区共有 88 个。

在统一提单产生的早期，以英国为代表的船东国在提单上滥用免责条款，损坏了货主、保险商和银行的利益，而且也严重阻碍了航运业自身的发展。以美国为代表的货主国，为了保护本国商人的利益，于 1893 年制定了著名的《哈特法》(Harter Act)，即《关于船舶航行、提单,以及财产运输有关的某些义务、职责和权利的法案》。该法案规定承运人不得在提单上加入由于自己的过失而造成货物灭失或损害而不负责任的条款。该条款被许多货主国如澳大利亚、新西兰、加拿大的国内立法所采纳。

第一次世界大战后,由于全球性的经济危机,货主、银行、保险界与船东的矛盾更加激化。为此,在国际法协会所属海洋法委员会(Maritime Law Committee)的领导和推动下,1924年8月25日,各国政府的代表在布鲁塞尔通过了《海牙规则》。该公约于1931年6月2日正式生效,是海上货物运输中有关提单的最重要的和目前仍普遍被采用的国际公约。我国虽然没有加入该公约,但却把它作为制定我国《海商法》的重要参考依据;我国不少船公司的提单条款也采纳了这一公约的精神。

《海牙规则》主要规定了承运人最低限度的义务,承运人运输货物的责任期间,承运人的赔偿责任限额,承运人的免责,索赔与诉讼时效,托运人的义务和责任,运输合同无效条款和公约的适用范围等内容。

但《海牙规则》依然较多地维护了承运人的利益,未考虑集装箱运输形式的需要,责任期间的规定欠周密,单位赔偿限额太低,诉讼时效期间过短,适用范围过窄,对某些条款的解释至今仍未统一。

(2)《维斯比规则》

《维斯比规则》是《修改统一提单若干法律规定的国际公约议定书》(Protocol to Amend the International Convention for the Unification of Certain Rules of Law Relating to Bills of Lading)的简称。于1968年6月23日在布鲁塞尔外交会议上通过,共17条,自1977年6月23日生效。截至1996年9月,参加该规则的国家共有29个,其中包括英国、法国、德国、荷兰、西班牙、挪威、瑞典、瑞士、意大利和日本等主要航运国家。

《海牙规则》自1931年生效实施后,得到了国际航运界的普遍接受。但随着国际政治、经济形势的变化,特别是集装箱运输方式的出现和迅猛发展,《海牙规则》的内容已不适应形势的发展,尤其是关于承运人的大量免责条款明显偏袒船方利益,赔偿限额明显过低等原因,到了20世纪50年代末,要求修改《海牙规则》的呼声日渐强烈。

国际海事委员会于1968年2月在比利时的布鲁塞尔决定修改《海牙规则》,由53个国家或地区代表参加的第十二届海洋法外交会议上通过,定名为《修改统一提单若干法律规定的国际公约议定书》,并简称为“1968年布鲁塞尔议定书”(The 1968 Brussels Protocol)。因该议定书的准备工作在瑞典的维斯比完成,故将该议定书称为《维斯比规则》(Visby Rules)。

《维斯比规则》是《海牙规则》的修改和补充,经过议定书修订后的《海牙规则》称为《海牙—维斯比规则》(Hague—Visby Rules)。该议定书于1977年6月23日生效。

《维斯比规则》对《海牙规则》的第三、四、九、十条进行了修改,扩大了规则的适用范围,明确了提单的证据效力,强调了承运人及其受雇人员的责任限制,提高了承运人对货物损害赔偿的限额,增加了“集装箱条款”,延长了诉讼时效。

(3)《汉堡规则》

《汉堡规则》是《联合国海上货物运输公约》(United Nations Convention on the Carriage of Goods by Sea)的简称。于1978年3月6日至31日在德国汉堡举行的由联合国主持的78国代表参加的海上货物运输大会讨论通过,于1992年11月1日生效。截至1996年10月,共有成员25个,其中绝大数为发展中国家或地区,占全球外贸船舶吨位数90%的国家或地区都未承认该规则。

对《海牙规则》的修改有两种思路：一种是以英国、北欧等海运发达国家的船方利益为代表，由国际海事委员负责起草修改，最终导致《海牙—维斯比规则》的产生。对《海牙规则》的一些有益修改，对维护在《海牙规则》基础上的船货双方利益起了一定的积极作用。另一种思路来自广大的发展中国家，代表了货主的利益，提出彻底修改《海牙规则》的要求日益高涨，该思路导致《汉堡规则》的诞生。

在《汉堡规则》的制定过程中，除保留了《海牙—维斯比规则》对《海牙规则》修改的内容外，对《海牙规则》进行了根本性的修改，是一个较为完备的国际海上货物运输公约，明显地扩大了承运人的责任。《汉堡规则》共 7 章 34 条，其主要内容包括承运人的责任原则，承运人的责任期间，承运人赔偿责任限额，对迟延交付货物的责任，承运人和实际承运人的赔偿责任，托运人的责任，保函的法律地位，索赔通知及诉讼时效，管辖权和仲裁的规定以及规则的适用范围。

(4)《鹿特丹规则》

《鹿特丹规则》是《联合国全程或部分海上国际货物运输合同公约》(United Nations Convention on Contracts for the International Carriage of Goods Wholly or Partly by Sea)的简称。于 2008 年 12 月 11 日在纽约举行的第 63 届联合国大会第 67 次会议上正式得到通过，并于 2009 年 9 月 23 日在荷兰鹿特丹举行签字仪式。公约规定，在 20 个成员国提交核准书的一年后，该规则将正式生效。至 2010 年 7 月底，已有包括亚美尼亚、喀麦隆、刚果、丹麦、法国、加蓬、加纳、希腊、几内亚、马达加斯加、荷兰、马里、尼日尔、尼日利亚、挪威、波兰、塞内加尔、西班牙、瑞士、多哥和美国共 21 个国家签署。

从内容上看，《鹿特丹规则》是当前国际海上货物运输规则之集大成者，不仅涉及包括海运在内的多式联运、在船货两方的权利义务之间寻求新的平衡点，而且还引入了如电子运输单据、批量合同、控制权等新的内容，此外公约还特别增设了管辖权和仲裁的内容。从公约条文数量上看，公约共有 96 条，实质性条文为 88 条。因此，该公约被称为一部"教科书"式的国际公约。

《鹿特丹规则》与现在国际上普遍采用的《海牙规则》《维斯比规则》以及我国的《海商法》相比较，对承运人责任制度的规定有很大的变化，扩大了承运人责任期间，改变了承运人的责任基础，取消了传统的承运人免责事项，提高了承运人责任限额。

3. 相关的国际航空运输公约

《华沙公约》的全称为《统一国际航空运输某些规则的公约》，1929 年 9 月 12 日订于波兰华沙。1933 年 2 月 13 日生效，后经多次修改，我国于 1957 年 7 月通知加入，1958 年 10 月对我国生效。主要内容包括航空运输的业务范围，运输票证、承运人的责任、损害赔偿标准等，形成了国际航空运输上的"华沙体系"。

《华沙公约》是统一国际航空运输某些规则的公约，其承运人承担赔偿责任的责任基础是推定过失责任制。

三、多式联运合同和单据

(一)多式联运合同

1. 多式联运合同的订立

多式联运合同是处于平等法律地位的多式联运经营人与发货人双方的民事法律行为，只有在双方意思表示一致时才能成立。合同是双方的协议，其订立过程是双方协商的过程。

发货人或其代理人需向多式联运经营人或其营业场所或代理机构提出货物(一般是集

装箱货)运输申请(或订单),说明货物的品种、数量、起运地、目的地、运输期限要求等内容,多式联运经营人根据申请的内容,并结合自己的营运路线、所能使用的运输工具及其班期等情况,决定是否接受托运。

如果认可,则双方商定运费及支付形式,货物交接方式、形态、时间,集装箱提取地点、时间等情况以后,由多式联运经营人在收据的副本联上签章,交给发货人(或代理人)以示接受委托。这时多式联运合同即告成立。

多式联运中使用的集装箱一般由多式联运经营人提供,在表示接受委托之后,多式联运经营人签发提箱单给发货人或其代理人以保证其在商定的时间、地点提取空箱使用。

发货人或其代理人按双方商定的内容及托运货物的实际情况填写场站收据、办理货物报关、货物装箱后,负责将重箱拖运至双方商定的地点将货物交给多式联运经营人或指定的代理人(堆场或货运站),换取多式联运单据(提单)。

2. 多式联运合同的特点

(1)为双务合同,合同双方均负有义务和享有权利。

(2)为有偿合同。

(3)为不要式的合同,没有具体体现形式,尽管可用多式联运单据证明,但多式联运单据不是运输合同。

(4)有约束第三者的性质,收货人不参加合同订立,但可直接获得合同规定的利益并自动受合同约束。

(5)合同有时包括接受委托、提供服务等内容,这些内容由双方议定。

(二)多式联运单据

多式联运经营人接管货物时,应签发多式联运单据。该单据应依发货人的选择,或为可转让单据,或为不可转让单据。多式联运单据并不是多式联运合同,而只是多式联运合同的证明,同时是多式联运经营人收到货物的收据和凭其交货的凭证。

1. 多式联运单据的内容

多式联运单据应当载明下列事项:

(1)货物品类、识别货物所必需的主要标志、对危险货物的危险特性的明确声明、包数或件数、货物的毛重或以其他方式表示的数量,所有这些事项由发货人提供。

(2)货物外表状况。

(3)多式联运经营人的名称和主要营业地。

(4)发货人名称。

(5)收货人的名称,如已由发货人指定。

(6)多式联运经营人接管货物的地点和日期。

(7)交货地点。

(8)在交付地点交货的日期或期间,如双方有明确协议。

(9)表示该多式联运单据为可转让或不可转让的声明。

(10)多式联运单据的签发地点和日期。

(11)多式联运经营人或经其授权的人的签字。

(12)如双方有明确协议,每种运输方式的运费,或者应由收货人支付的运费,包括用以支付的货币,或者关于运费由收货人支付的其他说明。

(13)预期经过的路线、运输方式和转运地点,如在签发多式联运单据时已经确知。

(14)如不违背多式联运单据签发的国家的法律,双方同意列入多式联运单据的任何其他事项。

2. 多式联运单据的转让

多式联运单据分为可转让的和不可转让的两种。根据多式联运公约的要求,多式联运单据的转让性应在其记载事项中有所规定。

(1)可转让的多式联运单据,具有流通性,可以像集装箱运输提单那样在国际货物买卖中扮演重要角色。《多式联运公约》规定,多式联运单据以可转让方式签发时,应列明按指示或向持票人交付。

(2)不可转让的多式联运单据,则没有流通性。多式联运经营人凭单据上记载的收货人向其交货。按照多式联运公约的规定,货物交给单据所指明的记名收货人后,该多式联运经营人即已履行其交货责任。

3. 多式联运单据的证据效力

多式联运单据的证据效力主要表现在它是该单据所载明的货物由多式联运经营人接管的初步证据。多式联运单据主要对以下几个方面起到证明作用:一是当事人本身的记载;二是有关货物状况的记载;三是有关运输情况的记载;四是有关法律约束方面的记载。

根据多式联运公约的规定,多式联运经营人对多式联运单据中的有关记载事项可以做出保留,注明不符之处、怀疑的根据、或无适当的核对方法。如果多式联运经营人或其代表未在多式联运单据上对货物的外表状况加以批注,则视为他认可货物的外表状况良好。

多式联运经营人如在单据上对有关货物或运输方面加了批注,其证据效力就会产生疑问。多式联运单据有了这种批注后,对收货人来说,这种单据已失去了其应有的意义,是不能被接受的。

如果多式联运单据上没有这种保留性批注,其记载事项的证据效力是完全的,对发货人来说是初步证据,但多式联运经营人可举证予以推翻。

四、多式联运的责任与赔偿

集装箱多式联运的发展改变了传统的货物交接界限,也从根本上改变了多式联运经营人的承运责任范围。

《多式联运公约》规定,当多式联运经营人从托运人那里接管货物时起,即表明运输责任业已开始。也就是说多式联运经营人的承运责任已扩大到从货物被接受掌管时起至在指定地点交货时止的全部运输过程。

货物在该运输过程中的任何区段发生灭失或损坏,多式联运经营人均以本人的身份直接承担赔偿责任,即使该货物的灭失或损坏并非由经营人本人的过失所致。与此同时,随着多式联运经营人责任范围的扩大,运输责任保险的范围、保险期限及保险费率等也随之发生变化。

1. 多式联运责任制

在目前的集装箱多式联运中,多式联运经营人所负的责任范围主要有以下三种类型:

(1)分段责任制

多式联运经营人与各区段的实际承运人仅对各区段的货物运输负责,各区段的责任原则按该区段适用的法律予以确定。这种责任形式没有全程统一的责任人。目前一些多式联运经营人仍采用这种责任形式。

(2)统一责任制

统一责任制,又称同一责任制,表示多式联运经营人对货主负有不分区段的统一原则责任,在整个运输中都使用同一责任向货主负责,即多式联运经营人对全程运输中货物的灭失、损坏或延期交付负全部责任,无论事故责任是明显的,还是隐蔽的;是发生在海运段,还是发生在内陆运输段,均按一个统一原则由多式联运经营人统一按约定的限额进行赔偿。

统一责任制是一种科学、合理、手续简化的责任制度。但这种责任制对多式联运经营人来说责任负担较重,因此目前在世界范围内还没有广泛采用。

(3)网状责任制

网状责任制,又称混合责任制,表示多式联运经营人对货主承担的全部责任局限在各个运输部门规定的责任范围内,也就是由多式联运经营人对集装箱的全程运输负责,而对货物的灭失、损坏或延期交付的赔偿,则根据各运输方式所适用的法律规定进行处理,如海上区段按《海牙规则》处理,铁路区段按《关于铁路货物运输的国际公约》处理,公路区段按《国际公路货物运输合同公约》处理,航空区段按《华沙公约》处理。在不适用上述国际法时,则按相应的国内法规处理。同时,赔偿限额也是按各区段的国际法或国内法的规定进行赔偿,对不明区段的货物隐蔽损失,或作为海上区段按《海牙规则》处理,或按双方约定的原则处理。

网状责任制是介于统一责任制和分段责任制之间的一种责任形式,故又称混合责任制。该责任制在责任范围方面与统一责任制相同,而在赔偿限额方面则与区段运输形式下的分段负责制相同。

目前,国际上大多采用网状责任制,我国国际集装箱联运采用的也是网状责任制。但是从国际多式联运的发展来考虑,网状责任制并不理想,易在责任轻重、赔偿限额高低等方面产生分歧。因此,随着国际多式联运的不断发展与完善,统一责任制将更为符合多式联运的要求。

2.《多式联运公约》采用的责任形式

《多式联运公约》对于多式联运经营人的责任制形式采用了“修正统一责任制”,排除了“网状责任制”。

根据这一责任形式,多式联运经营人对货损的处理,不管是否能确定造成货损的实际运输区段,都将适用该公约的规定。但是,《多式联运公约》又做了这样的规定:如果货物的灭失或损坏发生于多式联运的某一特定区段,而对这一区段适用的一项国际公约或强制性国家法律规定的赔偿责任限额高于该公约规定的赔偿责任限额,则多式联运经营人对这种灭失或损坏的赔偿,应按照该国际公约或强制性国家法律予以确定。显然,该规定却又是完全的网状责任制形式。根据这一规定,一旦发生货物的灭失或损坏,多式联运经营人对货损的赔偿首先要依据所适用的法律规定来确定所适用的责任制形式。

《多式联运公约》中采用的这种责任形式,使多式联运中出现了双层赔偿责任关系,即多式联运经营人与托运人之间的赔偿责任关系,以及多式联运经营人与其分包人之间的赔偿责任关系。前者的赔偿责任关系受制于《多式联运公约》的规定。

由于《多式联运公约》的强制性,这一规定中多式联运经营人不能放弃或降低赔偿责任限制,也不能将自己承担的责任转嫁给货主。而对多式联运经营人与其分包人的赔偿责任,《多式联运公约》并未做任何规定,这在国际多式联运中极易产生纠纷。如海运方面至今采用的是“不完全过失责任制”,航空方面则采用“完全过失责任制”,而陆路运输方面无论是公路、还是铁路均采用“严格责任制”。在上述几种责任制中,海上承运人的责任最轻。

3. 多式联运经营人的责任期间

责任期间是指行为人履行义务、承担责任在时间上的范围。承运人责任期间的长短，也在一定程度上体现了承运人承担义务的多少和责任的轻重。

《多式联运公约》根据集装箱运输货物在货主仓库、工厂以及集装箱货运站、码头堆场进行交接的特点，对多式联运经营人规定的责任期间是："多式联运经营人对于货物的责任期间，自其接管货物之时起至交付货物时止。"

4. 多式联运经营人的赔偿责任

(1)多式联运经营人为其受雇人、代理人和他人所负的赔偿责任

多式联运经营人将货物从一国境内接管货物的地点运至另一国境内指定地点交付货物，必须订立多式联运合同。

由于多式联运全过程要通过各种代理人、实际承运人等共同来完成，因而各有关方之间的法律关系十分复杂。其中，既有多式联运经营人与托运人之间的合同关系，又有多式联运经营人与其受雇人之间的雇佣关系、与其代理人之间的代理关系、与分包承运人之间的承托关系，以及托运人、收货人与多式联运经营人及其受雇人、代理人、分包人之间可能发生的侵权行为关系。对于如此错综复杂，且权利、义务又各不相同的法律关系，应掌握一点，即多式联运下的法律结构是调整多式联运经营人与托运人之间合同关系的，而其他法律关系都附着在这一合同关系上，并比照这一合同关系统一其权利和义务。

《多式联运公约》规定，多式联运合同的一方是多式联运经营人，包括其本人或通过其代表订立多式联运合同的任何人，他是事主，而不是托运人的代理人或代表或参加多式联运的承运人的代理人或代表，并负有履行合同的责任。

多式联运合同的另一方是托运人，这也是指其本人或通过其代理与多式联运经营人订立多式联运合同的任何人。多式联运经营人和他的受雇人、代理人和分包人的关系都适用代理关系，货物交由他们掌管应视为与交给多式联运经营人掌管具有相同效力。

所以，《多式联运公约》规定：多式联运经营人应对他的受雇人或代理人在其受雇范围内行事时的行为或不行为负赔偿责任，或对他为履行多式联运合同而使用其服务的任何其他人在履行合同的范围内行事时的行为或不行为负赔偿责任，一如他本人的行为或不行为。

同样，虽然托运人和收货人与多式联运经营人的代理人、受雇人没有合同关系，但可依据侵权行为提起诉讼。在这种诉讼中，经营人的代理人、受雇人可享受与经营人同样的辩护理由和责任限制。这样，既有利于货主与承运人之间行使追偿的权利，又使承运人一方得到应有的保护，而且也保障了以各种形式起诉都能得到同一法律效果，达到法律的统一性和公正性。

(2)多式联运经营人的赔偿责任基础

目前对承运人赔偿责任的基础，各单一运输公约的规定不一致，但大致可分为严格责任制和过失责任制两种。

严格责任制是指排除了不可抗力等有限的免责事由外，不论有无过失，承运人对于货物的灭失或损坏均负责赔偿。《关于铁路货物运输的国际公约》《国际公路货物运输合同公约》都采用了该种责任制。

过失责任制是当承运人和其受雇人在有过失时负赔偿责任。这种责任制为《海牙规则》和《华沙公约》所采用。但海运过失责任制并不是完全过失，它附有一部分除外规定，如航行过失(船舶碰撞、触礁、搁浅)。《汉堡规则》则实行过失推定原则，这才实现了较完整的过失

责任制。

《多式联运公约》对多式联运经营人规定的赔偿责任基础包括：

①多式联运经营人对于货物的灭失、损坏和延迟交付所引起的损失，如果造成灭失、损坏或延迟交付的事故发生于货物由其掌管期间，应负赔偿责任，除非多式联运经营人证明其本人、受雇人或代理人或其他人为避免事故的发生及其后果已采取一切能符合要求的措施。

②如果货物未在明确议定的时间交付，或者如无此种协议，未在按照具体情况对一个勤奋的多式联运经营人所能合理要求的时间内交付，即为延迟交付。

③如果货物未在按照上述条款确定的交货日期届满后连续 90 d 内交付，索赔人即可认为这批货物业已灭失。

在运输实务中，延迟交货的情况一旦发生，收货人通常会采取以下处理办法：

①接受货物，再提出由于延迟交货而引起的损失赔偿。

②拒收货物，并提出全部赔偿要求。

在上述第一种情况下，收货人提出的仅是由于运输延误而引起的损失赔偿，如由于延误造成工厂停工、停产、市场价格下跌等引起的损失以及由于延迟交货使收货人积压资金而产生的损失。第二种情况的发生通常是指延迟交货超过《多式联运公约》规定的期限，即超过"确定的交货日期届满后连续 90 d"仍未交货，收货人则视该货物已经灭失。对此，收货人必须以书面形式通知多式联运经营人，否则，多式联运经营人对延迟交货造成的损失不予赔偿。

(3)多式联运经营人的赔偿责任限制

在现有的国际货运公约中，对于承运人的赔偿责任限制采用的赔偿标准都不尽相同。《海牙规则》采用的是单一标准的赔偿方法，即只对每一件或每一货运单位负责，而不对毛重每千克负责。这种规定在实际应用中存在较大缺陷，不符合国际贸易和运输业发展的需要。为此，《维斯比规则》把双重标准的赔偿方法列入公约，即既对每一件或每一货运单位负责，又对毛重每千克货物负责。同时，对集装箱、托盘或类似的成组工具在集装或成组时的赔偿也做了规定。《汉堡规则》也采用了这种赔偿方法。

《多式联运公约》仿照了《汉堡规则》的规定，也将这种双重赔偿标准列入其中。不同的是，《多式联运公约》不仅规定了双重标准的赔偿方法，同时也规定了单一标准的赔偿方法。《多式联运公约》按国际惯例规定多式联运经营人和托运人之间可订立协议，制定高于公约规定的经营人的赔偿限额。在没有这种协议的情况下，多式联运经营人按国际多式联运规定的赔偿标准赔偿。

五、我国多式联运的相关法规

我国目前还没有正式的多式联运法规。由于我国的国际多式联运主要的运输方向是国际海运，所以主要是通过《民法典》和《中华人民共和国海商法》来规范我国国际多式联运的问题。

1.《民法典》

2020 年 5 月 28 日，十三届全国人大三次会议表决通过了《民法典》，自 2021 年 1 月 1 日起施行。其中，第三编合同编是调整平等主体之间的交易关系的法律，它主要规定合同的订立、合同的效力及合同的履行、变更、解除、保全、违约责任等问题。

其中第十九章第四节对多式联运合同的相关内容做出了详细规定。具体包括：

(1)多式联运经营人负责履行或者组织履行多式联运合同,对全程运输享有承运人的权利,承担承运人的义务。

(2)多式联运经营人可以与参加多式联运的各区段承运人就多式联运合同的各区段运输约定相互之间的责任,但该约定不影响多式联运经营人对全程运输承担的义务。

(3)多式联运经营人收到托运人交付的货物时,应当签发多式联运单据。按照托运人的要求,多式联运单据可以是可转让单据,也可以是不可转让单据。

(4)因托运人托运货物时的过错造成多式联运经营人损失的,即使托运人已经转让多式联运单据,托运人仍然应当承担损害赔偿责任。

(5)货物的毁损、灭失发生于多式联运的某一运输区段的,多式联运经营人的赔偿责任和责任限额,适用调整该区段运输方式的有关法律规定。货物毁损、灭失发生的运输区段不能确定的,依照本章规定承担损害赔偿责任。

2.《中华人民共和国海商法》

我国于 1992 年 11 月 7 日第七届全国人民代表大会常务委员会第二十八次会议通过颁布了《中华人民共和国海商法》,并于 1993 年 7 月 1 日起施行。《海商法》从我国的实际情况出发,结合国际条约和国际惯例的内容,系统规定了船舶、船员、海上货物运输合同、海上旅客运输合同、船舶租用合同、海上拖航合同、船舶碰撞、海难救助、共同海损、海事赔偿责任限制、海上保险合同、时效以及涉外关系的法律适用等海商法律制度,从而为规制海上商事行为、解决海事纠纷、保护当事人的合法权益提供了重要的依据。

复习思考题

1. 简述联合运输的概念和特点。
2. 简述一体化交通运输的主要内涵。
3. 国际间的铁路合作组织和国际铁路运输公约主要有哪些?
4. 试述国际铁路联运运费计算的主要依据及原则。
5. 简述国际多式联运的优越性与基本条件。

参考文献

[1] 中华人民共和国国家统计局. 中国统计年鉴(光盘). 北京:中国统计出版社,2016.
[2] 国家发改委. 中长期铁路网规划(2016~2030). 国家发改委网站,2016.
[3] 金士宣,徐文龙. 中国铁路发展史[M]. 北京:中国铁道出版社,1986.
[4] 广冈治哉. 现代交通经济论[M]. 东京:产业文库,1997.
[5] 刘重庆,张连发. 国外铁路主要技术领域发展水平与趋势[M]. 北京:中国铁道出版社,1994.
[6] 杨浩. 运输组织学[M]. 北京:中国铁道出版社,2004.
[7] 季令. 交通运输政策[M]. 北京:中国铁道出版社,2008.
[8] 刘秉镰. 论我国交通运输政策的框架设计与未来走势[J]. 综合运输, 2007.
[9] 张晓勇,等. 加拿大铁路建设法律制度构建及启示[J]. 中国铁路,2007(12).
[10] 许庆斌,荣朝和,马运. 运输经济学[M]. 北京:中国铁道出版社,2004.
[11] 祝继常, 李丹明. 美国政府的铁路投资政策[J]. 中国铁路,2001,12.
[12] Torben Holvad. Overview of European Railway Policy. Economic Advisor[J]. Oxford Rail Seminar, 24 September 2007.
[13] R. KENT WEAVER. The Politics of Industrial Change: Railway Policy in North America. [J] The Brookings Institution. 1985 .
[14] 王天怡. 基于公共产品理论的英国交通运输政策分析[J]. 辽宁工业大学学报(社会科学版),2013(04):40-43.
[15] 李阳. 公共产品概念和本质研究综述[J]. 生产力研究,2010(04):30-32、35.
[16] 王娅飞,李群仁. 我国交通运输业的外部成本研究[J]. 铁道运输与经济,2006,(10):1-3.
[17] 罗仁坚. 我国铁路投融资改革体制研究[J]. 中国铁路. 2006(5).
[18] 王兆成. 资本市场融资是加快铁路建设发展的重要途径[J]. 铁道经济研究,2002. 5:2-4.
[19] 张建平. 中国铁路投融资改革任重而道远[J]. 中国铁路,2005. 11:20-25.
[20] 许庆斌, 荣朝和,等. 运输经济学导论[M]. 北京:中国铁道出版社,1995.
[21] 朱中彬. 外部性理论及其在运输经济中的应用分析[M]. 北京:中国铁道出版社,2003.
[22] 北京交通大学基础研究中心. 各路专家纵论中国铁路投融资体制改革[J]. 中国铁路投融资高层论坛发言摘要,2005 年 5 月 21 日.
[23] 吴卫平. 欧洲铁路投融资模式的借鉴与中国铁路客运专线投融资模式的思考[J]. 世界轨道交通,2008,3.
[24] 熊燕斌, 熊国全. 加快合资铁路发展的几点思考[J]. 企业经济, 2007,8.
[25] 刘明慧. 现代企业制度概论[M]. 北京:中国财政经济出版社,2005.
[26] 王珉. 人力资源管理价值论[J]. 云南社会科学,2002.
[27] 北方交大经济系,长沙铁道学院运输系. 铁路运输经济[M]. 北京:中国铁道出版社,1990.
[28] 于军. 铁路重组的理论与实践[M]. 北京:经济科学出版社,2003.
[29] 中华人民共和国铁道部. 铁路主要技术政策[M]. 北京:中国铁道出版社,2013.
[30] 国家旅游局. 中国旅游发展报告 2016[R]. 国家旅游局网站,2016.
[31] 崔莉. 旅游交通管理[M]. 北京:清华大学出版社,2007.
[32] 胡云. 我国旅游业的信息化建设与发展[J]. 城市问题,2004,2.
[33] 褚云峰. 开创中国旅游新时代[J]. 金融经济,2006,8(11).
[34] 张国华. 对铁路运输向第三方物流企业转型的思考[J]. 内蒙古科技与经济,2005,15:2.
[35] 冯枫. 对铁路运输与现代物流的分析与思考[J]. 商品储运与养护,2006,2:29.

[36] 石金山.铁路集装箱运输向现代物流转型的思考[J].商品经济,2004,8:26.

[37] 王少强,肖玉茗.我国铁路货运向现代物流拓展的研究[J].铁道物资科学管理,2006,1:38.

[38] 刘华.现代物流管理与实务[M].北京:清华大学出版社,2008.

[39] 彭扬,伍蓓.物流系统优化与仿真[M].北京:中国物资出版社,2007.

[40] 熊风,等."绿色铁路"基础理论研究及其评价指标体系的建立[J].生态经济,2007,06 .

[41] 铁路是适应可持续发展的"绿色交通工具"[EB].中华人民共和国铁道部,2006.5.14.

[42] 冉理.青藏铁路与环境保护[J].中国铁路,2002,(12):47-49.

[43] 铁道部发展计划司,中国铁道学会环境保护专业委员会.铁路环保法规汇编[C].中国铁道学会,2013.

[44] 铁道部环境保护考察团.国外铁路环境保护工作[J].铁道劳动卫生与环保,2003,30(1).

[45] 周新军.国外铁路节能减排发展新趋势[J].铁路节能环保与安全卫生,2016 ,(02):90-94.

[46] TB/T 3236.1—2010,铁路用地 第1部分:分类[S].中华人民共和国铁道部,2010.

[47] 董雅新.把握一条主线 突出五个重点,全面推进铁路用地管理的强化[J].中国铁路,2008.03.

[48] 郑国华.交通运输法教程[M].北京:中国铁道出版社,2006.

[49] 孙林.铁路货物运输法律知识读本[M].北京:人民交通出版社,2002.

[50] 张光杰.法理学导论[M].上海:复旦大学出版社,2006.

[51] 张长青,孙林.铁路法教程及案例[M].北京:中国铁道出版社,2000.

[52] 刘瑞全,王蜜.铁路实用法学[M].北京:中国铁道出版社,1995. .

[53] 赵吉山,肖贵平.铁路运输安全管理[M].北京:中国铁道出版社,1999.

[54] 王连昌,马怀德.行政法学[M].北京:中国政法大学出版社,2002.

[55] 《铁路安全管理条例》释义[M].北京:人民交通出版社,2013.

[56] 国务院法制办工交商事法制司,等.《铁路交通事故应急救援和调查处理条例》释义[M].北京:人民交通出版社,2007.

[57] 中国铁路总公司.铁路技术管理规程[M].北京:中国铁道出版社,2014.

[58] 曲星照.站细编制与学习问答[M].北京:中国铁道出版社,2001.

[59] 周平.铁路旅客运输服务[M].北京:中国铁道出版社,2006.

[60] 侯作前.乔宝杰.运输合同实务[M].北京:知识产权出版社,2005.

[61] 卢永真.运输合同[M].北京:中国民主法制出版社,2003.

[62] 冯桂兰.浅谈铁路旅客人身损害的赔偿责任[J],铁道知识.2003(3).

[63] 施新峰.对铁路客运安全工作的认识与思考[J],基层领导论坛.2006(6).

[64] 张长青.关于铁路客票法律性质问题的探讨[J],政法论坛,2004(7).

[65] 戴实.铁路货运组织[M].北京:中国铁道出版社,2007.

[66] 中华人民共和国铁道部.铁路货物运输规程[M].北京:中国铁道出版社,1995.

[67] 中华人民共和国铁道部.铁路货物运价规则[M].北京:中国铁道出版社,2007.

[68] 中国铁路总公司.铁路危险货物运输管理暂行规定[M].北京:中国铁道出版社,2014.

[69] 中华人民共和国铁道部.铁路鲜活货物运输规则[M].北京:中国铁道出版社,2009.

[70] 中国铁路总公司.铁路超限超重货物运输规则[M].北京:中国铁道出版社,2016.

[71] 中国铁路总公司.铁路货物装载加固规则[M].北京:中国铁道出版社,2016.

[72] 中国铁路总公司.铁路集装箱运输规则[M].北京:中国铁道出版社,2015.

[73] 中国铁路总公司.铁路保价运输规则[M].北京:中国铁道出版社,2015.

[74] 中华人民共和国铁道部.铁路货物运输杂费管理办法 [M].北京:中国铁道出版社,1991.

[75] 中华人民共和国铁道部.铁路货物运输管理规则[M].北京:中国铁道出版社,2001.

[76] 中国铁路总公司.铁路货物损失处理规则[M].北京:中国铁道出版社,2014.

[77] 中国铁路总公司.铁路货运检查管理规则[M].北京:中国铁道出版社,2016.

[78] 王庆功.货物联合运输[M].北京:中国铁道出版社,2004.

[79] 江少华.集装箱运输管理与实务[M].北京:中国铁道出版社,2007.
[80] 白宗孝.交通改革与发展[M].西安:陕西科学技术出版社,2004.
[81] 朱晓宁.集装箱多式联运通道规划理论与方法[M]. 北京:中国铁道出版社,2002.
[82] 刘作义,郎茂祥. 运输商务[M].北京:中国铁道出版社,2016.
[83] 王炬香. 物流运输基础与实务[M]. 北京:中国劳动社会保障出版社,2006.
[84] 王为. 国际铁路货物联运[M]. 北京:中国对外经济贸易出版社,2007.
[85] 国际货物运输操作规程与公约解释实用手册[M]. 北京:中国科学技术出版社 2005.
[86] 武德春.集装箱运输实务[M].2版.北京:机械工业出版社,2004.
[87] 杨志刚.国际集装箱多式联运实务与法规[M].北京:人民交通出版社,2001.
[88] 中国国际货运代理协会.国际多式联运与现代物流理论与实务[M].北京:中国对外经济贸易出版社,2003.